牟宗三著

中國哲學十九講

中國哲學之簡述及其所涵蘊之問題

臺灣學生書局印行

序

予既寫才性與玄理，佛性與般若，心體與性體，以及從陸象山到劉蕺山，諸書已，如是乃對於中國各期哲學作一綜述，此十九講即綜述也。此十九講乃民國六十七年對臺大哲學研究所諸生所講者。當時口講本無意成書。諸同學認爲將各講由錄音整理成文可供學者悟入中國哲學之津梁，否則茫茫大海，渺無頭緒，何由而知中國哲學之面貌耶？如是由陳博政、胡以嫺、何淑靜、尤惠貞、吳登臺、李明輝六位同學分任其責，而以胡以嫺同學盡力獨多。諸同學之辛勞甚可感也。吾順其記述稍加潤飾，期於辭達意明，雖非吾之行文，然較具體而輕鬆，讀者易順之而悟入也。於所述者盡舉大體之綱格，不廣徵博引，縷述其詳；欲知其詳，當回看上列諸書，知吾之所述皆有本也。無本而綜述，鮮能的當，此不得曰綜述，乃浮光掠影也，故多膚談而錯謬，不足爲憑。綜述已，則各期思想之內在義理可明，而其所啟發之問題亦昭然若揭。故此十九講之副題曰「中國哲學之簡述及其所函蘊之問題」。簡述明固有義理之性格，問題則示未來發展之軌轍。繼往開來，有所持循，於以知慧命之相續繩繩不已也。是爲序。民國七十二年七月。

目錄

第一講　中國哲學之特殊性問題

我們這個課程叫做「中國哲學的特質」。我以前寫過一本小册，也叫這名字（註一）。那是我在香港大學校外課程部所作的講演，一共有十二講，每次只講一個小時。那個講法比較簡單，因爲它是校外課程，是講給社會上的好學之士來聽的，聽眾的程度比較淺，而且也不一定是學哲學的。他們只是想了解一點中國哲學的常識。

我們要想了解中國哲學的特質，有一個方式就是按那小册子的講法，直接從正面敍述，把它的內容簡單地表示出來。還有一種方式是屬於比較高層次的講法，這就不能像那小册子那樣講。這種講法是帶點批導性的。這種講法，如果我們用普通的邏輯裏面的名詞來說，這是屬於第二序上（second order）的講法。那本小册子的講法，是屬於第一序上的講法，只是正面把中國哲學的內容敍述出來，沒有批導出它所函蘊的問題。

這種第二序的講法，當然層次是高一點，同時我們也假定你對中國哲學這一條思想流的內容知道一些。中國哲學大概有些什麼內容，你們可以自己去看，先有個基本知識。我們採取第二序的講法，是就著你已經有的基本知識來重新加以反省、衡量，來看看這裏面有些什麼問題，以及在其他的哲學史中有沒有這樣的問題。這就需要通過比較來限制、來衡量。

再進一步說，要用這種方式講，首先要解決一個問題。因為我們是講中國哲學的特質，既然是如此，那就表示還有非中國的哲學，比如說西方的哲學、印度的哲學。這樣一來，首先就出現一個問題，就是哲學的普遍性和特殊性的問題。平常人們都說，哲學是講普遍的眞理，那有什麼中國與西方之別呢？但是事實上是有分別，這樣一來，哲學就不只有普遍性了，它也有特殊性。另外還有一些人說，哲學沒有普遍性，沒有普遍的哲學、共同的哲學。就著個人講，只有你的哲學、我的哲學、他的哲學；就著國家民族講，只有中國哲學、英國哲學、德國哲學，沒有說是有個共同的哲學。這也是一種說法。但是你反過來說，凡是哲學的眞理都是普遍的（universal）；哲學裏面建立一個概念、一個原則，通常都是有普遍性的。比如說孔夫子講仁，孔子是春秋時代的人，是中國人，但是孔子講仁並不是單單對中國人講。孔子是山東人，他講仁也不是單單對著山東人講。他是對全人類講。人人都當該有，所以「仁」這個概念不是具有普遍性嗎？再比如說，西方這個文化系統，是順著希臘、羅馬、希伯萊這三個來源下來的，卽希臘的科學、哲學，羅馬法以及希伯萊的宗教。可是，同樣是順著這三個來源下來，英國哲學就和德國哲學不同，和法國哲學也不同。不同歸不同，它們三個又是屬於同一系統。所以在這裏，一定要普遍性、特殊性兩面都講，不能只講一面。

我們在正式講中國哲學的特質以前，就要先考慮這個普遍性和特殊性的問題。今天我們先講特殊性的問題。我們說中國代表一個文化系統，西方代表一個文化系統，印度也代表一個文化系統。可是，爲什麼會有這些不同的文化系統？都是人類，爲什麼文化系統卻有差別呢？我們如何來解釋這個差別呢？如果了解了文化系統的特殊性，就能了解哲學的特殊性。這種問題一般人是不會想到的。那麼我們要如何來了解這個問題呢？要如何來解釋才是中肯的呢？

對於這個問題，一般人也可擧出好多例子，從各個文化歷史上已有的那些進向，來說各個文化的特質。但是這種講法不是很中肯的。你當然可以列擧，比如說你可以列擧西方文化歷史上已有的進向，但是這不是眞正的問題所在。問題不在於列擧這些差別的進向，而是在於對這些差別進向的說明。要對何以有這些差別進向作一個解釋。比如說，你講西方哲學史，從 Thales 講起。希臘最早的那些哲學家，都是自然哲學家。Thales 說宇宙的本源，是從水講。再進一步，有說是火的（Heracletus），有說是原子的（Democritus），也有說地水火風四大的（Empedocles），這就是進向，這是大家都知道的。你講中國哲學史的時候，從夏商周三代講起，以至於孔子、孟子，這進向是和希臘大不相同的。我們要說明特殊性的問題，就是要對爲何會有這些差別的進向作一個說明。但要如何來說明呢？這個問題並不是很容易答覆的，這是 how 的問題，不是 what 的問題。假定你回答說，這沒有理由的，事實上就是這樣。這算是什麼答覆呢？你擧出各個文化歷史上的進向，這不能算是說明，這只是記錄，一個事實的記錄，不是一個解釋（interpretation）。既然是要給它一個說明，給它一個解釋，這就不是事實的記錄問題，這是理由的問題。一講到理由的問題，這就是哲學的。事實的記錄也可以算是一種說明，這種說明叫做描述的說明(descriptive interpretation)。這種說明大體是屬於科學的，科學也可以對這個自然世界（physical world）有個說明呀。但是科學的說明大體是描述的，不是理由的，所以科學的說明和哲學的說明不同。比如，科學解釋這個現象世界，拿原子來解釋，這只是描述的說明。假定你問，爲什麼有原子，爲什麼有這個 physical object？這問題科學家不解釋的。假定你說，因爲上帝的創造。可是上帝的創造並不一定可以算是一個說明，就算我們把它當成一個說明，這個說明也不是科學裏邊的說明，科學不問這個。科學的說明只是描述的說明，而哲學的說明是說明理由，是理性的說明。這兩者層次不同，說明也有個分別。因此，如果你對這個特殊性的問題，假定你只列舉了一些進向，假定你說這就是說明，那麼這個說明也還是一個描述的說明。描述的說明，說了也等於沒有說，它只是就著事實來加以描述。比如說，科學家把這個世界，這個物理世界，當做是一個「所與」（Given）。你假定問，這個「所與」從那兒來呢？這是超出科學以外的問題，科學家不答覆的。所以我們對哲學的特質、文化系統的特質這個問題，就不能光只列舉一些進向，我們要進一步說理由。說理由，就是一種理性的說明（rational interpretation），這就超出科學的範圍以外，這種說明也可以叫做哲學的說明（philosophical interpretation）。

那麼，我們要從什麼地方著手來說明這個問題呢？要如何來說明才能中肯呢？這個問題，我在我的「歷史哲學」開頭那個地方也有說到，但那個說法太簡單，而且說的很緊

（註二）。我們現在就把那個意思輕鬆一點地說，讓大家的頭腦比較能活轉。首先，我們要知道，這個特殊性只就著人講，就 human being 講。這不能就著上帝講，上帝沒有特殊性，上帝是無限的存在，無限的存在沒有特殊性。假定照基督教宗教家的說法，上帝也有各種表現呀，它也有 Will，也有 Understanding，也有 Love；可是人也有 will，也有 understanding，也有 love 呀。既然人也有，上帝也有，那在人這方面既然表現有特殊性，上帝為什麼沒有呢？你馬上可以這樣問。但我們就說，上帝是無限的存在，無限存在的那個Love，Will, Understanding之表現沒有特殊性。只有人才有，人是有限的存在。你說有限的存在，這桌子也是有限的存在，這是屬於物。所以特殊性上端不能就上帝講，下端不能就物講。不單是桌子，連動物都沒有。桌子只是個 Matter，動物是有生命的。動物雖然有生命，但是它沒有表現，它沒有文化。照佛教的立場講，動物也是眾生，六道眾生之中有一道是畜生，畜生就是動物，照佛教的說法，它可以成佛的。可是這可以成佛只是理論上的話，事實上是不行的。它要轉生才行。動物可以成佛，它必須要經過幾世劫，要首先轉生為人。大智度論中就有這種話頭，它是說的一隻鴿子（註三）。所以說，就鴿子本身 as such 來看，還是不能成佛，這要經過幾世劫修行轉生以後才行。照佛教的立場講，六道眾生成佛最容易的是人，人是最可貴的，所以說「人身難得」。佛教所說，你不要以為它是個神話，事實上它是個眞理，只不過是用佛教的方式表達就是。

以上我們說，上帝沒有特殊性，物（Matter）也沒有，就是有生命的動物 animal 也沒有文化、沒有表現。沒有表現，那還有什麼特殊性呢？所以這個特殊性是就著人講。人是最可貴也最麻煩。人身難得，當然是最可貴，但同時人也最麻煩，問題最多。人是兩方面通，他上面可以通神性，但他也有物性，他兩面通。所以西方哲學家就有人討論人在宇宙中的地位，這個問題是大家很容易想到的。儒家也看重人，講三才，天地人三極之道，中庸裏面說「參天地，贊化育」，這話是積極的（positive），從好的方面講。我們說人既然是個有限的存在，那麼他表現他的 understanding，他的 love 以及他的 will，他是在限制中表現。有限之所以爲有限，究竟要如何規定，如何來了解呢？照亞里斯多德的說法，有限之所以爲有限，就是因爲人是組合體。組合是以什麼東西組合呢？就是一個 form，一個 matter。這個 form 加在 matter 上，才成 individual。凡是由 form 跟 matter 組合而成的，都是有限的存在。如果光是 matter，在亞里斯多德說，它就是 pure potentiality，加上 form，它才變成個 actual。如果說它只有 form，沒有 matter，那就成了 pure form，就成爲 God。所以人是個有限的存在，他是個組合體，他有 material element。這個 material element 就著我們現實的人講，就是康德所說的感性（sensibility）。人的感性，就是孟子所說的耳目之官。孟子不是說嗎？「耳目之官不思，而蔽於物，物交物，則引之而已矣。」（告子上）也就是孟子所說的「小體」。人既然有感性，那他表現他的 will，他的 understanding，乃至於他的 love，他的 spirit，他一定是在限制中表現。說的具體一點，就是說在他的感性的限制、感性的制約之下來表現。這是人生命本身的問題，他本身就是如此。這個感性的限制有它的必然性，不是可以隨便去掉的，不是可有可無的。這種必然性，用來布尼茲的名詞說，就叫做形而上的必然性（metaphysical necessity）。但這並不是說感性是形而上的。照朱子的說法，感性是屬於氣，是形而下的；但形而下的氣，並不是可有可無，可以隨便拿掉的。不單是人，就是整個世界也離不開這個成分，這個成分是非有不可的，如果把這個成分拿掉，那就沒有世界了。所以它有必然性，這個必然性就叫做 metaphysical necessity。這種必然性，不是邏輯的必然性（logical necessity）。這兩者有別。邏輯的必然性是形式的（formal），不接觸實在，只是推論的那個推演的必然；比如有這個前提就一定有這個結論，這種必然性，就叫邏輯的必然性。但是到我們必須承認一個 form，一個 matter，而且這個 matter 的存在有必然性，這就不是邏輯的必然性，而是 metaphysical necessity。這種思考是來布尼茲貢獻最多，現在人不大講的，現在大家都只講邏輯的必然性。我們說，這個感性的限制，既然有 metaphysical necessity，所以人表現他的精神，他的 love，will，understanding，他是在限制中表現。在限制中表現就是在一通孔中表現，所謂一孔之見。也就是莊子天下篇所說的「天下多得一察焉以自好」。一察就是一孔，你察察這面，我察察那面，人就是如此。道是完整的，它是個全。由於人各得一察焉以自好，於是「道術將爲天下裂」（註四）。莊子天下篇說的很好呀，那文章美得很，蒼蒼涼涼，感慨萬端。現在這個時代就是各得一察焉以自好，正如莊子所說「寡能備於天地之美，稱神明之容」。現在的人對天地之美是不了解的，因爲都科技化了，科技化了那有天地之美呢？「稱神明之容」，神明那有容呢？現代人以為這些都是不科學，是玄學。事實上，人生是要歸宿到「備於天地之美，稱神明之容」這個地方，才能眞正有幸福，要不然人沒有幸福可言。

以上我們說的，人是在通孔中表現他的精神生活，人須受感性的限制，這是內在地說，這是人的生命所本有的固具的限制或內在的限制（intrinsic limitation）。另外我們還可以外在地說，也就是生命本有的限制之外，還有外在的限制。這個外在的限制就是外部世界的環境。在這兩者之中，一般人都只注意到這個外在環境，但都忽略了這個內在的限制。事實上外在環境只是外緣，不是主因 cause。你說通通是由於環境的決定，但是為什麼同樣是在這個環境，為什麼你有這個反應，我就沒有呢？所以馬克思的唯物史觀不通就是這個道理。環境怎麼能決定呢？環境只是個外緣。在這裏我就覺得湯恩比講 challenge 與 response 是落於下乘。比如說，抗戰是個大時代；照中華民族來講共產黨的出現是個大刼難。這種大問題就是挑戰，可是有多少人接受這個挑戰呢？有多少人有反應呢？就是有反應，反應也各不相同。所以這怎麼能決定呢？因此我們說，光注意外在環境這個 external condition 的挑戰是不夠的，你最重要的要看你自己生命本身的限制。

由這內外兩方面的限制，就使你表現你的精神生活，是通過一個通孔來表現。這「通過一個通孔來表現」，也是一個 metaphysical necessity。所有人生的艱難困苦都在這兒，人生的悲壯也在這個地方。假定人完全沒有限制，一往暢通，這是很舒服的，但這就不是人，這就成為神，成為上帝了。可是，就是上帝吧，光上帝本身也沒有辦法表現。上帝是什麼？

它要表現一定要假借耶穌。沒有耶穌，上帝的內容是什麼就沒有人知道，只成一個抽象的空概念（註五）。所以有人問耶穌，你天天講天上的父，這天上的父是什麼樣你拿給我看看。耶穌說，你天天和我在一起，你還沒看見嗎？這就表示說，你要通過他來了解，上帝要通過他來表現。通過他的愛，他的上十字架，神性不是全部表現出來了嗎？所以，我們剛開始的時候所說的限制只是消極的意義，好像是這個限制使我們不能把道、理全部表現出來，這好像是不好。事實上，反過來說，如果你了解這限制有它形而上的必然性的時候，它也有積極的意義。也就是說，眞理必須要通過這限制來表現，沒有限制就沒有眞理的表現。所以這個限制，它同時限制你，同時使你在限制之中把眞理體現出來。因此理學家也很看重這個氣，氣雖然是形而下的，它阻礙、限制我們，但同時你要表現那個理也不能離開氣。離開氣，理就沒表現。所以氣這個成分有它正反兩面的作用。我們這個身體當然是個限制，討厭的時候你當然也可以自殺，把它毀掉。但是它也有它的作用，就是「道」、「眞理」必須通過這生命來表現。這是人的悲劇性，人的悲壯性就在這個地方。道必須通過它來表現，它是個通孔。它既然是個通孔，就同時有個限制，道就在一個通孔上顯現，並沒有全體表現出來，這不就是被限制了嗎？比如上帝它必須通過耶穌這個生命來表現，但是生命在表現道的時候，同時又限制這個道。這個就是一種 paradox，就是莊子所說的「弔詭」。也就由這種 paradox，所以才有辯證 dialectic 出現，這叫做 dialectical paradox。這種辯證的詭辭，中國人是很懂的，莊子就很懂，莊子的齊物論就都是這種詭辭。當然西方哲學家黑格爾也很懂。從這裏再進一步，不但是個人受到這內外兩方面的限制，就是一個民族也是這樣。每個民族都是許多人合起來的集團活動。任何一個民族，它表現它的精神生活，也都是在這兩種限制之中表現，這兩種限制也有我們所說的 metaphysical necessity。

以上我們已經說明了特殊性只能就著人講。「人有感性」是必然的，「感性限制我們」是必然的；而必須在一個限制中表現，這也是必然的。這些通通都是形而上地必然的。不但就著人講是如此，就是就著民族講也是如此。假定你把這些弄清楚了，那麼你也可以再進一步問：既然都是在限制中表現，那爲什麼中華民族是這樣開始呢？爲什麼希臘是那樣開始呢？希伯萊、印度又爲什麼是那樣開始呢？爲什麼希臘表現它的思想是由 Thales 這些自然哲學家開始呢？爲什麼它是通過這個孔？爲什麼中國通過那個孔？爲什麼希伯萊、印度又是通過不同的孔呢？在這個地方有什麼理由沒有呢？這個地方呀，它沒有形而上學的必然性，當然也沒有邏輯的必然性，說中國人非如此不可。假定這裏要是有邏輯的必然性，形而上的必然性，那麼中國人就不會變了，就永遠是如此。這樣我們就沒有辦法吸收西方文化，西方人也沒有辦法吸收中國的東西。所以要說明爲什麼這個文化是通過這個孔，就只有歷史的理由（historical reason），沒有邏輯的理由。假定這個地方有必然性，那麼這個必然性就是歷史的必然性（historical necessity），歷史也可以說必然呀。當然現在一般唸歷史的人都認爲歷史只是偶然的，只是一些亂七八糟的現象，那裏有必然性。他們如果能承認歷史中的這些現象能够關連起來，而有相當的法則，那已經算是很客氣了。現在講歷史的人也不認爲有什麼一定的法則，至少沒有自然科學的法則。有人說他是用科學方法講歷史，這句話是不通的，科學方法不能用在歷史。什麼是科學方法？歸納法。歷史是不能歸納的。文字的材料可以歸納，但歷史本身是不能歸納的（註六）。現在唸歷史的人，他研究的不是這個歷史本身，而是歷史材料，文獻的材料或是地下挖出來的材料。人們說：他們是專家，他們懂得歷史，你不懂歷史。其實我是懂歷史，只是不記得歷史。他們才是不懂歷史，只記得歷史。歷史是不能用科學的方法歸納的。比如說昆陽之戰，王莽有百萬大軍，還有獅子老虎巨人，漢光武有多少軍隊呢？他只有數千人！但是他卻把王莽打敗了。你敢說漢光武那時如此，你今天也一定可以如此嗎？他打勝了，你就一定能打勝嗎？這是沒有一定的，不能歸納的。這不能用科學方法，當然也沒有科學方法中所發現的因果法則。但是我們爲什麼說有歷史的必然性呢？這個歷史的必然性，站在科學立場是不能了解的；而且光站在材料的收集、編排也是不能了解的。材料（如二十五史）不是歷史本身，只是記載歷史的文獻，文獻並不等於歷史。要講歷史的必然性，只有把歷史看成是精神的表現，這是黑格爾的方法。黑格爾是能講歷史哲學的，他的歷史哲學對歷史有什麼看法呢？黑格爾把歷史看成是精神的發展、精神的表現史，它裏面有一種韻律，一種內在的律則（intrinsic law），它有一種節奏，這種節奏就是所謂精神發展中的節奏。只有從這個地方講，你才能了解歷史的必然性。假定你從材料的編排、考據來了解歷史，那我不能了解爲什麼明朝末年一定會亡國，爲什麼滿清一定能入關。滿清入關，統治中國三百年，這才有清末那種知識份子的鄙陋。由清朝末年知識份子的鄙陋，就有民國那種知識份子的淺薄，一樣的鄙陋而且加上淺薄。有那種鄙陋加上淺薄，才有共產黨出現，乃至於演變成今天這個樣子。這要是從外部看，那有什麼必然性呢？但是你要是從精神的發展上講，它是一步一步轉出來的，這個就是精神發展中的一個內在的韻律，這種韻律就叫做歷史的必然性。它既不是邏輯的必然性，也不是科學裏邊那個機械的因果律。這種必然性，就叫做辯證的必然性。歷史的必然性都是辯證的必然性(dialectical necessity)。所以假定你通過這個觀點，你看看從滿清三百年以來一直到中華民國這六十多年的歷史，它是一步一步的出現的。這地方不能用我們平常作文章的方式來假定如何如何。比如說如果康有爲當年不怎麼樣，那就如何如何，或者如果　孫中山先生不怎麼樣，那就如何如何。這裏不可隨便濫用「如果」這種假設語氣的，這是作八股文章，講歷史是不可以這樣的。歷史是不能用「如果」之擬議來辯的。莊子說：「六合之外，聖人存而不論。六合之內，聖人論而不議。春秋經世先王之志（誌），聖人議而不辯。」這「議而不辯」似乎已透露了這個意思。假定你說，如果當初不是這樣那不就很好了嗎？這種話都是不負責任的風涼話，不了解歷史的艱難。所以我不喜歡唐宋八大家的文章，就是這個道理。蘇東坡論史的那些文章就專門說如果，假定怎麼樣怎麼樣，你那來那麼多的假定呢？這不是眞正可以論史的，這只是做文章，做文章和做學問是不同的。在那個環境之下，就出現那樣的人才，出現那樣的人才，就決定那個時代。這裏也有個必然性。所以我們從滿清三百年來到共產黨出現，這是一步一步轉出來的。因此共產黨的出現，它不是偶然的，不是從天上掉下來的，不是忽然間變出一個共產黨來，好像耍魔術一樣。從歷史的發展上講，它有歷史的必然性。

但是我們講歷史，也不能光講一個歷史的必然性。如果只講歷史的必然性，那就是黑格爾那個話出現：凡現實的就是合理的（What is actual is rational）。這個 rational，是指合辯證的理性，是套在辯證的發展中講的，它不是邏輯的理性，也不是科學的理性。如果說凡現實的就是合理的，那你也可以說，那共產黨也合理呀，秦始皇也合理呀，它在歷史中是必然要出現的呀。所以我們講歷史，除了歷史的必然性以外，一定要講一個道德的必然性（moral necessity）。照這個意思，講歷史就要有兩個判斷，一個是道德判斷，一個是歷史判斷（註七）。中國以前也有這個問題，南宋的時候朱夫子和陳同甫兩個人相爭論，就是這個問題。朱夫子只有道德判斷，沒有歷史判斷，所以他不能講歷史。陳同甫呢？他似是只有歷史判斷，沒有道德判斷。所以兩個人起衝突。事實上陳同甫那個歷史判斷，並不是在辯證發展中的歷史判斷，他那個歷史判斷，嚴格講只是英雄主義。陳同甫的基本精神就是英雄主義，他要爭漢唐，要承認漢唐也有價值。他說中國歷史不是堯舜三代就完了，而且天地並非架漏過時，人心並非牽補度日。如果我們不承認這漢唐的價值，那三代以下的歷史不是掛空了嗎？這樣不就是架漏過時嗎？所以他力爭漢唐。這裏我們要了解一下陳同甫承認漢唐是在什麼立場承認，他還不是在辯證發展中歷史判斷地承認之，而只是英雄主義地承認之，仍然是偶然。所以他和朱夫子相對反，而皆不能證成歷史判斷。這兩人之爭，在南宋是個大問題，而且這個爭論很有啟發性。

以上是我順著特殊性這個問題講下來。我們說，每個文化的開端，不管是從那個地方開始，它一定是通過一通孔來表現，這有形而上的必然性。但是爲什麼單單是這個孔，而不是那個孔？這就完全沒有形而上的必然性，也沒有邏輯的必然性，只有歷史的必然性。歷史的必然性，不是邏輯的必然性，也不是形而上學的必然性，也不是科學的因果性，它是在辯證發展中的那個必然性。從這裏我就再進一步說，光是通過歷史的發展來了解歷史，那是不够的，那就犯了黑格爾的毛病。講歷史，一定要道德判斷和歷史判斷兩者都有。

現在我們把文化縮小到哲學方面，來講講中國哲學的特質，中國哲學的開端。中國哲學是從這個通孔開始，就是堯舜禹湯文武周公這些人物所表現的。這些人都是聖王，都是philosopher-king。不管你贊成不贊成、相信不相信他們是聖王，但他們絕不是像希臘的那些自然哲學家。那爲什麼中國哲學的開端是如此而不如彼呢？這只能講歷史的理由。歷史的理由並沒有邏輯的必然性，一定非如此不可，換一換也未嘗不可。但是事實上它就是如此，並沒有如彼，這就是歷史的理由。中國哲學就是從這裏開端，通過這個通孔表現它的精神生活。在這個表現過程裏面，各種內容的眞理（intensional truth）就通通出現了。中國沒有西方式的哲學傳統，西方希臘哲學傳統開頭是自然哲學，開哲學傳統同時也開科學傳統。中國沒有西方式的哲學傳統，後來也沒有發展出科學，儘管中國也有一些科技性的知識。李約瑟就拼命地講中國科學的發展史，講歸講，講了那麼一大堆，它究竟沒有成爲現代的科學。在中國的詩書中，雖然也有「帝」、「天」，但也沒有成爲像基督教那樣的宗教。

那麼，中國哲學的主要課題是什麼呢？

中國哲學，從它那個通孔所發展出來的主要課題是生命，就是我們所說的生命的學問。它是以生命爲它的對象，主要的用心在於如何來調節我們的生命，來運轉我們的生命、安頓我們的生命。這就不同於希臘那些自然哲學家，他們的對象是自然，是以自然界作爲主要課題。因此就決定後來的西方哲學家有 cosmology，有 ontology，合起來就是亞里斯多德所說的 metaphysics。這個 metaphysics 就是後來康德所說的 theoretical metaphysics。希臘就是成這一套。中國人就不是這樣，中國人首先重德，德性這個觀念首先出現，首出庶物。這個拿康德的話來講，就是實踐理性有優先性，有優越性，優先優越於 theoretical reason。中國古人對德性，對道德有清楚的觀念，但對知識就麻煩。知識本來就很難的，要有知識必須經過和外界接觸，要了解對象，這不是盡其在我，而且不是操之在我的，德性的問題是操之在我的，我欲仁斯仁至矣。這合乎人情之常，所以古人首先對德性有清楚的觀念。德性問題是操之在我，所以他講德性問題的時候是重簡易。因此後來陸象山講簡易是有道理的，因爲它不需要對外界有好多知識，你對外界有好多知識是沒用的，所以朱夫子的道問學之所以不行就是在這個地方不行。這個道理康德講的也很清楚，陸象山所說的簡易由此可以得到充分的說明（註八）。康德說，如果依照意志的自律而行，那麼你所應當行的是什麼，這是很容易知道的，平常人都可以知道；但假定要依照意志的他律而行，就需要對世界有知識。這需要對世界有知識，就很麻煩了。爲什麼呢？我要先經過長期的考慮。考慮了老半天，還不能懂，還要請教專家。請教專家，就是需要知識，以知識來決定，就是他律，這就不是眞正的道德。中國人首先重視生命，他的頭往這兒轉，他兩眼不往外看。假定你以自然爲對象，你就要往外看。卽使不是自然，像希伯萊的宗教，有個上帝，那也要往外看、往上看。中國人也看天呀，但「天視自我民視，天聽自我民聽」，這就不完全看天，他要下來看老百姓；老百姓如何聽如何視，就要看你自己，所以先要明明德。你要得到老百姓的支持，你自己就要先好好地負責任，這樣就眼光一步步往裏轉。基督教是永遠往外轉，向上看。科學也是永遠向外看，這不待言。就是西方的哲學也是習於向外看。西方文化的特點就是如此。這頭腦一旦定住了，它是很難轉的，它成了個習慣，看任何東西都是這樣。現在的中國人就專門學西方那一套。中國哲學，古人重視生命問題，現在沒有人重視這個生命問題。現在人把生命首先變成心理學，然後由心理學變成生理學，由生理學再變成物理學，再轉成人類學及其他種種的科學。各人由這許多不同的科學觀點來看人，這一看把人都看沒有了，所以這些都是假科學（pseudo-science）。固然學問無大小，眞理無大小，但是卻有本末。本末的次序，價値的高低不能不分辨。有些東西是不能拿科學來解決的。我並不反對科學這一個層次，但除了這個層次以外，還有其他的層次。但有些泛科學主義、科學一層論者卻不承認這一點。我們並不反對科學，但我們反對以科學爲唯一標準的泛科學主義，科學一層論。

今天我們就講到這裏，下次再繼續講普遍性的問題。

陳博政記錄

附註：

註一：本書由學生書局出版。

註二：「歷史哲學」一—四頁。並請參閱「歷史哲學」附錄第二十九—三十頁及「道德的理想主義」中「關於文化與中國文化」一文第二節。

註三：大智度論卷第十一：「……佛告舍利弗：此鴿除諸聲聞辟支佛所知齊限，復於恒河沙等大刼中，常作鴿身，罪訖得出。輪轉五道中，後得為人。經五百世中乃得利根。是時有佛度無量阿僧祇衆生，然後入無餘涅槃，遺法在世。是人作五戒優婆塞，從比丘聞讚佛功德，於是初發心願欲作佛，然後於三阿僧祇刼行六波羅蜜，十地具足，得作佛，度無量衆生已，而入無餘涅槃。……」（大正二五・一三九上）

註四：莊子天下篇：「……天下大亂，賢聖不明，道德不一，天下多得一察焉以自好。譬如耳目鼻口，皆有所明，不能相通。猶百家衆技也，皆有所長，時有所用。雖然，不該不徧，一曲之士也。判天地之美，析萬物之理，察古人之全，寡能備於天地之美，稱神明之容。是故內聖外王之道，闇而不明，鬱而不發，天下之人各為其所欲焉以自為方。悲夫，百家往而不反，必不合矣。後世之學者，不幸不見天地之純，古人之大體，道術將為天下裂。……」

註五：參閱「中國哲學的特質第七講」。

註六：參閱「歷史哲學」三版自序。

註七：牟先生論道德判斷與歷史判斷詳見「政道與治道」第十章。並請參閱「歷史哲學」三版自序及「生命的學問」中「論『凡存在卽合理』」一文。

註八：參閱「從陸象山到劉蕺山」第八—九頁。

第二講　兩種眞理以及其普遍性之不同

我們上一次說，每個文化系統的開端都是通過一個通孔，因此它的表現就有限制，從這個地方我們可以說特殊性。但是，雖然它的表現是有限制，然而當它一旦從通孔裏邊呈現出來一個觀念、成一個概念，這個觀念、概念就有相當的眞實性。也就是說，當它表現出來而成一個概念、觀念，它就是個眞理，它就有普遍性，眞理都是有普遍性的。我們從通孔說特殊性，這是個分析命題。從眞理說普遍性，這也是個分析命題。特殊性從通孔那個地方來了解是很容易了解的，既然是通孔當然有特殊性。通孔固然是個限制，可是我通過這個限制表現出來一個觀念、一個概念，它就成一個眞理，它既然一旦成個眞理，眞理本身就函有普遍性，所以從眞理這個地方說普遍性，這也是個分析命題，這是很容易了解的。

但是，這是就文化系統的表現而籠統地說的眞理底普遍性。眞理有多樣，而皆有普遍性，然則這普遍性是一呢，抑還是隨眞理之多樣而亦多樣呢？抑還是只有一種眞理，因此普遍性亦只有一種？我們似乎不能說只有一種眞理，因爲顯然有科學的眞理，亦有非科學的眞理，即科學的眞理亦有經驗科學的眞理如物理化學；又有形式科學的眞理如數學。眞理既有多樣，則眞理之普遍性似乎也不能一樣。但我們不能就此多樣而說眞理底特殊性或普遍性底特殊性，這似乎是不通的。我們通常的語言常是不很嚴格的。隨便說說，似乎也有表意。但嚴格講，「特殊性」是不能用的。我們似乎只能說獨特性或各別性。這獨特性或各別性是只就眞理之多樣性而說。同是普遍的，但隨眞理之多樣性亦有多樣的普遍性，此卽是說普遍性亦有不同，此卽是普遍性之獨特性。關於這一點，首先我們要了解，什麼東西我們可以用普遍的（universal）去形容它，什麼東西可以用特殊的（particular）去形容它呢？這是屬於兩個不同的範圍，兩個 category 的。依照亞里斯多德的說法，universal 只能形容概念（concept），凡是概念都有相當的普遍性（universality）；那麼 particular 呢？particular 只能就著特殊的現象，也就是事件（events）講。因此這兩者是屬於兩個不同的 category，兩個不同的層次。這就表示 universal 這個形容詞只能用來形容眞理、概念，particular 這個形容詞只能形容特殊的事件，只能形容可以經驗的現象或是屬於感覺的對象。既然對於眞理只能說普遍性，那麼我們又怎麼說眞理有獨特性呢？我們何以又能說普遍性亦有獨特性呢？

首先我們先來看看什麼是眞理。眞理這兩個字是大家天天講的，但是很少有人能恰當地了解究竟什麼叫做眞理，所以西方哲學裏頭對「什麼是眞理」這個問題就有種種的說法。他們那些說法我們在這裏不想去講它。

大家首先要了解，眞理大體可分爲兩種：一種叫做外延的眞理（extensional truth），一種叫做內容的眞理（intensional truth）。外延的眞理大體是指科學的眞理，如自然科學的眞理或是數學的眞理。數學是formal science，自然科學是material science，或者說empirical science。但是不管是formal science或是material science，它只要成個科學，它的眞理就是外延的眞理。比如羅素在"An Inquiry Concerning the Meaning and Truth"這本書中就提到，科學知識總要承認兩個基本原則：一是外延性原則（principle of extensionality），另一個是原子性原則（principle of atomicity）。這兩個原則是講科學知識所必須假定的。爲什麼要外延原則呢？外延的知識可以脫離我們主觀的態度（subjective attitude）。凡是不繫屬於主體（subject）而可以客觀地肯斷（objectively asserted）的那一種眞理，通通都是外延眞理。科學的眞理是可以脫離我們主觀的態度的。比如一棵樹，假定你用審美的態度來看，說這棵樹如何如何的美，這個不是科學知識，這是繫屬於主體的。把一棵樹用科學的態度來研究的，是植物學裏面所講的那些。植物學是門科學，它研究一棵樹所得到的結論是可以客觀地肯斷的，這就是屬於外延的眞理。就科學知識而言，內容的眞理是沒有的，也不能有內容的命題（intensional proposition）。科學裏面的命題通通都是外延命題（extensional proposition），沒有所謂的內容命題。「外延命題」、「內容命題」這些名詞是羅素首先使用的（參閱「理則學」第二章第五節）。照羅素的說法，所謂內容眞理、內容命題通通是繫屬於主體，繫屬於主觀態度上的一些話。羅素早期還客氣一點，還用「內容命題」這個名詞。到了後來，他就不用「內容命題」這個名稱而叫它是命題態度（propositional attitude），說它不是命題，只是命題的態度而已。這個態度是主觀態度，是繫屬於主體的。舉例來說，假定上帝存在已經被證明了，那麼「上帝存在」這句話就是可以客觀地肯斷的一句話，這句話就是個外延命題。可是如果上帝存在沒有被證明，而你說「我相信上帝存在」，那麼這句話就不是外延命題，這句話沒有客觀性也沒有普遍性。因爲它繫屬於「我相信」，繫屬於我的主觀態度。我相信的別人並不一定相信，我今天相信的明天也不一定相信，所以可見這就沒有客觀性和普遍性。因此像「我相信如何如何」或是「我認爲如何如何」凡是套在這些「我相信」、「我認爲」下面的話通通都是內容命題。到了後來，羅素乾脆就說它是個命題態度，不承認它是命題，而只是命題態度。

我們要知道，羅素的這種分法主要是爲了講科學知識、數學知識。數學知識、科學知識裏邊的那些命題通通是外延命題，它不能夠有內容命題，不能夠有那些只是命題態度而實際上並不是個命題的那些話。後來邏輯實證論者所說的大抵都是根據這個觀念而來的。邏輯實證論者只承認有認知意義的那種外延命題，凡是沒有這一種意義的，邏輯實證論者就說它不是命題。所以他們說凡是沒有認知意義的、不能外延化的，通通都不是個命題。嚴格講甚至連「命題」這個名詞都不能用。因此他們就推進一步說形上學裏邊的那些話都不是命題、都沒有認知的意義。到這個地方爲止，邏輯實證論者所說的並不是錯的。但是邏輯實證論者從這個形上學沒有認知的意義，就馬上斷定說它沒有意義（meaningless）這句話就斷定得太快了。沒有認知的意義是說沒有科學知識的意義，但是沒有科學知識的意義、沒有認知的意義並不一定就是沒有意義。可是邏輯實證論者把意義（meaning）限定了，他們認爲只有能夠外延化的那種知識才有意義。所以他們說形上學裏面的話沒有認知的意義，沒有認知的意義就是沒有意義。形而上學沒有認知的意義，那它講的是什麼東西呢？邏輯實證論者就說它只是滿足我們的情感，不能當知識來看，因此他們進一步說形上學裏邊的那些話都是一些概念的詩歌（conceptual poem）。詩歌是滿足我們的情感，所以他們說形上學只是概念的詩歌，都只是來滿足我們主觀的情感。

邏輯實證論者的這些話，如果我們順著他們的思路推下去，並不一定就是錯的。因爲他們就是這樣規定的。如果以外延眞理爲標準，如果眞理只有外延眞理而沒有內容眞理，那麼他們這些話通通都可以成立。但是，天地間是不是只有外延眞理呢？我在前面說眞理有外延眞理和內容眞理兩種。這句話究竟是不是能站得住呢？內容眞理算不算是眞理呢？這也就等於問說，內容命題算不算是一種命題呢？如果命題一定是外延命題，那麼就沒有所謂的內容命題，沒有內容命題那也就沒有內容眞理。我們是不是可以說眞理只有外延眞理呢？這句話是不能說的。我們除了外延眞理外，還得承認有內容眞理。如果我們承認有內容眞理，那麼我們如何來對付邏輯實證論者那句話，就是說形上學裏面的那些話都只是概念的詩歌，只是滿足我們的情感。如果形上學只是概念的詩歌，只滿足我們主觀的情感，那就不能說是眞理。可是形上學，還有道家、佛家、基督教裏面的那些話，眞的只是滿足我們私人的情感嗎？你可以說它不是外延眞理，但是它不是外延眞理並不能就說它不是眞理。這些都是內容眞理，這種眞理我們不能用「概念的詩歌」來打發掉。先不必說概念的詩，就光說詩好了，比如說李商隱的詩、杜甫的詩、李太白的詩，它是詩不是科學知識，但是這詩裏面是不是就一無表示呢？比如說紅樓夢是小說，從歷史的事實上講並沒有這個事實。它只能當文學作品來看。可是爲什麼大家喜歡看紅樓夢呢？而且看的時候還痛哭流涕。紅樓夢不是歷史的事實，它是文學，但是它裏面有眞實感，它可以引發你的眞實感。這個眞實感不是屬於科學知識，它不是外延的眞理。那麼，這個眞實感的這個「眞實」你要如何交待呢？這個眞實性就是我們平常所說的人生的眞實性。人生的悲歡離合這些是有眞實性的。但是這些眞實性是科學裏面不講的。我們的人生是整個的，你爲什麼特別突出那一面，只承認科學知識的眞實性而抹煞了這一面的眞實性呢？科學知識那一面只是人生整個的一部分，你爲什麼單單說那一部分是眞實、是眞理，而其他的都不是眞理呢？

所以從這個地方看，詩、文學雖然不是科學知識，但是它並不是無所表示。就著它有所表示的地方來看，它這個表示有眞實性，這個眞實性是屬於人生全體（human life as such, human life as a whole）中的那個眞實性。從人生全體來看，人是具體地生活著，你光突出一面重視科學知識，這只是人生的一部分，這不是把人生當一個整全、當個全體來看。人生是個全的，你單單突出這一面，只承認這一部分而否絕人生全體，這自然是不對。詩和文學都已經是如此，那麼形上學裏面所說的那些話，宗教家所說的關於上帝的那些話，佛教裏面所說的般若、解脫、法身那些話，這些都不是科學眞理，都不是外延命題，它們是不是也像紅樓夢一樣有眞實性呢？紅樓夢、李杜詩都已經有眞實性了，則這些就著人生全體來看也是一樣的有眞實性。你如果只承認科學眞理而否定這些，那你就是自我否定(self-denial)。如果你承認這些是不能否絕的，那麼這些的眞實性你又如何交待呢？佛家所說的那一些、道家所說的那一些、儒家論孟中庸易傳所說的那一些，它通通不是外延命題，都不是科學知識。就這一點來說，它和紅樓夢、李杜詩是相同的。但是它是不是就等於李、杜詩或者說是不是就等於紅樓夢呢？這也不然。李杜詩、紅樓夢有眞實性，這一些也有眞實性，但是它這個眞實性並不就等於是詩歌的那種眞實性，因此你不可以說它是概念的詩。這就表示說，儒家、佛家、道家所講的那些話和李太白、杜甫的詩還是不一樣。雖然兩者都有眞實性，這兩個眞實性也不能完全等同(identical)，甚至可以說完全不同。那麼儒家、佛家、道家以及西方宗教家所講的那些話，你如何來交待呢？它不是外延眞理，可是它也不是詩，它的眞實性和詩的眞實性還是不同。既然不同，我們就不能只用個概念的詩歌來把它打發掉，這是不行的。它既然有眞實性，所以我們在外延眞理以外，一定要承認一個內容眞理。這種內容眞理不是科學知識，它不能外延化，但是它是眞理。

這個內容眞理我們如何來了解呢？這個「內容」(intensional)我們第一步還是順着羅素的那個規定來了解。先說這種內容的眞理，它不能離開主觀態度。比如說，紅樓夢這部小說是在曹雪芹的那個主觀的情緒生活中呈現出來的眞實性。宗教家所說的那些話，乃至於佛教、道家、儒家所說的那些話，也是在他們主觀的眞實性中呈現出來的話，它不能脫離主體。我們就這些話說內容眞理，一說到內容眞理，它就不只是主觀態度。是故一開始你也可以說它不能脫離主觀的態度，進一步當該說，它不能脫離主體性（subjectivity）。文學家的主體性是他的情感；而宗教家，乃至孔子孟子所講的，你就不能把它看成是文學家的情感，它也是理性。比如說孔子講仁，這個仁顯然不是一首詩所表示的情感。即使說它滿足我們的情感，但這也和一首詩的滿足我們的情感不一樣。這兩者所滿足的情感也不同，這個不同你要能分別而且要正視。詩、文學所滿足的，我們叫它是 feeling，這種 feeling 康德的說法是 sensible feeling，是屬於感性的。可是孔子所講的仁，乃至道家、佛家所講的，你雖然也可以說它滿足我們的情感，然而這個情感並不是感性的，它裏面就函有理性（reason）。這種理性當然不是研究科學、邏輯、數學所表現的那個理性，但它也是理性。所以以前的人叫它是「道」，道是理性而不是情感。這個理性，比如說仁，它是情感可是它也是理性。所以邏輯實證論者說它只是概念的詩歌，只滿足我們的情感，這是不行的。因爲說這句話的人，他們無形中是以科學眞理作爲唯一的眞理，這個態度是不對的。他們在無形中就把我們人生全體中所突出的一面當成是眞理之全部，而拿這一面反過來否絕我們人生的全體。可是難道我們人生全體就只有這一面是眞實的嗎？其他的就都不眞實嗎？如果除了具有認知意義以外的都不是眞實，那麼你天天不就生活在虛妄之中嗎？你科學家是不是掛在眞空管裏面呢？科學家也有人生，科學家也要有家庭、也要結婚，可是科學裏面並沒有結婚，也沒有愛。

所以，除了外延眞理以外，我們一定要承認一個內容眞理，它是繫屬於主體。可是雖然繫屬於主體，它既然是眞理就一定也有相當的普遍性。我這裏說的「相當」是「相應」的意思，就是說它有和 intensional 這個意思恰當的相應的普遍性。這個「相當」不是平常所說的意思，平常我們說「相當」好像是表示我們謙虛一點，話不要說這麼滿。可是我這裏的「相當」就是滿。相當就是相應於這個 intensional 而有它的普遍性，這和外延眞理相應外延而有普遍性的情形是一樣的。外延眞理有普遍性，那個普遍性是相應外延而說的；內容眞理的普遍性是相應內容而說的。這兩種眞理都可以說普遍性。個人的情感並沒有普遍性，比如說杜甫寫一首詩，他當時那個主觀的情感沒有人能替代，也沒有人能說得來。可是他在這個個人的特殊情感中寫那一首詩，這首詩所表示的眞實性就有相當的普遍性，這種普遍性就是內容的普遍性（intensional universality）。人人讀這首詩都可以起共鳴，我們就在這個地方看它有普遍性。所以詩人作一首詩的時候，他當下的那個特殊情感是獨一無二的，有那個情感他才作得出這首詩，沒有就作不出來。而且他今天有這個情感，明天並不一定也有。可是當這首詩作出來以後，它是一個客觀的呈現，我們通過文字來了解而可以起共鳴，所以它有眞實性，這種眞實性是內容的普遍性。詩都已經如此，更何況是佛家、道家以及儒家孔孟中庸易傳所講的那些話，那就更有普遍性了。但是雖然更有普遍性，它這種普遍性還是內容的普遍性，而不是外延的普遍性，不是科學。從這個地方看，現在好多人都是外行，都是瞎說。他們一定要把中國的學問講成是科學，好像把它講成是科學就可以得到保險一樣，這是不對的。而且這正好把中國的這些道理都搞壞了，因爲它根本就不屬於科學這個範圍，你爲什麼要亂比附呢？比如有人說易經裏面有相對論，其實易經裏面那裏有相對論呢？這就是瞎比附。你說易經裏面有相對論，這就表示你既不懂相對論也不懂易經。

如果我們了解眞理有內容眞理和外延眞理兩種，那麼我們就不能贊成邏輯實證論者對語言的二分法。我們要表現眞理必須使用到語言，邏輯實證論者因爲把眞理限定成一種，所以他把語言二分，一種是科學語言，除了科學語言以外就是情感語言。因此他說形上學的那些話也是情感語言，只滿足我們主觀的情感。這個二分法是不行的。所以唐君毅先生就曾經提出一個觀念來，他提出從我們事實上使用語言所表現的來看，當該是三分：科學語言是一種；文學語言是情感語言；至於道家、儒家所講的，這些還是學問，他們所講的是道。道不是情感，道是理性。但是這個理性我剛才說過，它不是在科學、數學裏面所表現的那個理性。它既然是理性，因此表達這種理性的語言就不是文學語言這種情感語言，可是這也不是科學語言。所以唐君毅先生提議把這種語言叫做啟發語言（heuristic language）。我們對這種啟發語言就不能像邏輯實證論者那種看法。邏輯實證論者的毛病就在他們因爲不喜歡形而上學、道德、宗教這些東西，所以他們把語言二分，把這些通通說成情感語言。其實，道德宗教是人生精神最重要的，焉能以情感消解之？你個人不喜歡也可以，但是你不能因爲你個人的不喜歡而客觀地把它否絕掉，邏輯實證論者壞就壞在這個地方，從這個地方說，他們是 illogical。

這個啟發語言，就如大學中所說的「大學之道在明明德」，也好像佛家講無明，從無明變成「明」，它是表示我們生命的 enlightment，使我們的生命明。這個明也不是科學，也不是文學。文學正好不使人明，而是使人無明。所以柏拉圖不喜歡文學，他那個理想國裏面就沒有文學家。一切的道德宗教都在這個「明」的範圍之內，這個明不只是來滿足我們的情感，也不是科學，邏輯實證論者怎麼能只用「概念的詩歌」一句話就把它給打發掉呢？這個明的學問大極了，它不是情感問題。我們現在這個時代的文化就是沒有明，沒有所謂的啟發語言，只有科學語言，除了科學語言外，和它相反的就是情感語言。可是光只有情感語言就只能使人橫衝直撞，結果是盲爽發狂。科技又不能決定什麼。現代人把重點落在科技方面，除了科技以外就是情感，情感卻又盲爽發狂，因此使這個時代完全暴露。情感這樣地暴露下去，結果使人成爲動物，人一變成動物就壞了，人一變成動物就沒有罪惡感，人一沒有罪惡感就是墮落。只有人才有罪惡感，現在的人沒有罪惡感，他只有技術問題。他把一切道德都轉化成技術問題，不問道德上的是非，只問技術上對不對。現在的人用種種的藉口，用種種所謂科學的字眼來把罪惡這個觀念去掉，把這一切是非善惡的觀念通通變成技術上的對不對。我技術上裝電燈裝錯了，你總不能說我犯罪吧。上帝沒有罪惡感，動物也沒有罪惡感，但是人不能沒有罪惡感。如果把人當人的身份來看，人沒有罪惡感就成了個大墮落。這是現代的一個大問題。

剛才我是借用羅素的用語，來點出有個內容眞理。有內容眞理就有內容的普遍性。我們到現在一直是用「內容的」來表示英文的 intensional，用「外延的」來表示 extensional。現在我們可以用另外兩個詞語來表示，也就是說這個 intensional 可以翻譯爲「強度的」，

extensional 可以翻譯爲「廣度的」。所以 intensional truth 可以叫做強度的眞理，extensional truth 可以叫做廣度的眞理。「內容」和「外延」是直接從邏輯上借用來的名詞，經過我們這麼一轉就可以轉成這個名詞，這在意思上是一樣的。而這兩個名詞更能表示我們所要表達的意思。廣度的眞理是屬於數學量、物理量的。而強度的眞理就不是科學裏面那種量，它不是數學量也不是物理量。它是屬於生命方面的，生命才可以說強度。強度屬於生命，繫屬於主體，生命主體才能表現強度。它不能離開主體；道德、宗教一定要落入主體來呈現。這個主體我們不能把它當做對象來作所謂客觀的研究。現代人用心理學、人類學、社會學這些科學來研究人，這是科學的了解，就是把人純粹當作對象來研究，就好像研究原子、電子那些對象一樣。這樣一來人變成了物，人的身份也沒有了。你用科學的態度來研究人，人就變成 external objeet，主體的意思就沒有了，主體也就變成客體、變成對象。道德也研究人呀，你也可以說道德研究人也是把人當對象來研究，我是道德地來研究。在道德地來研究這個情形下，並沒有把人這個主體的意思喪失掉，所以他能恢復人之所以爲人的身份。我們可以說，初步的道德研究是把人當對象；但是進一步講，假定我們從這個初步的道德研究再進一步到存在地（existentially）來研究——借用存在主義的話——假定你把人存在地來研究的時候，你所研究的這個主體永遠不會成爲客體。你如果把它客體化，那就不是它了，它又翻上來了，它總是往上轉。那個主體是永遠不能對象化的，它總是往上轉，這才是眞正的主體。道德宗教最後一定是歸到這個地方來。你一把它對象化，主體的意思就沒有了；這樣一來，從主體所發的這個「明」也沒有了。本來主體是有明的，可是你把這個主體對象化，它那明的意思就沒有了，也就是能够表現價值、判斷是非的那個明沒有了。這個時候，這個主體的明在那個地方表現呢？就在你用科學的態度去研究它這個地方來表現。你要用科學的態度去研究它，你要用意志的活動呀，你要用思考呀，這個思考就是明，這種明是科學裏邊的明，是understanding。這個時候，眞正的主體裏面的明就變成這種明，這種就是所謂的 discursive understanding，就是來成就科學知識的那種理解活動。眞正的主體裏面那種表現價值、判斷是非的那個明的意思就沒有了。因此你一把主體推出去當對象來科學地研究，這個主體的明就沒有了，就變成科學、數學中所表現的那個理性，這就不是明。

所以這個明它必須把主體恢復它主體的地位，也就是把人當人看，不當物看。不當物看，主體才恢復；主體恢復，從主體發的那個明才眞正能顯。這個時候，這個明不是我們研究科學的時候所表現的那個 discursive understanding，而是表現在判斷是非善惡、表現在價值的判斷之中的。這才是眞正從主體發明的。這種明照中國以前的哲學家講，是用那一種辭語來代表呢？就是王陽明所說的良知，這就是眞正從主體中所發的明。而且這個良知所表示的這個主體永遠不能客體化，不能對象化。你如果把它客體化當個對象來看，那你是看不到良知的。良知只有在你不把你自己當成對象，而存在地歸到你自己身上來，主體恢復爲主體而不是把主體推出去當成客體，人恢復爲人，把人當個人看，只有在這種情形下，良知這個明才呈現出來。假定你把人這個主體推出去當成對象，把人當做物來看，良知那個明就沒有了。

可是我們人總是有理智活動、有思考活動，這種理智活動、思考活動也是從主體發出來的，那就發爲成就科學知識的那種understanding，也就是洛克、萊布尼茲、休姆、康德所考察的那個understanding。那裏面沒有良知，所以洛克、萊布尼茲、休姆都沒有發現到這一點。只有康德客氣一點，他除了講這種 understanding 以外，他還講一種實踐理性(practical reason)。他可以從實踐理性這個地方把主體呈現出來、把人當人來看。所以康德總是說，你要把人當成目的來看，而不要把人看成是個工具。把人當目的就是恢復人的主體，因此這個明才能呈現。所以這個時候康德就不講理論理性（theoretical reason），他要講實踐理性。這個實踐理性用中國話來說就是良知，孔夫子講仁也是屬於實踐理性。內容的眞理、強度的眞理就在這個地方，也就在主體這個地方。用我平常的話說，這就是主體的學問，也就是生命的學問。這個生命就是耶穌所說的「我就是生命，我就是眞理，我就是道路」的那個生命，也就是孔子所說的「人之生也直，罔之生也幸而免」（雍也）人之生也直的那個生，這不是生物學所講的那個生命。生物學所講的那種生命是科學的講法，那不是耶穌說的「我就是生命」的那個生命。那個生命你如果以生物學的講法來研究，準是研究不出來的。

現在我們再進一步來看看這種內容眞理和外延眞理的不同在什麼地方。內容眞理和外延眞理都是眞理，都具有普遍性。內容眞理具有內容的普遍性，外延眞理具有外延的普遍性。兩者雖然都有普遍性，但這兩種普遍性還是有差別的。否則爲何同是普遍性卻一個叫內容的普遍性而另一個叫外延的普遍性呢？那到底區別在那裏呢？我們可以說，外延的普遍性是抽象的普遍性（abstract universality），而內容的普遍性是具體的普遍性（concrete universality）。就用這兩個名詞把它們分別開來。普通我們所說的概念，也就是說科學知識範圍內的概念，一說是概念它就有普遍性。概念的普遍性通通是抽象的。從亞里斯多德以來，當我們一說到普遍性，就和抽象連在一起。所以一說到普遍的東西就是抽象的，一說到具體的就是指特殊的東西講，就是所謂 concrete particular。從亞里斯多德開始，他的重點總是集中在概念（concept）這個地方。亞里斯多德的老師柏拉圖講 Idea，照柏拉圖的分析，Idea 是屬於純智所思的世界（Intelligible world），柏拉圖的 Idea 就代表理想，他這個人有很高的道德衝動（moral impules）。可是到了亞里斯多德的時候，他把柏拉圖所說的 Idea 都講成了概念。轉成概念是屬於 understanding，而 Idea 是高一層，Idea 屬於 reason，照康德的安排是這樣的。所以照康德的意思，亞里斯多德已經把他老師柏拉圖所講的 Idea 那個意思都講的沒有了。他都講成了概念。（參閱純粹理性批判史密斯英譯本三一〇頁）。這些概念在亞里斯多德就叫範疇（category），範疇是爲了成就知識，爲了理解對象。照亞里斯多德的說法，我們要理解一個對象，必須通過十個範疇，這些爲的是了解對象、成就知識。因爲他專門注重在概念這個地方，所以他只能了解概念的普遍性是抽象的。一說到 particular 就是具體的，就是指特殊的現象講。他就是這二分。我們可以說，亞里斯多德還是在外延眞理這個範圍之內打轉的；在這個範圍內所表現的思想，就是海德格所說的「表象的思想」（representative thought）。因爲你通過這些概念、這些範疇，你可以把一個對象的各方面表象出來，表象出這個對象的那些普遍的性相、那些普遍的特徵。照海德格講，這種思想是不能進入存有論的堂奧的。西方的哲學從亞里斯多德以來，一直是在這個表象的思想這範圍裏面打轉，轉來轉去結果邏輯實證論就跑出來了，結果只承認以科學爲眞理的標準。所以海德格他要從這個表象的思想後返一步，他要講根源的思想（original thought），這也是海德格的名詞。他那根源的思想主要也就是個明，他是向明那個地方往後退，要把握那個明。這個根源的思想一定要從表象的思想這個地方往後退一步，返到主體上來，這才能返到根源那個地方，這一個往後返，就是要把握那個明，這個就不屬於外延眞理而馬上開啓了內容眞理那個範圍。在這個範圍之內，我們講普遍性就是具體的普遍性。

這個具體的普遍性它既是普遍性，它就是個眞理。它不是事件。本來我們說，具體是指著事件說的，只有事件才可以說具體的。可是在具體的普遍性這個地方說具體並不是形容事件，因爲內容眞理不是事件，不是 occurrence，不是 happening 不是 event。比如說孔子講仁，這個仁不是一個事件，仁是個道理，是個生命的道理，是個原理。既然是原理，它就有普遍性。但是說具體它也是具體。這個具體在這兒是展轉引申，是個新名詞。本來說具體就是指特殊的事件講，現在我們說的具體卻不指事件。比如說上帝，我們不能說上帝是抽象的，上帝是具體的。上帝雖然是具體的，我們拿「具體的」這個詞來形容它，可是我們不能說上帝是個事件。上帝不是事件，而它又是具體的。

我們說內容眞理的普遍性是具體的普遍性。「具體的普遍」是黑格爾所造的名詞。西方歷來從亞里斯多德起，一講普遍只有抽象的普遍（abstract universal），沒有所謂具體的普遍。什麼是具體的普遍呢？這在西方人是很難了解的，但在中國人就很容易了解。比如說孔子講仁，仁是個普遍的原則，但是你不能說仁是個抽象的概念。仁是不能和科學、數學、邏輯裏面所謂的抽象概念相提並論的。照孔子所說的，仁是可以在我們眼前眞實的生命裏頭具體呈現的。所以孟子說仁就是惻隱之心，它就是具體的。但是雖然它是具體的，它並不是事件。它有普遍性。在這情形下所說的普遍性，黑格爾就叫做具體的普遍(concrete universal)。黑格爾這個名詞是很有意義的。黑格爾講哲學，在西方的傳統裏面是超出了亞里斯多德這個傳統之外，所以西方順着亞里斯多德那個傳統下來的正統哲學家都討厭黑格爾。因此嚴格講，黑格爾不是西方哲學中正統的哲學家。什麼是西方哲學正統的哲學家呢？柏拉圖是，亞里斯多德是。到近代，萊布尼茲是，康德是，羅素是。這些是正統的西方哲學家。事實上黑格爾講的那些問題，他不是表象的思想，他也不是做概念的分解（conceptual analysis），他講的都是具體的哲學（concrete philosophy），可是西方哲學所重視的是抽象的分解。什麼是具體的哲學呢？比如講道德、講宗教、講藝術、講歷史的，這些都屬於具體的哲學。黑格爾就專門講這些，他有藝術哲學，也有宗教哲學、歷史哲學。這就是他超出西方正統的哲學範圍之外的地方。而他講的那一套東西，中國人很容易懂。人們討厭黑格爾，是因爲黑格爾表達的方式不好。我們也不用他那個表達方式，但是他所講的那些道理，我們常常也提到。黑格爾所接觸的那些問題，嚴格講已經不在西方哲學的正統之中。

我們再回頭說這個具體的普遍性，比如我們剛才說的，孔子講仁並不是抽象地講，仁是可以在我們的眞實生命裏具體呈現的，所以孔子當下從生活中指點仁。孝也是仁的表現，也具有普遍性，只不過孝這種表現是在對父母親的特殊關係中表現。這情形本身雖然是特殊的，但是表現出來的是理，是普遍的眞理。而且孝的表現是無窮無盡的，它是在一個具體的強度裏隨時呈現，並且有不同程度的呈現，它是在動態的彈性狀態中呈現。它不是一現永現，不是一成永成。所以它是具體的，絕不是抽象的。這種具體的普遍性和抽象的普遍性是完全不同的。科學眞理不是在一個強度的過程中有彈性的呈現，它是一現永現、一成永成。你通過一個試驗證實了它是如此，那它就是如此。比如說數學眞理，數學眞理一經證明就一成永成，這裏面沒其他的花樣，沒有什麼折扣。比如說二加二等於四，這是普天下的人都要承認的，這裏面沒有主觀性、沒有主體性，也就無所謂彈性。但是具體的普遍性就有彈性，因爲它具體，這個具體就是指有彈性說的。這種眞理既可以說有普遍性，也可以說它有獨特性。這個獨特性不是形容事件，因爲眞理不是事件。它有獨特性，可是它的獨特性也不是事件的特殊性，而且它又有普遍性。就是在這種狀態之中它叫做具體的普遍。我們平常說普遍都是抽象的，那有具體的普遍呢？然而當我們從外延眞理進一步說到內容眞理的時候，你就要正視這個具體的普遍。它可以說普遍性但也可以說獨特性。這個獨特性不是形容事件的那個特殊性。這種道理以前的中國人最喜歡講，也最容易表現這一套，只是他沒有這些名詞。如果你把這些名詞解釋給王陽明聽、給智者大師聽，他一聽就懂，因爲他就是講具體的普遍。

我現在舉個例子：比如中觀論觀空觀假觀中，假定你只觀空——小乘就是只觀空而不開假——那你了解的空就只是在抽象的狀態中，空就代表普遍性。普遍性在以前佛教中叫做平等性，它不用普遍性這個名詞。平等就是普遍、到處一樣的意思。空是代表普遍性，不管是什麼法，它的本性都是空。法就不同了，這個東西和那個東西不同，所以法是特殊的。但是法的本性都是空。觀空就是得這一切法的平等性，也就是普遍性。小乘只觀空，開不出假來。他的生命就是投注在這個空裏面。投注在空裏面出不來，這就是所謂小乘。這個時候這個空在他的生命這個地方就是停在抽象的狀態之中，這個叫做抽象的普遍。空那個普遍就成爲抽象的。菩薩和小乘不同，菩薩從空開假。他觀空以後還要開假，就是從觀空的普遍性進到 particular。假都是 particular。假就是假名法，到菩薩道才能把握到這個假。一切現象照佛教說都是假名，如幻如化，這些就是 particular。所以菩薩對於特殊的法有具體的知識 (concrete knowledge)，沒有具體的知識不能成菩薩道。可是如果這個菩薩只停在這個具體的知識上，那就糟糕了，又不行了。所以要再往前進，用佛眼看中道，佛眼是觀中。這中道並不是說離開空、假以外還另有一個東西叫做中。假定是這樣，這個中又變成抽象的東西，這就不是佛眼所見的。佛眼觀中是就著假而了解空的普遍性，就著 particular 而了解 universal；而且就著空的普遍性同時就了解假，所謂空假圓融，這才叫做中道。因此在佛眼看，他看普遍就是以特殊的法具體化了的那個普遍，他看特殊就是普遍化了的那個特殊，這是分不開的。所以這叫不可思議，其實也並不神秘，你如果了解了就是這樣。他那個特殊是普遍化了的卽空如化了的特殊，所以嚴格講，照佛教的講法，這個普遍化了的特殊才是眞正的特殊，這才是眞正具體的特殊。因爲這是佛眼所見。如果這樣，我們平常所說的那個和抽象的普遍相對的那個具體的特殊依佛眼來看就不是具體的。依佛眼看，你這個特殊才是抽象的。這個地方的「抽象」是「支解割裂」的意思。再者，佛眼所見的普遍也不是我們平常所說的那個抽象概念之下的普遍，他是具體化了的那個普遍。到了這個地方，這個境界就不同了。

本來我們只能說 particular 是具體的，而 universal 是抽象的，但是經過這樣一轉兩轉到了這個層次上來。站在這個層次來看，你那個 particular 嚴格來講並不是眞正具體的，反而是支解破裂中的 particular。支解破裂就是抽象。照佛教講，這是識。識中的 particular 就是抽象的，執着的。成就科學知識的，不管是感性也好，是知性（understanding）也好，都是屬於識。而佛眼中所見的 particular 是智中的 particular。識和智是相對反的。佛教講轉識成智，這個智不是我們平常說的理智活動，它不是平常的意義。它是和識相對反的那個智。照佛眼看的 particular 是在智中看的那個 particular，空也是在智中看的那個空。所以佛眼觀中道。照佛教所講的佛具有一切種智，而小乘只具有一切智。一切智只能了解一切法皆是空，不管什麼法反正是空。這樣了解的空當然不够，這是抽象的空。菩薩有道種智以觀假，就是有特殊的知識。一個是觀空、觀眞如，一個是觀假名法。到佛的時候，他能够把這兩個綜和起來、圓融起來。到這圓融起來的時候，「假」這個特殊和「空」那個普遍，這兩者的意義都變了，都轉化了。這一轉化的時候，如果它是普遍，我們就叫它做具體的普遍；如果它是特殊，我們就叫它做普遍的特殊。這是個辯證的發展。

這種眞理——就是具體的普遍、普遍的特殊這種眞理——是無窮無盡的。比如儒家這個仁，這個仁的表現是無窮無盡的。它不能抽象地單講仁這個原理，就好像不能離開假名法單講那個空一樣，它一定是相卽的。照仁的表現來講，它一定要就着這些不同的境況，比如對父母、對朋友、對兄弟……這些不同的境況，在這些不同的境況中它總是在一個彈性的過程中表現。彈性這個名詞可以表現出這個意義。它在彈性過程中呈現就好像演奏音樂一樣。演奏音樂有韻律，彈性就代表那種韻律。這也可以說好像曇花開的時候花的顫動一樣，彈性的東西才有這種顫動。曇花開的時候不過一兩個鐘頭，開完就完了，眞是曇花一現。可是當它開的時候，它全部的光采都發出來，他就發抖，它在開的時候整個都在發抖，在顫動，這個生命的彈性太強了。內容眞理就都是在這種彈性的過程中呈現，它不能停下來、不能定死的。所以在這個地方，它可以講普遍性也可以講獨特性。這個獨特性不是我們第一講所說的那個通孔的特殊性，這個獨特性是就著內容眞理本身講的。內容眞理就有具體的普遍性這種獨特性，這是外延眞理所不能有的。

不管是外延眞理或是內容看理，它一旦呈現出來，它就有共同性。比如在以前，大抵西方人在外延眞理這一方面表現的很好。它這文化重知，它研究對象、研究自然，而發展出科學來。它那開端是往這方面發展，這是一個通孔。但是雖然這一孔是特殊的，你通過這一孔把眞理表現出來，這個眞理就有共同性，就有普遍性。不錯，是你成就了科學，但科學是中性的 neutral，並沒有所謂英國的科學、中國的科學。所以科技大家都可以學，它就有普遍性。這種普遍性是屬於外延的眞理那一方面。內容眞理也是同樣的情形。比如中國文化的傳統是注重內容眞理這一方面，它首先表現這一方面，這也是通過一個通孔來表現。然而這內容眞理一旦表現出來，它也和外延眞理一樣有普遍性、共同性。儘管西方人向來不大重視這方面——西方人也不是完全不講這些，只是講的不透、不够好——但是當這內容眞理一旦呈現出來的時候，儘管你西方人沒表現出來，一旦到你的生命接觸到這個問題的時候，你要表現也是如此，沒有其他的方式。因此，外延眞理的普遍性固然是無顏色，大家都可以學，像科學、邏輯、數學，大家都可以學，儘管不是我們發現的。就是內容眞理也是一樣。它一旦呈現出來就有共同性、普遍性。雖然西方人以前沒表現這一套，或者說他們表現得不够好，但是一旦他接觸到這個問題，他也是如此表現。並不能說有一個中國的儒家，又有一個西方的儒家；也不能說有一個中國的佛教，又有一個印度的佛教。都是一個儒家，都是一個佛教。比如中國佛教和印度佛教都是一個佛家，它的不同不是那個內容眞理不同，而是表面那些跡象不同。我們不能因爲這個表面跡象的不同，就以爲那個內容眞理不同，就說有一個中國的佛教又有一個印度的佛教，好像有兩個佛教似的，這是不對的。只有一個佛教。（參閱「佛性與般若」序）

儒家那個仁也是如此。你說你沒有接觸到孔子這個仁，你也沒有接觸到從孔孟下來儒家討論人性問題的這個「性」字，因此你照現在西方哲學的觀點來看，你不能了解孟子所講的那個性的意義。這是因爲你把孟子講的性當成普通意義的 human nature 來看，這種普通意義下的性並不一定是善的。可是孟子講性、儒家講仁性這個性，它是個很特殊的問題，西方人沒有這個問題，它並不是西方人或我們平常所謂的 human nature。西方人所說的 human nature 就是人的自然，一說自然就是相對著超自然（supernature）講的。超自然是上帝，下面都是被造物，凡是上帝所創造的都是自然。人的生命中也有人的自然，人的自然當然有好有壞，那有什麼一定善呢？可是孟子所講的那個性、儒家發展到宋明時候宋明儒者所講的那個性，它不是人的自然，它這個問題很特殊。你如果沒接觸到它這個問題，你以普通意義的 human nature 來看這個性，你就沒有辦法了解孟子那個性的意義。可是當你一旦接觸到孔子說的那個仁、孟子和宋明儒者所說的那個性的問題的時候，你也一定要像他們這樣講。這個仁、性也有普遍性，因爲有普遍性才能共通。有普遍性，文化才可以互相溝通。假定完全沒有普遍性而只有特殊性，那就沒辦法溝通了。特殊性是封閉的，封閉了那能溝通呢？然而人的確是可以溝通的，我們只有從文化的普遍性這個地方講才可以溝通。從眼前現實上的特殊怎麼可以溝通呢？所以有人曾經感慨說東方永遠是東方，西方永遠是西方，永遠不能相通。他說這個話是完全落到形而下的特殊性上面來講話，他沒有進到眞理的普遍性。如果你進到眞理的普遍性這個層次，爲什麼不可能溝通呢？

如果了解到這一點，那文化才可以互相交通，也可以互相調節。比如說，在西方比較偏重外延眞理，可是你一旦注意到內容眞理的時候，你就可以用內容眞理來調節、來重新調整你的文化，調整你的生命態度。這調整並不是調整你的外延眞理本身。外延眞理只要一成眞理，那就是如此，這是不能改變的。調整是調整你整個文化，調整你的生命的態度。要讓你了解外延眞理只是我們生命的一部分，還有一部分是內容眞理。中國文化也是一樣，中國文化以前兩三千年在內容眞理這方面表現得多，大家都在這個範圍內講話，它全部精神都在這個地方轉，儒家道家佛家都是在這個範圍轉，所以外延眞理出不來，科學出不來。儘管英國那個李約瑟寫了那麼一大套書講中國科學，可是它究竟並沒有發展成現代的科學。邏輯、數學也不行。這也是個缺點。但是科學、邏輯、數學這些是外延眞理，既然是眞理它就有普遍性。它有普遍性，那我們也可以學，並不是只有西方人才能學。中國人學這方面的本事也很大，聰明也很够，並不是不能學。中國人不也有得諾貝爾獎的嗎？關於外延眞理這一面，中國人就感覺到以前我們在這方面不行，所以從五四以來一直著重這個問題。儘管我們剛說中國人學科學這方面的聰明也不小，但是學問之事，追求眞理、發現眞理、獻身於眞理，這就不完全是靠聰明。光只有聰明是出不來牛頓、出不來愛因斯坦、出不來大數學家的。這就要看你有沒有 extensional mentality。如果你有extensional mentality，那麼科學才能生根。假定我們沒有 extensional mentality，那麼科學永遠進不來，民主政治也永遠進不來。學科學還容易點，學民主政治就更難了。

因此你要學西方文化，要學科學、學民主政治，這就不只是聰明的問題，也不只是學的問題，而是你在這個 mentality 上要根本改變一下。因爲中國以前幾千年那個 mentality，它重點都放在內容眞理這個地方。而成功科學、成功民主政治的那個基本頭腦、那個基本 mentality 是個 extensional mentality。這不只是個聰明夠不夠的問題，也不只是你學不學的問題，這是 mentality 不同的問題。這個不同是文化的影響。所以一旦我們知道光是內容眞理是不夠的，而要開這個外延眞理，那我們必須澈底反省外延眞理背後那個基本精神，這個就要慢慢來。西方文化也是一樣。西方文化現在是當令領導世界，它本身不覺得它的文化究竟有沒有毛病，卽使有感覺也並不是很嚴重。但是當它一旦感覺到光講外延眞理是不夠的時候，那它就可以正視東方文化中這種內容眞理也有它的價值。然而現在西方人還沒有達到這個程度，他們還不能正視這個問題。他們還不能正視這個內容眞理也是個問題，他們不把它當成一個眞正在學術上可以客觀站得住的問題來研究。現在的西方人研究中國學問是當考古來看，是屬於東方研究這個範圍。雖然西方也有人講老子、禪宗，但是你在這種態度下講老子你能了解什麼老子呢？講禪宗你又能了解什麼禪宗呢？你要眞正了解老子、了解禪宗，這必須要你能正視這個內容眞理也是個問題，而這個問題就要和你的生命連起來，要和你們的哲學、宗教能夠相連起來，這樣才行。只有當你能正視這個問題的價值，你能正視它把它當個學問來看，那你對這個學問才能有敬意。現在西方人還達不到這一點。這也要慢慢來。

今天我們就講到這裏。

陳博政記錄

第三講 中國哲學之重點以及先秦諸子之起源問題

我們在第一講中已經說過，每一個文化由於開端的通孔不同，所產生的文化、哲學也不同。中國文化在開端處的着眼點是在生命，由於重視生命、關心自己的生命，所以重德。德性這個觀念只有在關心我們自己的生命問題的時候才會出現。這個關心自己的生命，並不是生物學的關心。生物學是把生命當做一個對象，當做一個自然現象來了解，這是科學的了解，是後來才有的。古人對德性有清楚而分明的觀念，用笛卡兒的話說，就是有 clear and distinct idea，但是古人對知識並不一定有清楚的觀念，因爲知識不是盡其在我的。知識是要靠經驗、要研究對象，才慢慢發展的。而要完成一個確定的知識是很困難的，所以古人對知識並沒有清楚的觀念。當時所謂的知識大抵是和神話、迷信參雜在一起的。比如說下雨、打雷這些現象，古人並不眞正了解，所以他解釋這些現象並不是科學的解釋，而是神話的解釋，說下雨由雨神，打雷由雷神。可是儘管古人對知識並沒有清楚的觀念，他對德性卻有清楚而分明的觀念。儘管你說古人是原始人，比如說他們吃飯是用手抓，你從這個地方看，他們是原始；可是你從智慧這個地方看，他們並不原始。所以孔子的那些話到現在還是可以講，這個就是智慧。有些東西，比如說科學知識和物質文明，是後來居上，但是並不是一切東西都是後來居上。比如關於德性、智慧這些方面的問題，現在的人並不一定比古人強，而且常常還是遠不及古人。這不單單是我們這樣講，就是西方人也是這樣講。比如說羅素，羅素是最重視科學、最重視現代文明的，但是他也是這樣說。他說，提到科學當然是以我們現在的為標準，可是談到德性問題，你不要輕視 Stoic，也不要輕視蘇格拉底，他們的智慧高的很。蘇格拉底也重視德性，他曾經有一句名言「德性即知識」（Virtue is knowledge）。從重視德性這個地方講，蘇格拉底和中國人並沒有兩樣，但是講法不一樣。中國聖人他不說「德性即知識」，這句話是不透澈的話。所以西方講道德雖然從希臘起，但是嚴格的講並沒有把握住道德的本質。西方眞正了解道德本質的是從康德開始。

所以，關心我們的生命和關心自然——從知識的態度來了解自然，這是完全不同的。關心我們的生命要從德性方面講，從德性上關心生命這個態度根本就是從知識的態度跳出來提高一層，這是屬於實踐的問題。比如說孔子提出仁，仁這個觀念完全是個道德理性（moral reason）的觀念，是屬於實踐的問題。關心生命並不是生物學所了解的那個生命，仁這個觀念也不能通過生物學來了解。了解仁是要了解如何使人類的生命實踐地順適調暢，並不是了解幾個細胞。一個人做了對不起人的事後，會覺得罪過，說錯一句話也會覺得罪過，可是生物學裏面並沒有罪過這個觀念。這是很清楚的。所以我們說關心我們的生命並不是關心我們是如何生出來的，或者我們的細胞爲什麼是這樣的安排這一類的問題，而是從知識的態度跳出來提昇一層。這不但不是生物學的了解，就是像蘇格拉底那樣重視道德，但是當他說「德性卽知識」的時候，他還是以知識的態度來界定（define）德性，還是用知識的態度來了解德性。所謂知識的態度，就是從概念的思考（conceptual thinking）來了解德性。比如說，什麼是公道（justice）呢？蘇格拉底認爲公道是個概念，他說來說去，這個公道不是屬於我們感覺世界（sensible world）裏面的東西，而是屬於我們智思世界（intelligible world），所以我們首先要對它有個明確的定義。假定我們對公道不能下出個定義來，那我們對公道永遠不能了解。有人也許會說，我們可以從現實感覺世界舉個例子呀，比如說今天某人做了一件事很公道，我們可以用他做例子呀。然而，這種例子是不可靠的，我們要了解公道一定要從這概念本身來了解，不能從例子上來了解。現實世界上的例子，有時候這樣做很公道，但是換了另一個情況，這樣做又不對。蘇格拉底不就舉這種例子嗎？比如說，什麼是誠實呢？誠實就是不撒謊，不欺騙人。好，你說誠實就是不要欺騙人。那麼當一個孩子生病的時候，他不願意吃藥，你要是告訴他這是藥，他就永遠不吃，病也不會好，所以你告訴他這是糖果，他就吃下去，病也就好了。那麼你說這是誠實還是不誠實呢？比如說，什麼是仁愛？你假如說仁愛就是不應當殺人，好，那麼打仗的時候，你是不是要殺人呢？所以要是從現實上舉例子，常常是相衝突，不一定一致的。所以你要了解公道，你不能從例子上看，而必須了解它的定義。那麼它的定義如何成立呢？它必須有一個公道的“Idea”。蘇格拉底說來說去，最後說了一句空話，說到最後公道要有個"Idea"。這個在我們看來是空洞的很呀，儘管蘇格拉底思考的那樣精密，後來柏拉圖也是順着這條路來發展。儘管蘇格拉底重視德性，但是他這個態度不恰當，結果是愈講愈不了解。你不說我還容易了解，給你這一講我反而搞糊塗了。所以有人說，哲學這個東西就是把人家容易懂的東西講成不懂。

西方從蘇格拉底以來一向是以這種態度來了解德性，也就是從概念思考的態度來給它一個定義。這種了解雖然好像和我們了解生物學、了解物理學不很相同，但是從概念思考這個地方講，是相同的。這還是知識的態度。這個態度是中國文化裏面所不取的，以這種態度來了解道德是不恰當的。假如你拿什麼是公道這個問題來問孔子，他不會用蘇格拉底這種態度來答覆你。比如說問仁，孔子並不把仁當做一個概念來下定義，也不是從文字上來訓詁，他是從你的生活來指點，當下從心之安不安來指點仁。這就不是用知識的態度來講仁。所以孔子的話大家很容易了解，他的話具體、親切、眞切。比如說宰予說父母死了爲什麼要三年喪呢？三年的時間太久了，短一點行不行呢？一年行不行呢？這個行不行沒有科學根據呀，也沒有邏輯的證明的。這是良心的問題，你良心有沒有感覺的問題，所以孔子就問「食夫稻、衣夫錦，於汝安乎？」你吃好的稻米，穿好的錦繡衣服，你心裏安不安呢？他不給你下定義，下定義是蘇格拉底的路。宰予說：「安」。孔子說：「汝安則爲之」。你說安就表示你沒有感覺，痲木。痲木就是墮落，墮落你就成個物（thing），就不是 person。你既然是個物，那又何必一年呢？一個月豈不更好？所以宰予出去之後，孔子就慨歎一句：「予之不仁也」。（論語陽貨篇）。從安的地方說你是不仁，那麼反過來說，你如果不安，仁不就顯現出來了嗎？可見仁不是個知識的概念，不是科學上的觀念。這不是很深刻嗎？這樣一指點，你要了解仁這個觀念，照孔子的方法，就要培養如何使我們的心不痲木，不要沒有感覺。這和現代人不同，現在的學問多是使人對自己的生命沒有感覺。從上面所講的，我們可以知道雖然蘇格拉底也和孔子一樣重視德性，可是在不同的文化背景的開端下，即使是像蘇格拉底這樣的大哲學家，他拿知識的態度來講仁，結果是不中肯。所以西方講道德，就在這個地方差。希臘的貢獻不在這方面，而是在哲學、在科學。

那麼中國人爲什麼重視德性而不用知識的態度講呢？因爲中國人一開端的時候就是關心自己的生命，他根本從頭就是從實踐上來關心的。比如說在夏商周三代的時候，道德意識雖然還不能像孔子時候那樣淸楚，但是就詩、書所記載的，他那個關心自己的德性首先是經由集團的實踐來關心。古代是部落社會，是一個氏族一個氏族，一個氏族的領袖領導一個集團，所以他的行動卽是團體的行動，他一旦措施不對，這個團體就瓦解了。因此就有天命這個觀念產生，你那一個團體得到統治權，就是得到天命。比如說，商湯所領導的團體得到天命，就成立商朝；文王、武王所領導的團體得到天命，就是周朝。堯、舜、夏禹也都可以看成是這樣的氏族領袖。那麼在那麼多不同的氏族中，那一個氏族可以得到天下，得到統治權呢？在以前，超越地講就是屬於天命這個問題。但是要得到天命也不光是超越地講，卽是說，不光看天，他一定要下來。從實踐的態度講，他眼睛不是完全看天，他馬上要下來，所以說「天聽自我民聽，天視自我民視」，這就馬上從超越的態度落下來看人民。因爲要看人民，所以如果民視、民聽覺得你這個事情不對，他就要造反，就要瓦解你，因此你就要戒愼恐懼，就要關心你自己的生命，就要問我自己說這句話，做這件事是對還是不對，合理還是不合理呢？所以從天聽自我民聽、天視自我民視這個地方一下就轉到自己這個地方來。因此要得到天命就不能完全是看天，這個時候光祈禱上帝是沒有用的。像西方的那種宗教態度，到打起仗來，大家都祈禱上帝。希特勒也祈禱上帝、羅斯福也祈禱上帝，上帝究竟幫誰呢？所以要戰爭勝利，你最好看看人民；人民服不服你，就要看你自己。這是中國人的態度。中國人自古就是如此，到了孔子的時候，這一點就已經很清楚、很具體了。西方人他始終不看自己，專門祈禱上帝，這是東西文化一個基本態度不同的分歧點。中國人因爲從開始就關心自己，所以堯典裏面有「克明俊德」，康誥有「明德愼罰」，召誥有「疾敬德」，這些觀念雖然看起來都是家常便飯，事實上這些就是關心自己的生命。所以我們說中國文化的開端重點是落在生命這個地方。因爲關心自己的生命，所以首先有德性的觀念出現，對德性有清楚而分明的觀念。

現在我們就順着這個線索來講中國哲學，可是要正式地講中國哲學，我們不能順着堯、舜、夏、商、周一代一代具體的講出來，因爲這些古代的歷史文獻不足徵。講文化史可以從他們這裏講起，來看看中國文化是怎麼發展的。講哲學的時候，就不能從這個地方講起，因爲他們沒有形成一個確定的概念。但是這些可以做爲講哲學的文化背景，我們講哲學的時候，也可以通上去，可以貫通起來。那麼我們從那個地方開始講中國哲學呢？中國可以說哲學，應該是從春秋戰國時代說起，從先秦諸子說起。既然從春秋戰國開始，那麼只能從孔子開始。但是這並不是說孔子是忽然間空頭冒出來的，孔子背後還是有一很長的文化背景。在孔子以前，周朝就已經有高度的文化，所以孔子尊崇周公，還常常夢見周公。即春秋時代，孔子以前，各國也有一些了不起的人物出現，如鄭國的子產、齊國的管仲……等等，這些人都是文化陶養出來的。那麼我們爲什麼說只能從孔子講起呢？這是因爲從孔子才開始對堯舜夏商周三代文化有一個反省，有了反省才自覺的提出一個觀念，建立一個原則。有觀念有原則，我們的生命就有一個明確的方向。因此我們說只能從孔子講起。但是雖然是從孔子講起，我們還是可以把孔子的思想和孔子以前的文化背景貫通起來。如果大家能了解這點，那麼中國哲學就不是胡適之先生所講的那個樣子。胡適之先生講中國哲學，是直接從老子開始，這是不對的。從春秋時代開始是可以的，但是不能斷自老子，因爲老子這個思想是後起的。老子的思想爲什麼是後起的？最重要的一點是，道家的思想是個反面的思想。有正面才有反面。你只有先從正面去了解，才能了解反面。正面沒了解，一開始就從老子反面的話講起，這是不行的。所以有人說胡適之先生的那個哲學史是無頭的哲學史，把頭割掉了，這就和以前夏商周的文化背景連不起來，連不起來就成了無頭，這是不行的。因此我們只能從孔子講起。關於孔子思想的夏商周三代的背景，在這裏我不能詳細地講，大家可以看看「歷史哲學」的頭一章。再進一步可以看看「心體與性體」綜論部第四章和第五章。這第五章是批評葉水心的，葉水心的「習學記言」是由三代講起。堯舜禹湯文武是書經裏面所記載的，書經裏面所記載的這些人的觀點，你可以說大體是個傳說，但就是個傳說，也不就是說完全沒有根據。你不能完全把它當神話看。傳說和神話不一樣。比如說女媧補天，這是神話。但是經書所記載的，並不是神話，只能說是傳說。傳說因爲是一代一代往下傳，當然不是很嚴格的，但它也不是完全沒有憑據而憑空瞎說的。書經裏面所記載的並不是瞎說，他裏面所記載的就是幾個基本觀念。大家去看看「心體與性體」的綜論部，就知道應該如何來了解堯舜夏商周三代這個「道之本統」。葉水心對「道之本統」了解的並不算錯，但是他不了解後來孔子開始的「孔子傳統」。他是把孔子往上隸屬，隸屬於堯舜禹湯文武周公這個傳統做他們的驥尾，而且只把孔子看成一個整理古文獻的檔案家。孔子如果只是做爲三代的驥尾，而又只是個檔案家，那麼孔子憑什麼資格做聖人呢？夏商周三代這個道之本統到了春秋時代孔子出來，振拔了一下，另開一個新傳統，我們可以叫它爲「孔子傳統」。這兩者要分別開來，孔子傳統固然有承於夏商周三代這個道之本統，但不是完全等於這個道之本統，所以像葉水心的那種看法是不行的。後來孔子傳統裏頭又開出一個新傳統來，這就是宋明理學家裏邊的「朱子傳統」。朱子也是儒家，但是朱子傳統並不等於孔子傳統，朱子和程伊川是儒家這個傳統之下別開生面的一個傳統。朱子固然很偉大，但是朱子是不是能眞正恰當的了解孔子那一套道理，這是大有問題的。但是我們這個話也不是說朱子傳統沒有價值，他還是有價值。

今天我們就正式開始從春秋戰國來講中國哲學。在這裏首先有一個問題，就是我們如何來看先秦諸子？我們平常都說「諸子百家」，這裏面包括兩個名詞，一個是「子」，一個是「家」。「諸」、「百」都代表多數。雖然這句話有兩個名詞，我們平常都把它看成同一個東西，諸子等於百家，百家等於諸子。但是照熊十力先生的說法，諸子和百家有個分別，他把它們看成兩個。這也是一個講法。熊先生認爲諸子是就着思想家講，就是哲學家 philosophers，百家是指周禮裏面那些有專門知識的專家講。周禮裏面不是有許多「官」，「官」下面不是還有許多「人」嗎？這些「官」、「人」都是專家，都具有專門的知識。古代的知識都是集中在官府的專家手中，並不是普遍於民間的，照古代的說法就是藏之於王官。所以熊先生說「百家」是指王官裏頭管這件事管那件事的那些專家說的，這種說法值得我們參考。但是，把「諸子」和「百家」這兩個名詞看成是同一個意思，也未必不可。因爲孔子是儒家，既稱「家」那他也有專門知識，就是禮樂射御書數這六藝，這就是專家。現在我們暫時把「百家」那方面撇開不論，專就著諸子這一面來看。那麼，我們要如何來了解諸子呢？

對於這個問題，傳統的說法就是我們剛說到的王官的問題，說諸子出於王官。班固漢書藝文志裏面就是這樣講。比如我剛才說的，儒家這個思想系統你可以當哲學來看，但是孔子也教禮樂射御書數這六藝，六藝就是專家。這六藝從那裏來？當然是從官府裏來。但是孔子雖然也教學生六藝。然而儒家之所以成爲儒家，並不只是在這六藝。六藝中的禮是名物度數。「詩書執禮，子所雅言」，但是孔子言禮卻不是專研究那些禮數。孟子所講的那個禮完全是哲學的話：「恭敬之心，禮也」。(告子上)。可是六藝中的禮樂，是周公所制定的那些禮樂。「禮儀三百，威儀三千」，這些是要專門學的，而且是很瑣碎的。瑣碎固然瑣碎，它們還是本於人情的。雖然說皆本於人性人情，眞要了解起來還是很煩瑣的。比如說祭孔裏面那些禮數，瑣瑣碎碎，我是完全不懂的。「孔子入太廟每事問」，那些名物度數聖人也不一定全知道，這是屬於經驗知識，孔子不一定全懂。朱子在這裏就迂濶，朱子認爲聖人當該無所不知，既然無所不知那爲什麼還要問呢？這是聖人爲了表示謙虛，「雖知亦問，謹之至也」（四書集註八佾篇）。所以王陽明就反駁他這個說法完全不通。聖人無所不知是無所不知個天理，無所不能是無所不能個天理，至於這些名物度數，聖人他怎麼都一定知道呢？這個地方他不知道就問一問，不知就問，這就是天理。因此光是六藝並不足以爲儒家，就著六藝而明其意義（meaning），明其原則（principle）這才是儒家之所以爲儒家。孔子不是說嗎：「禮云禮云，玉帛云乎哉？樂云樂云，鐘鼓云乎哉？」（陽貨篇）。孔子由禮樂來點出仁，仁是禮樂的原則。但是這並不是說仁是構成禮樂的內在原則（immanent principle）。音樂家作曲依照樂理，這是內在原則。我們說仁是禮樂的原則，是表示仁是禮義的超越原則（transendent principle），禮樂要有眞實的意義，就要靠這個仁。所以「人而不仁，如禮何？人而不仁，如樂何？」如果人而無仁，你天天演奏音樂有什麼用呢？你空有一大套的禮數有什麼用呢？

「諸子出於王官」這種說法，就是說講這些超越原則的思想家們的思想也有它的線索可尋，這線索就是王官。比如說儒家的六藝也是從官府而出。這個「諸子出於王官」的「出」

是指歷史的「出」，是表示諸子的歷史根源（historical origin），而不是邏輯的出，不是邏輯根源（logical origin）。所以，說諸子出於何官何官，大都是聯想，並不是很嚴格的。歷史根源和邏輯根源這兩者是不同的，你不能把他們混而爲一。胡適之先生就不了解這一點，他把這個出看成是邏輯的「出」，所以他首先反對諸子出於王官。他說諸子出於王官是不通的，難道說儒家的那些思想在王官裏頭都有嗎？當然沒有，既然沒有爲什麼說諸子出於王官呢？胡先生這樣問就是因爲他把這個「出」看成是個邏輯的「出」。可是它不是邏輯的「出」，它是個歷史的「出」，所以它本來就鬆，本來就不是嚴格的。胡先生既然反對「諸子出於王官」這個說法，因此他自己也提出一個觀點。傳統的「諸子出於王官」是個縱的觀點，胡適之先生所提出的觀點是個橫的觀點。他的觀點是什麼呢？他是以社會學的觀點從社會環境上講。說當時的社會出問題、民生有疾苦，所以諸子的思想都是反映當時的社會問題的，這些思想家都是來救世的。這在民初是個新觀點。可是，「諸子出於王官」這個說法固然是鬆，胡先生這個社會學的觀點也還是鬆。你眼前有這個社會環境，有這個環境就一定會產生孔子的思想嗎？比如說我們處在這個出問題的時代，這就是湯恩比所說的挑戰，有這個挑戰存在，人通通會有反應嗎？就是有反應難道反應都一樣嗎？同樣的時代，同樣的問題在這裏，爲什麼有人有反應，有人沒有反應呢？就是有反應爲什麼又不一樣呢？假定說這樣的反應是儒家，那樣的反應不是儒家，那爲什麼在同樣的環境下會有這些不同呢？可見環境並不能直接決定，而且和某某思想也沒有直接的邏輯關係（logical relation）。所以你從社會學的觀點來講諸子的起源也還是鬆。

當然，胡適之先生所提出的這個橫的觀點也不是完全錯，但是它和諸子出於王官的說法同樣是鬆。這兩者和諸子的起源都沒有邏輯的關係，也就是說都沒有本質的關係（essential relation），這兩者都不是本質的淵源。用佛家的話來講，這兩者說緣（condition）是可以，但是都不是因(cause)。照佛家講因緣，都看成是緣，但是雖都看成是緣，它也有個分別。所以佛家講四種緣，一種是因緣，拿主因作緣，作條件。好比說一粒種子生長成一顆樹，它的cause是什麼呢？當該是種子，這是佛家所說的因緣，其他如陽光、水份、養份都只是condition。佛家除了因緣以外，它還有所緣緣，拿所緣的那個東西做它的條件。還有一個增上緣，一個等無間緣，就是這四個。這就表示說因和緣是不同的。「諸子出於王官」這不是諸子思想的因，那只是它的緣。從社會學的觀點來看，說社會出問題、民生有疾苦，這也是諸子思想的緣。如果大家了解這一點，那麼這兩種說法都可以成立。既然都只是緣，那你為什麼一定要拿縱的觀點來反對橫的，或是用橫的觀點來反對縱的呢？我們首先把這些眉目弄清楚，然後才能講得中肯，所以這兩個觀點我們都不採取。要了解諸子的起源，這兩者只能做為一個幫助，但是主要的原因並不在這裏。我們必須進一步說的具體一點、切一點。諸子的興起，你光說是社會出問題、民生有疾苦，這就太籠統、太浮泛。所以我們說它不一定完全錯，只是不切。

諸子的思想首先出現的是儒家，然後是墨家，所以最先是儒墨相對立。道家是後起的，法家更是後起的。這四家於我們所要討論的諸子起源問題是直接相干的。名家不是直接相干的，它是派生的（derivative），是從這四家所對付的問題裏面派生出來的。陰陽家沒有文獻，它是戰國末年所產生的思想，它是派生的派生，更不是直接相干的。先秦雖然號稱有「諸子百家」，但是如果集中一點來講，就是這六家，所以司馬談就有「六家要旨」。這六家中主要的是儒、墨、道、法四家，這四家是直接相干的。那麼他們直接相干的問題、切的問題是什麼問題呢？就是他們都是對著周文而發，對著周朝這一套文制而發。孔子不是說嗎：「郁郁乎文哉，吾從周」（八佾篇）。他這個文不是文章的文，而是典章制度，廣義的典章制度通通在內。「郁郁乎文哉」是什麼呢？就是說到了周朝，這個禮樂才是粲然明備。在夏商兩代，禮樂還是粗略的很，到了周朝才完全明備。這完全明備並不只是多少的問題，而是指原則分明，各方面都有。這個明備也不是籠統的說個明備，大體可以順著兩系來了解。那兩系呢？在這裏我們暫時把樂撇開，專就著禮來講。孔子說「郁郁乎文哉，吾從周」主要是對著禮講的，就是指周公所制定的禮。周公制禮，爲什麼說粲然明備呢？

我們要知道，周公制定的禮雖然有那麼多，它主要是分成兩系，一個是親親，一個是尊尊。所謂親親之殺、尊尊之等。親親是就著家庭骨肉的關係說。親其所親，子女最親的是父母，父母最親的是子女，往橫的看，就是兄弟，這就是屬於親親的。親親之禮有親疏，叫做親親之殺，從自己往上追溯：自己、父親、祖父、曾祖、高祖，就是這五世，所謂五服。另外還有一系是尊尊，尊其所應該尊的。爲什麼我要尊他吧？因爲他有客觀的地位。尊尊是屬於政治的，它也有等級。尊尊下面又分爲兩系，一系是王、公、侯、伯、子、男；另一系是王、公、卿、大夫、士。王就是周天子。這兩者都是屬於尊尊的。這兩系都是從周天子那裏說起。從周天子那裏，順著一系說公侯伯子男，順著另一系說公卿大夫士。那麼我們要如何來分別這兩系呢？王、公、侯、伯、子、男這個尊尊之等，是屬於政權方面的，這方面是可以世襲的，父親死了可以傳給兒子。可是公、卿、大夫、士這一方面是屬於治權方面的，這是不可以世襲的。比如說父親是卿，父親死了兒子不能繼承他的職位也作卿。這就表示治權不可專，就好像我們現在的行政院一樣，行政院長可以更替，總統也不是世襲的，所以還是要選的。在現在，什麼是可以世襲而流之長久呢？就是憲法。這就是現在的民主政治。

這個公、卿、大夫、士不能世襲的思想，我們從春秋大義裏的一句話就可以看出來。公羊春秋裏面有一句話：「譏世卿」（詳見歷史哲學第一部第二章「周文之函義」），譏就是譏刺，這卿是不能世襲的，如果在一個國家裏面某人作了卿，他兒子也來作卿，把持這個卿位，春秋大義就要貶，就要加以譏刺。這是春秋大義很重要的一個觀念。另外我們說公、侯、伯、子、男這方面代表政權，是可以世襲的。這在春秋大義裏面有那一個觀念可以表示這個思想呢？就是在春秋大義裏面所謂「復仇」這個觀念。春秋「大復仇」。這個大不是大小的大，不是形容詞，而是當動詞用，大是尊重的意思，以復仇爲大。比如說齊襄公復九世之仇，齊襄公並不是個好人，他是個昏君，但是在公羊春秋裏還對於他復仇這一件事情是贊許的。春秋大義贊許他復仇，並且說「雖百世亦可也」。不但是九世，就是百世以後仍然可以復。但是這「雖百世亦可也」只是限於諸侯才可以，只限於代表政權的才可以，一般的人民復仇不過五世。一般人也可以復仇，但是復仇不可超過五世，這是因爲服從親親的原則，親親原則不過五世。諸侯復仇不但是九世，雖百世亦可，這是服從尊尊原則，保持他的政權。這就表示不能亡人之國。假定你亡人之國，他的後代一定復仇的，這亡人之國是大惡。當然亡也有自亡，你自己沒出息，自己把國家亡掉，這也是大惡。儒家的思想是不准亡人之國，也不准亡人世代的，亡人世代是大不仁。在這個地方，諸侯復仇永遠可以復，一般人復仇不能超過五世，這在公羊春秋裏可以分別開來。左傳就不行。左傳說齊襄公復仇怎麼可以是九世的呢？它是依親親原則說的，但是根據親親的原則，只能用於社會上可以，用於代表政權的不可以。這兩者是有分別的。

我們說周朝的禮粲然明備，郁郁乎文哉，它是很淸楚的，就是親親、尊尊這兩系。夏商兩代沒有達到這個境地。殷周之際，從殷商末年轉到周朝這個時期在中國文化上是一個突破的關鍵。比如說同姓不婚，這是周朝才開始立的，殷商還是雜婚的。同姓不婚是有道理的，這不光是在優生學上有道理，不光是遺傳的問題，它在政治上也有作用。所以周公對中國文化的貢獻是很大的，就是在人之所以爲人、人如何能站起來這人道方面，也是貢獻很大。王國維先生講殷周之際的那些文章寫的就非常好，大家可以參考一下。所以周禮粲然明備，就是親親、尊尊這兩個大綱目。親親、尊尊的制定，並不是毫無道理的，所以順著親親尊尊下來，這「**禮儀三百、威儀三千，非天降也，非地出也**」，不是天上掉下來的，也不是從地面裏出來的，而是皆本於人性、本於人情的。你也可以把它們簡單一點，但是它們每一條都有根據的，都是合理的。這和西方根據宗教而來的教條(dogma)不一樣，它不是 dogma。宗教社會裏面有許多莫名其妙的 dogma 是毫無理由的。比如希臘時代的畢達哥拉斯(Pythagoras)，他有個秘密性的宗教集團，這個集團有個戒律，就是不准吃豆子。爲什麼不准吃豆子呢？這是毫無理由的。

這套周文在周朝時粲然完備，所以孔子說「郁郁乎文哉，吾從周」。可是周文發展到春秋時代，漸漸的失效。這套西周三百年的典章制度，這套禮樂，到春秋的時候就出問題了，所以我叫它做「周文疲弊」。諸子的思想出現就是爲了對付這個問題。這個才是眞正的問題所在。它不是泛泛的所謂社會問題，也不是籠統的民生疾苦問題，它就是這個「周文疲弊」問題。所以我在前面之所以說儒墨道法這四家是相干的，就是因爲這四家有一共同的特點，也就是說，他們是針對周文之疲弊而發。從這個地方講諸子的起源才是中肯的、才切。你說諸子出於王官，是不切的。你說社會上出問題，這太籠統，也不切。社會問題多得很，到底是個什麼問題呢？問題的所在，就是這個周文疲弊。所以我們要了解諸子，就要先了解這個問題。那麼我們現在來看看儒墨道法這四家，來看看他們對周文抱持著什麼樣的態度。了解儒墨道法四家對周文所抱持的態度，這才是了解諸子興起的原因，這種了解才是本質的了解。

孔子對周文是採取什麼態度呢？孔子對周文是肯定的態度，禮總是需要的。不管在那個時代，那個社會，總是需要禮的。周公所立的這套禮在孔子的時候，他認爲還可以用的，當然斟酌損益是可以的，但是你不能從根本上推翻，所以孔子對周文是採取肯定的態度。但是它之所以成其爲儒家的思想，是在他使周文生命化。因爲這一套周文並不是它本身有毛病，周文之所以失效，沒有客觀的有效性，主要是因爲那些貴族生命腐敗墮落，不能承擔這一套禮樂。因爲貴族生命墮落，所以他們不能夠實踐這一套周文。不能來實踐，那周文不就掛空了嗎？掛空就成了形式，成爲所謂的形式主義（formalism），成了空文、虛文。墨家和道家就是把它只看成是個形式，所以要把它否絕掉。孔子也知道貴族生命墮落，當然周文也成了掛空，但是孔子就要把周文生命化。要使周文這套禮樂成爲有效的，首先就要使它生命化，這是儒家的態度。那麼如何使周文生命化呢？孔子提出仁字，因此才有「禮云禮云，玉帛云乎哉？樂云樂云，鐘鼓云乎哉？」以及「人而不仁，如禮何？人而不仁，如樂何？」這些話。人如果是不仁，那麼你制禮作樂有什麼用呢？可見禮樂要有眞實的意義、要有價值，你非有眞生命不可，眞生命就在這個「仁」。所以仁這個觀念提出來，就使禮樂眞實化，使它有生命，有客觀的有效性（objective validity）。這樣一來，問題就轉出來了，問題就不在禮樂這個地方。禮樂隨時修改一下是可以的，這個不是問題，聖人並不是保守頑固。順著時代講，禮是可以損益的，三代就有損益呀。「殷因於夏禮，所損益可知也；周因於殷禮，所損益可知也。其或繼周者，雖百世可知也」（爲政篇），這就是損益，這在孔子已經明說。所以儒家並不是抱殘守缺，死守著那個周禮。周文本身並不是不實用，如果你本身有眞生命，它一樣可行的。最重要的問題在使人的生命站起來，這問題一轉轉到這裏，就成了儒家的思想。所以我們從這個地方說，儒家的思想開闢價值之源，挺立道德主體，這方面沒有能超過儒家者。開闢價值之源，所謂價值就是道德價值、人生價值。儒家對人類的貢獻，就在他對夏商周三代的文化，開始作一個反省，反省就提出了仁的觀念。觀念一出來，原則就出來。原則出來人的生命方向就確立了。所以他成一個大教。這個大教，我平常就用幾句話來表示，「開闢價值之源，挺立道德主體，莫過於儒」，儒家之所以為儒家的本質意義（essential meaning）就在這裏。所以儒家立教，他不轉出去說話的，他就是從這裏直接說。他不繞出去從上帝那兒講，也不從緣起性空那兒講，他不繞出去的，他直接從仁道這裏講，這是很了不起的。這是家常便飯，可是也最難了解，因為人的頭腦總是往外看。儒家就在這個地方弘教，使人立起來。所以講到儒、道、釋三家，我就用「開闢價值之源，挺立道德主體，莫過於儒」這幾句話來講儒家。至於道家呢？「察事變莫過於道」。道家雖然講那麼多的玄理玄思，他實際的作用就是察事變，就是知幾。道家對時代的局勢和事變是看得清清楚楚的，張良就是個典型人物。儒家也並不是不了解事變，但是儒家還有一個基本精神，他不能完全順著事變走，他不能只是知幾，他還有一個是非問題，他有道德判斷。假定沒有道德判斷、沒有是非，那局勢一壞他不就投機了嗎？縱使不投機，他也可以跑到深山去隱遁起來呀，道家不就是這樣的嗎？但是他不。所以在以前的歷史中，在這個地方只有儒家能盡責任、撐得住。在危疑時代，能挺起來作中流砥柱的，只有儒家。光是隱遁起來是不够的。那麼佛家呢？「察業識莫過於佛」，這是和基督教比較來看的。基督教講罪惡，講original sin，它是用神話的方式說，它天天講罪惡，但到底什麼是罪惡，講的人也不一定知道。佛家講業識，講無明，就將 original sin 一步一步擺開，所以說「察業識莫過於佛」。

現在我們再進一步來看墨家。墨子是用什麼態度來看周文呢？墨子是以否定的態度來看周文。墨子的那一套思想是以功利主義的態度來看周文，所以主張非儒、非樂、節葬……等。因此荀子批評墨子說「上功用，大儉約而僈差等」（非十二子篇）。上功用是說墨子以功用為上，大儉約而僈差等，是以儉約為大而僈那個親親之殺、尊尊之等。墨子的思想是很淺的，他對於這個親親之殺和尊尊之等並不了解。這個親親尊尊的等級是價值等級，這是要保存的，這不是共產黨所說的階級。這些是等級（rank），等級和階級是不同的。什麼是等級呢？比如說軍隊裏面有尉官、校官這些等級；學校裏面有教授、副教授、講師、助教，這也是等級，不是階級。但是共產黨講鬪爭，就把階級和等級攪在一起，說教授、副教授、講師這些是統治階級，學生是被統治階級。甚至還應用到家庭裏面，說父母是統治階級、子女是被統治階級，這完全是胡攪。親親之殺、尊尊之等這些是等級，是價值觀念，這是以人的才能、道德以及孝心之親疏來決定的。這不是階級。墨子對於這個尊尊之等、親親之殺就不了解，所以墨子落在素樸的功利主義的思想。他認為周文的禮繁瑣浪費，所以他不法周，他法夏，法夏禹。因此唐君毅先生曾經說墨子是次於人文，次於人文就是不及，沒有達到了解人文價值的必要性，所以他才以功利主義的觀點來反人文。講文化不能完全採取功利主義的態度，要是完全從有用沒用的觀點來看文化，結果是很糟糕的。這樣一來我們生活中許多東西都必須去掉了。

那麼我們再看看道家。道家對周文是個什麼樣的態度呢？道家也是否定周文，但是道家不是採用功利主義的觀點。道家思想背後有個基本的洞見（insight），就是自由自在。所以他把周文看成虛文，看成形式主義。因爲如此，他把周文通通看成是外在的（external）。儒家的態度不把周文看成外在的，所以說「禮儀三百，威儀三千，非天降也，非地出也」，而是本於人性、人情。這就不完全是外在的，而是在人性上有根的。但是道家在這一點上他看不到，他只看到周文是虛文、是外在的，所以是對我們生命的束縛桎梏，使我們不能自由自在。道家背後的基本精神是要求高級的自由自在，他那個自由不是放肆，不是現在這個世界所表現的這種自由。它是一種高級的修養，所以他講逍遙、齊物、無待。因爲把周文看成是虛文，是外在的，所以老子說「故失道而後德，失德而後仁，失仁而後義，失義而後禮。夫禮者，忠信之薄而亂之首。」（老子第三十八章）。莊子更是顯明的把周文看成外在的虛文，他有幾句話說得很漂亮。他在田子方篇裏面說「中國之民，明乎禮義而陋乎知人心。昔之見我者，進退一成規一成矩，從容一若龍一若虎。」他認爲這些中國之民對於禮義講的頭頭是道，但是對於人心卻不了解。這人心不是儒家所說的道德心性，而是指人的心境的自由自在。莊子認爲這些人的生活都是絕不自由的，他們的心靈沒有解放，不能自由自在。他就是用這種眼光來看周文，這是和墨子不同的，雖然道家同樣對周文採取否絕的態度。唐君毅先生曾說道家是超於人文。墨家是不及於人文，次於人文；道家則是過、在人文之上，他超於人文而開出一個境界來。

最後我們再來看法家。法家對周文是怎麼樣的態度呢？法家對周文也是採取否絕的態度，但是他不是像墨子那樣的否絕，也不是像道家開出一個境界來。法家的態度很實用（很實際的），他完全是從政治上著眼，從事功上著眼。儒家把周文轉到仁這個地方，立一個大教，是開闢了價值之源，然而他不能解決當時的時代問題。所以後來人家說儒家是迂闊，孟子說的那一套在當時也沒有人能聽。要解決當時的時代問題，最實用而可以見諸行事的是法家。墨子那一套不行，道家那一套也不行。法家所著眼的是時代問題。當時是個社會型態、政治型態要轉型的時代，法家就是順著這個轉型的觀念往前推進，順著這個要轉型的趨勢來行事。這裏所謂的政治型態、社會型態並不是籠統的說，它是可以具體說出來的。你不能籠統的說社會出問題、民生有疾苦這類的話，這是不行的。那麼，當時的那個貴族社會是個什麼社會呢？政治型態是封建，經濟型態是井田制度。這是需要解放的。法家所擔負的就是這個任務。他就是順著當時社會型態要轉型的這個趨勢而來完成這個轉型，這是順成。儒、墨、道三家都不是順成，所以只能在精神生活上有貢獻，對於當時的社會的政治、經濟沒有什麼貢獻。

法家因爲是順著這個轉型的趨勢往前進而要完成這個轉型，所以他第一步要打貴族。因此法家一定和貴族起衝突，作生死鬥爭。但是這樣一來做皇帝的人高興，所以他們都用法家。開始是李克，李克相魏，後來吳起相楚、商鞅相秦，都是作這個工作，所以結果都和貴族起衝突。打貴族就得去封建，把封給貴族的那些土地變成郡縣，成爲屬於國家政府的一個政治單位，這是一種進步，就是廢封建，立郡縣。郡縣是客觀的政治單位，貴族的采地不是客觀的政治單位，采地是屬於貴族私人的。再來就要去掉井田制度。井田制度廢除，農民才有私有權。土地私有是從這裏開始的。一有土地私有權，農民才有自由，才是一個獨立的存在而不是屬於貴族的。這些地方都是代表進步。法家所作的就是這些工作：打貴族，廢封建立郡縣，去井田，就是這三件事。這我在「歷史哲學」中有詳細的說明，大家可以參考一下。商鞅在秦國就是作這一套，結果犧牲了。吳起在楚國也是被犧牲了。李克在魏國，因爲是法家的發端，而且他作得少，和貴族沒什麼太大的衝突，所以沒有被犧牲。這些人物都是有幹才的人，現實感特別強，不是迂濶的儒生。李克是子夏的學生，吳起是曾子的學生，都是從儒家出來的，結果都成了法家。像他們這樣的法家不是壞的，他們是實際行動人物。當時的社會型態要轉變，他們就抓住這一點而來完成這個轉變。他們順應時代，所以他們能成功，但是個人被犧牲了。這樣的法家不是壞的。商鞅是法家的典型。李克、吳起是法家的前奏。

一般說「管商申韓」，把管仲和商鞅拉在一起也叫做法家，這是不對的。管仲不能算是法家，管仲是大政治家。說中國歷史上以前的大政治家，管仲就是第一個人。你要找管仲這樣的人物是很不容易的。他這個人絕頂聰明，絕頂有智慧，而且有很好的政治意識。所以春秋兩百年是齊桓公的天下，而齊桓公是靠管仲才能爲五霸之首的。管仲只能當政治家來看，不能當法家看。

我們說像李克、吳起、商鞅這樣的法家是不壞的，那麼法家是在什麼情形下變成壞的呢？法家是在經過申不害到韓非那個時候才變成壞的。講法不能算壞呀，如果沒有客觀的法就沒有眞正的政治，所以法不算壞。就是聖人也不能反對法，只是他不多講。這也許是在他的時代，他注意不到這個問題，但是如果你點出來，聖人也不能反對法。可是到申不害講術就出問題了。到了韓非就綜合商鞅的法和申不害的術，再加上韓非的那一整套思想，這樣就壞了。這樣的法家是令人討厭的，這樣的法家就是現在共產黨所崇拜的那個法家。

爲什麼加上那個術就變成壞的呢？我們說法本身不是壞的，這是大家都要承認的。但是這要看法是套在什麼基本原則、什麼基本精神上用。它套在申不害所說的術上。申不害的術是從那兒來？從道家來。法家和道家一合，結果道家變質了，法家也變壞了。法是客觀的，佈在官府公諸社會。這個術在那裏應用呢？在皇帝這個地方。這個地方是個秘窟，所以我叫它是克里姆林宮。術在皇帝這個地方，術是不能公開的，它是運用法的一個背後的基本動力。而這個術也就是「賞罰不測，喜怒不測」，喜怒不形於外。要運用這個術也要有大的修養。所以要把道家拉進來。後來的那些大皇帝都懂得這一套，表現的最清楚的就是清朝的雍正。但是雍正不是學道家，他是學禪宗，結果更壞，而且把禪宗也弄壞了。在他個人的主觀修養這方面來講，雍正對禪宗是有相當的境界。但是他把他這個境界用來統治這個大帝國，結果成了李斯韓非這一套，陰冷殘酷。法家到這裏就壞了。法家到了申不害、韓非、李斯、秦始皇就成了大罪惡。李斯告訴秦始皇說「以法爲教，以吏爲師」，這是個大惡，歷來沒有人敢說這種話。這是糟蹋人，他不把人當成一個 person 來看，只是把人民當作一個耕戰的工具。結果秦朝一下子就垮了。後來再也沒有人敢公然的說用法家的思想，雖然背地裏或可偷用一點，但是沒有人敢公開的拿出來當原則的。到共產黨出來，他也不說是用法家，他用個新名詞，什麼馬克思主義，共產主義這一類的話，其實意思是一樣的。共產黨也是以法爲教呀，以馬克思主義、唯物史觀、唯物辯證法、階級鬪爭等爲教；也以吏爲師，這個吏就是幹部。

前面我們說法家出來完成當時社會型態的轉型，結果打倒了貴族政治，成爲君主專制，這在中國歷史上是進一步。所以政治型態從古代貴族政治開始，從貴族政治進一步是君主專制，君主專制維持了兩千多年，現在是民主政治。依我看，民主政治是個最後的型態。政治型態是沒有很多的變化的，就是這三個。那兩個已經過去了，民主政治才有永久性、有普遍性。

今天我們就講到這裏。下次我們就正式講儒家。

陳博政記錄

第四講　儒家系統之性格

我們在上一次已經講過了如何了解諸子的起源這個問題，現在我們就順著上一次所講的再往前進一步，分別就著每一家的學術系統來看，看看這些系統裏邊有些什麼樣的問題，有些什麼樣的主要觀念。順著這些主要觀念和主要問題，我們可以決定各個系統的性格。所謂各個系統的性格也就是各個系統的內在本質、內在而獨具的性質（intrinsic character）。

今天我們就先來衡量儒家這個系統，來看它這個系統包含了那些基本觀念和基本問題，以及它內在的性格是如何。在先秦儒、墨、道、法這幾家中，儒家的觀念最多也最複雜。道家就比較集中。我們了解先秦儒家並不單單是了解某一個人，而是把先秦儒家當作一個全體來看，通過一個發展把他們連在一起來看。因此我們不採取單單以某一個人為標準的講法。因為我們是要把先秦儒家整個通過一個發展來看，所以我們要先看看論語裏面有些什麼觀念——儒家是從孔子開始——以後孟子興起，孟子裏面又有些什麼觀念？有些什麼問題？然後再看看中庸、易傳、大學裏面有些什麼觀念。要估量先秦儒家這個系統的內在本質，你要先對這五部書裏面主要的觀念有相當的了解，這才能做恰當的消化。儒家從它最基本的義理、最核心的教義來看，就是這五部書。這五都書字數不算很多，但是其中的觀念卻很複雜。道家就沒有這麼複雜。儒家是個大教，它決定一個基本方向，儘管孔子在當時不得志，孟子也不得志，可是它一直在中國文化裏邊天天起作用。儒家這個教的性格並不是解決一個特殊問題的學問，它雖然天天起作用，可是要想解決特殊的問題還是要有其他的知識。儒家、佛家、道家這三者都是大教，都決定一個人生的基本方向。但是你要拿它來解決一個特殊的問題，那是不行的。比如說，經濟問題就必須有經濟學的知識才能解決。你不能說王陽明的良知就能解決呀，這是瞎說。儒家在以前並不是當哲學講，但是我們可以方便地把它當哲學講，來看看它這個系統的型態是個什麼樣的型態。我在「心體與性體」中講宋明六百年的學術，也等於是講先秦儒家，先秦儒家都包含在內。諸位若想詳細了解，可以參考一下。

那麼我們如何才能恰當地了解儒家這個系統的內在性格呢？這是一個重要的問題。我們要了解一個系統的性格當然要了解它的主要問題和主要觀念。由這些問題、觀念，它當然成一個系統。儒家的核心觀念是什麼呢？要了解儒家這個系統的性格，工夫全在這個地方，這個地方我們不能憑空瞎想。有許多講論語、孟子的人自以爲了解，其實是不是眞的了解還大有問題。卽使你了解了，同時你也講出一個道理來，可是你的了解是不是恰當的了解呢？這也有問題。現在的人，從左派起，瞎講亂講，曲解誣枉，比附拉扯，不成道理的，太多太多。這個時代是最不適宜于講儒家的了！因爲儒家的道理太平正，無奇特相，而現在的人在趣味上則喜歡偏邪，在學術上則專重科技，所以無法相應那平正的家常便飯。因爲不相應，所以即使去講，也多是邪曲。我們現在不能一一駁斥，但我們可有個總標準來決定你講的對不對。有三個標準，一個是文字，一個是邏輯，還有一個是「見」(insight)。我們要了解古人必須通過文字來了解，而古人所用的文字儘管在某些地方不够清楚，他那文字本身是ambiguous，但也並不是所有的地方通通都是 ambiguous，那你就不能亂講。另外還有一點要注意的，你即使文字通了，可是如果你的「見」不够，那你光是懂得文字未必就能眞正懂得古人的思想。

我們剛才說，我們了解先秦儒家並不單單是了解某一個人，而是把先秦儒家整個通過一個發展來看，所以我們不單單以某個人或某部書爲標準。我們還說，儒家的五部書觀念雖然複雜，可是它們還是連在一起。但是現在有許多人並不是這樣看，對儒家的這五部經典他們抱有兩種不同的態度。我們現在先來看看這兩種說法。

第一種說法是認爲儒家的學問只限於孔子講仁、孟子講性善，純粹是道德，不牽涉到存在的問題。持這種態度的人認爲儒家完全是屬於應當(ought)的問題，並不牽涉存在(being)的問題。他們把儒家限定在這個地方，因此不喜歡中庸、易傳。他們一看到中庸、易傳講宇宙論，就把它和董仲舒扯在一起，就說中庸、易傳是宇宙論中心。事實上講宇宙論並不一定是宇宙論中心。董仲舒那一套的確是宇宙論中心，而且還是氣化的宇宙論中心。可是中庸、易傳並不是宇宙論中心。如果照他們這種說法，儒家純粹是道德而不牽涉到存在問題，那麼這樣一來，儒家除了論語孟子以外，以後就只有一個陸象山，連王陽明都還不純。這樣儒家

不是太孤寡了嗎？當然他們這種說法也自成一個理路，也不是完全沒有道理，這種說法主要是照著康德的道德哲學來講的

現在我們先來看看康德是怎麼講的。首先，我們要先了解康德所說的 metaphysics of morals 這個 metaphysics 是什麼意思？它和我們平常所說的形上學是否相同？事實上，康德這個 metaphysics 並不是我們一般所講的形上學。我們一般講形上學都是把形上學當作一個獨立的學問來看，講 cosmology 和 ontology，這就是形上學之本義。可是康德這個 metaphysics，他是專就著道德的純粹那一部分講的，他稱之爲 metaphysics of morals，道德底形上學。這個「形上學」只是借用的說，它並不是一般所說的形上學。康德說道德底形上學，他只是借用「形上學」這個名詞，他的重點並不是落在形上學而是在道德。可是我們平常把形上學當成一個獨立的學問來看，講形上學並不一定要講道德。所以康德所用的這個 metaphysics 和我們平常所說的 metaphysics 是不同的。康德所謂的「道德底形上學」講的是道德的先驗而純粹的那一部分，他把經驗的那一部分都給你拿掉。現在的人從人類學、心理學的觀點來看道德，照康德講就是「不純的」。康德的「道德底形上學」主要是講道德，對存在界一點都沒有講。可是一般說的形上學，它一定要講存在，講 being，這是 ontology，還要講 becoming，這是 cosmology。形上學主要就是這兩部分，這是形上學最恰當的意義。可是康德的「道德底形上學」單單分析道德這個概念，其他的都沒有。所以我們要了解他的 metaphysics of morals，就不能把它看成形上學。康德使用「形上學」這個名詞

只是借用的，他這個「道德底形上學」就等於是 metaphysical exposition of morals，是道德底形而上的解釋。所以康德這個 metaphysics 是 metaphysical exposition 的意思，並沒有我們平常所說的形上學的意思。因爲我們平常說形上學一定講到存在，但康德在這裏並沒有牽涉到存在的問題。

所以就有人根據康德這個思想，就說孟子講性善這個性是直接就著道德來講的，這個性和存在沒有關係，可以不牽涉到存在。他們認爲孟子講性善這個性就是爲了說明道德，也就等於是道德概念的分析講法，性這個概念是分析出來的，爲的只是成功道德，和存在沒有關係，它只限於 morality 這一部分。可是，這是儒家的態度嗎？這樣一來，易傳、中庸是涉及存在問題的，那不就和孟子相衝突了嗎？所以這些人一看到中庸、易傳就和董仲舒混在一起，就說這是宇宙論中心。他們是根據康德的思想來說的，可是康德本人對存在問題是不是像他們這樣完全不管呢？

事實上，康德本人講「道德底形上學」固然是講道德而不涉及存在，可是他並不只是限於道德這個觀念。康德的三個設準其中「自由」一設準是屬於道德範圍之內。可是他還有其他兩個設準，就是靈魂不滅、上帝存在。這就不光是道德問題。而且依康德的講法，這三個設準是有關聯的。康德也承認實踐理性有一個必然的對象(necessary object)，就是最高善。最高善是屬於實踐理性、屬於道德範圍之內。但是康德從最高善這個觀念一定要追溯到上帝存在。從最高善這個觀念過渡到上帝存在，這就接觸到存在問題。從自由之必然的對象過渡到上帝存在，這在康德就不叫做 metaphysics，而是叫道德的神學（moral theology）。康德非有道德的神學不可，你不能把它割掉。你可以不喜歡神學，可是存在問題你總要有個交待呀，這存在問題你交待給誰呢？在西方，存在是交待給上帝。你如果不講這個話，那麼存在問題如何解決呢？你如果又不贊成自由往上帝那裏伸展，那麼存在不就落空了嗎？所以康德在這裏講道德的神學（moral theology）。和道德的神學相對的還有一個名詞是神學的道德學（theological ethics）。依照康德的講法，moral theology 是可以的，theological ethics 就不行。Theological ethics 是從神學來建立道德，是把道德基於神學，這是不行的。從神學建立道德就是宇宙論中心，就是董仲舒那一套。康德承認 moral theology，但是不承認 theological ethics。這分別是很重要的。

從這個地方我們也可以看出儒家的態度。儒家是不是一定只限於孟子所講的道德那個地方呢？儒家是不是一定不涉及存在呢？儒家有「天」這個觀念呀，有人想不要「天」。這「天」你怎麼可以隨便不要呢？當然他也有個講法，他把天講成我們平常所說的命運，把天講成是形而下的屬於現象世界的條件串系。可是儒家的天那裏是這個意思呢？這些人雖然或可把握住孟子所講的「道德」這個觀念，但是不能把這個觀念充其極，反而把它拘死了。康德並不拘死，他不只講自由，他也講最高善，也講上帝存在。當然他也有個關鍵，就是以自由爲 focus、爲中心。康德把他全部的理性系統都歸到自由這個地方來。最高善與上帝存在都從自由這個地方透出來。存在是靠什麼來講呢？靠最高善那個地方講。在這裏康德就不用

metaphysics 這個名詞。照康德的講法，metaphysics 有兩層，就是超絕形上學(transcendent metaphysics) 和內在形上學 (immanent metaphysics) 。我們能够有知識的是在「內在形上學」處，超絕形上學處我們不能有知識。假定從超絕形上學這個地方想一個名詞，那就是神學，道德的神學。康德有道德的神學而沒有神學的道德學。基督教、天主教、聖多瑪都是神學的道德學，站在康德的立場這是不可以的。在西方哲學史中，康德在這個地方是個很大的扭轉。照儒家的立場來講和康德是一樣的，但是儒家不講神學。孟子所講的是根據孔子的仁來講性善，他講性善固然直接是說明道德，但是儒家講性善這個性並不拘限於道德，講仁也不拘限於道德。儒家並不是只講應當 (ought) 而不涉及存在的問題。他這個仁是封不住的，儘管這一點在孔子、孟子不很清楚。孔子不是哲學家，他講道理不是以哲學家的態度來講，他對於形上學也沒有什麼興趣，對於存在、宇宙論這一套聖人是不講的，或者說他不是以哲學家的態度講。但是，聖人儘管不講這一套，然而他的 insight、他的智慧可以透射到存在那個地方。通過那個觀念可以透射到存在呢?就是「天」這個觀念。

我們剛才說，在西方存在是交待給上帝，是通過上帝這個觀念。中國的「天」這個觀念也是負責萬物的存在，所謂「天道生化」。「天」這個觀念是從夏、商、周三代以來就有的，傳到孔子的時候固然孔子重視講仁，但是對於「天」他並沒有否定呀。所以有人把「天」抹掉，把它完全講成形而下的，這是不行的。從這個地方講，儒家這個 metaphysics of morals 就涵蘊一個 moral metaphysics，就好像康德的 metaphysics of morals 涵蘊一個

moral theology 一樣。康德只說道德的神學而不說道德的形上學。Moral metaphysics 和 moral theology 這個 moral 是形容詞。就是說這個宗教、形上學是基於道德。儒家不說道德的神學而說道德的形上學，因爲儒家不是宗教。儒家有個天來負責存在，孔子的仁和孟子的性是一定和天相通的，一定通而爲一，這個仁和性是封不住的，因此儒家的 metaphysics of morals 一定涵著一個 moral metaphysics。講宇宙論並不一定就是宇宙論中心，就好像說神學並不一定函著神學的道德學（theological ethics）。康德也講神學，但是他的神學就不函神學的道德學，他正好反過來，是道德的神學。神學的道德學是把道德基于宗教，道德的神學是把宗教基於道德，這兩者的重點完全不同，正好相反。

依儒家的立場來講，儒家有中庸、易傳，它可以向存在那個地方伸展。它雖然向存在方面伸展，它是道德的形上學（moral metaphysics）。他這個形上學還是基于道德。儒家並不是 metaphysical ethics，像董仲舒那一類的就是 metaphysical ethics。董仲舒是宇宙論中心，就是把道德基於宇宙論，要先建立宇宙論然後才能講道德，這是不行的，這在儒家是不贊成的，中庸、易傳都不是這條路。所以有人把中庸、易傳看成是宇宙論中心而把它們排出去是不行的。儒家這個系統的性格雖然每部書只顯出一個觀念，但是它並不就停在這個觀念。因爲以前的人講話他沒注意到要成個系統，儒家從孔子到孟子，再從孟子發展到中庸、易傳，他們的生命是相呼應的。你把中庸、易傳排出去這是不行的。

除了前面這一種態度以外，還有些人抱著另一種態度。這種態度和前面那一種正好相反。他們不喜歡理學家，也不喜歡論語、不喜歡孟子。他們喜歡中庸、易傳。照他們這條路就成了 metaphysical ethics，正好和前一種態度相反。他們不喜歡講主體，因爲他們道德意識不够，所以不喜歡講主體。他們是用審美的興會來講儒家，說論語是「庸言庸行」，這不過癮，一定要講中庸、易傳才過癮。其實這是很差勁的。歷來無論智慧多高的人也沒有人敢輕視論語，就是佛教的那些大和尚也不敢輕視論語。再如孟子，他們當然不能說孟子不是儒家，但是他們還是可以說孟子不是最高的境界，最高的境界是在中庸、易傳。嚴格來講，他們以這種審美的趣味來講儒家這是不負責任的。你不能說我就是要這樣講，這是我的taste。這種講法是不行的。

抱持以上這兩種態度的人雖然背景各有不同，但是都不能得儒家之實。我們說他們都不能得儒家之實，這是不是有根據呢？當然有。講學問是不能憑空亂講的。我們在前面說過，講學問有三個標準，第一個是文字，第二個是邏輯，第三個是「見」（insight）。先秦儒家論語、孟子、中庸、易傳這個發展，他們的生命是相呼應的，這個眉目是很淸楚的。他們息息相關，你不能拿論語、孟子來排斥中庸、易傳；你也不能拿中庸、易傳來輕視論語、孟子。雖然孔子離孟子一百多年，離中庸、易傳兩三百年，但是這些人的生命是若合符節、是相貫穿的。孔子雖然把天包容下來，但是他不多講話，「夫子之言性與天道，不可得而聞也」。（論語公冶長篇）。孔子的重點是講仁，重視講仁就是開主體，道德意識強就要重視主體。仁是我自己的事情呀，「我欲仁，斯仁至矣。」（述而篇），「一日克己復禮，天下歸仁焉。」（顏淵篇）。孔子從那個地方指點仁呢？就從你的心安不安這個地方來指點仁。孔子的學生宰予說三年喪太久了，改爲一年行不行呢？孔子就問他：「食夫稻，衣夫錦，於女安乎？」（陽貨篇）。宰予說：「安。」孔子就說他是不仁。你說「安」就是不仁，那麼如果是「不安」這仁不就顯出來了嗎？這就是自覺。用現在的話說就是道德的自覺。道德的自覺心當然是主體，你講道德意識怎麼可以不講主體呢？就是因爲道德意識強，所以主體才會首先透露出來。你不喜歡講主體，那你怎麼能講中國文化呢？不只儒家重視主體，就是道家、佛家也同樣重視主體，中國哲學和西方基督教不同就在這個地方，你反對講主體你能相應嗎？有人以爲講主體就沒有客體了，其實客體照樣有，問題是在如何講法。中國文化、東方文化都從主體這裏起點，開主體並不是不要天，你不能把天割掉。主體和天可以通在一起，這是東方文化的一個最特殊、最特別的地方，東方文化和西方文化不同最重要的關鍵就是在這個地方。有人討厭形上學，也討厭那個天，他們說儒家的道理是在人倫日用之中，所以人同此心，心同此理，它有普遍性。這個意思是不錯，儒家是有這一方面，所以它「極高明而道中庸」，你著重這一面是可以，但是你不能因爲著重這一面而否定天那一面。

近代還有一些人不喜歡講道德，他們一聽到道德就好像孫悟空聽見金箍咒一樣，渾身不自在。其實你怕道德作什麼呢？你怕道德就表示你自己不行。現在的人總以爲道德是來束縛人的，所以就討厭道德、討厭宋明理學家，因爲理學家的道德意識太強。其實，道德並不是來拘束人的，道德是來開放人、來成全人的。你如果了解這個意思就不用怕。如果人心胸不開濶、不開放，那麼人怎麼能從私人的氣質、習氣、罪過之中解放出來呢？人天天講理想就是要從現實中解放出來，要解放出來只有靠道德。

我這樣點一點就可以把儒家的系統性格給你們擺出來。我們說儒家重視主體，那麼儒家的這五部經典中有那些觀念是代表主體呢？我們要知道，儒家主要的就是主體，客體是通過主體而收攝進來的，主體透射到客體而且攝客歸主。所以儒家即使是講形而上學，它也是基於道德。儒家經典中代表主體的觀念比如孔子講仁，仁就是代表主體。仁也可以說是「理」、是「道」。假如把仁看成是理、道，那麼仁也可以看成是客觀的東西。但是客觀的東西並不就是客體，並不一定表示是外在的東西。我們說仁可以是客觀的東西，這是從理、道的普遍性來規定的。說它是客觀的和說它是外在的對象 (external object) 是不一樣的。我們說仁是個理、是個道，那它就是客觀的。它之所以爲客觀，就是因爲它是理、道的關係，因爲理、道是客觀的。理、道爲什麼是客觀的呢？用康德的話來說，就是因爲它有普遍性和必然性這兩個特性。而且康德講普遍性和必然性都是由主體發。十二範疇不是就有普遍性和必然性嗎？它是從主體發的，它也不是 external object 呀。我們說客觀就是這個意思。但是，我們固然可以把孔子的仁講成是理、道，然而它不一定只是理和道，仁也是心。在理學家中，朱子就把仁看成只是理、道，他不喜歡拿心來說仁。但是孔子明明是從心來說仁，講仁而不牽涉到心是不可能的。仁是理、是道、也是心。孔子從心之安不安來指點仁就是要人從心這個地方要有「覺」，安不安是心覺。仁心沒有了，理、道也就沒有了。因此仁就不只是理、道，仁也是心。

所以到了孟子就以心講性。孟子講性就是重視主體這個觀念。儒家講性善這個性是眞正的眞實的主體性（real subjectivity）。這個眞實的主體性不是平常我們說的主觀的主體，這是客觀的主體，人人都是如此，聖人也和我一樣。人人都有這個善性，問題是在有沒有表現出來。這樣一來，這個性就是客觀的主體性。心理學的主體就是主觀的主體。

除了論語、孟子以外，中庸、易傳也一樣講主體，大學也講主體。中庸講「愼獨」就是講主體，是從工夫上開主體。大學也講愼獨。中庸講誠，基督教也可以講誠，但是基督教不能講主體，所以基督教開不出愼獨這條路來，主體之門沒開。愼獨這個學問是扣緊道德意識而發出來的。愼獨這個觀念孔子沒有講，孟子也沒講。如果你要追溯這個觀念的歷史淵源，那當該追溯到誰呢？當該是曾子。愼獨是嚴格的道德意識，在孔門中道德意識最強的是那一個？就是曾子。我們憑什麼說愼獨是由曾子開端呢？我們能不能從文獻中找出線索來呢？曾子不是說「吾日三省吾身」嗎？（論語學而篇）。孟子曾經用兩個字來說曾子，就是「守約」這兩個字。（孟子公孫丑上）。守約就是愼獨的精神。所以愼獨這個觀念是緊扣孔門下來的。因此中庸、大學都講愼獨。中庸怎麼講愼獨呢？中庸首章說「天命之謂性，率性之謂道，修道之謂敎。道也者不可須臾離也，可離非道也。是故君子戒愼乎其所不睹，恐懼乎其所不聞。莫見乎隱，莫顯乎微，故君子愼其獨也。……」這個愼獨是通過「天命之謂性」這個性體，性是首先提出來的，性是個主體，但是這個主體必須通過愼獨這個工夫來呈現。這個愼獨的獨、獨體的獨是從性體那個地方講的。大學也講愼獨呀，它是從誠意講：「所謂誠其意者，毋自欺也。如惡惡臭，如好好色，此之謂自慊。故君子必愼其獨也。小人閒居爲不善，無所不至；見君子而后厭然，揜其不善而著其善。人之視己，如見其肺肝然，則何益矣？此謂誠於中，形於外。故君子必愼其獨也。曾子曰：『十目所視，十手所指，其嚴乎！』富潤屋，德潤身，心廣體胖，故君子必誠其意。」這些都是嚴格的道德意識。所以愼獨是最重要的。後來王陽明講致良知，還是由愼獨工夫轉出來。你如果只是憑空講個「良知」，那主體義就顯不出來，所以他要「致良知」。良知就是獨體，所以才說「無聲無臭獨知時，此是乾坤萬有基。」

現在我們再講易傳。易傳固然是宇宙論、形上學的意味重，因爲它牽涉到存在，是從天道講。但是它從天道講，它也貫通了主體方面這個性，它也不是憑空地來講。易傳講「窮神知化」（繫辭下），這個「神」照儒家、照易傳的立場當該從那個觀點來了解呢？「神也者，妙萬物而爲言者也。」（說卦）。這個「神」是通過「誠」講的。它不是像基督教的上帝那個神，也不是從氣化上講的那個神。我們平常說一個人「有神采」、「神氣的很」，這個「神采」、「神氣」的神是 material 是屬於氣的，是屬於形而下的觀念。儒家易傳講「神」，它是個形而上的。它之所以爲形而上的，是靠什麼觀念來定住呢？是通過「誠」。中庸、易傳都講誠，誠是一種德性，是屬于道德的。因此它這個神是形而上的，它不是屬於material，屬於形而下的。所以你如果把易傳的「神」從氣上來講，那就是不對。可是，如果你把它講成是個人格神（Personal God），那也不對，因爲中國人沒有這個觀念。易傳講的這個神就是通過主體而呈現的，窮神你才能知化，化就是宇宙的生化。這就成了宇宙論。但是這個宇宙論並不是空頭講的宇宙論，你要窮神才能知化，從神這個地方講天道、講乾道，就是講創生之道。所以儒家發展到了中庸易傳，它一定是「宇宙秩序即是道德秩序」（Cosmic order is moral order），它這兩個一定是合一的，這兩者是不能分開的。如果照我們前面所說的那兩種態度來看，這兩者是合不在一起的，因此「宇宙秩序即是道德秩序」這句話他們就不能講。因爲這兩者是合一的，所以易傳也不能離開道德意識來了解，儘管它講「大哉乾元，萬物資始」，好像形上學的意味很重，其實它背後的底子還是moral。所以坤文言裏面講「直其正也，方其義也。君子敬以直內，義以方外，敬義立而德不孤。直方大。不習，无不利。」有人就把「直方大」的直說成是幾何學上的直線，方是square，大是無限的空間（infinite space），他就是不從道德方面講。但是在「直方大」上面明明說的是「敬以直內，義以方外」，這明明是道德，你怎麼可以把它講成幾何學呢？

最後我們還要提一提大學。大學裏面講三綱領、八條目，它也是從主觀的實踐到客觀的實踐，它把儒家實踐的範圍給你規定出來，但是它本身的方向卻不確定。它主要是列舉了這些實踐綱領，可是卻沒有對這些綱領作什麼解釋。比如大學說「明明德」，但是什麼是「明德」呢？「止于至善」，什麼叫「至善」呢？「至善」究竟是落在那個地方呢？這在大學裏面都不清楚。所以在這些地方就有不同的態度，講大學的人也就有不同的講法，最典型的兩個態度就是王陽明的講法和朱夫子的講法這兩者。朱夫子那個講法是順著大學講大學，這是最自然的講法，一般人也最容易走朱夫子這條路。朱夫子講儒家是以大學爲標準。朱夫子的講法儘管很自然，比如致知格物、格物窮理，這很自然，但是他有一個毛病，他拿大學作標準來決定論語、孟子、中庸、易傳，結果通通不對。可是，如果你把大學講成王陽明那種講法，那也太彆扭，你怎麼知道大學裡面「致知」的知就是良知呢？這也很麻煩。大學裏面的致知、格物未必就是王陽明的那種講法。王陽明是用他的良知教套在大學裏面講，他這種講法在文字上是沒有根據的，但是他的講法有一個好處，在義理上來說他的講法合乎儒家的意思。王陽明是拿論語、孟子來規範大學，朱夫子是拿大學來決定論語、孟子、中庸、易傳。所以儒家系統到後來就分歧了。

那麼，我們看大學當該採取什麼態度呢？大學只是把實踐的綱領給你列出來，但是要如何實踐，實踐的那個領導原則是那個方向，大學裏面不淸楚。因爲大學本身不明確，那麼到底要如何來實踐呢？這個道德實踐後面的基本原則到底是什麼呢？這個地方我們當該以論語、孟子、中庸、易傳來作標準，用它們來規範大學。我們不能反過來以大學爲標準來決定論語、孟子、中庸、易傳。至於大學本身的原意究竟是什麼，這是個很麻煩的問題。唐君毅先生對大學的原意有一個講法，他那個講法也許比較好一點。（參閱中國哲學原論導論篇「原致知格物」）。因爲大學本身不明確，所以我們講儒家的時候並不太著重大學。以前的人重視大學是因爲朱子的權威太大，朱子講大學，所以人人講大學。就是王陽明也是從大學入手，但是他把朱子的那個講法扭轉過來。王陽明是孟子學，他講大學是孟子學的大學。朱夫子的大學則是以程伊川的講法爲根據。

以上我們講的就是先秦儒家這五部經典，透過剛才所講的我們就可以了解儒家這個系統的性格，以及儒家這個系統裏面的主要觀念和問題。如果我們把儒家當個哲學來看，那麼儒家這個系統就可和康德那個系統相對照。這個眉目大家一定要把握住。講儒家一定是這樣講，沒有其他的講法，這樣了解儒家才是相干的、恰當的了解。現在有些人講儒家，或是通過聖多瑪那一套來講，或是通過柏拉圖哲學、亞理斯多德哲學來講，這些通通是不行的。你贊成不贊成儒家是另一回事，你可以不贊成，但是儒家本身的義理它的原意是如何，這你得先作恰當的了解才行。先作恰當的了解是第一個問題，了解了以後你可以贊成也可以不贊成，這贊成不贊成是第二個問題。你不能一下就用聖多瑪、柏拉圖那一套來講儒家，這是比附、猜測，這種講法是不行的。

我們在現在講中國學問是很困難的，因爲中國以前的文獻並不像西方哲學那樣有系統，並沒有那麼清清楚楚的給你擺出來。中國的文獻常常是這裏一句那裏一句，這就必須靠你文獻熟，你孤立地看是不行的，孤立地看一句話，可以有種種不同的講法。洋人講中國的東西困難也就在這個地方。因爲他了解的文字是死的，他孤立地看這一句，他不知道每一句話在我們行文的時候有上下文的文氣，你不看上下文而光看一句話是不行的。再進一步說，這句話也不只是套在上下文氣中來講，有時候它沒有上下文氣，那麼要拿什麼作它的文氣呢？這個時候就以全部儒家的義理作它的文氣。假定你不了解儒家的義理，那你講這句話就會講錯，因爲它這句話是根據全部儒家經典而說的。比如，程明道就說過這麼一句話：「觀天地生物氣象。」在他的語錄裏面劈空來這麼一句話，沒有上下文。這句話是個很簡單的句子，文法也沒有什麼複雜，這要翻譯成英文不是很容易嗎？這句話要是你懂得儒家的經典，那你一看就知道它的意思；假定你不懂儒家的經典而把它孤立的看，那你就不了解，不了解你就翻錯。這不但是洋人翻錯，連中國人都翻錯。有許多人都把這「觀天地生物氣象」中的「生物」看成名詞，即是有生之物，這是不對的。這個「生物」應當是順著中庸所說的「天地之道可一言而盡也：其爲物不貳則其生物不測」之「生物」來了解，「生物」即是創生萬物，「生」是動詞。這才是恰當的了解。

今天我就簡單地給大家點一點儒家這個系統的性格以及它裏面的主要觀念和問題。如果大家想詳細了解儒家，那可以看一看「心體與性體」。今天我們就講到這裏。

陳博政記錄

第五講　道家玄理之性格

上次我們討論了儒家，這次來討論道家。道家的興起及系統的性格決定於以前所講的諸子起源問題，即針對周文疲弊而發。在此種概觀之下，我們現在正式講道家的內在義理。第一步先問「道」的觀念如何了解？道家提出的「無」如何了解？再進一步了解無和有的關係，道家如何講「有」？第三步了解無與有和「物」之關係如何？由這三層了解可以把道家玄理的性格全部展示出來。

假定有人問：老子所講的無是什麼意義的無？應如何答覆？這就需要對中國的文化生命和所發出的智慧有相當的理解才行。在這個文化背景下表現出來的智慧就和在希臘的背景下所表現出來的智慧、思路不同，和印度的也不一樣。因此要扣緊文化生命講，憑空講就不切，而且對於其觀念決不能有相應的了解。

現在一代的年輕人的頭腦漸漸都變成橫剖面的，縱貫的文化背景、文化生命的意識亦漸漸變淡薄了，但對這種問題就需要縱的態度。生命嚴格說不只是橫剖面地掛搭在現在的時空中，若只是那樣，生命就沒有意義；一定還要有縱貫線，因此有生長、覺悟過程。所謂覺悟，就是要把人的縱貫線喚醒，這才是生命的擴大。橫斷面的擴大要保得住、要有意義，得靠縱貫的擴大才行，那才是眞正的擴大。所以不能將生命只限制在眼前時間的這一瞬、空間的這一點。一旦橫切，人就什麼也沒有了。現在的年輕人漸漸地橫斷面的意識特別強，或表現得特別明顯，這樣，縱貫的線索就連不起來了，因此沒有文化生命，不了解文化背景，因而也就不了解這套智慧之根源、性格以及其在人生中的作用。橫斷面的觀念較容易了解，亦容易表達，可是這也是現代文明最大的癥結。

大家要由縱貫線的文化背景來了解老子的無爲何在戰國時代出現。凡是這種問題都有永恒性，凡眞理都有眞理的普遍性。不要以爲那是兩千年前的，現在沒有用了。現在的狀況還是個戰國時代。中國的古代文化發展至春秋戰國時代爲最高峯。照史賓格勒（Spengler）講，每個民族都有個「十九世紀」，這「十九世紀」是象徵的意義，譬如春秋戰國就是個十九世紀。按照史賓格勒的「文化斷滅論」，一個民族只能有一個十九世紀，只開一次花，希臘、羅馬、近代文明都是如此，開過就衰了、完了。所以他那部書名曰 The Decline of the west（西方的沒落）。西方人依據其西方的文化發展史，容易有此看法。興衰在中國無所謂，有興必有衰，是波浪式的連續（contuinity），生生不息，永遠螺旋式地往前進。假定站在自然生命、生物生命的立場來講，確是只開一次花。但文化生命不如此，它可以從自然生命跳上來找一個超越的根據來潤澤提撕我們的自然生命，這樣就可以永遠持續下去，這就不是文化的斷滅論。十九世紀可以有，而且可以無窮地出現，這只有靠縱貫的意識才能了解、才能把握。

那麼你看道家的「無」是對何而發呢？如何了解無這個觀念？「天下萬物生於有，有生於無」（四十章），無就是沒有（nothing, nothingness）。無這個觀念若是當作一個邏輯概念或存有論的概念看，在西方哲學中也有，但那是完全不同的講法。假定你了解了老子的文化背景，就該知道無是簡單化地總持的說法，他直接提出的原是「無爲」。「無爲」對着「有爲」而發，老子反對有爲，爲什麼呢？這就由於他的特殊機緣（particular occasion）而然，要扣緊「對周文疲弊而發」這句話來了解。有爲就是造作。照道家看，一有造作就不自然、不自在，就有虛僞。造作很像英文的 artificial 人工造作。無爲主要就是對此而發。他的特殊機緣是周文罷弊。周公所造的禮樂典章制度，到春秋戰國時代，貴族的生命墮落腐敗，都只成了空架子，是窒息我們生命的桎梏。因此周文的禮樂典章制度都成了外在的（external），或形式的（formal），如此沒有眞生命的禮樂就是造作的、虛僞的、外在的、形式化的，這些聯想通通出現。任何禮節儀式，假定你一眼看它是外在的，那麼它完全就是個沒有用的空架子。只有外在的、在我們生命中沒有根的、不能內在化的，才可以束縛我們；若是從生命發出來的，就不是束縛。道家就是這樣把周文看成束縛，因爲凡是外在的、形式的空架子，都是屬於造作有爲的東西，對我們生命的自由自在而言都是束縛桎梏，在這個情形之下，老子才提出「無爲」這個觀念來。

無爲是高度精神生活的境界，不是不動。西方人或一般譯者把它譯成 inaction（不動），這是完全失指的。講無爲就函著講自然。道家所說的「自然」，不是我們現在所謂自然世界的自然，也不是西方所說的自然主義 Naturalism。自然主義和唯物論相近，就是一種唯物主義，指的是自然科學所對的自然世界，自然科學研究的都是物理現象，所指的自然是物理世界的自然。就西方宗教講，自然是被造物 Creature，被上帝所創造的有限物屬於自然，上帝是超自然 super-nature，自然和超自然相對反。道家的自然是個精神生活上的觀念，就是自由自在、自己如此，無所依靠。我們現在只知道那借用中國老名詞來翻譯西方的概念這個「自然」之意義，而我們原來本有的「自然」一詞之意義倒忘掉了，這中間有個曲折需要拆開，要返歸到自己原有的意義上來。道家講的自然就是自由自在、自己如此，就是無所依靠、精神獨立。精神獨立才能算自然，所以是很超越的境界。西方人所講的自然界中的現象，嚴格講都是他然、待他而然、依靠旁的東西而如此。自然界的現象都在因果關係裏面，你靠我我靠你，這正好是不自然不自在，而是有所依待。所以莊子講逍遙、無待。現實上那有無待呢？例如坐要依待椅子，肚子餓了要吃麵包，這都屬於西方人所說的自然現象。道家老莊所說的自然不是這個意思，它就是自己如此，就是無待。所以講無爲函著自然這個觀念，馬上就顯出它的意義之特殊。它針對周文疲弊這個特殊機緣而發，把周文看成是形式的外在的，所以嚮往自由自在，就一定要把這些虛僞造作通通去掉，由此而解放解脫出來，才是自然。**自然是從現實上有所依待而然反上來的一個層次上的話，道家就在這個意思上講無爲。**

從無爲再普遍化、抽象化而提練成「無」。無首先當動詞看，它所否定的就是有依待、虛僞、造作、外在、形式的東西，而往上反顯出一個無爲的境界來，這當然就要高一層。所以一開始，「無」不是個存有論的概念（ontological concept），而是個實踐、生活上的觀念；這是個人生的問題，不是知解的形而上學之問題。人生的問題廣義說都是 practical，「無」是個實踐上的觀念，這樣不就很容易懂嗎？因爲在春秋戰國時代文化出了問題，道家一眼看到把我們的生命落在虛僞造作上是個最大的不自在，人天天疲於奔命，疲於虛僞形式的空架子中，非常的痛苦。基督教首出的觀念是原罪 original sin；佛教首出的觀念是業識（Karma），是無明；道家首出的觀念，不必講得那麼遠，只講眼前就可以，它首出的觀念就是「造作」。虛僞造作最使得人不自由自在，道家對此有眞切的感受，所謂存在的感受（existential susceptibility）。從這裏開始可以說到原罪，也可以說到業識，不管罪惡多麼深也還是這個問題。一個人能够像道家所說的，一切言論行動好像行雲流水那麼樣的自由自在，這需要很大的工夫，這是很高的境界。所謂成熟、爐火純青的時候才有這點味道，可見需要很大的工夫，可見人生在此是很麻煩的。

譬如說「矜持」這個觀念。儒家也講矜持，理學家謝上蔡一生做工夫就在化掉這個矜字，可見很難。矜持就是造作不自在，誰能免除矜持呢？這是任何人隨時都感到頭疼的現象。就像佛教的去無明一樣，到成佛時才能去無明。道家以爲不必說得這麼玄遠，只說矜字就可以了，把矜完全去掉就是聖人，不是一樣嗎？就道家講，矜就是造作不自然，能把它化掉就是眞人。從眞人這個層次講無、講自然，所以是個生活實踐上的觀念。道家嚮往的是眞人 authentic man，眞實不假的人才是眞正的人。我們人生、人的存在，都多少有虛假不眞實的成份，好像假鑽石是人造品。道家對此感受非常強，從這裏就講出一大套道理來。

先了解無爲這個觀念，把它再普遍化，就是無這個觀念。無開始作動詞看，就特殊機緣講它所否定的是周文，其實周文就包括一切東西；再把這個特殊機緣抽掉，往前進：爲什麼反對造作呢？大概可以分成三層來說。最低層的是自然生命的紛馳使得人不自由不自在。人都有現實上的自然生命，紛馳就是向四面八方流散出去。這是第一層人生的痛苦。這在現在的世界特別顯，現代人都是在現實自然生命的紛馳上找刺激，不過癮又找痲醉，所以老子說「五色令人目盲，五音令人耳聾，五味令人口爽，馳騁畋獵令人心發狂。」（十二章）。爽當差失講，如爽失爽約之爽；五色紛紛令人眼都糊塗了；拿現代的話總起來說就是自然生命的紛馳，生命向四面八方像馬一樣的跑出去了。再上一層，是心理的情緒，喜怒無常等都是心理情緒，落在這個層次上也很痲煩。再往上一層屬於思想，是意念的造作。現在這個世界的災害，主要是意念的災害，完全是 ideology（意底牢結，或譯意識形態）所造成的。譬如說出現了共產主義這套觀念，就造成世界的分裂，人類分成了兩個世界，有二個眞理的標準，這是最高的災害。意念的造作最痲煩，一套套的思想系統，擴大說都是意念的造作。意念造作、觀念系統只代表一些意見（opinion）、偏見（prejudice），說得客氣些就是代表一孔之見的一些知識。所以任何大教都以智慧爲目標，而不提供知識，智慧的不同就在把知識、觀念的系統、意念的造作化掉。凡是意念的造作都是一孔之見的系統，通過這些孔有點光明，但週圍就環繞了無明，只有把它化掉，才全部是明，智慧就代表明。道家就在這裏講無，不討論系統而反要將系統化掉。自然生命的紛馳、心理的情緒，再往上，意念的造作，凡此都是系統，要把這些都化掉。周文雖說適應那個時代的生活，但也不過是一套典章制度的系統。假定找不出周文在理性上的、內在的根據，把它看成外在的、只是個造作的系統，就當該否決。老子就這樣看周文，儒家當然不這樣看，所以說「禮儀三百，威儀三千，莫非性情中出。」孔子也不講無（非無此義），而是正面提出「仁」的觀念來。道家否定周文，擴大而講無爲，反對造作的「爲」，用現代的語言表示出來，就是否定自然生命的紛馳、心理的情緒和意念的造作這三層。光說「五色令人目盲，五味令人口爽」那只是個人的、一時的感性追逐，而且是很粗淺的；意念造作的影響太大了，它的根最深，一發作便成災害，所以是最高層的。無就是要化去這些。

如此，無先作動詞看，就是要否定這些。經此否定已，正面顯示一個境界，用名詞來表示就是無。將名詞的 nothing（無）拆開轉成句子就是 no-thing（沒有東西）。所以nothing（no-thing）不是存有論的無（沒有東西）。當我們說存有論時是在西方哲學的立場，照希臘傳下來的形而上學的存有論講。無沒有存有論的意味，但當「無」之智慧徹底發展出來時，也可以函有一個存有論，那就不是以西方爲標準的存有論，而是屬於實踐的（practical），叫實踐的存有論（practical ontology）。中國的學問都是實踐的，像儒家的 moral metaphysics 也是實踐的。實踐取廣義。用道家的話講，實踐的所表現的就是解脫、灑脫、無爲這類的字眼，是這種智慧全部透出來以後，可以函有一個實踐的存有論。解脫用於佛教比較恰當，道家沒有這個名詞，但後來有灑脫之類的名詞，意思稍有不同。總言之就用 practical 這個字吧！一旦智慧透出來了，因爲智慧無外，那麼它對天地萬物當該有所解釋與說明，因此可以有個實踐的存有論，也可謂實踐的形而上學 practical metaphysics。這實踐的形而上學、存有論就寄託於對無的了解。

了解了無的來源，那麼無，照它所顯示的境界而言，當該如何了解？這是道家所說的道。道是個共通的老名詞，大家都可以講。道家是通過無來了解道，來規定道，所以無是重要的關鍵。光無也不行，無中又有「有」，那麼無如何了解？有如何了解？無與有和天地萬物之關係又如何了解？無和物、有和物的關係如何了解？這可分三層說，先分別地了解無，然後再分別地了解有，最後再了解無、有與物之關係。道德經說「天下萬物生於有，有生於無。」明講無、有、物三層。到這種話頭出現時，不就成了形而上學了嗎？形而上學就是要解釋天下萬物。西方哲學是由存在上講，從存有論、知識論上講，因此將無當作一個存有論的概念；道家不如此，所以首先不能由這路來了解，要從生活上來了解。

無所顯示的境界，用道家的話講就是「虛」。「虛一而靜」本來是荀子的話（解蔽篇），道德經曰「致虛極，守靜篤」（十六章），虛靜是道家的工夫，荀子這話就來自道家。無的境界就是虛一靜，就是使我們的心靈不黏著固定於任何一個特定的方向上。生命的紛馳、心理的情緒、意念的造作都有特定的方向，黏著在這個地方，就著於此而不能通於彼，你生命黏著於此，我生命黏著於彼，各是其是，衝突矛盾就出現了。佛家講的執著就是黏著（attachment），是將心思封限在一個特定的方向上。所以第一步先分解地了解無，就是虛一靜。虛則靈。心思黏著在一特定的方向上，則心境生命即爲此一方向所塞滿所佔有，就不虛了，不虛則不靈。一就是純一無雜。沒有烏七八糟的衝突矛盾紛雜，把生命支解得七零八散就是一；用康德的名詞講就是把雜多（manifold）通通化掉，不是把雜多綜和統一，而是化掉如水通流。靜就是不浮動。人隨著生命的紛馳，順著意念的造作，天天在浮動之中，把這些化掉就靜下來了。道家喜言靜；儒家常言定，大學謂「知止而后有定，定而后能靜，靜而后能安，安而后能慮，慮而后能得。」又講貞定；佛教講止；意思相通。靜不是物理學中相對的運動和靜止（motion and rest）的靜，而是絕對的心境，是定，是隨時將心靈從現實中超拔出來，浮在上層的一種境界，是精神的（spiritual）。無、自然、虛一而靜都是精神的境界，是有無限妙用的心境。所以無不是西方哲學中存有論的觀念，像康德將無分作四類，都是從對象的有或沒有，或概念是空的或不空來說無，（參閱史密斯英譯本「純粹理性批判」頁二九四～六），道家不這樣講，所以首先從這裏劃分開。

道家通過「無限妙用」來了解虛一而靜的心境。靈就是無限的妙用。假定你的心境爲這個方向所限制，就不能用於別處，這就叫「定用」，以道家的名詞說即「利」。在老子道德經中利和用是分開的，十一章曰「有之以爲利，無之以爲用」，利（功用）即「定用」；用名之曰「妙用」。凡妙用都是無限的（infinite），所以說「妙用無方」。方乃方所，是空間觀念，借用到孝廉方正上就成了 virtue，以形容道德人格。妙用無方取原初的意義。有定所，用就不妙了。利（定用）是有方所有限定的用；用（妙用）是無限定無方所的用。這是智慧，誰能達到這種境界呢？譬如說我們處在這個困難的時代，就能顯出有沒有工夫修養，心境能不能虛一而靜，照察得清清楚楚。不要爲外在的紛雜所分裂，首先要顯這個境界，這個本。

顯這個無的境界的目的是要你應世，所以「無爲」一定連著「無不爲」。有無限的妙用才能應付這千差萬別的世界，所以道家的學問在以前叫「帝王之學」。要做王者師，一定要學道家。在現實歷史上最好的代表是張良，此人絕頂聰明，心思靈活，事情觀察得清清楚楚。在楚漢之爭中，劉邦楚霸王等身在其中不一定清楚。劉邦最後能成功就因爲他的心靈較靈活。楚霸王論打仗有萬夫不當之勇，但心思很粘滯，有范增而不能用。劉邦也不清楚，但張良一指點，馬上就明白了，那就不犯錯誤。（參閱「歷史哲學」第三部第一章）。一個時代那有什麼一定的呢？事在人爲，走對了就有好的結果，走錯了就有壞的結果，所以學問最重要。平常這方面沒有修養，就是我所說的「富而無教」。任何人都要使自己的生命超越一層，要用點功訓練自己。

所以說「無爲而無不爲」（三十七章），無不爲是作用，無爲是本。知道了這個意思，進一步要了解「有」。道家很完備，無是本，但並不只講無，將生命抽象了只掛在無也不行，一定要無、有、物三層都講才完備，才顯其全體大用。

老子如何講「有」呢？有開始也不是西方的存有論的概念，它還是要從以無作本的心境上講。這個心境固然是要化掉對任何特定方向的黏著，但也不要把任何特定方向消化掉了就停住了，那就掛空了。這只是分解的一種表達，用黑格爾的話講，第一步先這樣了解的無是在抽象狀態（in abstract stage）中的無；若只停於此，就只是了解了抽象的無的本體性，即作爲本的特性，也就是只抽象地了解了做爲黑格爾所謂「純粹的普遍性」的無自己。

什麼叫「純粹的普遍性」（pure universality）？爲什麼我們可以用黑格爾的這個名詞來說掛空階段的無？即爲什麼我們可以用純粹的普遍性來說在抽象狀態中的無？無是本，當然是普遍的（universal），轉成名詞就是普遍性（universality）。凡本都有普遍性。我們說無是純粹的普遍性表示這時它沒有內容，不能具體化，只在抽象的狀態中掛空了。沒有具體的內容，只看無自己 nothing itself 就只是個純粹的普遍性。這不是道，光顯這個本只是方便，還要進一步再講有，講有就是由純粹的普遍性接觸到具體的內容（concrete content）。具體就是因爲有內容。所以無可以借用「純粹的普遍性」這個名詞來表示。

那麼這具體的內容「有」當該如何了解？有不是外在現成的拿來往裏面塡放，那樣，無就成了可以塡東西的框子。抽象地先了解無並不很困難，到了解有時，就相當微妙。因爲無是個虛一而靜有無限妙用的心境，靈活得很。無限的妙用何由得見？即從有處見。有就是無限妙用、虛一而靜的心境的矢向性，用道德經的話講就是徼向性。「常有欲以觀其徼」之徼

（音腰如要求之要，卽易擊辭下原始要終之要）。一有徼就有一個方向，卽徼向性，一有徼向性就有突出。無限心原是虛一而靜，無聲無臭，沒有任何朕兆的，徼向性就代表端倪朕兆，就在此處說有。這是完全主觀地，就無限心境的徼向性說有，不是客觀地由存在上講。道德經首章說「常無欲以觀其妙，常有欲以觀其徼」。常無句卽剛才所說無的境界，「其妙」其指道。心境不單單要處在無的狀態中以觀道的妙，也要常常處在有的狀態中，以觀道的徼向性，反過來說徼向性就是道的有性。道德經通過無與有來了解道，這叫做道的雙重性（double character）。道隨時能無，隨時又有徼向性，這就是道性。

爲什麼有徼向性？無不是個死東西，而是靈活的心境，不管有沒有這個世界，世界上有沒有萬事萬物，它都可以活動。並不是說要有對象，它才可以有徼向性；沒有現成的對象，一樣可以露端倪、有徼向性。我們平常起現一個觀念，不一定要有個對象。必先有對象，那是知識論的講法。有時也可以沒有對象而突然間由根源上創發出一個觀念來，這就是創造。發出一個觀念，就是心靈的一個徼向性，不是徼向任何對象，而是根據這個徼向性來創造對象。這在日常生活上也有，當然在這層次上大部分的觀念是有對象的，至少也總和對象有牽連。講創造就要和對象直接間接任何的牽連通通沒有，也可以發一個徼向性，才叫創造。譬如說作文章，文思一來，不能說每個詞語都要有典故，就是用典故也不一定要抄襲別人，我也可以造個典故你們來用好了。所以才有妙文妙思出現。

從無發有，完全是內發、創造地發，類比剛才所說的，「有」不是對應對象而起。單從無限妙用的心境本身來說徼向性，這樣才可以說無與有是道的雙重性。無是本，無又要隨時起徼向的作用。平常所謂深藏不露就代表無的狀態，但不能永遠深藏不露，總有露的地方就是徼向性，道家如此講有，所以很微妙。若客觀地從存在上講，哲學家不論講得多玄，都是思想上的玄，實際上很容易了解，並不微妙。道家這一套出自中國的文化生命，發自春秋戰國的文化背景，完全從人生上講，很眞實也很玄妙，作用更大。愈是複雜的人生、高度的文化愈是需要；尤其是擔當大事的人需要這套學問，所以是帝王之學。

一露端倪有徼向性，就傾向于成有， to be a certain being 要成一個有。從這裏講，這徼向性之有帶有創造性，是故它不屬于認識論的有，而是屬於實踐的存有論的有，就是說不屬於海德格所謂表象的思想（representative thought）中的有，而是往後反上一步屬於 original thinking。表象的思想中的有是往外散看的有，對應對象而講的。

可是這裏有個問題。一有徼向性出現而落在有中，假定心思不靈活，就又限於此而不能通於彼，所以又不能停於此，「玄」就在這裏出現。凡徼向都有一特定的方向（a certain direction 或 orientation），若停在這徼向上，有就脫離了無。有不要脫離無，它發自無的無限妙用，發出來又化掉而回到無，總是個圓圈在轉。不要再拆開來分別地講無講有，而是將這個圓圈整個來看，說無又是有，說有又是無，如此就有一種辯證的思考（dialectical thinking）出現。有而不有卽無，無而不無卽有，好像玩弄字眼（play of words），不懂就是玩弄字眼，若懂得，它的規則亦很簡單。這個圓周之轉就是「玄」，道德經「玄之又玄，眾妙之門」的玄。

玄不像分別講得那麼清楚，玄者黑也，水深了才黑，所以玄表示深 profound 的意思。又表示不像分別說那麼清淺，好像隱晦 obscure。其實玄既不淺也不隱晦。凡分別說的都要遵守邏輯的法則，無論講得如何複雜都不玄。凡要遵守數學邏輯法則的都不玄，這是大原則的分別。玄是個圓圈，說它無，它又無而不無就是有；說它有，它又有而不有就是無，因此是辯證的（dialectical）。凡辯證的都是玄，就深。假定一條鞭地向着一個方向走，動者恒動靜者恒靜，動永遠依直線而動，就沒有玄。只有辯證的才玄、才深，就是道家所說的玄。所以辯證只能用在人生的實踐、精神生活方面，離開這個層面講都不對。唯物辯證法就是在物質世界科學範圍之內講辯證，這是不對的。（參閱「理則學」第十三章）。

玄是深奧，深本質的意義就以辯證的意思來規定。平常講辯證以為只是個方法，只重視它發展的過程，其實把分解消化掉，意思不就深一層了嗎？它既 profound 又是 mystery，就是道德經中所說的玄。首章謂「此兩者同出而異名。同，謂之玄。玄之又玄，眾妙之門。」兩者指道之雙重性無與有，無與有同屬一個根源，發出來以後才有不同的名字，一個是無，一個是有。同出之同就是玄。以上是先分別地使你了解無與有以及無與有混融而為一之玄。

現在再進入第三步：無與有和天地萬物之「物」的關係如何？無與有雖然主觀地講，但也都是絕對的普遍的原則。因為絕對普遍才能涵蓋並關連天地萬物。道德經說「無名天地之始，有名萬物之母。」天地是萬物的總名，萬物就是天地的散開說，實際上是一樣的。從天地萬物的開始（beginning）說，是始於無。假定有始於有，這有還始於有，一直往後追問就永遠不能停止。所以沒有始則已，若有始就一定是無。所以從天地萬物之始這方面講，我們名之曰無，以無爲本。所以無和天地萬物的關係，關連着萬物是向後反的（backward），反求其本。下一句就是向前看（forward），「有名萬物之母」，有關連天地萬物是向前看，就把天地散開了。母是 formal ground 的意思。中國人講道理喜歡用具體的字眼、象徵的比喻，例如用母。萬物是在有中生之育之亭之毒之，在有的範圍之內生長變化，所以有是萬物生長變化的母（mother ground），就是形式的根據。一說有，有是徼向性，徼向到這裏實現出來就是一個物，有就是物得以實現的根據。

向後看說無是一元的（monistic）是一；向前看說有說徼向性是多元的（pluralistic）。因爲是多元的，才可以作爲萬物之母、之形式根據。老子通過無與有來了解道。無有混在一起就是玄。「玄之又玄，眾妙之門」的玄就是創造萬物的根據。分開地直接地說，有是萬物的根據，無是總持說的天地之開始。因爲有從無出，而且有無混一名之曰玄，玄才能恢復道的具體性，即道之具體眞實的作用。停在無有任一面，道的具體性就沒有了，就不能恢復並顯出道創生天地萬物的妙用。嚴格講到最後只是一句話「道創生天地萬物」，無有都屬於道的一面，與之相對的是天地萬物之物。有雖兩頭屬，但不是外來的，而是發自無限的心境，所以直接的意思是無有在一邊而與物相對。

物與無、有相對，但一出了有，有了徼向，就向著一物而落到物上；所以一般將道家之有和物(thing)連在一起了解。這其實是引申出來的第二義(derivative, secondary meaning)，它 primary, original 的意義首先應了解爲與無在一起，因爲有從無發，所以道有雙重性，而物不是道的性格。無作爲天地萬物的本體，有一徼向性就要實現一個物，創造一個東西。一般人一說有就由徼向性落到物上來講，其實在道德經中有是萬物之母，用現代的話講就是物的形式根據。形式的根據總牽連着物說，所以一般人可以把有和物拉在一起講，其實有可以提起來歸屬於無。

這不同於西方人的講法，西方人由物講的有 Being 就提不起來。例如柏拉圖的 Idea 是對物而講的，它沒有創造性。創造屬於 Demiurge，後來等於上帝，就是造物主。造物主把 Idea 這個 form 加到 matter 上就成功這個東西。因此柏拉圖的Idea 屬 intelligible world，但它本身並無創造性。所以到了亞里斯多德就只說形式與質料，他批評柏拉圖爲 transcendent，而他的 universal 是 immanent。假定對著物講，最後一定落在 immanent。柏拉圖事實上只是抽象地在思想上把它提起來，嚴格講還是提不起來。後來如海德格講存有論，講 being 也是一樣。

此處說可以提起來是從道講，無性有性是道的雙重性，有無合一爲玄就是具體的道，才能恢復道的創造性。先籠統地說這個創造的方向，不就有形而上學的意義了嗎？這是道家式的形而上學，說存有論就是道家式的存有論，特點就在以主觀的方式講無講有，這正好可以創造對象，這是個創造的講法。

道家式的形而上學、存有論是實踐的，實踐取廣義。平常由道德上講，那是實踐的本義或狹義。儒釋道三教都從修養上講，就是廣義的實踐的。儒家的實踐是moral，佛教的實踐是解脫，道家很難找個恰當的名詞，大概也是解脫一類的，如灑脫自在無待逍遙這些形容名詞，籠統地就說實踐的。這種形而上學因爲從主觀講，不從存在上講，所以我給它個名詞叫「境界形態的形而上學」；客觀地從存在講就叫「實有形態的形而上學」，這是大分類。中國的形而上學——道家、佛教、儒家——都有境界形態的形而上學的意味。但儒家不只是個境界，它也有實有的意義；道家就只是境界形態，這就規定它系統性格的不同。由和儒家佛教及西方哲學的分別就顯出它系統性格的不同，這個和其他系統不同的智慧很特別，所以要注意。

現在還賸下最後一個問題。剛才說無有是道的雙重性，合在一起就是玄，玄才能恢復道創生萬物的具體作用。通過徼向性就實現一個東西，即創生它、使它出現，所以徼向性（有性）是萬物之母。如此就不只限於主觀的生活上，天地萬物也出不了這無與有的範圍。這樣當然是個形而上學，也想對存在有個說明，但這說明仍只是個主觀的、從實踐上說的，而且還是境界形態的說明。這和西方哲學直接客觀地由對象方面講實有形態的形而上學顯然不同，這不同是大分類，是很容易分開的。那麼再看看它和儒家佛教各有何不同，藉此以作詳細的分別。中國三大教都是實踐的，都從主觀面講，那爲何還有儒釋道的不同？道家是純粹的境界形態，和儒家佛教的分別相當微妙，當該如何了解？關鍵就寄託在這第四個問題，就是玄恢復「道之創生萬物」之具體的創造性。說創生創造，是暫時方便籠統地先如此說，以與知識論相對。知識論只是論認識對象，而不是論創造對象。講道不可以知識論水平（horizontal）態度講，而是要把橫的態度豎起來，是從上往下直貫地講，這是縱的（vertical），縱的表示道之創造性。

道家的道和萬物的關係就在負責萬物的存在，籠統說也是創造。這種創造究竟屬於什麼形態？例如「道生之，德畜之」（五十一章）道也創生啊！莊子也說：「生天生地，神鬼神帝」（大宗師）。天地還要靠道來創生，何況萬物？道德經又說「天下萬物生於有，有生於無」，這不明明用生嗎？所以要用現在的話說創生創造不能算錯，但你要是再進一步了解，就知道用創造這個名詞不很恰當。儘管也用生字，但照道家的講法這生實在是「不生之生」。儒家就是創生，中庸說「天地之道可一言而盡也：其爲物不貳，則其生物不測。」那個道就是創生萬物，有積極的創生作用。道家的道嚴格講沒有這個意思，所以結果是不生之生，就成了境界形態，境界形態的關鍵就寄託於此。

因此創造 creativity, creation 用在儒家是恰當的，卻不能用於道家，至多籠統地說它能負責物的存在，即使物實現。「實現」更籠統，說創造就太落實了。所以我們不要說創造原則，而叫它「實現原則」（principle of Actualization）。實現有許多種方式。基督教的上帝創造萬物是一個意義，以創世紀神話的方式講，上帝從無創造萬物。儒家講天道不已創生萬物又是一個意義，那不是從無而造，而是「妙萬物而爲言」的那運用的創造。二家都講創造也還有不同，但都可以用實現原則說。佛教根本不能用創造，說涅槃法身說般若創生萬法是不通的。即使說實現也不恰當。但到圓教也總能維持住「法底存在」之必然性。若勉強說實現，這是天台家所說的「理具事造」之實現，實卽是必然地一起帶著呈現。是故不管是耶教的上帝、儒家的道體、道家的玄、還是佛教的般若法身，若籠統地都用實現原則說，這「實現」底意義也不一樣，尤其在佛教方面爲特別。這個問題甚爲微妙。現在只簡單地如此說，以後將有機會較詳細地講。

道家只能籠統地說實現原理，不好把它特殊化，說成創造，因此道家是徹底的境界形態。若要再多說些，多加點顏色，那把它規定成上帝好呢？還是儒家的道體？還是般若法身？道德經中都不規定，只一個玄字就够了。在這個意義上我也說道家最爲哲學性，最 philosophical, formal，對實現原理沒有特殊的決定（no special determination）。若決定它爲梵天、上帝或是於穆不已的天命道體等，照道家看都是對實現原理的特殊規定，嚴格講都有特殊的意向。道家沒有這些決定，所以最 philosophical，最有哲學中邏輯的普遍性，也可說是邏輯的空洞性。玄創生天地萬物之生其實是「不生之生」。假定你了解不生之生，那麼前面所講的你都能懂。這很微妙，讀讀道德經就會知道，仔細了解就可以看出這是很深的智慧。

由不生之生才能說境界形態，假定實是生就成了實有形態。譬如儒家天命不已的道體就實有創生萬物的作用，就成了客觀的實有，創生的實體了。道家的道是無，無起徼向性，從徼向性說生萬物。因此首先不能客觀地說客觀世界有個東西叫無來創生萬物，而要收進來主觀地講，靠我們有無限妙用的心境，隨時有徼向性，由徼向性說明客觀事物的存在。它又是不生之生，完全以消極的態度講。前面說徼向性沒有對象，無本身就可以發，由此說創造性比較容易了解，以作文章爲例說明創造。當有無混一成了玄，在具體的生活上運用表現，乃是連著這個世界而說的，不能把世界暫時拉掉，專講創造之源。分析地講的道，當然是超越的，但道也是內在的。既超越而又內在才是具體的道，東方思想都是如此。既然內在，那道具體的運用一定和萬物連在一起說，就是連著萬物通過徼向性而生物，這就是不生之生。若不和萬物連在一起，徼向性完全從無說，使你了解道的創造性，那只是開始的分解的了解，一時的方便。圓滿的說法是無與有合一的玄做爲萬物之母、之根據，「玄之又玄，眾妙之門」一切東西都由此出。若沒有天地萬物也可以講道的徼向性，那就是耶教式的創造萬物，即儒家亦不如此，因儒家是「妙萬物而爲言」的運用的創造。故亦必須和萬物連在一起說。道家的道之具體的妙用卽玄固然必須要和天地萬物連在一起來說，但這時說創生，創造的意義就不顯，而生就是不生之生，這才是道家的本義、眞實的意義。

何謂不生之生？這是消極地表示生的作用，王弼的注非常好，很能把握其意義。在道家生之活動的實說是物自己生自己長。爲什麼還說「道生之德畜之」呢？爲什麼又說是消極的意義呢？這裏有個智慧，有個曲折。王弼注曰「不禁其性，不塞其源」，如此它自己自然會生長。「不禁其性」禁是禁制，不順著它的本性，反而禁制歪曲戕賊它的本性，它就不能生長。「不塞其源」就是不要把它的源頭塞死，開源暢流，它自會流的。這是很大的無的工夫，能如此就等於生它了，事實上是它自己生，這就是不生之生，就是消極的意義。譬如說你通過道的徼向性徼向到這個杯子，就使得它存在。其實並不是你的徼向性眞正能創造出這個杯子，還是它自生自在。這是要你讓開一步，你若操縱把持它，它不能生長就毀滅了。

在這意義上，道家最是反共的一種哲學，很合乎自由主義的精神。共產黨專門禁其性塞其源，一切都塞死了，所以是封閉的社會（closed society），自由主義一定講開放的社會（open society）。共產黨把人民都圈在人民公社裏，什麼都不可以，吃東西還要靠分配，社會不都塞死了嗎？這就是禁其性塞其源，絕對不合道、無道。道家就在此講道、講無爲、自然，講道的無性有性。從這裏說到創生就是不生之生。這是很大的工夫，因爲人都想向前操縱把持，現在叫你退一步，不是很難嗎？退一步就是 open society，一操縱把持就封死了。現在大陸上的共產黨最容易使得我們了解道家的眞理，就知道這是最有智慧的說法。道家早就見到我們現在所遭逢到的這些災害之所以，這樣那些玄言就可以了解了。

自由主義 Liberalism 的興起，就是要把操縱把持解開，成爲 open society。所以在自由民主的政治體制下，儘量減少政府的權力，並且用社會上的人民來制衡，給它一個check, limitation，事情由人民自己做，政府在一旁監督大家衝突過分的地方。這是英美的民主精神。社會上有許多社團，整個社會的充實飽滿，一切的活動作業，都是各社團自己在做，照拉斯基（Harold Laski）講的國家哲學，政府的作用只是 co-ordination，調解衝突而已。

Co-ordination 在幾何學上名曰座標。平常的使用，則不能說座標。張君勱先生翻成平停酌劑的作用，是意譯，很文雅也很恰當。Co-ordination就是四面的四個點四個社團互相制衡，互相對列。這字本身的意義嚴格講就是「對列之局」，相對擺在那兒，而有一個結構，成一個局面。與此相反的是 sub-ordination，是下向上的隸屬。Co-ordination 就是大學所講的「絜矩之道」。絜矩的作用是使社會上的各社團互不隸屬（並非無關係），各有各的作用(function) 與職務，調和得很好，成一個方形。絜當合講，矩是方形，合成方形天下才能平。若是 sub-ordination，天下都隸屬希特勒，都隸屬毛澤東，那怎麼能平呢？大學中早就說治國平天下，如何平？依絜矩之道才能平，sub-ordination 就不能平。一個國家之內政府的作用就是依絜矩之道來盡責任，來行絜矩的作用，就是平停酌劑的作用，這樣才自由，才是 open society。（參閱「政道與治道」第三章）。

道家深切感受到操縱把持禁其性塞其源最壞，所以一定教人讓開，這就是不生之生，開其源讓它自己生，不就等於生它了嗎？這是個大工夫，能做到這一步就合道、有道，做不到就不合道、無道。所以據說一次毛澤東問他的英文秘書：假如一旦共產主義的理想失敗了，你看失敗在什麼地方？對方兩句話答得不錯，失敗在兩點：不自然、不合人性。不自然就不合道家的精神；不合人性就是禁其性塞其源，操縱把持禁制得太多了。但在這裏還需要努力，不然對它還是沒辦法，他操縱把持得太緊了，非自己清醒覺悟並努力使天下皆清醒覺悟，不能把它瓦解。

道家當智慧看，是人生的智慧，平常可以在自己生活上有受用。當學問講，是個境界形態的形而上學。這個大教的系統性格要能分辨，和其他的系統相比較，就可以看出來。這次所講就是如何了解道家的系統性格，大體都寫在「才性與玄理」一書中，去看一看就知道，再看看老子道德經就能了解。中國人講自己中國的學問當該有敬意，有眞誠，講得很恰當才行。所以要了解自己的文化背景，把生命不要完全只限在橫切面的時空裏，要把自己的生命縱貫地通起來，這才是眞正擴大自己的生命，這樣于古典才可有相應的了解。現在人的頭腦大都只是橫切面的，生命不能通於文化背景，所以不能和古人的智慧相契應，大都是亂講一氣，因此大家不可不仔細用功。

胡以嫺記錄

第六講　玄理系統之性格——縱貫橫講

上次我們討論了道家玄理之性格，這次將由道家的修行工夫這方面來進一步確定道家玄理之意義。並且將引進一個新的名詞，來分別各家形態的不同。

上講集中於由「無」、「有」及「無」「有」和「物」之關係這三點來了解，因而說道家的形而上學是「境界形態的形而上學」；這還是客觀的、形式的了解。凡了解一個道理，第一步總是先作客觀的了解（objective understanding），客觀的了解最初總是形式的，因此也是形式的了解（formal understanding）。客觀的、形式的了解意指就著所提出的概念——譬如老子提出的無、有和物等概念——恰如其概念之本性而了解之。但只有這種了解還不够。例如道和萬物的關係當然是創生的關係，這是開始時客觀的了解；但後來又說創生一詞用於道家並不恰當，而用在儒家是恰當的，這就需要進一步來了解道家所表現的道和物之關係。

創生的關係籠統言之，是一種縱貫的關係。道有雙重性，可分別從無與有二方面來了解，無有合一是「玄」，再通過玄來了解道，如此道與萬物的關係當然是縱貫的關係。因此道德經中也說「生」，如「道生之、德畜之、物形之、勢成之。」（五十一章）。又如：「天下萬物生於有，有生於無。」（四十章）。由「生」字來了解，當然是個縱貫的關係，也因此很容易想到道也有創生萬物的作用。但再仔細想想，「創生」一詞並不恰當。因爲深入地了解道家玄理的性格，卽可看出與儒家有別。若在儒家言創造是恰當的，而在道家，創造的意義和儒家並不相同，那麼在道家可否用創造一詞就產生疑問，這表示創造用於道家不很恰當。因此要再而確定「生」的意義，最後點出道家的「生」實際是「不生之生」。由不生之生所表示的縱貫關係就成了境界形態的形而上學，它和西方實有形態的形而上學是大不同的，這不同是大分類的區別。

由不生之生所決定的「境界形態」之意義，落實了也不難了解。上次舉了些現實生活、政治上的例子，由不操縱把持、不禁其性、不塞其源、讓開一步來說明，如此則所謂生，乃實是經由讓開一步，萬物自會自己生長、自己完成，這是很高的智慧與修養。道家的智慧就在讓開一步，不禁性塞源，如此就開出一條生路，這是很大的工夫；否則物卽使會生，也不能生長。說來似乎很簡單，其實並不容易做到，所謂的無爲、自然都要由此處來了解。這樣講的才是道家的道，而不是客觀的指一個實體——或像上帝、或像儒家的天命道體——來創生萬物。從讓開一步講當然是主觀的，「道生」是個境界，道就寄託于這個主觀實踐所呈現的境界；由此講生，就是消極意義的不生之生。這個道理在現代，由與共產黨之禁性塞源的對比，最易顯出其特殊之智慧。當然道家並非現代的自由民主政治，而是超越意義的玄理，要落到政治上，還需進一步的工夫，那是另一回事，但道家的學問可以做這種政治的超越的原理（transcendental principle, transcendental ground），它函有這種自由政治的基本精神，這是很可貴的。上次所舉的例是就眼前的事方便舉之以幫助了解，現在則要就道家是一個形而上學的系統來了解，如是，則那種只是客觀、形式的了解的講法就不够，還要就道家本身從工夫上來了解。

道家要達到它所嚮往的無爲、自然的境界，或是莊子之逍遙無待的境界，需要通過怎樣的實踐工夫？譬如孔子講「下學而上達」，實踐「仁」道；孟子講「擴而充之」；大學中庸則講愼獨；這些是儒家的道德實踐的工夫。道家的入路不是道德意識的，因此工夫與儒家不同，但仍有修道的工夫。能了解道家的工夫，就能更眞切地把握上次所作的客觀、形式的了解。客觀的、形式的了解是綱、是經、是縱線；對工夫的了解是維、是緯、是橫線。經緯會合就可以把握住道家玄理之性格。中國儒釋道三教都很重工夫，古人的學問不像西方人用思辨的（speculative）、知解的（theoretical）方式，而都由工夫實踐的緯上著手，由此呈現出一些觀念。後人就先對所呈現出的觀念作客觀的了解，反而常把緯忘了，於是整個系統就飄蕩無著而衍生許多不相干的誤解。因此當了解了經之後，還應該轉回來把握住其在工夫實踐上的根據——即緯——才行。

儒釋道耶諸大教原都是講縱貫的關係，只有知識才是橫的，要主客對立。科學知識是由認知機能（cognitive faculty）底認知關係，亦即橫的關係而成。認識論則是反省這種關係而予以說明。凡是超過知識層面以上的、講道的，都是縱貫的關係。因此開始時說「道家由縱貫的關係所表現的道與天地萬物的關係是創生的關係」，那是籠統的講法。創生之實義由不同教路之特殊規定，又出現不同的形態。例如基督教的形態，是宗教家、神話式的講法；柏拉圖是哲學家的講法；二者並不相同。基督教講創造是上帝無所憑藉而從無造有（creation ex nihilo）；而柏拉圖的 Demiurge 既不創造 idea，也不創造 matter，二者都是本有的。基督教則不然，若在上帝之外還本有 matter，那麼上帝就不萬能了。因此上帝的創造不是將物分解成 form 與 matter 二個原有的成份而合之，而是自無造有，上帝就是創造個體，創造各各物（individual thing），不能再問上帝利用什麼材料來造萬物。你可以這樣問木匠，木匠只是利用木材來製造桌子，而木材取自樹木，並不是木匠創造的。宗教家視上帝爲人格神（personal God），說上帝創造好像木匠造桌子，這是不對的，這只可用於柏拉圖，而不可用於基督教。儒家講天命不已的道體，就是創生萬物，中庸易傳都如此表示。有人依據耶教的創造來了解，因此以爲儒家所說的不是創造，其實這也是創造，哲學中用 creation 就是此意。這是儒家的形態，以「妙運」講創造，所以說「天地之道，可一言而盡也：其爲物不貳，則其生物不測。」（中庸），這就是創生，和上帝之爲人格神當然不同，所以儒家之天命不已不是宗教家之人格神，而是形而上的道體。道家開始時可以先籠統地由「天下萬物生於有，有生於無」「道生之、德畜之」之「生」來了解成創造，實則道家根本不顯創造的意義，即創造用於道家是不恰當的，但籠統地說都是縱貫的關係。

現在進一步來了解道家由生所表示的縱貫關係。道家所謂的生其實是「不生之生」，由不生之生就成了境界形態。儒家是妙運的實有形態；基督教是人格神的實有卽上帝自無而造萬物；這是教路所決定的不同。道家不是實有形態，卽不能客觀地指出個東西叫「無」來創生天地萬物。雖說「無名天地之始，有名萬物之母」（一章），但若由平常的習慣順著天地萬物往後想，想到最後有個東西叫「無名」，那就完全錯了。因此我們說道家的無不是個存有論的概念，存有論的概念是可以客觀地實指的，是可以分解出來的。實有形態通過客觀的分解可以實指出一個客觀的實有（objective entity），或是上帝、或是原子或地水風火等等，都是客觀的實有。道家的無並不是客觀的實有，而完全是由主觀修行境界上所呈現的一個觀念，所以要從生活實踐上來了解，這就函著工夫問題，由對工夫的了解可以確定這個意思。

現在來看道家的實踐工夫。道家的工夫也很特別。儒家是道德的實踐，佛教是解脫的實踐。道德的實踐是平常所謂實踐一詞之本義，如康德所說的實踐理性（practical reason），就是講道德。但也不能說佛教的禪定工夫不是實踐的，凡說工夫都是實踐的，道家亦然。因此廣義地說，東方的形而上學都是實踐的形而上學（practical metaphysics）。道家的實踐就很難用一個名詞來恰當地表示，大概也類乎解脫一類的，但仍有不同。工夫是緯線，縱貫的關係是經線。若是了解了道家工夫的特殊意義，因而了解了它的緯線，那麼就可以用一個新名詞來表示：道家的境界形態的形而上學是「縱貫的關係橫講」。道家的道與萬物的關係是縱貫的，但縱貫的從不生之生、境界形態、再加上緯來了解，就成了「縱貫橫講」，即縱貫的關係用橫的方式來表示。這橫並不是知識、認知之橫的方式，而是寄託在工夫的緯線上的橫。

哲學地說，縱貫的關係可以作爲一個共通的模式（common pattern）來應用，在各家有不同形態的表現。這共通的模式應用在道家是「縱貫橫講」。這名詞也可用於佛教，佛教也有縱貫的關係，但不能說般若解脫法身三德秘密藏所成的大涅槃法身創生萬法，這是不通的，因此佛教也是「縱貫橫講」。大乘起信論講「一心開二門」，一切法依止於如來藏自性清淨心，好像是「縱貫縱講」，其實不然；因爲仍不能說如來藏自性清淨心創生萬法，而只能說一切生死法、還滅法依止於如來藏自性清淨心。起信論的「一心開二門」是個很特別的形態，我屢次強調這個形態很有意義，要仔細了解。它也是個共通的模式，在一個意義上，凡是縱貫的都是一心開二門。就是康德分別 noumena 與 phenomena，嚴格說也是一心開二門，不過康德是在基督教傳統的制約下講，且貫通得不很好，即不甚能充分開得出。起信論一心開二門這個義理模式的貢獻很大，但是一般不大注意，只看作是佛教中的一個系統而已，以後還要詳細闡釋這個模式的意義。儘管起信論一心開二門，但仍是縱貫橫講，即因爲不能說如來藏自性清淨心創生萬法。

再看儒家。儒家之天命不已的道體就是創生萬物，易曰：「大哉乾元，萬物資始，乃統天。……乾道變化，各正性命，保合太和，乃利貞。」（乾彖）。乾元就是最高的創造原理。

所以儒家看天地之道，是「天地之道，可一言而盡也：其爲物不貳，則其生物不測。」這就是創造，創生萬物。嚴格講創造之所以爲創造之實義要從道德上見。就是基督教從上帝說創造，嚴格講也是由道德上見。因此儒家由天命不已、天地之道的道體所表示的創造，就叫做創造性自己、創造性本身（creativity itself）。耶教的人格神——上帝——嚴格講就是創造性自己，也叫做創造性原理（principle of creativity）。創造性自己就是天地萬物之本體，人格化就是上帝，不人格化就是創造性本身，亦即創造的實體（creative reality），是絕對的實體。基督教解釋上帝創造這個世界是由於上帝意欲這個世界；爲什麼意欲？因爲愛這個世界；爲什麼愛而意欲？因爲這個世界是最好的。如此說來創造的原理還是 Good，還是道德的。道德性的「創造性自己」人格化就是上帝。

爲什麼稱爲「創造性自己」呢？因爲這個做爲實體的創造性不是隸屬於某一個機能（faculty）或是器官（organ），而發出的作用（function）；否則還得有更後的預設，就不是終極的（ultimate）。但創造性本身就是終極的，它的作用就是儒家所說的「維天之命，於穆不已」（詩周頌維天之命）的作用，而不是發自某一機能或器官的作用。就是在基督教，創造性和上帝的關係也不是作用與機能的關係，因爲上帝本身就是這個創造性，不能把上帝看成個個體，相當於一個機能，而由此一個體起創造的作用。上帝全部的本質就是創造性本身。講愛（love），上帝的本質全部就是愛。平常講愛是發自人的生命，而上帝的本質全部就是愛，不是從某處發出來的。講意欲（willing），上帝的本質全部就是意欲；講知（understanding），也可以說上帝的本質全部就是知，這些在上帝是相同的。基督教是擬人說，一神論theism都是擬人說，勉強地就人有愛、意欲、知等來想像上帝也有神愛（divine love）、神意（divine will）、神知（divine understanding）。但當我們說上帝的神愛、神意等時，其意義和就人而說愛、意欲卻完全不同。因爲上帝的愛、意欲不是發自某個機能，而是上帝全部的本質就是愛、意欲，並且愛、意欲等在上帝處不再是不同的概念或作用，而是互相滲透，好像玻璃體不再有角度之不同，由任何一點看去都是全體。在人則愛、意欲都有一定的意義，不能相通。在上帝處是相通的，這就是所謂的創造性自己。儒家所說的天命不已之道體也是這個意義。平常所謂的文學創造、藝術創造，嚴格講並不是眞正的創造；即使算創造，也不是創造性本身，卽不能做本體。因爲文學家的創造是發自他生命的強度，卽發自一個機能，因而是有時而盡的。作爲創造性本身的上帝或道體其創造不是發自一個機能，而是其自身就是究極無盡的。因此創造眞正的意義要由道德上見。

創造性自己是指道體而言，從生活上講就是道德的創造（moral creation）。爲什麼由道德見創造呢？因爲道德乃發自意志（will），是意志的作用，而意志是個創造的能力，沒有人由知性（understanding）處講創造。意志可決定當該有，若現實上沒有，付之實行不就有了嗎？不但如此，已有的還可以去掉，所謂「革故生新」。能令有者無，能令無者有，就是創造。創造的意義要透過意志來表示，因而康德講道德實踐就一定提出自由意志（free will）；中國人則講良知，這才是創造之源。因此嚴格講眞正的創造若不取宗教家神話式的講法，就必是儒家的形態。其實就是宗教家的神話，也要根據道德才能眞了解神的創造。道家並不屬於此種形態，因而用創造一詞是不恰當的。

因此要眞正恰合創造的實義，一定是縱貫的關係縱講，儒家就是如此，縱者縱之，橫者橫之；縱貫者縱講，橫列者橫講，如知識是橫的就要橫講，恰如其分絕不錯亂。這是最好的形態。康德也屬此種形態，實踐理性就是縱貫地講創造，因此康德也說意志底因果性（causality of will），是一種特殊的因果性（special causality），就是要創造一物。但當因果性屬於知性而爲範疇（category）時，就只是由之以理解一物而不是創造一物，這就是縱者縱講，橫者橫講。因此歷來說儒家是大中至正之教，如此就是中正。唐君毅先生說佛老是偏至型的聖人，也表現這個意思。

就佛教教內來講，天台圓教已經是最圓、最中正的了，但在一個共通的模式下，和其他的大教相比較，仍然可以判教。道家是縱者橫講的形態，就顯不出創生的意義。佛教也是縱者橫講，就也不宜說創生。凡不宜說創造性本身或創造性原理的都是縱貫橫講，有道家與佛教二個形態。因爲是縱貫的，所以佛教也可以有存有論，但佛教式的存有論（Buddhistic ontology）一定只有到天台圓教時才能徹底透出，這表示到圓教時才能徹底透出智的直覺（intellectual intuition）。智的直覺在上帝處就是創造的直覺，不只是認知地直覺一物，而是直覺它就創造它。對人而言則不然，康德一再強調人只有感觸的直覺(sensible intuition)，感觸直覺只能給予對象而不能創造對象。在佛教，當達到圓教時，智的直覺一定呈現；般若就是智的直覺，就是無限心（infinite mind），智的直覺一定要扣緊無限心講，般若是無限心，道心也是無限心。

前面講過我們不能說般若解脫法身三德秘密藏所成的大涅槃法身創生萬法，但爲什麼又可以說「佛教式的存有論」？特別加個「佛教式的」（Buddhistic），就表示和一般的存有論不同，需要另眼相看，仔細了解。到天台圓教時確可以成存有論，因爲可以維持住一切法的存在。在圓教，成佛是卽九法界而成佛；般若是就著一切法而成般若；解脫、法身皆然。一切法就是九法界及佛法界所成的十法界，就是「一念三千」，三千世間法均包涵在內。一定要就著一切法而成佛，因此當成佛時，一切法一定要存在，就在佛法身上保住了一切法存在的必然性。換言之，既然卽九法界而成佛，則三千世間法就無一可去。一般以爲佛教講空、無、寂滅，好像不要這個世界，那並不是圓教。在天台圓教無一法可去，就是地獄、餓鬼、畜牲之法也皆不可去。只有達到這圓教最高之境界，一切法的存在才能保得住；保得住而不是偶然的，就是必然的，因爲成佛有必然性。法的存在有必然性就是存有論，此卽「佛教式的存有論」。

法身帶著一切法而成佛，就保證一切法的存在，但並不能說法身創造一切法，而是由智的直覺之呈現來保住法的存在。般若也是智的直覺之一種形態，但並不像康德所說的上帝的直覺就是創造，因此我以「一體呈現」來表示。一體呈現而無一法可去，能這樣保住就夠了。這就是縱貫橫講的形態，道家亦屬此種形態。「橫講」並不是把知識之橫的方式挿進來，而是不以縱貫的創生的方式講，而是「一體呈現」。既然一體呈現，則當法身呈現時，一切法通通呈現，都不可消去。當般若呈現時，一切法都在般若之中，和般若一起呈現，般若不就反過來保證一切法之存在了嗎？因爲一切法就是般若法身的內容。解脫時也是就一切法而解脫。解脫是去病，維摩詰經所謂「除病不除法」，要去的是病而不是法。解脫要斷貪嗔痴，貪嗔痴是病，但同時也是法，當法來看就永遠不會去掉。例如發怒，怒並不一往都是壞的，有時也是好的、需要的，所謂「武王一怒而安天下」，就是菩薩也並不都是低眉菩薩，也有怒目金剛。這是最高的智慧。一體呈現而保住了法的存在，就是用「佛教式的存有論」這個詞語的意義；再說實了，就是「縱貫橫講」這個詞語的意義。道家也有這種意味。大家要徹底了解這些詞語的意義才行。

儒家是縱者縱講，維持住了創造的意義，因爲道德實踐的工夫就是要恢復道德創造的本性。儒家的智慧可完全由歌頌文王的那首詩（詩周頌維天之命）表現出來。客觀地講是「維天之命，於穆不已」即「天命不已」的觀念；主觀地講就是中庸讚「於乎不顯，文王之德之純」之「純亦不已」。道德的創造就是德行之純亦不已，此語一轉就是易傳的「天行健，君子以自強不息」（乾象）。儒家一切愼獨、擴而充之、致良知等工夫，都是要恢復創造性，恢復德行的純亦不已。

道家也有道家式的存有論，它的形而上學是境界形態的形而上學。境界形態是縱者橫講，橫的一面就寄託在工夫上，工夫是緯線。道家不是縱者縱講，因爲它所謂的生是境界形態，消極意義的生，即不生之生。道家重觀照玄覽，這是靜態的（static），很帶有藝術性的（artistic）味道，由此開中國的藝術境界。藝術境界是靜態的、觀照的境界；縱者縱講是動態的（dynamic）；比較之下就顯出「橫講」的意義了。這就是道家的玄思，能够引發人的智慧，並不膚淺，也不是佛教所謂的戲論；而是要將我們的生命一步步向內收斂，這需要訓練，也需要恰當的了解。

道德經中所說的「致虛極、守靜篤」（十六章）就代表道家的工夫。當然關於工夫的詞語很多，但大體可集中于以此二句話來代表。極是至，至於虛之極點就是「致虛極」。守靜的工夫要作得篤實徹底，所以說「守靜篤」。這就是「虛一而靜」的工夫，在靜的工夫之下才能「觀復」。由虛一靜的工夫使得生命虛而靈、純一無雜、不浮動，這時主觀的心境就呈現無限心的作用，無限心呈現就可以「觀復」，即所謂「夫物芸芸，各復歸其根，歸根曰靜，是謂復命。」（同上）。這些都是靜態的話頭，主觀的心境一靜下來，天地萬物都靜下來了，就都能歸根復命，能恢復各自的正命。不能歸根復命就會「妄作、凶」。當萬物皆歸根復命，就涵有莊子所嚮往的逍遙遊的境界。莊子所嚮往的逍遙齊物等均已包函在老子的基本教義裏，莊子再把它發揚出來而已。當主觀虛一而靜的心境朗現出來，則大地平寂，萬物各在其位、各適其性、各遂其生、各正其正的境界，就是逍遙齊物的境界。萬物之此種存在用康德的話來說就是「存在之在其自己」，所謂的逍遙、自得、無待，就是在其自己。只有如此，萬物才能保住自己，才是眞正的存在；這只有在無限心（道心）的觀照之下才能呈現。

無限心底玄覽、觀照也是一種智的直覺，但這種智的直覺並不創造，而是不生之生，與物一體呈現，因此還是縱貫橫講，是靜觀的態度。程明道所說的「萬物靜觀皆自得」，就帶有些道家的意味，也是縱貫橫講。若主觀浮動就不自得，萬物也隨之不自得，於是時間空間範疇等等都加了上去，就成了現象（phenomena），而不是物之在其自己。

在此種工夫的綱領之下，還有些基本觀念。首先分別爲道與爲學：「爲學日益，爲道日損」（四十八章），就有二套不同的工夫。「爲學」指學經驗知識，需要天天累積增加；但學道不可用經驗知識、科學知識的方式學，方向恰好相反，要將這些知識都化除掉，故「日損」，化到最後就是「損之又損，以至於無爲，無爲而無不爲。」（同上）。這是最基本最富原則性的話，是一定而不容懷疑的。所損的就是上講所說生理的欲望、心理的情緒、意念的造作等，如此才能虛一而靜，無限心才能呈現，而無限心的妙用就是智的直覺。爲道一定要日損，所以又說「其出彌遠，其知彌少」（四十七章）。一般人重視「讀萬卷書，行萬里路」，其實這只是世俗的爲學的方式，從爲學講當然是「其出彌遠，其知彌多」。但道不是在路途上可以看到的，所以說「不窺牖見天道，其出彌遠，其知彌少。」走得愈遠對道知道得愈少。這都是工夫系統中所函的一些基本觀念。由此原則可劃分成二種知識，到現在仍可應用。「爲學日益」屬經驗知識，所有的科學知識都屬於爲學的範圍；爲道卻是相反的，古人講學特別注重爲道這一面。這種劃分也與道德經首章相呼應，首章曰：「道可道，非常道。名可名，非常名。」也是把知識劃成二個範圍。確實是有二個範圍，古人對此分得很清楚。柏拉圖也分sensible world與intelligible world二個世界，到了康德，仍然有noumena與phenomena的區分。這不是隨意分的，而是一定的。老子也如此分，重點在爲道，工夫就都用在這方面。

這樣說來，好像道家輕視知識；其實並不是抹殺知識，而是價値重點不同。經驗知識的增加並無助於爲道，那麼重點若在爲道，則爲學的態度就是不相應的。一般人認爲道家有反知的態度，譬如說莊子的齊物論反對相對範圍之內的知識，其實莊子是要超越相對以達到絕對，才衝破知識；目的是要上達，並不一定要否定知識。當然他也沒有正面仔細地把知識展現開來，所以是消極的態度，而容易令人產生誤會。其實嚴格講並不妨礙，但要知道這是二個不同的範圍。相對的知識也需要，且是可超過可轉化的，重點是在可轉化上。

何從看出老子並不否定現象界的知識呢？佛家講世間出世間打成一片，世間即出世間，只是重點在出世間，但也不能離開世間而出世間。道家也是如此，雖然這種詞語並不多。老子說：「挫其銳、解其紛、和其光、同其塵」（四章），可見也不離開現象界的知識。若不知爲道的方向而完全陷溺於世俗的知識中就妨礙爲道，知道了就並不妨礙，如此就也是圓教。「挫其銳、解其紛、和其光、同其塵」這四句句法相同，但並不好講。「其」指道，即道心。分解地講道心當然代表光明，但將光明孤懸，或在深山中修道，這境界也並不很高。「和其光」的意思是把光明渾化柔和一下，就是要人勿露鋒芒。「挫其銳」也是勿露鋒利的意思。因此古人喜言「韜光養晦」，要人勿出鋒頭露光采，這就是教養。因此，重視氣，但不能使氣而要養氣；重視才，但勿太露才。這是儒釋道三教共同的老教訓，就靠此教養使得中華民族成爲長壽民族，因爲這種文化的培養使用心方向由自然生命反上來且調和自然生命，於是自然生命才能生生不息永遠維持下去。

銳、光均屬道本身，因此這二句話較易了解。但「解其紛」、「同其塵」該如何了解？關鍵在「其」字有歧義。如「我的頭髮」和「我的書」，這二個「我的」意義並不相同。道何有塵？故塵指塵土即世間；道何有紛？道之紛即指天地萬物；道不離世間亦不離天地萬物，故皆可用「其」字，但意義與「挫其銳」、「和其光」之「其」指道本身而言不同，即有歧義。「解其紛」謂化除萬物之紛雜而道仍爲清明閒適的。「同其塵」則指道與天地萬物相渾同。此二句均表示修道者不應遺世獨立，且修道須不離現實生活。這就是道家的修道工夫也並不否定經驗知識的意思，同時這也就是道家式的圓教。

以上大致是順縱貫橫講的形態來看道家所函有的工夫。道家是靜態的，重觀照玄覽；觀照玄覽是無限心的，道心就是無限心，無限心就是智的直覺，智的直覺所觀照的是萬物之在其自己的萬物，但此處不顯創造義而是一體呈現。上帝以智的直覺來創造也可說是一體呈現，然是創造地現。儒家順著孟子到陸王講心、講良知，從「明覺之感應」說物，創生的意義和一體呈現的意義完全頓時融在一起，而不再拆開來說良知創生與萬物被生。因此儒家既超越而又內在，仍保有創生的意義，因爲良知是道德的創造實體，明覺是良知明覺、知體明覺，因此說「明覺之感應爲物」。儒家雖也有一體呈現的意義，但卻不是佛教式的或道家式的一體呈現，而仍保有創生的意義。因此是縱貫縱講。明覺之感應爲物並不只是觀照物。儒家講寂感，「寂然不動，感而遂通天下之故。」（易繫辭上）。道家講寂照，佛教講止觀，這就顯出不同的形態。寂感是儒家的心靈，易咸卦很重要，咸象曰：「咸，感也……觀其所感，而天地萬物之情可見矣。」所以由良知並不說明覺觀照物，而說「明覺之感應爲物」。感應是存有論的，函有創生的意義。說寂照而至觀照就有認知的意味，因此是橫的。這當然不是認識論、科學知識中的「識知」，而是「智知」，智知卽是無知而無不知，但總有認知的橫的意味，故終于是縱貫橫講，卽只是一體呈現。由此可了解各家系統性格的不同。

下次再講道家的智慧在中國思想史上的影響，及後來站在儒家的立場視爲禁忌的是那一面。事實上儒家不能視之爲忌諱，而是一定也要有的，道家的玄理特顯這一面，也需要仔細了解其意義。由這三講可完整地決定出道家玄理之性格。

胡以嫻記錄

第七講　道之「作用的表象」

上一講我們談到儒家是縱者縱講，道家、佛家是縱者橫講。今天我們接著講，道家還有一層意思，就是「實有層」和「作用層」分別不清楚，或者說沒有分別。何以是如此？這主要是因爲道家所講的「無」是境界形態的「無」。我們先把「無」當動詞看，看它所「無」的是什麼？道德經說：「常無欲以觀其妙，常有欲以觀其徼。」（註一）這是從主觀方面講。道家就是拿這個「無」做「本」、做「本體」。這個「無」就主觀方面講是一個境界形態的「無」，那就是說，它是一個作用層上的字眼，是主觀心境上的一個作用。把這主觀心境上的一個作用視作本，進一步視作本體，這便好像它是一個客觀的實有，它好像有「實有」的意義，要成爲實有層上的一個本，成爲有實有層意義的本體。其實這只是一個姿態。

在道家，實有層和作用層沒有分別，此一義涵著另一義，就是道家只有「如何」(How)的問題，這還牽涉到其他概念，例如聖、智、仁、義等概念。道德經裏面有「絕聖棄智」（註二）、「絕仁棄義」（註三）之語。牽連到聖、智、仁、義這方面，道家只有如何（How）的問題，沒有「是什麼」（What）的問題。這個就是因爲道家的「實有」和「作用」沒有分別。

「如何」，這是作用上的疑問詞；「是什麼」，這是存有上的疑問詞。當我們說「是什麼」的時候，這是屬於「實有」，道家沒這方面的問題，這個叫做實有層和作用層相混，混而爲一，所以說沒有分別。那就是說，在道家的系統裏邊，沒有「是什麼」的問題，這個牽涉到聖、智、仁、義。例如你問他「道」是什麼，他也可以講給你聽。但是他這個說明不是從存有論的立場講，而是從作用層次來顯示道是什麼。例如道要通過「無」來了解，「常無欲以觀其妙，常有欲以觀其徼」，「無名天地之始，有名萬物之母」（註四），通過「無」與「有」來了解道。因此，一些基本觀念統統落到作用層上。

按照我們以前講「無」和「有」，道家是境界形態，境界式地講，從作用上講，講之以透顯無與有的心境。境界形態是對著實有形態而言，假如把道家義理看成是一個形而上學，那它便是一個境界形態的形而上學（依境界之方式講形而上學）。我們平常所了解的哲學，尤其是西方哲學，大體上都是實有形態的形而上學（依實有之方式講形而上學）。這是大分類、大界限。西方哲學從希臘哲學開始，一直到現在，一講形而上學，大體都從「存在」上講，屬於實有形態。中國在這方面，尤其是道家，比較特別一點，這就是所謂「中國哲學底特質」。道家不是從客觀存有方面講，而是從主觀心境方面講，因此屬於境界形態。

境、界這兩名詞本來是從佛教典籍裏面來的，中國先秦的典籍沒有這名詞，這是佛教新創的名詞。現在「境界」一詞大家都會說，成爲很普通的話。

佛教說境，由境說界，境和界都是一個實有的意義。境是指著對象講的，境在佛教就是 objects，就是 external objects，外在的對象。界，也是佛教新造的名詞。我們說什麼界，什麼界，中國古典的典籍沒有這種詞語。照佛教的解釋，界是因義，是 ground 或 cause 的意思。譬如說：「無始時來界，一切法等依。」（註五）這個「界」便是因義。是原因的因，也可以說是根據（ground）的意思。有這個因，就可以決定一個範圍，就可以成爲一個界。這個界就是平常所了解的一個 world，一個範圍，例如十八界的界，這個界就是劃類、分類的意思。所以能成一個類，就有它的原因，按照我們現在的說法，就是按照一個原則，可以把這些現象劃在一起，成爲一類，也就是成爲一個界。

界這個字，通因通果，從因到果合起來整個談。通因就是當一個根據來看，當一個原因看。通果呢？通過這個原因、原則，可以把這些現象劃歸一類，這是後果（consequence）。界在佛教本來就是這個意思。

境是外在的對象，唯識宗講「境不離識」、「唯識所變」。這個境，就是對象，但它不能離開我們的識，不但不能離開，而且還進一步說唯識所變。我們平常以爲外境有獨立性，唯識把不依於主觀的外境，把它拉進來，把它主觀化，這就成爲「識變」。有人就想到唯識宗這個說法，和英國哲學家 Berkeley 所說的主觀的觀念論（subjective idealism）相類似。可以這樣想，但是兩者不一樣。不同在什麼地方？一般人以爲差不多，其實差得很遠。

Berkeley 只說到境不離識，並沒有說到唯識所變。"To be is to be perceived" "to be"

就是存在，就是境，存在不能離開我們覺知的心，不能離開我們認知的心，離開我們認知心，就沒有現實的存在，但柏克萊只說境不離識，卻並沒有說唯識所變，並不說這個"to be"是我們覺知心所變現。因此佛教在這裏，比柏克萊還徹底一點，心理學的意味更重。但是境還是指着對象說。

把境、界連在一起成「境界」一詞，這是從主觀方面的心境上講。主觀上的心境修養到什麼程度，所看到的一切東西都往上昇，就達到什麼程度，這就是境界，這個境界就成為主觀的意義。和原來佛教的意義不大相合，但現在一般人都了解，我們就用這個普通的意義。

境界形態的「境界」翻成英文很難。實有形態的「實有」我們可以翻成 being。實有形態的形上學就是依實有之路講形上學 (metaphysics in the line of being)。但是境界形態就很麻煩，英文裏邊沒有相當於「境界」這個字眼的字。或者我們可以勉強界定為實踐所達至的主觀心境（心靈狀態）。這心境是依我們的某方式（例如儒道或佛）下的實踐所達至的如何樣的心靈狀態。依這心靈狀態可以引發一種「觀看」或「知見」(vision)。境界形態的形上學就是依觀看或知見之路講形上學 (metaphysics in the line of vision)。我們依實踐而有觀看或知見；依這觀看或知見，我們對於世界有一個看法或說明。這個看法所看的世界，或這個說明所明的世界，不是平常所說的既成的事實世界（如科學所說的世界），而是依我們的實踐所觀看的世界。這樣所看的世界有昇進，而依實踐路數之不同而亦有異趣，而既成的事實世界則一定而不可移，此則名曰定性世界。而若此定性世界是康德意義的現象，則現象畢竟亦是對應我們的感性與知性而爲現象，因此，它爲定性世界是依我們的定性感性與定性知性而爲定性世界，上帝原不創造現象（依康德）；而若我們的感性與知性不是定性的，而是可轉的（例如轉識成智），其爲可轉是依人不是定性眾生，即不是依人類學而看的人，而爲可轉，則現象之爲定性世界亦是可定可不定的，可使之有亦可使之無。而所謂有昇進有異趣的世界則都屬於價值層的，屬於實踐方面之精神價值的；而若在此實踐方面的精神價值之最後歸趣總是定在自由自在，則有昇進有異趣的世界總歸是一，雖有昇進而亦有終極之定，雖有異趣而亦有同歸之同，而此世界中的萬物即是「物之在其自己」之物，此則爲終極地決定者，亦即是絕對的眞實者或存在者，而不是那可使之有亦可使之無的現象。依此，普通所謂定者實是不定，而依上說的觀看或知見而來的普通視之爲主觀而不定者，終極地言之，實是最定者，最客觀者，絕對的客觀者——亦是絕對的主觀者——主客觀是一者。

道家的這個境界形態的形上學就是表示：道要通過無來了解，以無來做本，做本體，「無名天地之始，有名萬物之母。」這個「無」是從我們主觀心境上講（主觀心境不是心理學的，而是實踐的）。假如你要了解「無名天地之始」，必須進一步再看下面一句，「常無欲以觀其妙」，此句就是落在主觀心境上說。道家的意思就從這裏顯出來，就是作用與實有不分，作用所顯的境界（無）就是天地萬物的本體。一說到本體，我們就很容易想到這是客觀實有層上的概念。可是你要了解，道家實有層上實有這個概念是從主觀作用上的境界而透顯出來，或者說是透映出來而置定在那裏以爲客觀的實有，好像眞有一個東西（本體）叫做

「無」。其實這個置定根本是虛妄，是一個姿態。這樣的形上學根本不像西方，一開始就從客觀的存在着眼，進而從事於分析，要分析出一個實有。因此，我們要知道道家的無不是西方存有論上的一個存有論的概念，而是修養境界上的一個虛一而靜的境界。

當把修養境界上的「無」，說它是本，是萬事萬物之本，「本」這個概念，使我們馬上想到它是個本體；因爲是本體，是故它是實有，這個實有觀念是這樣出來的，且變成最高的實有。這樣的實有是從主觀的透示講出來。這是第一層意思。

再進一步，牽涉到聖、智、仁、義這一方面說，道家就只有 How 的問題，沒有 What 的問題。How 就是作用上的觀念，比如說康德的哲學裏面最喜歡問：某某東西如何可能？如何可能是高一層的問題，事實上已經可能，現在的問題是如何可能？

當我們說道家只有 How 的問題，就是說當它牽涉到聖、智、仁、義時，它不正面說什麼是聖、智、仁、義。仁、義直接是道德的觀念，聖、智是道德修養所達到的境界。道德修養的最高目標就是成聖人。但是道家並不先正面肯定有聖、智存在，然後再正面解釋什麼是聖、智。假如先正面肯定聖、智、仁、義，再進一步加以說明，這就是 What 的問題，「是什麼」的問題。What 的問題，即是一個存有問題，道家沒這個問題。

道家只是「提到」聖、智、仁、義，並不正面去肯定它們，並加以說明（當然亦未正式去否定它們）。道家怎樣提到？道家只是順着儒家而提到。儒家正面肯定仁義聖智，它正面肯定，就要正面說明，儒家有這個問題。正面肯定、界定，就表示仁義聖智都是正面上的實有。

道家呢？好，你儒家說仁義聖智，道家就要問你如何善於體現仁義聖智呢？你如何把聖、智、仁、義，以最好的方式把它體現出來？這就是如何（How）的問題。

道家說「絕聖棄智」、「絕仁棄義」，並不是站在存有層上對聖、智、仁、義予以否定，這樣了解是不公平的。這個「絕」、「棄」、「絕聖棄智」、「絕仁棄義」、「絕學無憂」(註六)，字面上看，好像是否定聖、智、仁、義、學，這樣了解是不公平的，這樣了解，顯得道家太大膽了。否定聖智仁義，豈不是大惡？這眞是異端了！但這樣了解是不公平的。

如何來做一個恰當的了解呢？道家不是從存有層否定聖、智、仁、義，而是從作用層上來否定。「絕」、「棄」是作用層上的否定字眼，不是實有層上的否定。儒家是實有層上的肯定，所以有 What 的問題，道家沒有這個問題，所以也不從實有層上來說「絕」、「棄」。

道家不從實有層上說「絕」、「棄」，那麼是不是從實有層正面上來肯定聖、智、仁、義呢？也不是。所以我們可以說，道家對聖、智、仁、義，既不是原則上肯定，也不是原則上否定。從實有層上正面肯定或否定，就是原則上肯定或否定。道家沒這個問題，那就是說道家沒有 What 的問題。

道家只是順着儒家，你儒家正面肯定聖、智、仁、義。好！我問你一個問題，你如何把聖、智、仁、義以最好的方式體現出來呢？什麼叫最好的方式？你可以說出一大堆，說是學校教育啦！家庭教育啦！風俗習慣啦！就道家看，這統統不對，都不是最好的方式。所謂最好的方式，也有一個明確的規定，道家的智慧就在這兒出現。

你如何以最好的方式，來體現你所說的聖、智、仁、義呢？這是 How 的問題。既是 How 的問題，那我也可以說你是默默地肯定了聖、智、仁、義！當然可以這麼說，但它不是從實有層上、正面原則上去肯定，它的肯定是作用中的肯定。我就給它找一個名詞，叫做：作用地保存。它當然不是正面來肯定聖、智、仁、義，但也不是正面來否定它們。

道家既然有 How 的問題，最後那個 What 的問題也可以保住。既然要如何來體現它，這不是就保住了嗎？這種保住，就是「作用地保存」，對聖、智、仁、義，可以作用地保存得住。因此不能把道家的「絕」、「棄」解錯了。以前有人罵道家爲異端，就是以爲道家對聖、智、仁、義加以否定，不承認聖、智、仁、義，這樣不是成了大異端了嗎？這個了解，是不行的。這樣了解，道家如何能成爲一個大教呢？我以實有層和作用層之分別來解消這種誤解。道家着重作用層一面，不着重實有層分析一面。在實有層上正面肯定，當然要對一個概念作正面的分析。道家沒有這個分析的問題。分析，廣義地說，就是分解。道家沒有這個分解的問題。道家並沒有分解地或分析地告訴我們什麼叫做聖、智、仁、義。

道家說絕聖棄智、絕仁棄義，又說「大道廢，有仁義」（註七），把道看得很高，落到仁義上已經很糟糕了，大道廢，才有仁義，這樣對道德當然有輕視的意味。這是表面上的字眼。但是整體上看起來，道家不是如此。現在把道德問題分別來看，用哲學詞語來說，就是道家的實有層和作用層相混，沒有分開。這個問題一落到聖、智、仁、義上，我們就說它不是原則上，或存有層上來否定仁義，來講這個絕、棄。它乃是順著是什麼的問題，而來問這個問題：如何以最好的方式把它體現出來，這便是 How 的問題。「大道廢，有仁義」，那便是沒有道化的仁義，沒有以最好方式體現之的仁義，只是分解說的存有層上的仁義。

道家講無，講境界形態上的無，甚至講有，都是從作用上講。天地萬物的物，才是眞正講存在的地方。如何保住天地萬物這個物呢？就是要從作用上所顯的那個有、無、玄來保住。

有、無是道的雙重性（double character），道有「有性」，有「無性」。有、無這個雙重性是作用上顯出來的。以無作爲萬物的本體，把無當做最高的原理。西方的最高原理例如 idea 啦，地水風火啦、原子啦、或者上帝啦，這些都是西方的形態，這一些說法都是實有形態的形而上學。

道家從作用上顯出有性、無性，顯出道的雙重性，最高的是無。無是本，而對於這個無性不能加以特殊化，不能再給他一個特殊的決定（special determination），不能特殊化成爲 idea 啦、上帝啦、梵天啦，也不能像唯物論把它特殊化成爲原子、或地水風火等等。它就是無，不能特殊化。這個無，就是作用上、心境上顯現出來的，就是拿這個東西來保障天地萬物的存在。

儒家對聖、智、仁、義有正面的分析，有正面肯定、原則上肯定，這就是屬於實有層上的。聖人立教，最高的概念是仁，仁是生道，擴大到最高峯，仁是生生不息之道。仁是道德上的觀念，因此也是實有層上的觀念，以仁做本體，這個本體是實有層上本體的意義。可是道家道的有、無雙重性，其中那個無性不能說是仁，不能特殊化而爲仁。道家以無爲本體，這是從作用上透示出來的，不能加以特殊化。無本來是從作用上透顯出來的，就拿這個作用上透顯出來的無，作實有層上的本，這兩層合在一起，沒有分別。這是道家的形態。

儒家則有實有層和作用層的分別，仁是實有層上的觀念，不論是就著道德實踐上講，或是就著天地萬物的生化講。照儒家看道德秩序就是宇宙秩序，宇宙秩序就是道德秩序。仁本來是道德的，是道德實踐之所以可能的最高根據，這是道德的秩序。但是仁無外，心亦無外，心外無物，仁外也不能有物。萬物都涵蓋在仁這個道德心靈之下，仁具有絕對的普遍性，當它達到絕對的普遍性時，仁就是宇宙秩序，從這裏可以說一個道德的形而上學(moral metaphysics)。

這就是從實有層上說的啊！儒家以 What 的問題做主，因爲有 What 的問題，所以有正面的肯定，有正面的否定。通過「是什麼」的分析，對「是什麼」有一個肯定，或者否定。譬如說否定罪惡，立禮以防惡，這才有客觀的是非可講。這就是實有層上的問題。

儒家是不是也有作用層上的問題呢？譬如說，是不是有道家作用層上那個「無」呢？儒家也有。從那兒可以看出來呢？從作用上講無，儒家的經典也有。雖然不很多，但也是大家常想到的。在什麼經典裏邊呢？

「天何言哉，四時行焉，百物生焉，天何言哉。」（註八）。聖人也說：「予欲無言。」（註九）。易傳裏面也有，譬如說：「不言而信，存乎德行。」又如：「易無思也，無爲也，寂然不動，感而遂通天下之故。」（註十）。這是從修養的境界上說。但是我們不能從這幾句話說易傳出於老莊，也不能說道家講無是出於儒家的易經，這都是不對的。易傳是晚出的，論語是記載孔子的言行的，但在論語之前，儒家經典也有講無的。例如詩經、書經都有。詩經說「上天之載無聲無臭」；文王「不大聲以色，誕先登于岸。」書經裏面最明顯，大家也最喜歡引用。在洪範篇裏面說：「無有作好，遵王之道；無有作惡，遵王之路。無偏無黨，王道蕩蕩；無黨無偏，王道平平。」（註十一）。無偏無黨，這還老實一點，不像道家所說的無那麼玄；但是「無有作好」，「無有作惡」就很玄了。這就很類乎道家的意味，很類乎道家所說的那些話頭。

從實有層次上，我們要肯定好、惡，如孟子說「羞惡之心，人皆有之。」詩經上說「民之秉彝，好是懿德。」這個好、惡，是人皆有的。論語裏邊說：「唯仁者能好人，能惡人。」這是好、惡並講。「羞惡之心」這是義也，偏重於「惡惡」這一面，但也涵著「好善」；「好是懿德」偏重「好善」這一面，但也涵著「惡惡」這一面。總起來說，就是好善惡惡。

王陽明四句教「無善無惡心之體，有善有惡意之動，知善知惡是良知，爲善去惡是格物。」（註十二）。劉蕺山則另說四句：「有善有惡心之動，好善惡惡意之靜，知善知惡是良知，至善無惡是物則。」道德實踐就是做「好善惡惡」的事，所以好、惡必須肯定。這一層肯定是屬於實有層上。這是儒家的通義，上下三、四千年這樣通貫下來，沒人能反對。

但是書經說「無有作好」、「無有作惡」、「王道蕩蕩」、「王道平平」，這些話說得很美，一般人也喜歡引用。這個就是在實有層好惡之上，又提到一個無有作好、無有作惡。這就成為作用層上的話頭。

好、惡是有的，這是實有層上肯定。但要表現這個好惡，則「無有作好」的好，「無有作惡」的惡，才是好的，這是最好的方式來表現。這裏顯然就有兩層。「羞惡之心，人皆有之。」「民之秉彝，好是懿德。」「唯仁者能好人，能惡人。」這都是原則上肯定好惡。人如果沒有好惡，就糟糕了。沒好惡，就沒是非。儒家所說的好惡，一定是好善惡惡，不是平常所說的喜歡不喜歡。喜歡不喜歡，並沒有什麼道德的意義。譬如說，你喜歡吃紅茶，我喜歡喝咖啡，這種好惡是屬於心理學的，或屬於生理學的，而非屬於道德的。儒家的好惡是道德上的好善惡惡。

「無有作好」，就是說不要有造作的好，就是說你要有「無有作好」的「好」。無有作好的「好」，才是好的「好」。惡呢？你要有「無有作惡」的「惡」，才是好的「惡」。要有「無有作惡」的「惡」；要有「無有作好」的「好」，才能成全這個「好」。所以無有作好、無有作惡，這是實有層以上而屬于作用層的話。這明明有兩層，不能不注意，一般人都攪和不清。

作好、作惡這個「作」，就是造作，造作就是有意的，不自然。作好、作惡，就是有意的好、有意的惡，一有意，心就不平，照王陽明講，這樣內心就有私心私意。儘管一般人看不出來，也許這個私，私得很巧妙，但還是私。把造作去掉，就是道家所謂的自然，自然就在這個地方說。

無有作好、無有作惡，並不是叫你沒有好惡。它並不表示對好、惡的否定。這明明有兩層。實有層次上的好惡要肯定，把實有層上的好惡，用最好的方式表現出來。照書經洪範篇的講法，就是用「無有作好、無有作惡」的方式來表現。

道家全部的智慧可以說放在這個地方。但我們不能說道家的智慧，是因讀洪範篇而來，不能說道家出於儒家經典。這是考據家尋章摘句的講法，把那一家的根源從文字上找出來，但這樣講是不對的。儘管字面上有些句子和書經相近、相合，但也不能這樣說。

儒家也有作用層上的問題，但是作用層和實有層分得很清楚。本體是從實有層上講，不從作用層上講。道家正好相反，它的本體不從實有層上講，而從作用層上講，它沒有實有層上的本。道家完全偏到作用層這一面來，就以這一面爲它的勝場。就從這一面，它也可以成爲一個大教，就名之爲道家，它也可以稱爲一個學派（school），道家之所以爲道家，就在這個地方。專門發揮作用上的無，以此名「家」，以此成「家」。在聖人之教中，並非沒有這個意思，它不以無作本，本是在仁這個地方。仁是正面上、實有層上的話。

道家不正面對聖、智、仁、義，做一個分析的肯定、原則上的肯定。它只是順著儒家所肯定的聖、智、仁、義，問一個問題：你如何以最好的方式，把聖、智、仁、義體現出來呢？什麼叫最好的方式？一般的講法，說是家庭教育、學校教育、社會教育等等，這些教育，沒有一天沒有，但都不是最好的，究竟的。你可以用分析的方式講，講出好多方法，但是很難找到一個最圓滿的方式。

依道家的講法，最好的方式就是「正言若反」（註十三）這個方式。「正言若反」是道德經上的名言。這個話就是作用層上的話。「正言若反」所涵的意義就是詭辭，就是弔詭（paradox），這是辯證的詭辭（dialectical paradox）。

所謂最好的方式，我們首先分成兩類，一個是分析的講法，以分析的方式提出一些辦法來，例如教育啦、環境改善啦等等。分析的方式提供的只是一個方策，一個辦法，這個是屬於知識的範圍。第二種方式是正言若反，這種詭辭不屬於知識的範圍。這不是分析的講，而當該屬於智慧。所以道德經不落在知識的層次上提供一些辦法，它不用分析的方式。正言若反不是分析的方式，它是辯證的詭辭，詭辭代表智慧，它是詭辭的方式。因此照道家的看法，最好的方式是定在智慧層上的詭辭，是詭辭的方式，不是分析的方式。這一層，也就是書經上無有作好、無有作惡所表示的智慧層上的方式，這個才是王道平平。

譬如說，什麼叫做王道呢？你可以用分析的方式講，夏、商、周三代就是屬於王道，三代以上是屬於帝道。三皇是皇道，五帝是帝道。中國人嚮往的是皇道、帝道，到三代王道已經不很高明了，這是小康、家天下。但是現實上三代已經不錯了，所以叫做王道。王道分析地講，也有其爲王道的地方。黃梨洲就講得很好。明夷待訪錄裏面講三代以上有法，三代以下無法。三代以上是藏天下於天下，是 open society，藏富於民，社會上一切法都是可以客觀挺立得住的法，不是毛澤東腦子一轉隨心制定的法，所以言三代以下沒有法、自私、家天下，那些法只是幫助統治者的工具。黃梨洲說得很透徹。三代以上有法，把天下藏于天下，這是 open society，三代以後，或從秦始皇以後，藏天下於筐篋，把天下藏在我的筐子裏。（註十四）。

黃梨洲這樣講的王道，是分析地講，形式地講。分析地講，可以一條一條、一面一面地擺出來，這是實有層次上的話。洪範篇說無有作好、無有作惡，無偏無黨，王道平平，王道蕩蕩，這就成爲作用層次上的話。這就是屬於聖人智慧的運用，你光是分析地擺出那麼一大套，沒有這種智慧的運用，結果還是保不住。你想要藏天下於天下，結果還是被那些野心家拿去藏之於筐篋。在這裏同樣可以看出來有兩層的分別。什麼是最好的體現方式？道家一眼看到這是最好的方式，因此不從分析上講。從分析上講，徒增麻煩。它直接從作用上看，從無有作好、無有作惡那個地方看，這就是智慧。

無有作好、無有作惡是詭辭，這是正言若反。什麼叫做正言若反呢？譬如說好、惡，這是正言，無有作好、無有作惡，這不是對好惡那個正言的一個反嗎？這個反正好可以把好、惡眞實而自然地顯示出來。這個好惡就是老子所說的正言，而這個正言是從作用上透露，不是從分析上肯定。從反面上透露這個正言，這不是詭辭嗎？

詭辭意卽奇怪、詭異的意思。西方人用 paradox，有邏輯上的，譬如羅素數學原理一書中有一種 Logical paradox。道家的詭辭不屬於 Logical paradox，乃是屬於 dialectical paradox，是辯證的詭辭，不是邏輯的詭辭。

辯證的詭辭，用老子的話，就是正言若反。黑格爾辯證法裏邊那些話，譬如正反對立，否定的否定，矛盾的統一，這種方式在老子裏邊早就有了。不過不用黑格爾那些名詞，但是表示得很活潑，若要展開，就是黑格爾那些名詞，這就是辯證的詭辭。

這種詭辭道德經裏邊多得很。這個「詭」就是莊子所說的「是其言也，其名爲弔詭。」弔詭就是詭譎，「弔」字沒有意義。什麼叫做「是其言也，其名爲弔詭」？它跟著前面來，「予謂女夢亦夢也」(註十五)，這不是弔詭嗎？現實生活一切都是作夢，我說你們在做夢也是在夢中，把自己也含在內，這不是矛盾嗎？你說人家作夢，至少你不做夢才行啊！我說你夢，我也是夢，這個在邏輯上是不行的啊，在邏輯上就成了矛盾，這就是 vicious circle，就是惡性循環，羅素特別用 theory of types 來解決這個問題，以「類型論」來解答。這是邏輯上分析的講法。「所有的人都說謊」，這一句不是謊，不包括在「所有人皆說謊」的「所有」裏邊，它與那個「所有」不在同一層次上，那個「所有」不包括它自己，以此可以分開，這是邏輯地講。在邏輯上不准有這樣兒圈子。

但是辯證的詭辭，它就要通過這個轉圈子，要把自己包括在裏邊。這是自我否定，就是個矛盾。這個嚴格講不是個矛盾，不能用邏輯上的矛盾來說它。不是矛盾，它是一個詭譎、奇詭、不正常。邏輯是正常的，詭辭是不正常的。所以齊物論說：「予謂女夢亦夢也，是其言也，其名爲弔詭。」我們就用弔詭這兩個字來翻譯西方那個 paradox，很恰當。

所謂弔詭有兩種，一種是邏輯上的弔詭，一種是辯證的詭辭。邏輯上的弔詭，很正常，從邏輯推理可以推出來，一定有這麼一種命題，這是個 tautology。「正言若反」所示是辯證的詭辭。正因爲它不給我們知識，它把我們引到一個智慧之境。

道德經這一種話頭很多。譬如說：「後其身而身先，忘其身而身存」（註十六），這就是詭辭。你要使你自己站在前面，一定通過一個對站在前面的否定，要後其身，要把你自己放在後面。這種話，假使你看成是一種權術，它就是權術；假使你看成是一種智慧，它就是一種智慧。我們現在是當智慧來講，不當權術來講。這種權術，陰謀家很會利用，政治家很多會運用，它就是當權術來看。譬如毛澤東在要發動文化大革命以前，跑到杭州養病，裝死的樣子，那就是「後其身而身先」。劉少奇就不懂得這個權謀，受他騙了，所以劉少奇還是書生。

「後其身而身先，忘其身而身存。」這個忘字最重要。道家是從這個「忘」字中把「正言」透露出來。忘其身而身存，我們都想我們自己能保存得住，你如何能把自己保存得住呢？你最好把你自己忘掉。你天天把你自己擺在腦子裏邊，結果你自己反而保不住。你的意識，那能天天貫注到你的 whole body 呢？你的全部身體之自己，你的意識能全部注意到嗎？我們身上有多少細胞，你知道嗎？沒有人能看到自己的頭髮，還要照鏡子才看得到。

有些迷信科學萬能的人，動不動就去檢查身體，稍爲一點不對勁，就找最好的醫生去檢查，把你翻過來，倒過去，本來沒病也弄出病來了。

道家的智慧是「忘」的智慧。所謂「魚相忘乎江湖，人相忘乎道術。」（註十七）這是莊子書上的話。魚在江湖大海裏邊可以相忘，你也不要照顧我，我也不要照顧你。人相忘於道術，在有道術的時代，人才能够相忘。魚不在江湖大海之中，則不能相忘，我吐口水給你，你吐口水給我，苟延殘喘。當一個生命完全靠口水來維持那就危險得很了。莊子這個例子說得很好。人相忘於道術，才能够得其天年，沒有一切恐懼。我們這個時代是一個沒有道術的時代，所以大家都不能相忘，都找麻煩，我給你麻煩，你給我麻煩。敵對是麻煩，有時候照顧也是個麻煩。照顧太多了很討厭，以前的皇帝就是照顧的人太多，不自由自在。一上朝，文武百官在旁邊看著；一退朝、後面又跟上一大堆人。他沒有自由的時候，那就是照顧太多，這就需要相忘。相忘是一種很高的智慧。

忘其身而身存，「忘」是個什麼意思？就是無有作好、無有作惡那個「無作」，把造作去掉，這個忘就是要消化掉那些東西。這種智慧，中國一般人都很能欣賞。從此引申下來，就可以說：「有心爲善，雖善不賞；無心爲惡，雖惡不罰。」造作就是有心爲善，爲善是當該的，但是一有心爲善，就是私意，就是私。有心爲善這個「有心」，正好是書經無有作好、無有作惡那個「作」。一有心，有私意，就是康德所說的有條件的，不是定然的(categorical)。這是很平常的一個道理，很容易懂。

道家的智慧就專在這個作用層上說這個「無」。如果把道德經頭一章「無名天地之始，有名萬物之母」，往實有形態的形上學去想，這是很不眞切的，得不到其眞實的意義。它的眞實意義要從作用上去決定，如此決定已，然後再了解其意義的擴大。「無名天地之始，有名萬物之母」，就是其意義的擴大，後面還是一個「境界」的意思，這是作用層上的境界。

道家從作用上透出「無」來，即以無作本，作本體，從這裏講形而上學，講道生萬物，這個「生」是不生之生。雖言「道生之，德畜之」（註十八），這個生不是實有層次上肯定一個道體，從這個道體的創造性來講創生萬物。它從作用層上看，通過「忘」這種智慧，就是說讓開一步，「不塞其源，不禁其性」，萬物自己自然會生，會成長，會成就，這就等於「道生之」。這當然是消極的意義，而這消極的意義也够啦。所以道家講「無爲而治」，這是一個很高的智慧。有人說：「無爲而不治。」那你這個無爲，不是道家的無爲。你這個無爲是在睡覺。無爲而治，這當然是最高的智慧，它背後有很多原理把它支撐起來。

拿這個例子也可以來勘定，道家是以作用層作實有層看。拿這個意思來講儒家經典，當然不相應。不能說完全錯，但是不對。所以王弼根據道家玄理來講易經，是不相應的。

易經是儒家經典，它有兩層的問題，有實有層，有作用層。道家沒有實有層上一個正面的本體，它以境界上的東西作本。若以此來講易經那些關鍵的話頭，便是錯的，最少是不够，不能把儒家的意思顯出來。譬如講乾卦彖傳，「大哉乾元，萬物資始。」王弼由道家玄理來講，統統不行。參看「才性與玄理」可知。「復其見天地之心」，這是儒家的道理，見於復卦。這個心並不是作用層上「無有作好、無有作惡」那個心，它是實有層次上的一個實體，它是一個 substantial term。這些地方王弼都講不出來，儒家的道理也就顯不出來。他只籠統地以道家沒有任何內容的那個作用層上的「無」來說。道家這個「無」，無任何內容，不能加以特殊的規定，它就是無，從作用層上來透顯就夠了。

若要把「無」加以特殊規定，必須在作用層上的「無」以外，肯定有一個實有層上的存有，並對之有一正面的分解才行。因爲道家沒這方面的問題，所以道家的「無」不能特殊化，不能特殊化爲仁，或者特殊化而爲天命之不已，特殊化爲基督教的上帝、或特殊化而爲印度教的梵天，這都不行。

關於這層意思，只要順着道家的思想作點相應的修養工夫就知道啦。要從作用層上看，忘掉那些造作，把那些造作、不自然的東西，都給化掉。化掉而顯得就是空蕩蕩，就是虛一而靜，什麼都沒得，這個就是虛，就是無。這個無就是從這個地方顯出來，不把它作任何特殊的規定。道家就拿這個無作它的本體，所以它只有一層，就是作用層，它拿作用層當作實有層。其實嚴格說，是拿作用層上所顯的那個「無」作爲本(虛說而爲本體因而視爲實有)，來保障天地萬物的存有，這就是拿無來保障有（有與物爲一即指物言）。

魏晉時代裴頠作「崇有論」，因爲道家崇無，裴頠便崇有，他那個崇有論是不行的；他的崇有論不能抵抗道家的「無」，因爲他沒了解道家那個「無」的意義，他還未達到這個層次。

作用上透出來的「無」，就叫做「玄智」，這是從主觀方面說；從客觀方面講，就是「玄理」。「無」可以通兩面，可以當智看，就叫做玄智；也可以當理看，就叫做玄理。「玄」者是深奧義，怎麼來規定「玄」呢？就是通過「正言若反」來規定，就拿辯證的詭辭來規定這個玄。玄不可以籠統地看，一般人討厭「玄」，叫做「玄學鬼」，說它不清楚，其實清楚得很。你看不清楚，是因爲深的關係，深就發黑。

現代人將眞理定在科學那個地方，不承認這一層，才有「玄學鬼」這類譏諷的詞語出現。這是現代人的淺陋。在魏晉時代以玄學爲最高的學問，最高的智慧所在。作爲一個智慧，它就是最高的智慧；作爲一個學問，它就是玄學。這個學，我們當該用康德的想法去想，即，形而上學當一個學問來看，一個 science 來看，如何可能？是這個意義的學問（science）。

這一套智慧我們當一個學問來看。康德所說的 science，並不是現在所謂的自然科學。他所說的 science 是廣義的學問的意義。我們把它當一個學問看，意即它不只是一個natural disposition, natural disposition 意思是自然的傾向。當作一個自然的傾向，不管那一個民族，它都非嚮往形而上學不可，它都有形而上學的傾向，不過有不同的方式就是了。但是自然的傾向不能成一個學問，再進一步成爲一個學問，有頭有尾，有始有終，把道理系統地講出來，這就是 science。這是廣義的 science，拿中國的「學問」去翻，最好。翻成「科學」不好。現在的人一看就說，你這個怎麼能成爲一個科學。現代人一說科學，就是指自然科學啦，或者是社會科學啦，把我們的頭腦都科學化了。因此會說，你明明講的是「玄學」，怎麼會是「科學」呢？翻成學問最好，德文的 Wissenschaftslehre，也是廣義的學問。

也可以當個智慧看，智慧完全是「當下」的，當下呈現，並沒有一定的軌道，智慧是「運用之妙，存乎一心」，智慧屬於當下，完全從作用上講。能客觀化，才能成一套學問，成為公共的，可以傳達、交通。

這種玄智、玄理，就是從作用上顯出來的「無」，從這裏看，很像佛教裏面的「般若」。般若也是智慧，這種智慧是根據佛教所說的「空」而講，就是依「緣起性空」而講。那個般若智，我們叫它是「空智」、「空慧」。空理這一方面不管它，從慧這一方面講，佛道兩者的方式、形態完全相同。就我們所分的「作用層」和「實有層」講，道家只是以玄智、玄理這個作用層為其勝場，即以此成家。在佛教裏邊，它不能只是般若。在佛教，它除了般若層外，還有分解說的實有層上的問題，即大小教乘，這兩層都有。若離開佛教的實有層，光看它的作用層，它的表現方式、形態和道家是相同的，但是其內容不同。

什麼方式相同？就是弔詭。般若經裏邊詭辭特別多，老莊裏邊詭辭也特別多。佛教中一說詭辭，必定拿般若經做代表。在分解方面不能說詭辭，詭辭只能在非分解的般若方面講，正如道家詭辭只能在玄智方面講。這個要注意。

玄智和般若智因為它表現的形式相同，所以道家這個玄智、玄理可以做中國吸收佛教的一個橋樑，先拿魏晉玄學做它的前身，這樣子來吸收佛教，很自然，一下子就吸收過來了，一點隔閡沒有。所以首先吸收的就是般若這一面，這一面相契合，很自然。但是分析那一面，就不見得相契合。中國人很容易欣賞般若經這方面的詭辭，但不一定能夠欣賞佛教大小乘所說的一切教義，對小乘所分析的那一大套，尤其不欣賞。但對般若這一方面卻很自然地能夠接受，就是因爲道家的關係。

學問有共通性、自發性，道家這一面在中國是本有的，不可說是從佛教來，但也不可說佛家這一面是從道家來，這種話都沒意義。從中國吸收佛教的過程上看，道家玄學在前。在王弼、向秀、郭象的時代，佛家般若學還沒進來，可是他們早就發出玄智來了。佛教般若學是到鳩摩羅什才介紹發揚起來。所以不能說王弼、向秀、郭象這些玄學家所說的是從佛教來。玄學在前，能不能說般若學從玄學來呢？也不能講。中國後來也有極端的華夏主義，說那些洋和尚一點知識沒有，那些玄妙的道理都從道家來。王船山就有這種意思。他是極端的華夏主義者，他這裏不是談學問，是鬧情緒，說那些印度來的洋和尚是夷狄。這個說法是不行的。

說玄學來自般若，或說般若來自玄學，或者說老子出於易經，易經出於老子，說這些話都沒意義。說理學家出於佛老，亦同樣無意義。而社會上淺妄之輩專門說這種話，這個都不知道學問的甘苦，不知道學問的自發性、共通性。人類的學問心靈自然有共通的，只要你存在地用心地思想，你也可以發出來。不過還要看它發的方向如何、教路如何？這當然是不同的，訓練思考就要從這兒開始，思想才能站得住。

道家因爲沒有實有層那一面，說簡單也很簡單，因爲複雜都在分解地說的實有層那一面。實有層起爭論，道家從作用層上講，此則無可爭論。所以儒、釋、道都有這一層意思。譬如說在實有層講好、惡，要界定什麼是好，什麼是惡，和平常所說的喜歡、不喜歡又有什麼不同，這樣分解了一大堆，結果愈分析愈厤煩，而且有爭論。作用層上則不同，你一說無有作好、無有作惡，稍爲一點醒就淸楚了，這裏邊沒有許多花樣。

道家是比較簡單，而且主要地只說這個意思。它不把「無」特殊化爲任何東西，從這一方面說，它最有哲學性，最有普遍性，因爲這是個共通的，大家都可以講的。可是照後來中國哲學的發展，儒家卻是在這裏起一種禁忌、忌諱，忌諱佛老。從宋儒出來這個忌諱更大，到現在有一千多年了。成爲忌諱，就把人的頭腦拘束起來了。

因爲忌諱佛老，所以大家講聖人之道，最怕講這個「無」。一講這個「無」，他就說你來自佛老。其實聖人也可以講無，不一定講無就來自老子。當年陸象山和朱子爭論太極圖說，就因爲太極圖說講「無極」是來自老子，非聖人之道。朱子起來後，忌諱更多。凡是講無的地方，或者是稍爲玄妙的地方，都不敢講，以爲來自禪，因此佛老成爲一個很大的忌諱，這對於發揚儒家思想是不利的。凡是高明一點、深遠一點都不敢講。聖人的道理自是家常便飯，家常便飯也自是好的，但極高明而道中庸，並不是一天三餐以外就什麼沒有了。

忌諱玄遠，而以平實爲藉口，不是自己枯萎了嗎？弘揚道理愈講愈枯萎，最後則一點光彩沒有，這樣怎麼能立教。若是這裏分辨淸楚，則以後你們看到這種話頭就不會迷糊了。是不是佛老，乃是從實有層上規定。並不是因爲一講無，就是佛老。忌諱就是從道家的玄智和佛教的般若所引起來的。尤其朱夫子，他一看到這一方面的話，就以爲這是禪，不是聖人之道，一下子就擋出去了。結果使自己講道理伸展不開，不能左右逢源。所以這個禁忌要解除。

解除禁忌則首先要分開什麼是作用層上的話，什麼是實有層上的話。作用層上的話，人人可以說的，不是誰來自誰，用佛教的詞語說，這屬於共法。般若這個概念不是共法，爲什麼翻爲般若不翻爲智慧呢？般若是從「緣起性空」那個教義來規定，這是佛教特殊的一個智慧，道家不這樣講，儒家也不這樣講。般若不是共法，但表現般若那個詭辭的方式，則是共法。莊子所說的「魚相忘乎江湖，人相忘乎道術」，這個「忘」字也是共法，大家都可以講。聖人也要講，「無有作好、無有作惡」就是忘，即不要造作。這就是道家所說的那個無，從作用層上講的無，這是共法，不能決定什麼，不能決定你是屬於那一個系統。道家就以此名家，以此爲勝場，把握這個普遍性，不特殊化爲仁、上帝、梵天等等。若了解這個，就不再成爲禁忌，若再成禁忌，則需要再解放。不解放則儒家不能暢通，把自己陷落。一屬於高妙就不敢講，這豈不是自甘低下？

儒家做爲一個大教是徹頭徹尾的，不只停在中庸那一面。它極高明而道中庸，極廣大而盡精微，尊德性而道問學，中庸裏這些話不是說得很漂亮嗎？

什麼樣的話頭他們看起來是來自佛老呢？程明道這類話頭很多，朱夫子最不喜歡。朱夫子說這些話頭說得太高，實際上他根本不喜歡。但因爲他宗二程，所以對于程明道不好意思明駁。其實他只宗程伊川，並不宗程明道。

程明道定性書就有這類的話頭。他說：「天地之常，以其心普萬物而無心；聖人之常，以其情順萬事而無情。」（註十九）。這就是弔詭、詭辭。朱夫子對此雖未明駁，可是葉水心卻大表不滿，說這全是佛老的話。

其實在這個詭辭裏邊，涵有兩層的意義。那一個屬於實有層呢？那一個屬於作用層呢？「天地之常」，天地的常度，「以其心」，肯定心，這是實有層，並不是沒有心。「普萬物而無心」，這就是作用層，「而無心」之無就是「無有作好、無有作惡」那個「無」。但是一般人看到這句話，忘掉了前面「以其心」三個字，只看「而無心」，無心怎麼行呢？心怎能沒有呢？這個「無心」並不是存在上的否定，這是作用上的否定。作用上的否定就是莊子所說的「忘」，就是老子所說的「絕」。「以其心」，天地有心，復其見天地之心，這是正面說的實有層上的話。但是天地之心「普萬物而無心」，它表現心的方式，是以無心的方式表現，這是作用上的話，把造作去掉。聖人也有情，「聖人之常，以其情順萬事而無情」。何晏王弼爭論聖人有情無情，何晏主無情，王弼就說你這樣了解差，聖人當然也有情。但是聖人有情而不累于情，也就是無情之情。「以其情順萬事而無情」，無情是作用層上的話，這裏邊也有兩層。一般人看到無情，就以爲來自佛老。聖人無有作好、無有作惡，尚書早就告訴我們「無情」了，但聖人也仍然還是有情，大家卻忘掉了。

王陽明四句教說「無善無惡心之體」，他們最討厭聽這句話，一看到「無善無惡」就以爲糟糕了，儒家就講善惡，怎能無善無惡。無善無惡是說本心自體表現的狀態，無善相、無惡相，王陽明自己說得很清楚，無善無惡是至善，是絕對的善，和與惡相對的那個善不同。絕對的善就是沒有善相，惡相當然更沒有了。

有一次王陽明和兩個大弟子王龍溪和錢緒山夜談。王陽明說：「有心俱是幻，無心俱是實。」一有心統統都是幻相，無心的時候統統都是實的。但他接著又說：「有心俱是實，無心俱是幻。」（註二〇）。這兩句不是與前兩句衝突嗎？一般人一看到這個話，又說這是佛老，非聖人之道，聖人沒講過這種話。

這兩種相反的話語，明明屬於兩層。「有心俱是幻，無心俱是實」，這是屬於那一層？「有心俱是實，無心俱是幻」，這又屬於那一層？

「有心俱是實，無心俱是幻」，這是從實有層上講。有心即肯定良知，良知是心，有良知的地方都是實的，沒有良知的地方，則都是虛幻的，從有(being)變成非有(non-being)，這是根據中庸的話講的。中庸說：「誠者物之終始，不誠無物。」誠體所在才有物；誠體一被拿掉，萬物就沒有了。「有心」這是對良知本心的肯定，是實有層上的話，有良知在那兒貫穿，良知所到之處，一切都是實在的。把良知這個本體拿掉，一切都變成虛幻，就是無根、無本。這豈不與中庸言「不誠無物」一樣嗎？這是實有層上的話。

但他又說：「有心俱是幻，無心俱是實」，這是作用層次上的話。有造作之心，有意之心，都不是從良知發的，所以你發的都是假的，這叫做「有心俱是幻」。對於「有心俱是幻」，那麼你最好是無心，這個無心並不是實有層次上對心的否定。這個無心就是無有作好、無有作惡那個「無」，就是「以其心普萬物而無心」那個「無」。這就是老子說的「無」。

這裏明明是兩層，這是我們現在的講法。當時錢緒山根本聽不懂，想了好久還是不懂。王龍溪聰明，他一下就領悟了。「有心俱是實，無心俱是幻」，王龍溪說這句話是「從本體說工夫」。「有心俱是幻，無心俱是實」，這是「從工夫說本體」，工夫不是作用嗎？「從工夫說本體」就是老子的「正言若反」。

講道家，主要是講這三次。先講道家主要的基本觀念，然後講道家是縱者橫講，就是上一次講的。今天主要是說明作用層和實有層的不同。道家只有作用層，沒有實有層。儒家兩層都有，佛教也兩層都有。道家只有一層，以作用層上所顯示的「無」作爲本體，兩層不分，合而爲一。因此道家可以和佛教相通，顯出一個共法，最有普遍性，大家都可以說。後來在這個地方成爲一個禁忌，我們要把這個忌諱解掉，我們認爲這並不妨礙聖人之道。

我們對道家大概就講這三次。你們自己看看老莊的書，消化一下，就可了解道家系統性格如何必須這樣規定，這是一個很特別的智慧，講「特質」，就要注意這些地方，如果當一個學問看，它就是一個境界形態的形而上學。這也需要對西方那些形而上學有一個了解，了解了就可看出它們之不同，這是一種簡別，一種批判性的考查，這種功夫是需要的，要不然就是混濫。這種混濫會把中國哲學講壞。

下一次我們講法家。

吳登臺記錄

註釋

註　一：老子道德經第一章，頁四，四部叢刊初編，三十一號，上海商務印書館印行。

註　二：同註一，頁八。

註　三：同註一，頁八。

註　四：同註一，頁四。

註　五：攝大乘論本（三卷），無着造，唐玄奘譯，頁一三三，大正藏，一五九四號。

註　六：同註一，頁八。

註　七：同註一，頁八。

註　八：論語陽貨第十七，頁八十二，四部叢刊初編，第三號，上海商務印書館印行。

註　九：同註八，頁八十二。

註　十：周易，繫辭上傳，頁四十六，四部叢刊初編，第一號，上海商務印書館印行。

註一一：尚書洪範篇，頁四十六至四十七，四部叢刊初編，第一號，上海商務印書館印行。

註一二：明儒學案，冊一，卷十二，頁一，臺灣中華書局印行。

註一三：老子道德經，頁二十二，四部叢刊初編，第三十一號。

註一四：明夷待訪錄原法篇云：「三代以上有法，三代以下無法。……三代之法藏天下於天下者也……後世之法，藏天下於筐篋者也。」頁四至五，臺灣中華書局印行。

註一五：南華真經齊物論云：「丘也與女皆夢也，予謂女夢亦夢也，是其言也，其名曰弔詭。」頁二十四，四部叢刊初編三十一號。

註一六：老子道德經，頁四，河上公章句作「外其身而身存。」四部叢刊初編三十一號。

註一七：南華真經大宗師，頁五十九，四部叢刊初編三十一號。

註一八：老子道德經，頁十六，四部叢刊初編三十一號。

註一九：宋元學案明道學案，定性書，卷十三，頁七，中華書局印行。

註二〇：陽明全書卷三：「先生起行征思田，德洪與汝中追送嚴灘。汝中擧佛家實相幻相之說。先生曰：『有心俱是實，無心俱是幻；無心俱是實，有心俱是幻。』汝中曰：『有心俱是實，無心俱是幻，是本體上說工夫。無心俱是實，有心俱是幻，是工夫上說本體。』先生然其言。洪於是時尚未了達，數年用功，始信本體工夫合一。」頁二十六，中華書局印行。汝中卽王龍溪，德洪卽錢緒山。

第八講　法家之興起及其事業

在前幾講中我們已經說明先秦諸子都是針對周文疲弊而發，儒、道、墨三家均是如此。墨家在後來未起作用，因此重要的就只是道家和儒家。就周文疲弊是當時一政治的、社會的客觀問題來看，儒、道兩家的態度大體是不中肯的，也就是不相應的，因此不能解答周文疲弊這個問題。雖然不能解答此一問題，但儒、道兩家又啟發出另一面的問題。

儒家在中國文化中所擔當的是「立教」的問題，所以轉而向教化方面發展，這就開出了儒家在中國文化中的地位。道家的層次與接觸的問題與儒家相平行，但道家在中國文化中屬於偏支。雖是偏支，但道家亦在人生之基本方向上有所決定，因此對後世亦有很大的影響。儒、道兩家同樣地都能決定一個人生之基本方向，而其間的差別即在：儒家擔當「教化」的問題，所以教的意味重；而道家則教的意味不重。儒家在中國文化中的地位相當于基督教在西方文化中的地位，基督教是維持西方文化的最高綱脈，在這意思上，我們說儒家「教」的意味很重。佛教亦然，雖然佛教在印度未取得婆羅門教的地位，但一般地說，（對人類的精神生活而言，）它教的意味是很重的。道家則教的意味輕而哲學的意味重。

就中國的文化傳統來說，中國的科學傳統當該始自堯典所說的羲、和之官（註一）。羲、和是天官，所掌管的乃是天文曆律數等。演變而爲後來的史官。周禮說史官有兩方面的職責，卽「掌官書以贊治，正歲年以敍事」（註二）。「掌官書以贊治」就是掌管官書（官方的文獻）以贊助政治。這就是後來中國「史」之傳統的起源。此外史官還有「正歲年以敍事」的職責，卽製造、改正曆法以敍民事。在從前的農業社會中，人們都是按照季節來做事的，那種季節作那種事情，都有詳細的規定。史官之「正歲年以敍事」就是掌管天文曆律數，這是眞正的科學，中國以前在這方面並不差，這是中國的科學傳統。「掌官書以贊治」則是中國史學的傳統。道家和名家就代表中國的哲學傳統。（「名家」詳見第十講）。道家和名家就是哲學的意味重，教的意味輕；後來雖也有道教，但它教的意味甚弱，因此道家不能取得儒家在中國文化中的地位。

同樣是針對周文疲弊的問題，儒家向立教方面發展，而道家則變成玄理，此是由儒、道兩家對人生的態度，基本方面有所決定而轉成者。如此當然就不切於當時的客觀問題了。儒、道兩家既不能解答當時政治社會方面之客觀問題，那麼誰能呢？誰來解答呢？就是法家。由此我們可以知道，同是針對周文疲弊，然而產生的態度有二：一是向著人生之基本問題方向發展；一是將周文疲弊視爲一政治社會之客觀問題來處理。後者在當時是一有迫切需要的問題，而前者之向人生之基本問題發展，就有普遍性、永恒性，故至今仍可應用。但既有普遍性、永恒性，則對當時之客觀問題就不切。能切當時問題的只有法家。因此大家也要好好地正視這方面的問題，應對法家的用心及法家在當時所擔當的事業有充分的了解。平常講哲學史時很少談到這一方面，因爲這不屬於純粹哲學的問題。但從中國文化的發展上講，這是個重要的問題。

這問題是個政治的問題。一般青年學生雖也關心時代，但不一定懂得政治的問題，也不一定懂得中國的政治問題，關鍵在于沒有政治意識。政治意識不必是青年人所能有的，有了也未見得好，所謂：「天下有道，則庶民不議。」（論語季氏篇）。這種問題是很不容易了解的，必須要通透，否則就成了「處士橫議」（註三），那並不是好現象。若當政者不寬容，則于自己于國家都沒有好處。春秋戰國時處士橫議的結果招來了秦始皇的焚書坑儒。王船山論及這類問題時都是極爲痛切的。民國以來，由於中國出問題，一般人都注意政治問題，希冀由政治方面來解決，所以常鬧學潮，搞學生運動，這都只是當時的反應，並不眞能解決問題。因此這種問題也需要講，我對這方面問題的疏解都集中在「歷史哲學」及「政道與治道」二部書中。（註四）

中國人平常所說的法治和西方人所說的現代化的法治不同。在西方，例如英國的民主政治中，法治是由三權獨立，順著民主政治之保障自由、保障民權而來的；而中國人所說的「法治」是順著法家的觀念而來的，是相對於儒家的「禮治」或「德治」而言的。儒家講德化的政治，重視「禮」，因此說：「道之以政，齊之以刑，民免而無恥。道之以德，齊之以禮，有恥且格。」（論語爲政篇）。儒家講禮治，法家講法治，而英美的民主政治講司法獨立，保障民權，並不用法治這個名詞。中國的老習慣中所說的法治是照法家傳下來而講的，所以一提到這名詞就令人可怕。因此我們亦應對當時法家的興起有一正確的瞭解。

先秦的法家是在發展中分段完成的。孔子很稱讚管仲。假若確如後人之將管（仲）、商（鞅）、申（不害）、韓（非）並稱法家，則孔子應不會稱讚管仲。但子曰：「微管仲，吾其被髮左衽矣。」、「如其仁、如其仁」（論語憲問篇）。孟子則是由最高的層次來看管仲，所以將管仲看得低（註五），那是另一個時代、另一層次的說法。管仲有其所以為管仲之處，並非一個可以低視的人物。由最高的道德理想視之，管仲當然不夠；但政治是政治，不能從最高的層次上來談政治。假若知道政治與道德理想不屬于同一層次，那麼就可以了解到管仲是個大政治家，但不是法家，政治家與法家是不同的。管仲是個可欣賞的人，他很通達，是個由貴族社會中培養出來的很有教養的政治家。我們當該由這方面來看管仲，否則就不能了解孔子為何會稱讚管仲。

春秋兩百多年，實在是齊桓公和管仲兩個人的天下。齊桓公之所以為齊桓公，之所以能成就霸業，就是靠管仲。齊桓公是個貴族，你可以說他生活奢侈，但事實上在此處不必多重視這一點。貴族有貴族的教養，當然他不是聖人，但是有相當的教養，即使他的私生活也不見得好。齊桓公與管仲就是春秋時代的貴族社會、文化傳統所陶養出的人物。左傳充分表現了春秋時代高度的文化教養，而且文章典雅，所以從前有所謂的「左傳癖」。由此應知我們不能輕視貴族社會。史賓格勒（Spengler）就知道這個道理，他認為一切能形成一大傳統的文化都是貴族社會的文化。大傳統（great tradition），就中國而言，就是夏商周，尤其是周的文化傳統。貴族總有它所以爲貴的地方，不能只看他有現實上的財富，高的階級地位，還應由精神方面來看。貴族在道德、智慧各方面都有它所以爲貴的地方。史賓格勒所夢想的就是那種貴族的傳統。尼采也夢想造成一種新貴族。

史賓格勒的夢想起因自他反對十九、二十世紀以來到處是衆暴寡、強凌弱，到處用多數來解決問題。以多數來解決問題是實行民主政治所用的一種不得已的方法，有些問題可以訴之于一般人的決定，但有些問題則不能。王船山講庶民是「至愚」，但在另一方面，庶民又是「至神」。在這個意思上，至愚與至神間的分際是很不同的。由「天聽自我民聽，天視自我民視」（註六）來看，民是至神，對爲政者的作爲有一定的自然反應。但對某些特殊的問題或專門性的政策，一般老百姓就不能够知道，也就不能訴之于多數的投票。因此這個問題有二個層次，一方面要訴諸多數的民意，另一方面多數又不可靠。這裏有個兩難（dilemma），正好可用王船山說庶民「至愚而又至神」的話來表示。這種話是很難懂的。易傳曰：「大人者與天地合其德，與日月合其明，與四時合其序，與鬼神合其吉凶。」（乾文言）。此與「吉凶與民同患」（註七）、「天聽自我民聽，天視自我民視」的意味相同，這是聖人的感應之事；聖人的感應就和一般人民至神的感應一樣，這是就一般政治的方向與措施所造成的結果而言的。由這方面來看，民是神；若由政治上某些專門性、特殊性的政策問題，或某些決定大方向的問題來看，嚴格地講，就不能訴之於多數的投票。法家講「民可與樂成，不可與謀始」(註八)，這說的是老實話。說這話是要犯眾怒的，只有法家敢講。專門性、特殊性的問題老百姓是不懂的。由這方面說，「不可與謀始」的庶民就是至愚。論語也說：「民可使由之，不可使知之。」(泰伯篇)。由現代的民主政治來看，聖人這句話似乎不對，因此有些人千方百計地來解釋，例如說這句話應該是「民可，使由之；不可，使知之。」實際上這問題有層次的不同，聖人為何不能說這話呢？這句話相當法家所言的「不可與謀始」，及王船山謂庶民為至愚一面，為何不能講？道理本有各層面，如何能拿一方面的道理來概括一切呢？

史賓格勒就是看到十九、二十世紀以來的這層問題而嚮往創造大文化傳統的貴族社會，尼采也是如此。尼采一方面反對基督教，一方面反對泛民主主義。他不一定反對民主政治、自由民權(民主政治的基本精神是自由民權)，但當民主主義到處泛濫的時候，就很令人討厭了。尼采反對的是泛民主主義最後導致眾暴寡，人只是庸眾(mass)，都成了Heidegger(海德格)的存在哲學中所說的das Man(物性的人)。尼采是由這種價值觀念上反對泛民主主義；但他也有非理性的地方，所以是浪漫的理想主義，並不是理性的理想主義。尼采嚮往的新貴族，由「超人」這個觀念所代表。他講「超人」就是要人作獅子，不要作綿羊。他反對基督教，因為基督教令人都成了綿羊。超人是訴之於自然生命的，在尼采看來，生命強的人就是道德高、智慧高的人；而這個世界就當由道德高、智慧高的人來統治，而不是由庸眾來統治。這是尼采的基本思想。

尼采完全訴之於自然生命，這是不行的。因為事實上生命強的人不一定道德高、智慧高，而是道德高、智慧高的人生命一定強。此所謂的生命強，不指肌肉的強健，而是指心靈力量（mind energy）。既不能說生命強的人就道德高、智慧高，因此就不能由生命強來立道德、智慧的標準，而應從理性處決定，因此生命哲學是不行的。由於尼采如是說，以致有後來的希特勒。希特勒實行的不是黑格爾的哲學，而是尼采的哲學。希特勒認爲猶太人、庸眾就當該被統治，這是極端的英雄主義，是受尼采哲學的影響。

基本上貴族社會確能培養出大傳統，各文化傳統都是由貴族社會中培養出來的，因此不能輕視貴族社會。現代人的生命完全放肆，完全順著自然生命而頹墮潰爛，就承擔不起任何的責任。人的生命當由自然生命反上來，不能完全放肆。林語堂曾說：「中世紀的文明是拘束的文明，近代的文明是解放的文明。」這裏所謂解放，就是放肆。中世紀的人坐要正襟危坐，出門要整齊衣冠等，就是幾十年前的中國仍是如此。這些是拘束，也是規矩，現在都沒有了，這就是林語堂所謂的解放。現代人講究的是生活的舒適，起初鬆一些未嘗不可，拘束太甚當然令人討厭。但一鬆就順著鬆下去了，一開端就成爲生命的放肆，將所有的拘束都解開，如此一來，就不能有任何的承擔。相當程度的拘束、克己復禮並不錯。這是振拔自已的生命而能有所擔當；完全鬆弛即放肆，就什麼都不能承擔了，這是很可怕的。拘束也有其重要性，我們在日常生活中稍作反省就可以知道。

由此也可以了解貴族社會爲什麼能創造文化。不要只從現實上著眼，看到貴族既富又貴，又居社會上的高位來統治人，就眼紅，心不平。其實貴族有其所以爲貴的地方。一般看相算命的人也知道貴和富是不同的。貴是屬於精神的（spiritual），富是屬於物質的（material），二者是不同的。例如從前大皇帝富有天下，貴為天子，只可算是極富，而不可算是極貴。所以從前說天下有兩家半的鄉紳。一家是孔子的後人，書香門第是最貴的；一家是張天師，是道教；而那半家就指皇帝。這是中國傳統的老價值標準。由此可知，貴是就精神而言，我們必須由此才能了解並說明貴族社會之所以能創造出大的文化傳統。周公制禮作樂，禮就是form（形式），人必須有極大的精神力量才能把這個 form 頂起來而守禮、實踐禮。春秋戰國時代人才輩出，就是因為在那一個貴族社會中，能振拔生命，頂起形式而有所擔當的人較多之故。當然也有腐敗荒誕的一面，此不待言。

齊公桓和管仲就是這種貴族社會所培養出來的人物，而法家總起來就是司馬遷的一句話：「天資刻薄人也。」（註九）。管仲和齊桓公都不是這種人。齊國之所以能強，主要是由於齊國的傳統風氣，即「因」、「順」的智慧。因、順是現實政治上最高的訣竅，在因、順中而巧妙地轉化，在某一意義上，這來自道家，是一種智慧。管仲就有這種智慧。例如齊桓公實欲伐楚、燕，而管仲卻出之以正當的名號，因而能成功，這就是在因、順中加以轉化的智慧。（註一〇）。由此可知，管仲不能視為法家，而是大政治家，法家與政治家是不同的。

眞正的法家從何時開始呢？即從何時起才有人著手解決周文疲弊所導致的政治經濟各方面的客觀問題呢？明顯地說是始自商鞅。其實並不是由商鞅才開始，從李克相魏，吳起相楚就開始了。這些人是在貴族社會的政治社會型態要轉型的時候，針對這個客觀問題來作事的。他們都是事業家，現實感很強。哲學家的現實感不够，所以不能做事情，因此常被批評爲「迂濶」。

李克相魏文侯所做的事就是「盡地力之敎」。所謂「盡地力之敎」就是解放井田制的束縛，開闢耕地而增加農民的生產收入。法家的第一步工作，就政治而言，是廢封建、立郡縣；就經濟而言，是廢除井田制。井田制是夏商周以來的傳統，土地不屬于農民私有，而是一族人集體到某地去開墾。所謂「封建」是指「封侯建國」，這是「封建」一詞的原意。中國所說的「封建」就是「封侯建國」。例如周公的後人封於魯，姜太公的後人封於齊，封到那裏就到那裏去建國。建國就經濟而言，就是集體開墾。這是「封建」的積極意義，周朝大一統就是如此維持的。此與西方所說的 feudalism（封建）不同。西方所謂的「封建」是羅馬大帝國崩潰後，原先統屬于羅馬帝國的勢力就分散爲各地方的勢力；而中國所謂的「封建」則是向上集中于周天子的各地方勢力。二者的意義是不同的。現在共產黨根據唯物史觀而以希臘羅馬的奴隸社會說中國的封建，這根本不合中國的社會傳統。

在集體開墾的情形下，人民沒有土地私有權，就井田制來說，這是很自然的。可是這制度隨著每個小侯國的滋長壯大、社會的繁榮、人口的增多，不能够永久維持。到了戰國時代這個型態就要轉變了。所以就政治上講，廢封建、立郡縣是必然的。封建是天子把土地分封給諸侯，諸侯再分封給大夫，因此土地的所有權分別屬于侯、大夫等，成爲他們的采邑。政治上的廢封建就是把封建制度廢去而將采地從貴族私有手裏拖出來使之成爲隸屬於中央政府的郡、縣。郡、縣是客觀的政治單位而不再是貴族的采邑。當時政治轉型的第一步就是轉采地為國家的政治單位。

廢封建、立郡縣是政治的轉型，而廢井田則是經濟的轉型。這簡單的幾句話，意義非常深長。貴族的制度發展到戰國時代維持不住了，因此非轉型不可，這也可說是自然的趨勢。從人類的發展、覺醒上看，當然也有正面的價值。土地只是諸侯、大夫的采地當然不合理，把不合理的制度廢掉從中解放出來，當然有正面的價值；而將農民從諸侯的采邑中解放出來，當然有積極的意義。

在經濟方面，井田制是跟著封建制度之集體開墾而來的，人民只有耕種權而沒有土地的私有權，而且生活全都侷限在井田的範圍內，雖然三年一爰田，但分配、更換權在貴族手中，人民須將中間百畝之耕種所得繳給貴族，是實物貢獻的方式，所繳大體是十分之一。因此，共產黨說井田制是奴隸社會，當然是不對的。但人民拘束在井田制中，沒有土地私有權，生活沒有充分的動轉自由，確實也不合理，也不能充分的客觀化。

井田制廢時，才成為賦稅制。春秋左傳宣公十五年言「初稅畝，非禮也。」「稅畝」就是按照所耕的田畝來納稅，是「履畝而稅」（註一一），這是井田制廢除的一個開端。「非禮也」是說這不是夏商周三代所傳之井田制的古禮。以前歷來評春秋戰國時代為「衰世」，雖是衰世，也並不是完全沒有價值。就當時政治社會的轉型是歷史發展之必然來說，它有正面的價值與積極的意義。我們應先了解就何種意義而言，它是衰世，然後再把它視作一客觀的問題，則政治社會經濟之要求轉型，都有了積極的價值。如此我們才能說明歷史的發展。

從宣公十五年「初稅畝」起，社會就開始轉型了，而擔當此責任的就是李克、吳起、商鞅等人。李克相魏文侯，盡地力之敎就是轉型的開始，就逐漸要衝破井田制度。要廢封建、廢井田，當然會與貴族起衝突，但也沒有經過革命才轉型，乃是經過變法而轉型，雖然吳起、商鞅不得其死。李克、吳起、商鞅是前期的法家，都是作事功的。他們提出「法」之觀念，但沒有提出一套 ideology（意底牢結）來，所以並不算壞。

做客觀的事業不能沒有「法」。就敎化講，禮是必要的。聖人站在敎化的立場上講話，所以重禮、重德，並不完全就著客觀的事業來講，而且孔子的時代，社會簡單，客觀事業也並不顯明。到客觀事業明顯時，「法」的觀念就應勢而出，也成爲必要的。儘管聖人所處的時代未出現「法」的觀念，但是到了客觀事業明顯以後，針對後來的時代而言，聖人也要承認「法」。「法」是客觀的標準，法律面前人人平等，這個意思聖人也不能反對，若反對，就也不能稱之爲聖人了。

社會愈簡單，客觀的事業就愈少，大體都是些直接的行爲。直接行爲大體都是主觀性的，都是個人的主觀性行爲，即大都是你我個人的事情。而客觀的事業則不屬於個人，而是公共的事。公共的事就當有一客觀的標準，所以當時提出「法」的觀念來作爲辦事的客觀標準是必要的，並不算壞。在井田制中，人民、土地都隸屬貴族，都是主觀的，由此解放出來就有了客觀性，有客觀性當然就得有法。但法必須執行才能有效。因此有所謂「信賞必罰」

（註一二），就有「法律面前人人平等」、「王子犯法與庶民同罪」的觀念出現。法家這種維持「法」之客觀性的意思既是必要的，不算壞，那麼就是聖人也不能反對。前期法家做的就是這些事情，當然會與貴族衝突。譬如當時，王位世襲，太子是不能處之於刑法的，因此商鞅執法就刑之於太子師。因此秦孝公一死，太子即位就治他的罪，商鞅因此死得很慘。這就是犧牲。前期法家的事業並不算錯，而他們爲了擔當時代政治社會之要求轉型而犧牲，也值得同情。

歷來對法家一直沒有恰當的了解。法家是講求「信賞必罰」的，若認爲法家都是不對的，那麼「信賞必罰」也不對了？如此就當是賞而不信，罰而不必。那麼爲何還要法？因此不能一概而論。又如有人認爲諸葛亮也是法家。諸葛亮事必躬親，怎能算是法家呢？法家的眞正精神在按照法來辦事，各人有各人的職責，何必事必躬親呢？所以諸葛亮不是法家。二千多年來，只有明朝的張居正在本質上是欣賞法家的。他欣賞的是後期的法家，不是客觀的而是主觀運用上的欣賞，因爲明朝在廟堂之上還是尊崇儒家的。

先秦法家擔當時代要轉型的責任既不算壞，那麼到什麼時候法家才變成壞的呢？法家之令人起反感，申不害是一個轉關。由申不害到李斯、韓非是後期的法家。前期的法家應社會之客觀事業而提出「法」，所以沒有人反對。但是當它形成一套 ideology（意底牢結）時，法家就變壞了，關鍵就在申不害提出「術」這個觀念。商鞅有法而無術，所以死得很慘。申不害因此而有感於「術」的重要，所以提出「術」的觀念來。以前人謂法家通道家，這不是由「法」之觀念而通道家，而是由「術」之觀念而通道家。「術」是運用「法」的，因此需要作道家的修養工夫。如此一來，道家也令人討厭了。這是道家被法家利用爲政治上的權術，而不是道家的本質。我們講道家是取它的智慧、玄理，取它對人生的態度上的貢獻，這才是它的本質所在。道家被法家利用而成爲權術始自申不害講術。將法家與道家相連而言法術，是政治上的運用。

韓非子則主張法術兼備。法布在官府，術操之於皇帝。法是客觀的，而術則是大皇帝一個人的運用，是秘密。這是個很壞的觀念，絕對的尊君，以致大皇帝成了無限的存在，不受任何法律的限制。

作爲無限存在的大皇帝，一方面要控制文武百官，一方面要使客觀的法有效，這就要靠術。要運用術，就需要一套大學問，因而就形成一套 ideology（意底牢結）。大皇帝運用術以控制文武百官並使客觀的法有效，就客觀的法而言，是「信賞必罰」；就控制文武百官而言，是喜怒不形於色，並隨之以「賞罰不測」。「賞罰不測」是皇帝一心之運用，此與用之於客觀之法上的「信賞必罰」並不衝突，是兩層。所以皇帝運用術，主要在喜怒不形於色，與賞罰不測。

中國人很有講權術的智慧，而且成一傳統，不過這不能登大雅之堂而只在暗地裏運用。在廟堂之上的都是儒家的學問。以前所謂帝王之學指的就是權術，因此程伊川、朱子等以誠、正、修、齊、治、平等來教皇帝，結果都不起作用。大皇帝也很少眞正相信儒家，而都由道家或佛教中得些智慧。

針對統治天下而言，誠意、正心等只是個必要條件，是不够的。韓非子了解這點，所以注重「術」。運用術就得學道家，但道家一爲法家所利用而成爲權術，就變質而令人討厭了。荀子就反對此種術，正論篇曰：「主道……利宣不利周。」荀子站在儒家的立場所以主張要表露（「宣」）而不隱藏（「周」）。這與韓非的主張正相反，韓非認爲皇帝應喜怒不形於色而保持隱密，就是「周而不宣」。

與道家結合，法家就變壞了，韓非子就因此形成一套 ideology（意底牢結）而有了一套運用的原則。法與術結合，皇帝所運用的術不能公開，就成了「黑暗的秘窟」。以前作皇帝的很懂得這套權術。我嘗說，論政治的智慧是英國人最高，論運用政治的權術，則中國人的智慧最高。所以英國這個民族不容輕視。中國是個老民族，經驗豐富，所以運用權術的智慧最高。但政治家必須靠正面的智慧才能得正果，只有權術是不行的。嚴格地說，權術也不能稱爲智慧。

英國人承認社會的力量，承認現象，承認社會的客觀社團與自由權利的神聖；因此羅素訪問蘇聯就覺得鬪爭農民令人毛骨悚然，不能忍受。列寧、毛澤東就覺得無所謂，還得意得很。所以羅素馬上就感到同樣是集權專制，英國的 Gladstone 就有好的結果，因爲他是運用上、作用上的專制，他另有正面的信仰，卽西方的文化傳統；列寧的專制則極端殘暴，因此是壞的。

專講哲學，我們可以不滿意英國人的哲學，但是也該知道英國人的哲學爲什麼一定要採取實在論的態度。像 Whitehead（懷德海）算是英國哲學家中比較注重 Metaphysics（形上學）、Cosmology（宇宙論）的，但他仍一定保持原子性原則，即多元性原則。英國人就是講玄學也一定落實到現實上肯定個體性，而不喜歡中國人常說的「混然一體」。他們一聽到混然一體這種話就馬上聯想到混而爲一，沒有個體性。在他們來看，沒有個體性是不行的。這是英國哲學的特點，在現實上也有作用。混然一體當然有其玄妙之處，並不是錯；但當我們講中國哲學講到天地萬物一體時就要小心，要簡別清楚。例如當見到程明道說「仁者以天地萬物爲一體」時（註一三），你自須承認這是最高的智慧，不能反對；但是你也須知此語的分際與層次，不可混漫。層次、分際是最重要的。若分際、層次弄不清楚，則人就可以藉口罵你到處都是絕對，都是集權主義。這當然是誤解。但若自己弄不清楚，就也無辭以對。不僅洋人，許多中國人也有這種誤解，這都是順同一個思路而來的。這思路也並非全錯，因此我們就必須隨時檢查、簡別。他們所肯定的價值，例如自由主義、科學、尊重個性等，我都承認，也都不錯。若根據這些來否定「仁者以天地萬物爲一體」、混然一體，固然不對；但若漫無限制地講混然一體而不知它的分際、層次，一樣是不對的。因此，必須頭腦清楚，接觸問題，要辨清各分際、層次。有人見講到絕對就認爲是極權，其實並不如此。例如上帝就是絕對，但上帝並不極權。Absolute 和 totalism（絕對和極權）是兩個不同的觀念，要簡別開，這就要針對著問題而且也並不容易。但是若不講清楚，中國的文化生命就不能通暢，所以在這個時代講中國哲學非常困難，每一觀念都需要簡別清楚，否則就是大混亂。

儒家常說「以天地萬物爲一體」，莊子也喜歡講「天地與我並生，萬物與我爲一。」（齊物論）。中國人常說這類話。德國人有時也講，因此較易瞭解中國的學問；英美人就不容易瞭解，更討厭這類說法。這些詞語的意義我們就必須弄清楚。儒家在客觀方面肯定道，在主觀方面肯定良知。道、良知都是絕對的，但儒家的基本精神不是Totalism（集權主義）。儒家的基本精神在「物各付物」（註一四），就是每個東西各歸其自己，這正是極端的民主，極端的開明。這個事實爲什麼大家忘掉了呢？「仁者以天地萬物爲一體」固然是程明道的話，但「物各付物」也是他的話，大家爲什麼不注意呢？「物各付物」，「老者安之，朋友信之，少者懷之。」（論語公冶長篇），「天地氣象」（註一五），這些都是儒家的詞語；而「各得其所」，「各遂其生、各適其性」，這些都是道家的詞語。這明顯的不是Totalism。莊子的齊物論亦不是Totalism。齊物並不是要一切服從一個主觀的是非標準，若如此，則必強人從己，互相對斥，「故有儒墨之是非，以是其所非而非其所是。欲是其所非而非其所是，則莫若以明。」（齊物論）。莊子卽由此「明」處開出他的齊物論。齊物論的主旨是每個東西都平擺著，通通都對，這是極端的個體主義。依莊子來看，紛爭是起自以各人的主觀爲標準，如此那麼人、猴、魚何者才眞正知道有好的居處呢？若對，則通通都對；若不對，則通通都不對。這就是齊物論。由此可知，齊物論實是一最開明、最解放的說法，當然不是Totalism。由此可以確定：儒、道兩家所講的絕對都不是Totalism。這都需要清楚的簡別。

英國的政治就是多元論，肯定社會上的各社團的客觀存在，都有合法性，任何人沒有權利消滅它，這就是承認現象，是實在論的態度。儒家也是如此：講道德、作聖人是個人自己的事；講王道、講政治的時候，就要「衣食足而後知榮辱」(註一六)，「先富後教」(註一七)，「內無怨女，外無曠夫」(註一八)，各得其所，各遂其生，各適其性。這就是王道，正好是 open society（開放的社會），這不是比附，儒家的基本精神正是如此。若不瞭解這點，就會認為中國的政治傳統就是專制，那麼共產集權也並非完全不合中國政治的本性。其實那裏是如此呢？專制極權是韓非子所代表的暗流，中國的知識份子在此應該分辨清楚。

法家到後來術的觀念一出現，運用道而成就大皇帝的專制統治，就變壞了。大皇帝處，我們稱之為「黑暗的秘窟」。為什麼叫「黑暗的秘窟」？因為他的術來自道家。道家的「道」沒有 moral content（道德的內容）。因此道家的學問儘管視為智慧，也仍是偏支，就因為它的「道」沒有道德的內容，所以暗無光明。因此運用權術處也成了「黑暗的秘窟」，這是法家的罪惡。

以前的皇帝是利用道家或利用佛教，現在的共產黨則另有一套術，那就是共產黨的「道」。如果仍然運用道家或佛教，那還是好的，那就不是共產黨了。他們的「道」就是馬克斯主義。馬克斯主義除階級鬥爭外還有兩個成份，一是唯物史觀，一是唯物辯證法，藉此可以透徹地精察事變。精察事變在某一意義上是道家的貢獻，所以我說：「察事變莫若道，察業識莫若佛。」天下事情，尤其是政治，「幾」與「勢」是最重要的，以前道家最了解這些，而馬克斯主義的精察也類似這種。

藉此也要提醒大家注意：要對付共產黨，只有世俗的聰明是沒有用的。因爲每個共產黨員都經過訓練而會運用馬克斯主義的「道」（術），也就是使頭腦進到概念的層次，這就不僅是世俗的聰明。就是運用韓非的法術，如喜怒不形於色，也需要一套修養，就要有訓練。共產黨也是如此。因此我們必須有這種認識，而將自己的頭腦裝備起來，由感性的層次進到概念的層次，將自己的生命縱貫地投入中國文化的大流中，橫貫地投入世界的大流中，藉這種大開大合來充實自己，壯大自己，那就可以抵抗共產魔道了；否則不但不能抵抗，而且很容易就被它要弄欺騙。

今天所講的是順著戰國時期政治經濟要轉型這一客觀事業來分別前期法家與後期法家。令後人起反感的是後期法家，關鍵在於申不害與韓非。前期法家並不壞，他們盡了時代的使命，完成春秋戰國的轉型，而下開秦漢大一統的君主專制。由貴族政治進到君主專制，由君主專制再進到近代的民主政治，這是政治的三個型態。政治型態想要向前進一步非常困難，不是常常可以出花樣的。君主專制固然不好，但也維持了二千多年，可見它也總有相當的適應性，不滿意它而想轉變還很不容易。現代是民主政治，那麼將來是否還會出現其他的型態呢？據我的判斷，只要人間不是天國（上帝王國），只要人間需要政治，則民主政治就是最後一種型態；民主政治一旦出現，成一政治體制，就有永恒性。將來的進步不再是政治體制的改變，而是社會內容的合理化。這二者也要分別開，因此我才能斷定民主政治就是最後的政治型態。沒有所謂的第三階級的民主、第四階級的民主，或是美國的民權、共黨的民權；民主就是民主，民權就是民權。將來的進步是朝向社會內容的合理化、充實化而趨向理想。最高的理想就是康德所說的「目的王國」，進一步就是其所說的「上帝王國」，那時連政治也不需要了。但人間世不能沒有政治體制，辦客觀的事情也需要法，因此民主政治是最後的體制，將來的問題是社會內容、文化、教養的問題，而不是民主政治體制的問題。下次再講廢封建、立郡縣、廢除井田制所涵的政治意義。

何淑靜記錄

註釋

註一：尚書堯典曰：「乃命羲、和，欽若昊天，曆象日月星辰，敬受民時。」

註二：請參看牟先生歷史哲學，頁六至十四。

註三：孟子滕文公篇有言：「聖王不作，諸侯放恣，處士橫議，楊朱墨翟之言盈天下。」

註四：「歷史哲學」。臺灣學生書局出版；「政道與治道」，臺灣學生書局民國六十九年新版。

註五：孟子公孫丑篇：「公孫丑問曰：『夫子當路於齊，管仲晏子之功，可復許乎？』孟子曰：『子誠齊人也，知管仲晏子而已矣！或問乎曾西曰：吾子與子路孰賢？曾西蹴然曰：吾先子之所畏也。曰：然則吾子與管仲孰賢？曾西艴然不悅曰：爾何曾比予於管仲？管仲得君，如彼其專也；行乎國政，如彼其久也；功烈，如彼其卑也；爾何曾比予於是！曰：管仲，曾西之所不為也；而子為我願之乎？』」

註六：語見孟子萬章篇引尚書泰誓篇文。

註七：語見易繫辭上傳第十一章。

註八：史記商君列傳引衞鞅語云：「民不可與慮始而可與樂成。論至德者不和于俗，成大功者不謀於衆。」

註九：史記商君列傳：「太史公曰：商君，其天資刻薄人也。」

註十：史記管晏列傳云：「其（管仲）為政也，善因禍而為福，轉敗而為功。貴輕重，慎權衡。桓公實怒少姬，南襲蔡，管仲因而伐楚，責包茅不入貢於周室。桓公實北征山戎，而管仲因而令燕修召公之政。於柯之會，桓公欲背曹沫之約，管仲因而信之。諸侯由是歸之。故曰：知與之為取，政之寶也。」

註一一：春秋公羊傳宣公十五有言：「初稅畝，初者何？始也。稅畝者何？履畝而稅也。」

註一二：參看史記商君列傳，商鞅所行乃「信賞必罰」之事。

註一三：二程全書，遺書第二上，二先生語二上：「醫學言手足痿痺為不仁，此言最善名狀。仁者以天地萬物為一體，莫非己也。認得為己，何所不至。若不有諸己，自不與己相干，如手足不仁，氣已不貫，皆不屬己。故博施濟衆乃聖人之功用。仁至難言，故止曰：己欲立而立人，己欲達而達人，能近取譬，可謂仁之方也已，欲令如是觀仁，可以得仁之體。」（下注「明」，係明道先生語）。

註一四：二程全書，遺書第六，二先生語六：「致知在格物，物來則知起，物各付物，不役其知則意誠不動，意誠自定則心正。始學之事也。」

註一五；二程全書，遺書第二十二上，伊川先生語八上：「用休問老者安之，少者懷之，朋友信之。曰：此數句最好。先觀子路顏淵之言，後觀聖人之言，分明聖人是天地氣象。」

註一六：史記管晏列傳：「管仲既任政相齊，以區區之齊在海濱，通貨積財，富國強兵，與俗同好惡。故其稱曰：『倉廩實而知禮節，衣食足而知榮辱……。』」

註一七：論語子路篇云：「子適衞，冉有僕。子曰：『庶矣哉！』冉有曰：『既庶矣，又何加焉？』曰：『富之！』曰：『既富矣，又何加焉？』曰：『教之！』」由此見儒家講「先富而後教」。

註一八；語見孟子梁惠王篇。

第九講　法家所開出的政治格局之意義

在上一講中我們說明了法家的主要工作，及前後期法家的發展；這次再進一步來看法家的工作在政治上的影響，即法家所開出的政治格局（political frame）及其意義。在中國歷史的發展中有三個主要關鍵：第一個是周公制禮作樂；第二個是法家的工作完成了春秋戰國時代政治社會的轉型；第三個是由辛亥革命到現在所要求的民主建國。由此可知法家的工作及其所開出的政治格局的意義是很重要的，因此需要仔細的了解。

法家所開出的政治格局就是由「廢封建，立郡縣」而完成「君主專制」的政體。大家不一定明白「君主專制」這政治格局的由來及其意義，這是法家配合春秋戰國時代政治社會之要轉型而完成之，所開出的政治格局。法家人物的現實感很強，因此能夠擔當時代所需要的工作。在當時政治社會的要求轉型是自然的發展，法家正視這種轉變，如是就順其變而且完成其變，此即現實感強，故能相應。這不是依一定的理想而進行。儒家道家對此問題所表現的是人生的理想，且現實感不够，因此就不相應於當時的實際需要，不過轉而向立教方面發展。由此也可以了解孔孟在當時爲何都不得志。

要想從事實際工作，作政治家，就必須現實感強，不能只講些大道理。並不是那些道理錯了，而是它與眼前的問題不相干，因此就不能解決問題。儒者常有這種毛病。例如南宋孝宗時，政治上的主要課題在北伐，即恢復兩京，而朱夫子對孝宗講的是誠、正、修、齊、治、平的道理（註一）。又如明末崇禎年間天災人禍、內憂外患，有種種政治、財政、軍事各方面的問題，而劉蕺山還是對思宗（崇禎皇帝）談些空泛的大道理，說什麼「陛下心安則天下安矣」，因此遂使崇禎有「迂哉」之嘆。他三起三廢終於還是沒有用（註二）。這些大道理並不錯，當然需要講，但是針對一些特殊的、實際的政治問題就沒有用，這就是迂濶、不相應。再明白些說，這些道理只是必要條件（necessary condition），但不是充分條件（sufficient condition）。充分不充分是就解決當時的特殊問題而說的，這需要有實際的辦法，光講道理是不够的。法家人物的現實感強，因此能相應於政治社會型態之要轉型且進而完成之，這就是法家的工作，其所開出的政治格局就是「君主專制」。

但法家所開出的政治格局爲何是君主專制呢？此政體的由來在當時固然是由於法家的工作，但直接地是由何種原因而形成這種政體呢？這仍應當由法家的工作來了解。法家的工作主要在「廢封建，立郡縣」，將貴族的采地變爲郡縣，以現代的話講就是變爲國家的客觀的政治單位。這步工作直接地打擊貴族，把元首（國君）從貴族的束縛中解放出來，取得一超然的客觀地位。在貴族社會中，元首和貴族（公子、公孫）的關係太密切了；但元首不僅是一家族或貴族的元首，他更是一國的元首。法家打擊貴族就必函著「尊君」，將元首由貴族的血緣束縛糾纏中解脫出來，而取得超然的客觀地位。這是元首的解放。

在此之前，各國的政治權大都掌握在貴族手裡，因此是貴族政治（aristocracy）。現在法家的工作壓抑了貴族，那麼由那些人出來參與政治，幫助元首處理政治問題呢？這就要靠着「士」。「士」階級的興起是中國社會中的一大轉關。在貴族社會中原已有士，但士只是公卿大夫的家臣，並不掌有政治權。士介於貴族與平民之間，而且有知識，是「知識份子」，到秦漢以後形成「宰相系統」。士參與政治時，他們既不算貴族，也不屬於元首的家族，因此地位較超然而客觀。由於「士」階級的興起並參與政治，中國的政治才有了客觀的意義，即政治之所以爲政治。

「政治」不同於「吏治」，故至今仍有政務官與事務官的分別。政務官要參與決策，因而有政治的意義；事務官則不參與決策，只負責決策的執行，是所謂的官吏，亦即西方人所謂的「文官制度」（civil service），這代表吏治。中國以前雖然有士階級興起而參與政治，且後來演變成宰相系統，但政治與吏治的分別始終並不清楚。因此民國以來了解政治的人常說：從前中國在君主專制的政體下只有吏治而沒有政治。宰相是政務官，要參與決策，原該有政治的意義，但因爲「政治」的意義保不住，因而只成了「吏治」。爲何保不住呢？雖說宰相應負責決策，實則決定權仍在大皇帝處，因此皇帝以下通通是吏，於是就只有吏治而無政治。現代所以能够明白區別政務官與事務官的不同，就是因爲了解了政治的意義不同於吏治。在現代政務官經由選舉而產生，而執行決策的事務官並不隨便更動。

法家廢除封建而壓抑了貴族，使元首得到解放，另方面士興起而參與政治，這就含有將政治客觀化的意義。在貴族政治時代，元首和貴族的血緣關係太密切了，因此政治的客觀性不顯，即那時政治是在主觀的狀態中而隸屬於血統的關係。士和元首沒有血緣上的牽連，而靠著個人的知識、才能來參與政治，因而較易表現政治的客觀性，也就是政治的意義。戰國時代的貴族是「肉食者鄙」（註三），因此用士作爲家臣來辦事。到後來貴族沒落，士直接參與政治，不再是貴族的家臣，士也就取得了客觀的地位，這是「士」，即知識份子的解放。從此中國社會上就有士農工商四民的分別。

梁漱溟先生曾說中國二千多年來的社會是「倫理本位，職業殊途」（註四），這話說得很對。士農工商是職業的不同，而不是階級的不同。「階級」一詞在西方、在印度都有一定的意義，大體分爲僧侶、貴族、平民、賤民四階級。中國的士農工商四民則是職業的不同，一個家庭中的兄弟就可能分別從事士農工商，因此並不是階級的劃分。中國社會中不論各行各業都以倫理爲本位，此因受了儒家人文主義（Humanism）的教化，故以倫常關係（ethical relation）爲本，以此爲社會的基礎，在此基礎上各人生活的道路不同，因而有士農工商職業的不同。自從法家的工作完成以後，中國的社會就是如此。因此階級的觀念嚴格說來不能用於中國的社會，那麼共產黨拿西方階級鬪爭的模式來解釋中國歷史，就完全是不相應的比附，更何況他們將階級鬪爭任意應用。例如在一個村莊中擁有較多土地的農民就是地主，而沒有一定的標準；在學校中老師是統治階級，學生是被統治階級；在家庭中父母是統治階級，子女是被統治階級；這完全是階級的濫用，這樣挑撥起來不是到處都可以殺人放火嗎？

士不再是貴族的家臣，而憑自已的知識才能在社會上得到一客觀的地位，影響到中國社會形成了士農工商職業的區分，這是士的解放。元首不再糾纏於貴族的家族之中而成爲一國的元首，得到了超然的地位，這是元首的解放。這是由政治方面來說士與元首的解放，卽是「廢封建，立郡縣」的意義。在此二者之外還有人民，這要從井田制，卽經濟方面的生產系統來看。

法家在經濟方面的工作是廢除井田制。井田制雖不必如孟子所言的整齊(註五)，也不一定很普遍，但大體也確是夏商周相傳的傳統的古制，詩經上也有「雨我公田，遂及我私」(註六)之語。上講已說明了井田制的意義，周初封侯建國的積極意義就是集體開墾。例如周公的後人伯禽封於魯，並不是伯禽一人去作官，而是帶着許多氏族一起去當地開墾土地(註七)，這就是所謂「屯田」。一羣人住在一起屯田而成一邨(村)，這是邨(村)字的由來。因此初時土地一定是公有，由此集團的領袖分配給眾人開墾種植，因此農民只有土地的耕種權，而沒有土地的私有權。分配的制度大體就是井田制。私田(私種非私有)百畝的生產屬私人所有，而將共同耕種的百畝所得繳給公家。這顯然不能以希臘的奴隸制度相比附，井田制並不是奴隸社會。在共產黨的人民公社中，每個人都要出力勞動，生產所得完全繳給政府，政府最後按勞動的點數來分配，這才是眞正的農奴制度，比起井田制下的農民相差太多了。在古代集體開墾的井田制之下，各家有百畝的收入，八家集居成一小村莊，有各種必要的設施，因此生活得很舒服（註八），故而歷來總認爲夏商周三代是王道。「雞犬之聲相聞，民至老死不相往來。」（註九）。這就是古代農業社會的寫照。

雖然井田制中人民的生活很舒適，但由精神生活的價值、歷史的發展而言，農民終究還是束縛在井田制中而不得動轉的自由，這就是因爲農民沒有土地的所有權。雖因土地的好壞不同而有三年一「爰田」的辦法，但分配權在貴族手中，農民仍沒有動轉的自由。當井田制持續久了，人口逐漸增多，社會逐漸複雜，就出現了「稅畝」。稅畝是廢棄繳納公田所得的辦法，而改爲「履畝而稅」，因此不合古禮（註一〇）。出現「稅畝」就表示井田制逐漸要轉。這時公家（貴族）不再負責分配，而是農民在當地住久了，土地就歸農民所有，如此逐漸轉成私有制。私有制一起，井田制自然就廢了。因此中國土地的私有制不是由鬪爭而來，而是自然的轉化，這是「耕者有其田」，耕種久了自然地取得土地的私有權。

法家積極廢除井田制就是要增加土地，開闢耕地。商鞅在秦時曾說「開阡陌」（註一一），平常錯解了「開阡陌」的意義，因此不了解井田制的實義。阡陌是井田間的界限，即堤壩，這就佔去不少的土地，因此「開阡陌」之「開」意指「開除」，而不是「開設」。決開去除了作爲界限的堤壩，就增加了許多耕地，也就能够增加生產。這「開阡陌」的講法是錢賓四先生的發現（註一二），錢先生把戰國二百多年的歷史講得很清楚。

去除阡陌就是開闢土地，增加生產；再加上履畝而稅，就形成了土地私有制，即土地成爲農民的私有財產，農民因而得到了動轉的自由，不再束縛於貴族的釆地，而成爲一個獨立體。由此可再引申一義，即私有財產制不能全然廢除。西方人尊重私有財產的觀念很強，中國人對此就很淡薄，至少沒有法理上的意識。自由經濟的基本基礎在於私有財產，沒有私有財產就沒有自由經濟，因此不能廢除私有財產。自由經濟、私有財產不同於資本主義，雖然自由經濟若不節制會變成資本主義，但它卻並不必然要成爲資本主義。我們承認資本主義確有毛病，不過這些毛病是可以加以節制或去除的。因此某種程度的社會主義是可行的，但卻不能因此便否定私有財產和自由經濟；也不能因爲反對資本主義的毛病就連帶著反對私有財產、自由經濟。何以故？因爲私有財產是人格的防線，保障人格的尊嚴。自由不僅是教育或罷工的自由，也是生活方式、選擇職業的自由，因此自由就是人的各種權利，表示人格的防線，人格的尊嚴。沒有私有財產，就沒有生活、就業的自由，如果連吃飯都要靠政府分配，還有什麼自由、人格的尊嚴可言呢？

農民享有土地私有權，就取得了動轉的自由。在井田制中，農民的生活雖很舒服，但他只是潛伏於其中，沒有客觀的地位，只是「日出而作，日入而息，帝力何有於我哉」的羲皇上人。就精神的發展來講，羲皇上人只是在潛伏的（potential）狀態中，這是不够的，也是不合理的。農民一旦取得了動轉的自由，就成爲一個獨立的個體，可以有自由的生活方式，如此在精神生活的發展上也算是一步解放。因此廢除井田制，農民也算取得解放，在社會上有客觀的地位，成爲國家的一份子，而不再隸屬於貴族的采地。這是農民的解放。

如是，在政治方面，元首成爲一國的元首，代表政權，不再和貴族牽連在一起而取得解放。士興起於社會，和元首沒有家族的關係，由家臣的地位得到解放而直接參與政治，因而使政治的運用有了客觀性。儘管以前只有吏治而無政治，但這吏治也有相當的客觀性，因爲雖然決策因由大皇帝所決定，故是主觀的（subjective），但當決策分至各省各縣去執行時，就也有相當的客觀性。譬如從前縣長絕不由本縣人出任，就避免了許多鄉親人情的麻煩。在經濟方面，農民也由貴族的采地中解放出來而成爲國家的一份子。元首、士、民三端的得到解放而取得客觀的地位，就是法家的工作所函的意義。

就精神的表現、歷史的發展而言，這當然比貴族政治的型態要進步一些，不過直到現代才看出這層意義。以往總認爲春秋戰國時代是衰世，又籠統地反對法家，就是因爲不了解法家工作的意義。上講中已說過申不害韓非的那套思想當然不對，但前期的法家並不錯。由精神的表現來看，前期法家所完成的工作確是實現了一些客觀的價值，精神的表現就是價值的實現。以前嚮往夏商周三代，因爲那是王道，這自然有其道理；但另外我們也應該注意到精神表現、歷史發展方面的意義。因此我們先說明了法家的工作所開出的政治格局的意義，在於使元首、士、民鼎立之三端都取得客觀的地位，這是第一步的意義。

接着，我們應進而衡量這三者的客觀地位是否能够充分地客觀化（fully objectify）。由取得解放到能够充分地客觀化，還有極大的距離。何謂「充分地客觀化」？未達到充分客觀化的客觀性是何意義？這些問題就需要細密的考慮與衡量，因爲這是了解中國歷史的重要關鍵，也是了解君主專制政體的重要關鍵。

法家的工作在壓抑貴族，這就函著尊君，使元首取得一超然客觀的地位，但這並不表示元首的地位能够充分地客觀化。尊君的結果使得元首的地位成了無限制的（unlimited），由無限制的進而成爲無限的（infinite），後世的大皇帝都是無限體（infinite being），這是絕對化而非充分地客觀化。人間政治組織中任何一個存在若無按照政治法則（principle, law）而來的限制，則這存在就無客觀性。客觀之所以爲客觀，即在於服從一政治法則，而爲此法則所限制。尊君的結果對皇帝沒有一個安排，它就不服從任何政治法則，如此皇帝就成了絕對體，是 arbitary will，隨意揮灑，而不能客觀化。如此，君雖由貴族社會中解放出來取得超然的地位，結果仍落爲主觀狀態的客觀地位，成了沒有限制的絕對體，這樣就形成了君主專制政體。此中的關鍵在於將元首解放出來之後，未隨之給予一安排、一回應，於是君就成了主觀狀態中的絕對體。但政治中的元首不能是絕對體，只有上帝是絕對體，因此人間的組織中若有一成份是無限的，它就必是隨意揮灑，即所謂「在主觀狀態中的絕對體」。經過申不害韓非的理論，君完全不受法律的限制，成了黑暗的秘窟，就是主觀狀態中的絕對體，而不能客觀化其自己，因此形成君主專制。

在政府組織中的每一級（rank）都是客觀的，因套在一個組織中成爲其中的一級而取得客觀的地位，任一級都不能是無限體。黑格爾認爲無限體就不能客觀化，在他的哲學中，客觀精神即指法律國家。國家不是絕對體，而是在相互間的對立限制中形成的。就儒家而言，義道是客觀的，由尊尊處講；仁道是主觀的，由親親處講。這些意義都需要注意。

元首是政治等級中的一級，本來是客觀的，但法家將元首尊得超過了等級，就產生弊病而成了君主專制。如此，雖然君由貴族中解放出來，卻因不能充分地完成客觀化，就沒有客觀性，即成為客觀性的否定。法家開出的君主專制政體因而出現弊病，故後人總不滿意君主專制，而嚮往三代的王道。這也是因為前人未了解廢封建、廢井田而由貴族社會向前進一步也有價值，其價值在於元首、士、民均由此解放而得客觀的地位。法家的工作雖使得這三端得到解放，卻未隨之有一安排、回應，因而使此三端不能充分客觀化，而形成自秦漢以來到辛亥革命這兩千多年間的君主專制的政治型態。以上先說明了元首之未能充分的客觀化。

再看士這方面。法家的工作使士不再是貴族的家臣而直接參與政治，因此使政治有了客觀性，然則士之地位是否能夠充分客觀化？是否有充分的客觀性？士後來演變為宰相系統，掌「治權」，當然有客觀的地位，但其客觀的地位與政治客觀性都未能充分地客觀化。關鍵在於皇帝是無限體，不受任何法律的限制，則士的客觀地位與政治的客觀性皆不得保障。宰相是大皇帝任用的，進退擢降之間並沒有法理的基礎，而全繫於皇帝的意志。因此皇帝這端不能充分客觀化，士這端就也不能充分客觀化。

這是中國歷史中高層次的問題，大家一定要了解。錢賓四先生一直主張中國以前不是君主專制(註一三)，但若是如此，辛亥革命就沒有意義了。錢先生重視漢唐的宰相制度，而認為在這制度下皇帝並不專制。例如唐代的三省宰相：中書省掌制誥、門下省掌封駁、尚書省掌執行，大體也是三權分立，因此皇帝並不專制。若不顧權源，只從治權上看，表面上是如此，事實上則不然。因爲皇帝有無限的權力可以隨時撤換官員，宰相的地位就仍然沒有保障。君主專制之下並不是沒有好皇帝，但皇帝好壞是一回事；是否有限制、能否客觀化是另一回事。宰相有客觀的地位，並使得政治有所以爲政治的客觀性，這是一回事；而其客觀性是否有充分的保障又是一回事。在君主專制體制下，宰相的客觀地位、政治的客觀性終究是沒有保障的。

錢先生如此主張也有一理由，那是因爲忌諱如費正清者流藉口中國歷來是君主專制，而謂共產黨的專制也不完全違背中國的傳統。可是若因此之故，便諱言君主專制，這也不行。君主專制是政治形態、政治體制的問題，而且共產黨的專制和君主專制完全不同，根本是兩回事。共產黨的專政是由馬克思主義而來的集權專制；而君主專制只是使政治沒有充分的客觀意義，對一般社會卻並不干涉。不能因此而諱言君主專制。

歷來儒者都不滿意於家天下，這問題尤其在亡國時特別明顯，而一直得不到解決。君主專制雖由法家開出至秦漢大一統而完成，但在西漢二百多年間，家天下的君主專制仍未成定型，至少在輿論、一般人的意識中尙未成定型。例如漢文帝初繼大統時仍認有德者始應君天下（註一四）。至漢武帝用董仲舒復古更化以後，西漢思想家出現兩派：一派主禪讓，一派主五德終始說。當時的儒生是很敢說話的。至漢光武以後，家天下的君主專制才確定，以後就不再討論這問題。雖不討論，但每至亡國時，尤其亡於異族時，這問題總會出現，因爲家天下究竟是不合理的。討論這種問題要靠理學家、思想家，文史家是不行的。一般歷史學者是內在於歷史考歷史，其所了解的事實、材料等是屬於第一序的問題。但家天下問題是高一層、第二序的問題，因此不容易了解。理學家於此有一傳統，例如南宋亡於元、明亡於清時就一再接觸、討論這問題，反省自己的歷史文化，一如現在我們反省中國的文化。以前曾屢屢次次反省，可見這是個高級的問題。

君主專制是政治體制的問題，若否認以前的中國是君主專制，辛亥革命就沒有意義了；但也不能因是君主專制就連想到共產黨的專制，二者根本是不相干的。君主專制雖有不合理之處，但也維持了二千多年，可見也有相當的適應性，不滿意於此而想改變還並不容易。理學家嚮往三代的王道，顧、黃、王批駁家天下，但卻又想不出更好的辦法來，由此可見政治型態想向前進一步是非常困難的。從堯舜到夏商周三代是貴族政治，經過法家的工作而成爲君主專制，一直維持到辛亥革命。辛亥革命以後實行的民主政治是向西方借鏡，至今六十多年仍未走上軌道。若已走上軌道就是已完成了民主建國，就不會出現共產黨。由此亦可知道完成一個政治型態是非常困難的，以前在亂世也時常長期政治不上軌道，何況在現今這個大轉型時期？法家在戰國時代擔負轉型的工作，也是在二百多年間才轉成的，由此可見其困難。

我們不能因爲從前有宰相系統而說君主並不專制，主要是由於宰相只有治權，只是幫助皇帝治理天下，而政權卻寄託在大皇帝處。因爲政權不能客觀化，所以宰相系統的治權也得不到客觀化。因此政權和治權要分開，都要客觀化。孫中山先生將這二者分開是很對的。戰國時代的政權在諸侯手中，那時已有政權和治權的事實，雖然也許並沒有這種觀念。經過法家的轉型而尊君，對代表政權的君沒有一個安排，因此使得政權不能客觀化。到秦漢大一統承繼春秋戰國時代之諸侯王國而形成君主專制，代表政權的大皇帝就也不能客觀化。

自夏商周以來，在貴族社會中政權是世襲的。齊襄公復九世之讎而聖人稱許之，此卽春秋大義之「大復讎」。一般百姓復讎服從親親原則，故復讎不過五世；但國君世襲，代表一國政權之所在，故復讎「雖百世可也」（註一五），服從的是尊尊原則，這表示政權不能斷，不能亡人之國。亡人之國是大惡，應「興滅國，繼絕世」（註一六）。國家屬於客觀精神，尊尊是義道，就代表客觀精神。

在貴族社會中，政權來自周天子的封侯建國，諸侯世襲卽表示政權世襲。秦仍是戰國時代的一個貴族，漢則是中國歷史上的一個大轉變。漢高祖以布衣取天下，是「亙古以來未有之奇變」。漢高祖創造了一個新的局面，卽「打天下」。政權的取得是非理性的(irrational)，因爲憑藉的是武力。取得天下後，「馬上得之，不能馬上治之」（註一七），因而用士，卽知識份子，來幫忙治天下。「幫忙」是客氣的說法，其實是幫閒，因爲士不能過問政權，政權是皇帝以武力打來的。

現在共產黨要求與自由中國和談，其實要解決的還是政權的問題。這和美國與蘇聯的談判不同，美國與蘇聯談的不是自由和集權，而是另一層次如限制核子武器的問題。但我們的問題就在於政權。妨礙中國統一的是共產黨的非法的專政政權。他們一旦去掉馬恩列史、廢棄馬克斯主義的意底牢結，中國不就統一了嗎？那些投共的知識份子誰敢和共產黨談這個問題？這也成了「不可觸的」(untouchable)了。共產黨只是利用知識份子的科技知識，幫助他們造原子彈就行了。但是知識份子正應該談這個問題，就是實行科技也要肯定自由的社會，肯定教育學術的獨立，否則科技只是個政治性的口號，知識份子就不該投過去幫閒、幫凶。一聽到「科技化」就趕忙地投過去，這等於知識份子集體自殺。

在君主專制下，政權是用武力打來的，不能客觀化，因此治權隨著也不能客觀化，都在大皇帝的控制之下。中國知識份子二千多年來直到現在都是處在這種狀態之中，因此身爲中國知識份子是很苦的，由此也可進而了解中國知識份子有其自身的命運。政治客觀化的問題不能解決，知識份子就不得解放，卽不能正其命（註一八），在現實上就有其自身的命運，由此可以推出許多結論，以爲中國歷史之寫照。我們可以舉幾個顯明的例子，大略的說一說。（註一九）

中國知識份子的命運的第一幕是秦始皇焚書坑儒。除了申不害韓非主張絕對的尊君，李斯又提出「以法爲教，以吏爲師」（註二〇）。教應是教育，是以禮樂聖賢之道爲教，以有德之人爲師，而不是「以法爲教，以吏爲師」。古今中外沒有人敢說這種話，這就是法家的罪惡。現在的共產黨卻正是這樣實行，他們的幹部就是「吏」，人民向幹部學的「法」就是馬克斯主義，因此有「要紅不要專」的口號。現在鄧小平雖要現代化、科技化，但並未放棄紅（法、馬克斯主義），因此要「又紅又專」，這是共產黨的罪惡。

「以法爲教，以吏爲師」就造成極端的專制，在此之下沒有教育，也不能有教育。當時的儒生喜言堯舜三代、古聖先王，就被視爲羣言淆亂、借古諷今，因而導致秦始皇的焚書坑儒。故凡實行專制一定先斬斷歷史文化，他們的政策都是橫剖面的，不是縱貫的，就是要斬斷歷史文化。秦始皇「焚書」就是燒掉歷史。由此也要提醒大家注意，要反共就不能沒有歷史意識、文化意識，共產黨的集權專制同樣企圖斬斷歷史。他們擺出馬恩列史，就是不要中國四千多年的歷史文化，因此不單是書籍，連許多古物遺跡都被毀掉了。他們說共產黨之前的歷史都是「階級的歷史」，是「史前史」。在抗戰前他們就是用這類口號來迷惑青年。因此大家要有一些歷史意識、文化意識，才能够分辨清楚而不再被迷惑。

第二幕是東漢末年的黨錮之禍，是知識份子參與政治，結果完全失敗而導至的大慘局。東漢二百年是知識份子與環繞著皇帝的幾個集團的鬬爭史。皇帝的地位未客觀化、理性化，因此圍繞著皇帝的集團，如宗室、外戚、宦官，也都是非理性的。對宗室，皇帝向來有辦法安排，雖然經常鬬爭得很慘，尤其是在初開國時宗室之間爭奪帝位，如曹丕、唐太宗、明成祖等。此外外戚、宦官代表內朝，後來以宦官爲主，和代表外朝的知識份子（宰相）相對立。外戚有時和宦官結合，有時和外朝結合。「黨錮之禍」是知識份子在與宦官的鬬爭中失敗，而有極悲慘的遭遇。例如爲了追捕張儉，使「數郡爲之殘破」（註二一）；范滂就逮，情況也極感人（註二二）。張儉與范滂都是黨錮之禍中的主要人物，也是當時的「氣節之士」。

在君主專制之下，知識份子不是被殺就是被辱，而表現爲氣節之士。氣節之士當然很可贊佩，但不是應當有的而且是很可悲的。這並不表示一個人不應重視氣節、重視道德；而是氣節之士是在君主專制的特殊型態下才出現的人物，好像「家貧出孝子」、「國亂見忠臣」，並不是孝子、忠臣不好，但誰願意家貧、國亂呢？因此當家貧、國亂時才出現的孝子、忠臣，就多少有些不祥。就在這層意義上，我們說那具有特殊性格的氣節之士不是應當有的。魏晉時代的名士也很少能得善終。因此知識份子在君主專制之下想要保全自己，在出處進退之間是很困難的。在現代民主政治之下就不再出現這類氣節之士，即可以避免這種悲劇，同時也免除了知識份子出處進退之間的恐懼。

唐末五代時朱溫對付知識份子的辦法也很殘忍。他把代表「清流」的知識份子投入混濁的黃河之中，使「清流」變爲「濁流」（註二三）。

宋朝對待知識份子最爲客氣，歷來都稱贊宋太祖仁德寬厚，因此宋代國勢雖弱，仍維持了三百多年。

明太祖朱元璋的政策是重士輕大夫，對作官的知識份子毫不客氣，不僅曾殺宰相，而且還用「廷杖」的辦法侮辱大臣，這完全違背了中國「士可殺而不可辱」的傳統。到明末又有黨錮之禍的再版，即東林黨；如高攀龍、顧憲成等人與宦官鬬爭，又死了許多人，這些也是所謂氣節之士。東林黨後來轉而爲復社，明亡之後完全被滿清壓抑下去而消失了。

從此以後，知識份子不敢再談政治，因而出現了乾嘉年間的考據之學。這是個很重要的標記（mark）。在此以前儘管有悲劇，但知識份子仍可以談政治，這表示中國在君主專制的政體下，傳統的知識份子仍有參與政治的願望與抱負。到滿清統治中國之後就不能談了，因而轉向考據之學。乾隆就曾公然下詔諭說以往的士人無理，動不動說「以天下爲己任」，若是如此，那麼皇帝要作什麼？他竟然會這樣想。這把中國讀書人的理想性完全壓毀了。因此民族生命一受挫折，文化生命隨之受到歪曲，故而出現乾嘉年間的考據，這是在歪曲之下的病態發展。從此中國學問的傳統、命脈就被斬斷了。在此之前雖有悲劇，但讀書人還有理想性，可承續學問的傳統，至此之後傳統就斷了。演變到清末民初和西方接觸時，面對種種大問題的挑戰，中國的知識份子卻喪失了反應的能力，就是因爲已喪失了學問的傳統。沒有學問就沒有思想、思考力，因此也沒有觀念，更不會表現觀念；只感性的、世俗的聰明是沒有用的。

五四運動之後出現了馬克斯主義，在共產黨之下，知識份子遭受的刼難比以前任何一個時期都嚴重。現在的知識份子看到大陸上宣傳科技，就紛紛地投過去，和從前只想考狀元的秀才沒什麼分別。他仍忘掉了知識份子自己的本質，忘掉了在這時代所應擔負的責任，因此仍落在秀才的範圍之內。既然落在此範圍之內，就有這範圍內秀才本身的命運，即被殺或被辱。共產黨對付知識份子主要用侮辱，像馮友蘭那樣不斷的自我坦白，到何時才停止呢？只能完全服從共產黨的指揮，這樣一來，人的廉恥都沒有了。一個人所做的事，祖孫三代都要受牽連，這如何得了？共產黨這個魔刼其實也是知識份子造成的。當初如果不爲他們作啦啦隊，共產黨就不會得勢；現在知識份子還要去作啦啦隊，豈不是集體自殺嗎？因此，政治不上軌道時知識份子想保住自己而進退自如是非常困難的，因而有其自身的命運，不是被殺就是被辱，而不能得其正命。

如此，士固然是由貴族家臣的身份解放出來而得到客觀的地位，但是因爲沒有支持的力量，於是其客觀的地位就沒有保障，一切都操縱在大皇帝手中，因此政治也沒有充分的客觀性。大皇帝不能客觀化，使得宰相系統也不能客觀化。

現在再來看看人民這一端。人民由井田制中解放出來，成爲整個社會的一份子，有獨立的地位，但結果其地位也未能充分地客觀化。中國人民向來很自由，但卻是潛伏的（potential）自由，因此隨時很自由也隨時不自由。中國的百姓是在潛伏狀態中的自由民，即是未法律化的自由民，用現代的名詞來說，卽不是有明確權利義務的公民。如是，人民在政治法律上沒有地位，那麼他們所有的自由只是放任的、沒有保障的自由。由井田制中解放出來的人民，對之只有教化上的回應，沒有國家政治法律上的回應，因此人民對國家的政治法律沒有積極的參與權，也就是未取得充分的客觀化。因此對以前的社會，一方面你可以稱贊嚮往，另一方面你也可以譏笑詬詆，關鍵就在於人民未能充分的客觀化。

要了解中國歷史這方面的意義，大家可以讀讀黑格爾的歷史哲學。黑格爾雖然對中國所知不多，甚至只是一知半解，但他所講的大體是不錯的。他的歷史哲學並不是泛泛地講文學、藝術、哲學、科學等內容，而是以憲法、政治社會的型態爲中心或焦點而說的。從這方面着眼，亦不需要知道很多的具體歷史事實。他說中國的文化代表兒童時期，希臘代表青年期，羅馬代表中年期，到日耳曼世界（指廣義的西歐）則是成熟、完滿的老年期。詳細些說，在兒童時期只知道一個人是自由的，中國的情形就是如此，只有大皇帝是自由的。黑格爾又進一步說，這樣的自由並不是眞正的自由，因爲這是在主觀狀態中隨意揮洒（arbitrary will）的自由，因此大皇帝是非理性的（irrational），沒有理性化因而沒有客觀的意義。毛澤東就充分代表這個意義。沒有理性化的自由可分兩種型態：一種是軟性的放縱恣肆，一種是硬性的放縱恣肆。前者指比較柔和溫厚的皇帝，即平常所謂的好皇帝，因爲沒有理性的限制，結果仍爲情欲所支配，仍不是眞正的自由。平常所謂的暴君就代表硬性的放縱恣肆。凡是沒有理性化，不能「立於禮」的自由，都是放縱恣肆，就以「隨意揮洒」(arbitrary will)來表示。

到希臘羅馬時期知道一部份人是自由的（some men are free），因爲希臘羅馬仍承認有奴隸。在日耳曼世界則知道一切人是自由的（all men are free），這是法國大革命的貢獻，是西方自文藝復興以後，獲得法律保障的自由民主政治。馬克斯當時也稱贊美國，因爲美國沒有貴族、沒有特權階級，因此最好。

平常大家看到黑格爾這種說法都不服氣，在情感上也不舒服，但大家要承認事實確是如此，否則爲何有辛亥革命、爲何要民主建國？民主建國就是要解決這個問題，從只有一個人是自由的進到所有的人是自由的。這是對歷史的正當了解，大家應該注意。

黑格爾還有些名詞，如說中國只有「理上的自由」（rational freedom）而沒有「主觀的自由」（subjective freedom），希臘代表「美的自由」（beautiful freedom）等，這些名詞都很恰當，很有智慧，因此一般人不易了解，這需要仔細讀讀他的書。

就中國而言，何謂中國人只有「理上的自由」而沒有「主觀的自由」？「理上的自由」又稱「實體性的自由」（substantial freedom），即自由在潛伏狀態中、自由之在其自己（freedom in itself），而未通過每一個個體主觀的自覺。由自由之在其自己、在潛伏的（potential）、實體的（substantial）狀態，而成爲現實的（actual），一定要通過自覺。若未通過個體的自覺，縱有自由也只是在潛伏的狀態中的自由。自由平等的獲得需要經過奮鬪，奮鬪要靠人人自覺是一個獨立的個體，這步自覺就是主觀的（subjective），即自由在主觀的覺識中呈現，因此是主觀的自由，這代表自覺。有此自覺而奮鬪以爭取自由，再通過法律的保障，才是「客觀的自由」（objective freedom），這才是眞正的自由。沒有法律的保障，自覺就永遠在鬪爭之中，這樣也不行。要安頓下來就必須條文的保障，確認明載的權利義務才行，這樣才能有客觀的自由。中國既沒有「主觀的自由」，當然也沒有「客觀的自由」，因而只有 rational freedom，即是 substantial freedom，也就是 freedom in ifself，potential freedom，其實這時自由並沒有顯露出來。在中國自由只是經過大皇帝在吏治方面將法律安排得很合理而表現，並沒有通過主觀自由而表現，這卽是黑格爾所謂「凡在我們這裏（意卽在西方）屬於主觀自由的，在此（意卽在中國），則完全從國家這一面而進行。」（註二四）

若了解黑格爾的說法是針對政治型態而講的，就可以知道他說得不錯。當初我在學校讀這部歷史哲學時，一方面覺得黑格爾說得頗有道理，另方面又想到中國自孔子立教起到後來的宋明理學家，一直重視愼獨、涵養、察識，這不都是自覺嗎？若不重視自覺怎麼作實踐的工夫呢？二者之間就成了個兩難（dilemma）。仔細衡量考慮之下，始知道黑格爾是就政治型態而講；而孔孟以至理學家所講的自覺、主觀的自由不屬於政治，而是屬於道德修養、聖賢工夫。因此在中國一方面有許多聖賢，另方面又有愚民、羲皇上人，這是中國文化的老毛病。如此就解開了這個兩難：中國文化當然有其價值，但缺陷在於政治型態，因而黑格爾的說法也有道理。這樣才能正視而且了解中國歷史。因此中國自法家的工作完成之後，只有「興發」的問題，而不再是「解放」的問題。共產黨怎麼能算「解放」呢？他們把人民圈進人民公社裡，那比人民未從井田制中解放出來更要壞多了。此外，黑格爾這麼重視主觀的自由，因此不可能贊成集權，所以上回我們說希特勒實行的是尼采的哲學，而不是黑格爾的哲學。英美人不喜歡黑格爾，也是因爲不了解他那套思想的意義。

理解了法家所開出之君主專制政體的意義，就可以隨之理解在這型態下所出現的特殊情形，除了前面所提到的之外，還有一些問題。例如宰相難處。政治型態的問題得不到解決，政治不能充分客觀化，如是只有轉而要求「聖君賢相」。而因爲元首、士、民三端皆不能客觀化，宰相就也得不到百姓的支持，一直處在夾逼的狀態中，因而處境相當困難。還有，朝代的更替不能有合法的轉移，因此不是篡奪就是革命，總是在一治一亂的循環中。這些都是中國歷史中的毛病。因爲有這些毛病，就逼使我們由君主專制向前進一步，這就是由辛亥革命到現在所致力的自由民主建國。完成了有憲法基礎的民主建國，才能解決上面所說的那些問題。

民主政治是最後的一種政治型態，將來的發展進步不再是政體的改進，而是社會內容的充實，因此民主建國是必然的工作。共產黨宣稱這是第三階級的民主而企圖跨越，那是不對的。儘管在西方，民主政治的出現是第三階級的貢獻，但民主政治一旦出現，就有永恒性、普遍性而不爲任何階級所限。陳獨秀晚年也有所覺悟，他曾表示「如果社會主義中沒有基本人權，就不值半文錢。」中國的知識份子當該對自己的歷史文化有恰當的了解，觀念不要錯亂，也不要誤解問題的要點，如此才能擔負時代的責任。

我們以這兩講來說明法家的主要工作，前後期法家的發展，以及法家所開出的君主專制政體的意義。法家的工作是順著歷史、時代的發展而進行，而不是按照理想而進行。現實的問題就要在現實中解決，要照察清楚，並時時將理想貫注進去。這一層的問題理解清楚了，才能克服共產黨這個刼難，不要再被他們那些虛妄無實的詞語所迷惑。這是屬於通識的問題，大家多讀讀顧、黃、王的書，讀讀朱夫子和陳同甫的爭辯（註二五），才能理解這類問題。

胡以嫺記錄

附註

註一：參見宋元學案，卷四十八，晦翁學案上。其傳中有：「是行也，有要之于路，以為正心誠意之論，上所厭聞，戒勿以為言。先生曰：吾生平所學，惟此四字，豈可隱默以欺吾君乎？」

註二：參見明儒學案，卷六十二，蕺山學案。其傳中有：「上顧溫體仁曰：迂哉劉某之言也。……有旨革職為民，然上終不忘先生，臨朝而嘆，謂大臣如劉宗周，清執敢言，廷臣莫及也。」

註三：左傳莊公十年：「春，齊師伐我，公將戰，曹劌請見。其鄉人曰：肉食者謀之，又何間焉？劌曰：肉食者鄙，未能遠謀。乃入見。」

註四：參見梁漱溟先生著「中國文化要義」，第五章及第八章。

註五：孟子滕文公篇：「詩云：雨我公田，遂及我私。惟助為有公田，由此觀之，雖周亦助也。……方里而井，井九百畝，其中為公田。八家皆私百畝，同養公田。公事畢，然後敢治私事。」

註六：詩經小雅大田篇。

註七：左傳定公四年：「分魯公以大路大旂，夏后氏之璜，封父之繁弱。殷民六族條氏徐氏蕭氏索氏長勺氏尾勺氏，使帥其宗氏，輯其分族，將其類醜，以法則周公，用卽命於周，是使之職事於魯，以昭周公之明德。分之土田陪敦，祝宗卜史，備物典策，官司彝器，因商奄之民，命以伯禽，而封於少皞之虛。」

註八：孟子滕文公篇：「設為庠序學校以教之……鄉田同井，出入相友，守望相助，疾病相扶持，則百姓親睦。」

註九：老子，第八十章。

註一〇：春秋宣公十五年經曰：「初稅畝」。公羊傳曰：「初者何？始也。稅畝者何？履畝而稅也。」左傳曰：「初稅畝，非禮也。」

註一一：史記卷六十八，商君列傳第八：「為田開阡陌封疆，而賦稅平。」

註一二：參見錢穆先生著「國史大綱」，頁五十九。臺灣商務印書館，民國六十七年五版。

註一三：同上書，引論，頁一三至一五。

註一四：史記卷十，孝文本紀第十：「代王曰：奉高帝宗廟，重事也。寡人不佞，不足以稱宗廟。願請楚王計宜者，寡人不敢當。羣臣皆伏固請。代王西鄉讓者三，南鄉讓者再。……遂即天子位。」

註一五：春秋莊公三年經曰：「紀侯大去其國。」公羊傳曰：「大去者何？滅也。孰滅之？齊滅之。曷為不言齊滅之？為襄公諱也。春秋為賢者諱，何賢乎襄公？復讎也。何讎爾？遠祖也。……遠祖者，幾世乎？九世矣。九世猶可以復讎乎？雖百世可也。家亦可乎？曰不可。國何以可？國君一體也。……國君何以為一體？國君以國為體，諸侯世，故國君為一體也。」

註一六：論語堯曰篇。

註一七 史記卷九十七，酈生陸賈列傳第三十七：「陸生時時前說稱詩書。高帝罵之曰：廼公居馬上而得之，安事詩書。陸生曰：居馬上得之，寧可以馬上治之乎？」

註一八：孟子盡心篇：「孟子曰：莫非命也，順受其正，是故知命者，不立乎巖牆之下。盡其道而死者，正命也；桎梏死者，非正命也。」

註一九 參見先生「中國知識份子的命運」講辭。原載香港東西風雜誌第六期。亦見于「知識份子與中國」，頁五十九至六十九。時報出版公司，民國六十九年初版。

註二○：史記卷六，秦始皇本紀第六：「丞相李斯言……百姓當家則力農工，士則學習法令辟禁。……臣請史官非秦記皆燒之。非博士官所職，天下敢有藏詩書百家語者，悉詣守尉雜燒之。有敢偶語詩書者棄市。以古非今者族。……所不去者，醫藥卜筮種樹之書。若欲有學法令，以吏為師。制曰：可。」

註二一：後漢書卷六十七，黨錮列傳第五十七：「篤因緣送儉出塞，以故得免。其所經歷，伏重誅者以十數，宗親並皆殄滅，郡縣為之殘破。」

註二二：同上：「其母就與之訣。滂白母曰：仲博存敬，足以供養。滂從龍舒君歸黃泉，存亡各得其所。惟大人割不可忍之恩，勿增感戚。母曰：汝今得與李杜齊名，死亦何恨？既有令名，復求壽考，可兼得乎？滂跪受教，再拜而辭。」

註二三：資治通鑑卷二百六十五，唐紀八十一，昭宣帝天祐二年：「時全忠（朱溫）聚樞等及朝士貶官者三十餘人於白馬驛，一夕盡殺之，投屍於河。初，李振屢舉進士，竟不中第，故深疾搢紳之士，言於全忠曰：此輩常自謂清流，宜投之黃河，使為濁流。全忠笑而從之。」

註二四：參看先生「歷史哲學」第一部第三章第二節。臺灣學生書局出版。又所謂「理上的自由」猶如天台宗所謂「理卽佛」，而「主觀的自由」亦可意解為「覺上的自由」猶如天台宗所謂「觀行卽佛」。

註二五：參見「政道與治道」第九、十章。臺灣學生書局，民國六十九年出版。

第十講　先秦名家之性格及其內容之概述

先秦名家不如儒、墨、道、法等家那麼整飭而有系統，也不同於它們是針對周文疲弊而發，因此名家本身與周文沒有直接的關係。儒、墨、道、法等家都是針對周文疲弊而發，然一發出那些思想，就連帶地引出名家所討論的那些問題，所以名家是派生出來的，而其所以派生的機緣仍與周文疲弊有間接的關係，這現實的機緣卽是孔子的「正名」。

周文發展到春秋戰國時代，由於貴族生命的墮落和社會漸趨複雜而維持不住，卽貴族們不能再維持周公所制作的那一套禮樂制度、名物度數。貴族的生命一墮落，就不免名實乖亂、名器乖亂。「名實乖亂」就是論語所說的「君不君，臣不臣，父不父，子不子。」(註一)居君之位就有君之名，亦當有君之實卽君之德。居君之位而無君之德，就是名、實不相應，也就是君不成其爲君。臣、父、子也是如此。有「君」之「名」而無「君」之「實」，就是「名實乖亂」，順此而有所謂的「名器乖亂」。

在貴族社會裏，自周天子以下，任何一個等級在社會組織中都有一定的身份，卽「名」，跟著名而來，就有一套裝飾，卽莊嚴、文飾，就是「器」。各個等級所用的服飾、器皿都有一定的規定，不能僭越，就是要名器相符。到春秋戰國時，大體這些名器都乖亂而無法維持了。孔子就是針對此而提出「正名」。名家的學問不是針對周文疲弊而有的反應，也未提出什麼對治的辦法，因此它是個派生物。但它派生的機緣仍是由於名實乖亂，名器乖亂。所以孔子的「正名」就是名家興起的現實機緣，而不是它的本質。

歷來講述名家都從孔子的「正名」說起，但又都區別不開名家興起的現實機緣與名家的本質，每每將二者糾纏在一起（註二）。如此，名家既是淵源于孔子的正名，那麼孔子算不算是名家呢？從來沒有人以孔子為名家。孔子既不是名家，但講名家又總始自正名，那麼孔子與名家該如何區別呢？針對這個問題，我們首先必須將名家的本質與名家現實上興起的機緣區別開來。名家的本質是一回事，派生出名家的現實機緣又是一回事。依此，孔子的「正名」只是名家興起的一個現實機緣，並不是名家的本質，如此孔子不是名家，而我們也可以脫離孔子而獨立的瞭解名家的本質。

又，一般學術史大體都以「苛察繳繞」與「琦辭怪說」這兩句話來評價名家。司馬談「論六家要旨」說名家「苛察繳繞」（註三），這是個不好的估價。名家的人物都很精察，一些平常人注意不到的事，他們都注意到了，因此加個「苛」字而成「苛察」。「苛察」而不必能如實，則繳繞繁瑣徒亂人意。

名家人物大體是戰國四大公子所養的士，即所謂的清客，公孫龍就是平原君所養的士。他們平時沒事就可以閒談，有時言不及義，但有時也可能想到一些平常人想不到的問題。在此情形下，有時候用一句很簡單的話就可以直接表示出來的意思，他們卻繞很多圈子來說，這就是「繳繞」。合起來就是「苛察繳繞」。一般人不會這麼嚕囌，所以「苛察繳繞」不能爲一般人所接受，就一般人的感覺來講，這是個壞的評估。

凡學問進入專門性時，都不是一般人所能接受的。「苛察繳繞」的「苛」字就是對著一般人的感覺、常識見地而說的。因此這個「苛」不一定是壞。察事要精當然就必須要苛，苛是嚴格的意思。要求嚴格並不一定是壞，一般的專門學問都有這個特性，繳繞也是如此。康德的著作就是苛察繳繞，邏輯分析則更是苛察，比如有人對 if-then（如果……則）就可以分析出好幾萬字來，康德還不到這種程度。一般而言，凡是專門的學問，不管是邏輯或哲學，都免不了苛察繳繞，由此看來，苛察繳繞也不一定是壞。

但是司馬談說時完全是壞的意思，因爲司馬談並不是名家，他是照著一般人的感覺來說的。但再進一步客觀地看，若苛察繳繞得有所當，就不必是劣義。比如康德以及邏輯分析家固然是苛察繳繞，但他們這些分析本身都很合邏輯，而且很有結構，一步步都很嚴謹細密。那麼客觀地講，這種有所當的苛察繳繞就不算壞。但是假若分析得無所當，或者出奇得驚世駭俗，那麼就是客觀地講，它也完全是壞的意思，就是「能服人之口，不能服人之心」（註四）。司馬談評名家「苛察繳繞」也有這層意思。

荀子評名家爲「琦辭怪說」（註五），這也是個不好的評估。同樣地，若名家眞是無所當，那麼這個琦辭怪說就是不好的意思；但若它之爲琦辭怪說只是對著一般人而言，而客觀地仍有所當，那麼它之爲琦辭怪說就不一定是壞。但荀子說「治怪說，玩琦辭」，就是對名家的壞的客觀評價。

一般的學術史論名家都由孔子的「正名」說起，而對名家的批評又以「苛察繳繞」與「琦辭怪說」這兩句話爲準，因而掩蔽了名家的本質，名家的學問也因此傳不下來。我們現在就要來重新檢查。首先我們把名家的現實機緣——孔子的「正名」——與名家的本質分開，二者是不同的。其次要客觀地檢查名家的本質是否眞的是劣義的「苛察繳繞」、「琦辭怪說」，即先秦名家究竟有沒有客觀的價值。我們這就必須要進到名家的內部去考察它的文獻。這步工作並不很容易，因爲名家的文獻不若儒、道等家那樣清楚，而且也並不完備，故整飭性、系統性亦不若儒、道等家，但大體那些可以讓人聯想到苛察繳繞、琦辭怪說的語句仍可以使之成爲可理解的。

名家的文字不很通也不很容易瞭解，歷來也沒有人能完全弄得明白，因此必須下點文字的工夫，一句句的疏解出來。我們在這個時代講中國的學問，有些地方不容易很快就弄明白，而需要經過長時期的研究。民國以來，講名家的人很多，有些錯誤是不可免的，我們所講的也許不一定都對，但至少比以前進步一些，而且我們經過前人長時期的錯誤、試驗，漸漸地使之較可理解，因此我們可以講得少犯錯誤且較近原意。

名家大體分成兩個學派：一派是惠施所代表的，一派是公孫龍所代表的。這是兩種不同的型態，但一般人往往將二者混同，都被視爲作堅白同異之辯（註六）。事實上，「離堅白」

與「合同異」分別屬于兩個不同的型態，前者屬公孫龍的思理，後者屬惠施的思理，是兩種不同的思路。當然名家也不是只有這兩個人。名家出現的現實機緣是孔子的「正名」。在此之前，有晉國的鄧析，是個法律學家；在此之後，名家的中堅人物就是惠施與公孫龍。

莊子天下篇詳細地記載了惠施的「歷物之意」，即「合同異」之說，那些話大體都可以講得清楚。如：「大同而與小同異，此之謂小同異。萬物畢同畢異，此之謂大同異。南方無窮而有窮，今日適越而昔來，連環可解也。我知天下之中央，燕之北，越之南是也。」（註七），這些話不但有思理而且可理解，並不是苛察繳繞、琦辭怪說。

「至大無外，謂之大一。……氾愛萬物，天地一體也。」歷來都對這段文獻分成十條（註八），但依我看，應只有八條。所以有十條，是因爲將「南方無窮而有窮，今日適越而昔來，連環可解也」這三句話看成是獨立的三條（註九）。天下篇這段文字都是二、三句合起來表示一個意思，沒有以一句爲一條的。例如「大同而與小同異，此之謂小同異。萬物畢同畢異，此之謂大同異。」這是兩句合爲一條。若「南方無窮而有窮，今日適越而昔來，連環可解也」是三條，那麼「小同異」、「大同異」那一條就當是兩條而不是一條。在「南方無窮而有窮」之前並未有以一句爲一條的，爲什麼單單這幾句就當該是一句一條呢？若是一句一條，則「日方中方睨，物方生方死」不也可以看成兩條嗎？那麼全部就不只十條而是好幾十條了。所以「南方無窮而有窮，今日適越而昔來，連環可解也」這三句話不能看成是三條，這也和「日方中方睨，物方生方死」一樣，也是兩、三句合起來爲一條。順此，天下篇所記的惠施之言都是可理解的，它的意思都可以清楚地講出來。

「南方無窮而有窮，今日適越而昔來，連環可解也。」合爲一條的意思就是：前二句表面的矛盾，事實上是可理解的。「連環可解也」並不是獨立的一條，而是對前二句的提示。「連環」是副詞，天下篇言「其書雖瓌瑋，連犿無傷也。」語中的「連犿」，用字雖不同，但意思相同。「連犿無傷也」意爲「宛轉無妨碍」，「連環可解也」意爲「圓轉可理解」，也是個提示語，並不是獨立的一條。把「連環可解也」當作獨立的一條，就應是「解連環」。對此，我作了個小考據。「解連環」，先秦典籍中無此說，但有解「閉」之說。戰國時有個人造了兩個「閉」，其中一個是可以解開的活閉，一個是不能解開的死閉，以此來就教于一般人，看是否解得開（註一〇）。「解連環」是後人由解閉而聯想成。但「閉」能不能解開是個事實問題。因此若「連環可解也」意爲「解連環」，則亦是個事實問題而不是名理問題，那麼說「連環可解也」就沒有意義了。因此「連環可解也」不能看成是獨立的一條，而應是對上二句的提示。

「南方無窮而有窮，今日適越而昔來，連環可解也」就是把宇宙看成圓的。「我知天下之中央，燕之北，越之南是也」也是這個意思。燕是現在的河北，在中國的北方，「燕之北」就是由北方再往北。越是現在的浙江，即中國的南方，「越之南」就是由南方再往南。如此一來，「燕之北，越之南」不是背道而馳了嗎？但又說「天下之中央」是「燕之北，越之南」，這很明顯地是假定了「宇宙是圓的」。若依直線或歐氏幾何，兩個背道而馳的方向如何能相合而得出天下的中央呢？可見惠施於此有個洞見，即「宇宙是圓的」。唯有如此，向南直走或向北直走都會順著宇宙之圓而相會于一處，那便是天下之中央。

「南方無窮而有窮」，若按照直線來思考，無窮永遠不可能成爲有窮，如此這句話就是個矛盾；但若按照圓形來思考，則無論向南或向北一直前進，終會回到原處，如此就沒有矛盾，因此是「連環可解也」。物理學中的相對論主張宇宙是 boundless but finite（無邊而有限）就是依據「宇宙是圓的」這個觀念。因而「南方無窮而有窮」若眞是「連環可解也」，則宇宙必是圓的，惠施的這句話就有這個洞見。

但惠施這句話中包含了一個錯覺。「南方無窮而有窮」是從空間而言，而「今日適越而昔來」則是個時間的問題。惠施把時間問題空間化而將時空混一。可是時間只有一度（one dimension），不能和空間混同，如何可以隨空間之圓而逆倒回來，而說「今日適越而昔來」亦是「連環可解也」呢？因此說惠施在此有一錯覺。對于這個問題，大家仔細想想就可以知道。

儘管惠施有此錯覺，但我們也不能因此便抹殺掉他在此所表示的「宇宙是圓的」這個洞見。這洞見是可理解的，因此說「連環可解也」。「我知天下之中央，燕之北，越之南是也。」也表示了這個洞見。由此可知，這段話表面上雖似矛盾而不可理解，但事實上是可理解的，這是一個名理的問題。由此，我們也可以確定天下篇中關於惠施之「合同異」的記載，實際上只有八條而不是一般所認爲的十條，並且都是可理解的。

比如「物方生方死」這句話。什麼是「生」、「死」？「生」沒有自性，因此「生」不能自成其爲「生」，「死」亦不能自成其爲「死」。好像高低，也不是一定的（「天與地卑，山與澤平」即是此意。）「物方生方死」就是化除生死的對立差別。惠施把一些相異的觀念皆予以化除，其目的就在于由此而達到「氾愛萬物，天地一體也」（天下篇）的目標。

言「物方生方死」是將生與死的對立化除，此表示生與死的對偶性（duality）不能成立。莊子說「彼是方生之說也」（齊物論篇）。莊子的齊物論要平齊是非就非衝破對偶性不可，是非、善惡、生死等都是對偶，而惠施的「方生之說」正表示生死的對偶性不能成立，所以莊子就利用惠施的「方生之說」來講他的齊物論。他謂「物方生方死，方死方生，方可方不可，方不可方可」（齊物論篇）之意就發自於惠施。

莊子的齊物論雖借用惠施的「方生之說」而從生死、可不可的對偶性不能成立來平齊萬物，但莊子是從玄理的立場來談的，而惠施謂「日方中方睨，物方生方死」則是名理地談。名理地談與玄理地談不同，總括而言，惠施的「合同異」是「名理地談」，而莊子的「合同異」則是「玄理地談」。莊子謂：「天地與我並生，萬物與我爲一」、「天地一指也，萬物一馬也」（齊物論篇）也是「合同異」，這就是玄理地談。惠施名理地談「合同異」有個最後的目標，即「氾愛萬物而天地一體」。這最後一條「氾愛萬物，天地一體也」，嚴格說來，是個結論，並不是獨立的一條，這就是他「合同異」的最後目標、理想。莊子也說「天地與我並生，萬物與我爲一」，可見兩人的目標也是相同的。這樣表面看起來二者似乎差不多，但一是名理地談，一是玄理地談，因此實際上並不一樣，我們就也不能完全根據莊子來解釋惠施的「合同異」之說。馮友蘭就是完全根據莊子的話來解釋（註一一），這雖不是全錯，但卻沒有分別開名理地談與玄理地談之不同。假若不能分別二者的不同，那麼莊子也是「苛察繳繞」了。但莊子的辯析並不苛啊！所以區別名理地談與玄理地談「合同異」之不同是很重要的，這就必須仔細地瞭解二者的思路、本質與理境。

莊子不是名家，因此也不負名家的責任。他雖借用名家的論點來講齊物論，但對名家所苛察的那些道理並不細加理會、辯析。比如他說「天地一指也，萬物一馬也。」指、馬的問題來自公孫龍。公孫龍主張「物莫非指而〔物〕指非指」（指物論篇）與「白馬非馬」（白馬論篇），這兩句話都有確定的意義，他是名理地談。可是莊子並不理會公孫龍所說的原意，而只是借用來談玄理。指、馬一經莊子借用而玄理地談，就不再只是「能服人之口，不足以服人之心」了，而成了大家覺得很順適的道家玄理。

「天地一指也，萬物一馬也」就是莊子玄理地談「合同異」，這與惠施名理地談「合同異」不同。「大同而與小同異，此之謂小同異。萬物畢同畢異，此之謂大同異。」照惠施的意思講，「大同而與小同異」就是「大同」和「小同」之間有差別，這是「小同異」。「萬物畢同畢異，此之謂大同異」就是：萬物若說同，則通通是同；若說異，則通通是異，這是「大同異」。這是惠施直接就著同異來談同異的問題。但是莊子講「天地一指也，萬物一馬也」就把同異與物指的問題混同而作玄理地談，並不理會惠施與公孫龍的原意。

雖然惠施的「合同異」也說「氾愛萬物，天地一體也」，但他是以名理的方式達到這個結論，與莊子以玄理的方式所達到的結論，意義就完全不同。比如以 Hume 的分析與羅素的邏輯分析可以達到的結論，也可以用佛教的方式達到。但二者之間就有很大的不同。例如僧肇的「物不遷論」，是從般若的立場卽以中論的「緣起性空」爲根據來談不遷（不來不去）。而根據 Zeno 的論證也一樣可以達到這個結論。例如烏龜和 Achilles 賽跑的論證，只要烏龜先跑一步，那麼 Achilles 就永遠趕不上烏龜，關鍵不在于趕得上趕不上，而是要證明「運動根本不可能」。這也是「物不遷」。Zeno 的「物不遷」是「名理」地談；僧肇則是「玄理」地談，因此我們不能以 Zeno 的方式來瞭解僧肇的「物不遷論」。Zeno 的方式正好是僧肇所反對的「釋動以求靜」，而僧肇的「物不遷」乃是「求靜于諸動」。由此也可知，名理地談不同于玄理地談，因此也不應根據莊子的玄理來瞭解惠施的名理。

因此，名理與玄理雖可有相同的結論，但二者並不相同。至於二者究竟如何不同，那是進一步的問題，在此不能詳細講，諸位可以自己用心思考。

惠施的「合同異」之說還比較容易，眞正難以瞭解的是他以這套名理和公孫龍及辯者之徒相辯時所留下的那些單辭孤義，天下篇列了二十一條。這二十一條的來源及其意義，歷來沒有人能完全瞭解。馮友蘭將這二十一條劃分在「合同異」與「離堅白」兩個綱領下（註一二），能劃分得開，應該就增加了它們的表意性與可理解性，因爲我們可以依據劃分的原則來瞭解。但我仔細檢查的結果，屬于「合同異」的那幾條，大體都不容易表示出「合同異」的意義來。比如「卵有毛」、「白狗黑」等句，固然可以依據「合同異」模糊地想到一些，但是不能成義理，就甚有問題，因爲沒有人知道這些單句的來源與意義，所以很難去瞭解它們。

惠施的「合同異」雖不是玄理，但卻趨向玄理，是個形而上學的問題。此卽是形而上學的名理。在西方哲學中，形而上學也是名理，所以康德稱之爲 Transcendental Logic（超越的邏輯學）。莊子或佛家的玄理，則根本超乎西方形上學的意義之上，不同于西方所謂的形上學。這裏所謂的「名理」是廣義的。「合同異」是一套想法，它表示了一意境。可是單單的一句話，如「卵有毛」、「白狗黑」等表示不出它的意境，所以不易瞭解。

屬於「離堅白」的幾條，大體可以按照「離堅白」的原則來瞭解，因爲它們較易顯出「離」的意義。首先我們必須瞭解公孫龍「離堅白」的意義。「堅」是個觸覺的觀念，「白」是個視覺的觀念。「離堅白」就是堅白石論篇中的「堅白離」。依公孫龍的說法，對一塊石頭，我們看它是白顏色的，因此由視覺我們只能得到「白」這個觀念，並不能得到「堅」這個觀念；用手去摸它，所得的只是「堅」，並不能得到「白」。由此推知「堅」與「白」「離」，卽堅與白兩個觀念不能同時並具於一個官覺中，因而也不能並存於石頭中，因此說「離堅白」。又由「離」說「藏」。堅、白、石是三個觀念，這三個觀念我們不能於一官覺中同時俱得，能同時俱得的只是「堅石」或「白石」，故說「堅白石」是「二」不是「三」（註一三）。這就是「藏三」，意爲「三泯滅不可得」，因白與堅總是「離」。在「離」、

「藏」的觀念中，公孫龍有個 ontological insight（存有論的洞見）：每個概念皆各自獨立，各有自性，互不凌駕，因此他說「離也者，天下故(固)獨而正」（堅白論篇）。在「離堅白」中，公孫龍有兩個主要的觀點：一個是 Ontological（存有論的），一個是 Epistemological（認識論的），雖然在他的文章中並未分別清楚。視覺得白不得堅，觸覺得堅不得白，從認識論來看，可說是主觀的觀念論。但這仍可爭辯，我在「名家與荀子」一書中都已提了出來（註一四）。公孫龍的思路很特別，屬於抽象的思考，因此他的著作大體都可理解。因此，客觀地看，它並不是「苛察繳繞」、「琦辭怪說」。我們可以再看看其他一些所謂的「怪說」。

「臧三耳」是「藏三」的誤傳。公孫龍的「藏三」是就堅、白不能同時存在於石而成爲三個觀念而說的，「藏三」被誤爲「臧三耳」，再誤解「而已」之「耳」爲「耳目」之「耳」，如此以訛傳訛，將「藏三耳」說成「臧有三個耳朵」才成了個「怪說」，又引出許多無謂的辯論來（註一五）。

再如「鷄三足」也是個誤傳。一般人不仔細看看公孫龍的文獻，就依據莊子天下篇所記的「鷄三足」來隨便臆想，甚至有人解釋第三隻鷄足爲神經，理由是沒有神經不能走路（註一六）。但神經並不是足，這根本是亂講。由這些例子可看出天下篇中的記載有許多是誤傳，再加上後人的隨意解釋，於是掩蔽了名家的本質，更使名家的學問不能傳續，這是很可惜的。

「鷄三足」應是「鷄足，三」。公孫龍在通變論篇中說：「謂鷄足、一；數足、二。二而一，故三。謂牛、羊足，一；數足，四。四而一，故五。牛、羊足，五；鷄足，三。故曰：牛合羊、非鷄。」他認爲「謂鷄足」是「一」，「數鷄足」是「二」，一和二是「三」，所以從「鷄足」可以說到「三」；「謂牛、羊足」是「一」，「數牛、羊足」是「四」，一和四是「五」，所以從「牛、羊足」可以說到「五」。公孫龍只表示由「鷄足」可以說到「三」，並未說「鷄三足」，鷄足還是二不是三，牛、羊足還是四不是五。

「謂鷄足，是一」是指 foot in general，也就是「足一般」或「一般說的足」。這個意義的「足」是個抽象的概念，是籠統地說「足」這個概念本身，故是「一」；「數鷄足」是散開來而將「足」落實於具體的「鷄」上而去數一數鷄足的數目，這當然是「二」。說鷄足與數鷄足是兩個不同層次上的事，這是種抽象的思考，很有邏輯性，能提出並且表達出這兩層次的差別是很不容易的。雖然由此來區別鷄與牛、羊的不同，並沒有多大的意義，只是個遊戲 (intellectual play)，但仍可訓練吾人的思考而使人瞭解「足」的概念與現實的鷄足數目不同，於牛羊足亦然，這就是名理。

「白馬非馬」主要在說明「白馬」與「馬」這兩個概念不同，「非」是「不等」的意思。邏輯中「是」、「非」有許多種意義。如「A是A」之「是」不是主謂關係，而是反身關係，代表同一律。「白馬是馬」的「是」，若內容地講，是表示主謂關係；若外延地講，是表示類屬 (class, sub-class) 關係。而「牛羊是牛，牛羊是羊」的「是」又是另一種關係。一般邏輯分析中「是」共有四種意義(註一七)。公孫龍言「白馬非馬」之「非」是

「異」、「不等」的意思，表示「白馬」與「馬」這兩個概念之內容外延不同，因此並不是「怪說」。但公孫龍只說了「白馬非馬」，而未說一般人所知道的「白馬是馬」。亞里斯多德的邏輯就是要說明「白馬是馬」這個類屬關係，即「白馬」這個目（Species）屬於「馬」這個綱（Genus）。「白馬非馬」並不構成對「白馬是馬」的否定，二者並不衝突。可見公孫龍還不是健全的邏輯頭腦，因此不周備，但並不是「怪說」。因此白馬論篇可以疏解清楚。名實論篇也一樣可以講明白。此中有些句子很精當，並無怪說。

通變論篇主要在討論「牛羊是牛，牛羊非牛；牛羊是羊，牛羊非羊」（註一八），此與墨經所論的「而牛馬非牛非馬，無難」是同一問題，二者並不衝突。「牛羊是牛是羊」與「牛羊非牛非羊」都不是主謂命題，「牛羊」是個「積類」，「牛羊是牛是羊」這命題表示積類與部分的關係，「是」指「涵蘊」（imply）。「牛羊非牛非羊」之「非」則是「不等」。二者意義不同，並不構成矛盾。

通變論篇的重點就在討論這個問題，從「左右，二」即數目二說起。羅素認爲數目是類之類（class of classes），數目二就是一切偶類所成的類。偶類就是對偶，左右、上下、男女等都是對偶，這一切偶類所成的類就是數目二（number 2），而數目二中卻沒有男女、左右、上下。但公孫龍一開始並沒有分辨清楚，他說：「……曰：左與右可謂二乎？曰：可。」若「二」指「兩者」，即「左與右兩者」，那麼「二」中就「既有左也有右」，那就只是偶類中的一個類，而不是數目二。數目二乃是個高於左、右之上的抽象概念。他由此討論到

「牛羊函著牛並函著羊，牛羊不等於羊，不等於牛」的問題，這是個「積類」的問題，其實很簡單。說「牛羊是牛」與「白馬是馬」，二個「是」字的意義顯然不一樣。墨經中沒有「積類」的觀念，但有「兼」的觀念。「兼」意指「二者兼而有之」。

當初我寫「公孫龍之名理」時，將名實論、堅白論、白馬論、通變論四篇都疏解出來，只有指物論篇一直沒有辦法疏解。我參考了許多人的講法，但仍然解釋不通。例如馮友蘭加進一些觀念，又分別「指」與「物」爲二個概念（註一九），但仍不行。因爲這篇文章本身的標識界線（mark）太少，不表意。要疏解就須更動文字，添加觀念，但那得有根據才行，因此很難講。

後來我看到陳癸淼君的「公孫龍子疏釋」（註二〇），他的講法大體是可從的，主要的關鍵在「物莫非指而指非指」一句上。他根據下文的「指與物非指」將此句改爲「物莫非指而物指非指」，這樣就可以講得通了，而且有根據。但在解釋最後一段「且夫指固自爲非指，奚待於物而乃與爲指」時，就又混淆不清，而且前後衝突，還是講不通。

後來我又看到鄺錦倫同學的「公孫龍子『指物論』篇試釋」（註二一），開頭一句他也改「物莫非指而物〔指〕非指」，而且更清楚地區別了兩種關係：一是認識論的關係，一是存有論的關係。「物莫非指」是認識論的問題，而「物指非指」是存有論的問題。這說法與公孫龍「離堅白」之「離」的觀念相合，卽合於公孫龍「每個概念皆獨立自存」的主張。依此，「物指非指」中的「非」指「不等」，這是個存有論的概念。這樣下面的文句就都可以講通了。但到最後，又遇到了同樣的困難，結果還是不行。

他們所遭遇的困難，其實可以解決。我順著他們二人前面的更動，再仔細看看原文，發現只要順著後面的理路補一個「非」字，將那段引起困難的話改爲「且夫指固自爲〔非〕非指（固自爲指），奚待於物而乃與爲指」，這樣不必如一般學者的大事改動，指物論篇就可以疏解清楚了。因此我也不必再作疏釋，只要指出這二點，大家自己就可以看明白了（註二二）。

除惠施與公孫龍之外，荀子對名理也有貢獻。荀子在正名篇論述了正名的需要，他還講到質名（qualitative term）與量名（quantitative term），但是沒講到關係名。能講到關係名，程度就很高了。以上是先秦名家的發展。

現在，再綜括地說一說。孔子的正名是名家興起的現實機緣，在此之前有鄧析，在此之後有眞正的名家惠施與公孫龍，但他們所作的都還不是對邏輯本身的分析。惠施的「合同異」雖是「名理」，但卻趨向人生的目標「氾愛萬物，天地一體也」。公孫龍之「離堅白」也有其目標，他有存有論的洞見，可從「離」這個觀念看出。這近乎西方人的思路，每個概念都定得住。順著這個思路，公孫龍可以作 Plato, Husserl 式的分析。Husserl 現象學的方法（phenomenological method）就是要讓對象自己呈現，這是純粹的客觀主義。公孫龍主張每個概念各自獨立自存，就有這個傾向，所以說他屬於西方式的思路。中國人歷來不習于這種思路，因此公孫龍顯得很特別。魏晉時代嵇康的「聲無哀樂論」也是個西方式的思路。嵇康是個境界很高的音樂理論家，他主張聲音本身沒有哀樂情感，只講韻律的諧和之美；而哀樂之情感是主觀的。這是論純粹的客觀主義之美，近乎柏拉圖。這些都不屬於中國式的思理，因此後來沒有繼續發展。

惠施與公孫龍雖稱爲名家，但他們所講的都只是名學的初步或預備，因爲他們討論的還不是邏輯本身的問題。後來名家的學問又斷了，因此中國的名家始終沒有發展到討論邏輯本身問題的程度。

西方的邏輯始自亞里斯多德，他已講到邏輯本身。但照後來邏輯的發展來看，亞氏雖已達到充分的形式化（full formalization），但還提鍊得不够精純，因爲還含有認識論與存有論的成分。現在符號邏輯（Symbolic Logic）就不參雜這些，因此才能眞正達到充分的形式化。但亞氏已達到邏輯本身。邏輯是只講推理本身之結構的學問，討論的是「推理自己」（inference itself），而不是關於任何內容、對象的推理。亞氏的三段論法講的是大前提、小前提、結論的結構，這就是邏輯本身的呈現，達到了充分的形式化。中國名家沒有達到這個程度，惠施、公孫龍都不是講邏輯本身的，雖由此可進而達到邏輯本身，但仍只算名學的初步預備工作。就是這個名學的初步預備工作，也沒能維持、發展下去，這是很可惜的。

由名學在中國沒能發展出來，就可見中國人的抽象思考不大够。中國人喜歡的是具體的思維。具體不必指感覺對象的具體，玄理就是具體的，而且是屬於高級的具體思維，這就是眞實。因此中國人擅長談玄理，但對屬於 understanding（知性）層面的抽象思考（abstrac thinking）就不够，也可以說中國人缺乏這方面的興趣。抽象的思考屬於重智之學，在中國只有先秦名家曾曇花一現，以後就沒有了。勞思光先生曾說：西方文化自希臘起就重智，而中國則自始就重德。嚴格地講起來，中國並不是沒有重智的一面，而是沒有開展出來，曇花一現之後就枯萎了。這是非常可惜的。

中國思想史裏面，有些不屬於中國主流的思想，如先秦名家、魏晉時代嵇康的聲無哀樂論，都注重抽象的思考，屬於重智的思路。重智的思路是西方的主流，在中國一直沒有開出來。中國自先秦以來，儒家、道家都發展到很高的程度，而名家、墨家、法家等都沒有繼續發展。此蓋皆有各別的原因。魏晉隋唐時又吸收了佛教。佛教爲什麼能盛行於中國呢？這是因爲它在般若方面能與道家的玄理、玄智相合。佛教的思路介於西方與中國之間，其中屬於印度的那些抽象概念，如講邏輯的「因明」，中國人也不喜歡，所以因明在中國也沒有繼續發展，就是疏解因明的窺基也是繁瑣而不邏輯。但涅槃、佛性、般若等玄理，中國人卻可以接受。中國把抽象的邏輯思考藏在具體的玄理裏面，並不用抽象的頭腦把它單提出來研究。

文化是有限制的，都是在民族性的限制中慢慢地開展出來的。重智的一面，抽象的邏輯思考，中國過去雖然沒有開展出來，但若是需要，仍然可以開出來，因爲中國以前也出現過這種思路。例如名家，例如荀子。荀子的學問基本上屬於重智的系統，重認識心。荀子不出怪說，很有邏輯頭腦，他可以講邏輯，但他沒有達到亞氏之充分形式化的程度。因此，由中國的文化生命中充分發展出來的是儒道兩家，後來再加上佛家而成爲儒釋道三教。這是中國文化的主流，也是中國文化的特徵。過去中國的名學、邏輯沒有發展出來，這是受民族性的限制之故。過去沒有，將來能發展出來，也是一樣的。文化的內容不必要從開始就面面具備。若認爲西方文化中所涵有的內容，中國傳統文化中皆已有之，以這種心態來講中國文化，那就不對了。

順著以上所講，大家可以瞭解名家的本質，也可以知道一般人對於名家的誤傳是什麼，以及名家的眞正論點是什麼。名家的道理大多是可理解的，這樣一來，就不是「苛察繳繞」、「琦辭怪說」，而也有客觀的價值了。

何淑靜記錄

附註

註一：論語顏淵篇：「齊景公問政于孔子。孔子對曰：君君，臣臣，父父，子子。公曰：善哉！信如君不君，臣不臣，父不父，子不子，雖有粟，吾得而食諸？」

註二：王啓湘「公孫龍子校詮」一書（世界書局出版）之附錄「公孫龍子發微」，不僅以名家出于孔子，且以堅白論亦出于孔子。詳見牟先生「名家與荀子」一書，七十八頁至七十九頁。臺灣學生書局出版。

註三：司馬談論六家要旨云：「名家苛察繳繞，使人不得反其意，專決于名而失人情，故曰：使人儉而善失真。若夫控名責實，參伍不失，此不可不察也。」（史記太史公自序，一百三十卷）。

註四：莊子天下篇云：「……辯者以此與惠施相應，終身無窮。桓團公孫龍辯者之徒，飾人之心，易人之意，能勝人之口，不能服人之心，辯者之囿也。惠施日以其知，與人辯，特與天下之辯者為怪。此其柢也。」

註五：荀子非十二子篇：「不法先王，不是禮義，而好治怪說，玩琦辭，甚察而不惠（惠當為急），辯而無用，多事而寡功，不可以為治綱紀，然而其持之有故，其言之成理，足以欺惑愚衆：是惠施、鄧析也。」「治怪說，玩琦辭」卽所謂「琦辭怪說」。

註　六：莊子、史記、四庫全書總目提要、王啓湘等卽以公孫龍所作為「堅白同異之辯」。詳見「名家與荀子」一書七十五頁至八十一頁。

註　七：天下篇：「惠施多方，其書五車，其道舛駁，其言也不中，麻物之意曰：至大無外，謂之大一。至小無內，謂之小一。无厚不可積也，其大千里。天與地卑，山與澤平。日方中方睨，物方生方死。大同而與小同異，此之謂小同異。萬物畢同畢異，此之謂大同異。南方無窮而有窮，今日適越而昔來，連環可解也。氾愛萬物，天地一體也。」

註　八：如馮友蘭（見彼著「中國哲學史」二四九頁至二五〇頁）、范壽康（「中國哲學史綱要」九十二頁至九十三頁。臺灣開明書店）等卽分此段話為十條。

註　九：分此段話為三條者，如司馬彪、成玄英、李頤、馮友蘭等。詳見「名家與荀子」二十一頁至二十三頁。

註一〇：牟先生對「連環可解也」之考據詳見「名家與荀子」六十六頁至七〇頁。

註一一：馮著「中國哲學史」二四五頁有言：「莊子之學說似受惠施之影響極大……然莊子思想旣與惠施有契合者……吾人得此指示為線索，則知欲了解天下篇所述惠施十事，莫如在莊子書中尋其解釋，此或可不致厚誣古人也。」其解釋見同書二四六頁至二五一頁。

註一二：見馮友蘭著「中國哲學史」二六九頁至二七二頁。

註一三：堅白論篇云：「堅白三、可乎？曰：不可。曰：二、可乎？曰：可。曰：何哉？曰：無堅得白，其舉也二。無白得堅，其舉也二。」

註一四：見「名家與荀子」一八一頁至一八九頁。

註一五：公孫龍的「藏三」義如何被誤傳為「臧三耳」，詳見「名家與荀子」一六二頁至一六四頁。

註一六：持此種見解者，如謝无量（見其著之「中國哲學史」二〇二頁，臺灣中華書局出版。）、范壽康（見「中國哲學史綱要」九六頁。）

註一七：參見牟先生著「理則學」三十二頁至三十三頁（國立編譯館出版，正中書局印行），或「名家與荀子」一一五頁至一一六頁。

註一八：通變論篇云：「羊與牛唯異：羊有齒，，牛無齒；而羊牛之非羊也，之非牛也，未可。是不俱有，而或類焉。」此中之「羊牛」即以「羊」與「牛」積而成一「積類」，故「羊牛之非羊也，之非牛也，未可」即示「牛羊是牛，牛羊是羊」。此「是」即「函蘊」義。詳見「名家與荀子」一二八頁至一三八頁。

註一九：見馮友蘭著「中國哲學史」二五七頁。

註二〇：陳癸淼著「公孫龍子疏釋」，蘭臺書局出版。

註二一：此文刊于幼獅月刊第四十卷第五期。

註二二：見「名家與荀子」序文。

第十一講　魏晉玄學的主要課題以及玄理之內容與價值

我這一系列的講述是對于中國哲學各期的演變作一綜括性的敘述，使得我們有一基礎的瞭解，然後才可以進一步談從中國哲學中發展出來的新問題——或者是在這個時代中所應注意的問題，或者是和西方哲學相接觸而引發的問題，這些都是純粹哲學性的問題。中國哲學當然可有新的發展，但是隨意憑空地講並不能算是新發展。我們講中國哲學雖是敘述前人已有的一些問題與觀念，但是若要提出新的解釋，或引發出新的問題，就必須先入乎其內，先作客觀的瞭解。不瞭解問題就沒有連續性的發展，必須要與前人已有的相通貫才能有新的發展，因此通過敘述而有的基礎瞭解是必要的。

黑格爾曾說哲學就是哲學史，一部西方哲學史就是一個問題接著一個問題，互相批評而成的，因此不懂哲學史就不能懂哲學。這種講法或許有些言過其實，但大體是不錯的。表面上看來，西方哲學家似乎喜于建造新系統，好像並不是敘述古人；其實那些問題都是原有的，只是再提出新的解答或解釋，這就是發展，因此那些系統也不是憑空建造的。譬如羅素的哲學是承繼英國經驗主義的傳統；他的邏輯則承自萊布尼茲以降而集其大成，在「數學原理」（Principia Mathematica）一書中系統而完整地表達出來。再如康德的批判哲學（critical philosophy），他的書中極少引證旁人的話，好像完全是新的，其實他的問題大體是針對柏拉圖、萊布尼茲、休姆而發的。柏拉圖代表傳統的古典哲學，萊布尼茲代表理性主義，休姆代表英國經驗主義，康德就是針對這些哲學家原有的問題而發的。康德以邏輯的方式、問題的方式講，而不是以考據、文獻的方式講，因此看起來好像完全是新的一套哲學；事實上由問題來看，他也是對以前的問題提出新的解釋、新的解答。這就是發展。

中國哲學亦復如此。孔子之後，孟子深入孔子的基本觀念而更進一步，因此是孔子的發展，因此孟子自承「私淑孔子」（註一）而不說是「私淑老子」。莊子是老子的發展。宋明儒是先秦儒家的發展。一般人認爲宋明儒來自佛老，那是妄言。宋明儒深入原有的思想，瞭解了先秦儒家的經典——論語、孟子、中庸、易傳、大學——中的基本觀念而再向前推進，因此可以說是新的，但並不是憑空而講的。宋明儒能夠把握原有經典的要點，儘管有些地方講得或許不很恰當，但並不是全錯。現代人重新讀不見得能超過他們，因爲一代代愈隔愈遠，現代人對從前的學問沒有存在的呼應，再加上一些汚七八糟的新觀念，就更不易瞭解。瞭解與否的關鍵就在于是否有存在的呼應、有眞實感。比如說宋初時，風氣已轉過來，因此周濂溪講中庸易傳，一講就很中肯，這就是因爲有眞實感、有存在的呼應。

以上是先提醒大家注意：有了客觀的相應的瞭解之後，才能講新的問題、新的發展。

上次我們講了名家，已述完了先秦時期的思想。先秦之後是兩漢。但兩漢經學之中較少哲學問題，因此我們略過不提。這次講魏晉玄學，主要是針對兩個問題作一綜述：其一，玄學在魏晉時代主要的課題爲何？其二，魏晉玄學主要的價值或貢獻何在？我以前已講過一年的魏晉玄學（註二），因此這次只就這兩個問題，將魏晉玄學再作一簡要的綜述。

魏晉時代的時間並不長，魏晉玄學的文獻也不如佛教、宋明儒學那麼多，但在中國思想史上仍代表一個重要的階段。魏晉玄學弘揚的是道家，是道家的復興；隋唐時代是吸收佛教、弘揚佛教；宋明時代是弘揚儒家；這些都代表中國思想史中的重要階段。中國哲學的重點就在儒釋道三教。

魏晉時代出現的特殊人物是「名士」（註三）。先秦時代的主要人物是諸子百家，魏晉時代的特殊人物是名士，宋明儒者則被稱爲理學家，佛教中的主要人物則是僧侶、和尚。各時代主要人物的名稱各有不同，都是順其所講的學問而規定的。

名士代表很特殊的一格，表現時代中的創造性，也很有趣味。在那個時代一定要出現這種人，因此名士也有眞實性，以後就再也沒有這種人了。雖然那些名士也不是什麼了不起的人物，但這一種性格不是可以學得來的。

什麼是名士呢？概括地而且就其發展至的主要姿態而言，首先，名士要會清談。清談並不是隨意閒聊，而是有一定的內容的，卽談老、莊、易三玄。清談的方式也有一定，並不是以研究學問的態度、學究的方式談，用當時的詞語說，是以「談言微中」的方式談。「談言微中」是指用簡單的幾句話就能說得很中肯、很漂亮。清談還有一定的姿態，名士清談時大多喜歡執一秉麈尾（拂塵），這是講究美的姿態與情調。由姿態還引申爲後來所謂言談吐屬的高雅與否。言談無味、面目可憎是名士所不能忍受的，因此他們也講究美姿容，就是講究美。清談的內容、方式與談時的姿態能合此標準、才能算是名士。

「名士」在當時尤其至東晉時爲然，是個價值標準，有資格作名士的人才算是當時的貴族，也才能作爲和當時的貴族交往與通婚的對象。不過名士只是個人的情調，是個人在社會上代表身份地位的價值標準。在那些名士的家庭中，家規、家風仍然嚴格地遵守儒家的禮敎。如是這裏就有個衝突：儒家的禮教以修身爲基礎，所謂「自天子以至於庶人，壹是皆以修身爲本」（註四），但他自己不修身，如何能教他的家人修身呢？由此可知這些嚴格的家規、門風所遵守的，只是外在的禮俗，並不是儒家禮敎的精神，卽只遵守了禮制的文貌，而沒有禮制的精神，當時的時代精神是寄託于名士。這在根本上是個衝突，是個生命上的矛盾，但當時的情形就是如此。

從魏晉時代起，中國社會上出現了另一個新的觀念，卽所謂的「門第」，門第就代表貴族。這觀念一直延續下去，甚至後來唐太宗貴爲皇帝，仍不免在當時幾個大家族的面前感覺自卑。在魏晉以前沒有門第的觀念。漢高祖以布衣得天下，用士是採取選舉徵辟的制度；魏晉時代天下亂了，因此改用九品中正，再由此逐漸演變出「門第」的觀念，而形成新貴族。門第代表價值標準，名士、清談也都代表一種價值觀念。

我們可以再舉個例來說明「談言微中」。王衍嘗問阮修：聖人講名教，老莊講自然，那麼自然與名教有什麼分別呢？若是用研究學問的方式，舉證論說地來回答，那就不是清談。阮修回答曰：「將無同」，簡單的三個字說得很恰當，因此王衍大為高興，立刻讓他作「掾」，這就是「三語掾」的故事（註五）。「將無同」三字的意思，一方面既不肯定自然與名教一定同，另方面也不肯定二者一定不同，就是說自然與名教不一定相衝突矛盾。這種說法代表一種趣味，其中有一種暗示。這不是科學的語言或邏輯的語言，因此唐君毅先生稱這類語言為「啟發性的語言」（heuristic langugae），也就是暗示性的語言，這個名詞很好。

自然與名教的問題，在魏晉時代由各人的表現看來，在某些人身上表現出二者是衝突的，而在另一些人身上則表現為並不衝突。例如阮籍曰：「禮豈為我設邪？」（註六），那就表示二者是衝突的。又如樂廣謂：「名教內自有樂地，何必乃爾？」（註七），那就表示二者並不衝突。「將無同」就暗示了後者的境界。以這種方式來清談，才是名士，以後再也沒有這一格了。清末民初以來自稱為名士的人，其實都是假名士，比魏晉時代那些名士差得遠了。

每個時代都有特殊的人物出現，所謂「江山代有才人出，各領風騷數百年」。在魏晉時代出現的就是名士，他們的境界雖不算很高，但有眞實性，在他們的生命中似乎必然地要如此。站在儒家的立場來看，並由人生的最終境界來看，名士的背後蒼涼得很，都帶有濃厚的悲劇性。人生並不是很簡單平坦的，這些名士的下場都是悲劇，只有阮籍得以保住，其他的人物大半被殺而不得善終。王弼因為太年輕了，還沒有捲進政治鬪爭的漩渦中，否則也很難逃同一命運。我常由此想到中國的知識份子有其自身的命運，這只有靠自己警覺、振作，才能保住自己的正命，善盡自己的本性，不能單單企求外來的原宥與寬容。

清談的前身是東漢末年的清議。清談和清議不同，這代表二個不同的時代。清議是讀書人議論政治，代表輿論，後來由此引出「黨錮之禍」。由于知識份子參與政治而導至黨錮之禍，是故後來知識份子就不敢再批評時政，因此遂轉而為以三玄為內容的清談。我們現在暫不牽涉清談對社會政治的影響這類外部的問題，而單看魏晉玄學本身主要的課題，及其價值與貢獻。

由客觀的學術面來看，魏晉玄學在當時也有個主要的課題，那就是「會通孔老」的問題。魏晉是弘揚道家的時代，在那時講道理是以老莊為標準。但當時的名士儘管弘揚道家，卻也並不抹殺孔子的地位，即聖人的地位到那時已經確定了，沒有人能否認。這就引出一個問題，即前面提過的自然與名教表面上有衝突的問題。老莊重視自然，儒家重視名教，因此這也就是儒、道二家是否衝突的問題。這是個學術史上的客觀問題，那時的學術文化發展到這一階段，出現了這個問題，就不能置之不理，因此如何會通孔老就成了那個時代的主要課題。

既然道理以老莊所講的為標準，而聖人的地位又沒有人能否認，那麼聖人之所以為聖人該由何處見呢？依照一般的瞭解，聖人之所以為聖在于他能體現道。「聖人」是個尊稱，是個德性人格之稱；要能够將道體現于自己的生命中，達到所謂「天理流行」的境地，才算是聖人。那麼聖人所體現的是什麼「道」？魏晉人認爲這道就是老莊所講的道。如此一來就得到會通孔老衝突的一個契機，他們就從此處著眼。如是，聖人之所以爲聖人，就在于他能把老莊所說的「道」，圓滿而充盡地在生命中體現出來。

這樣的會通首先發自王弼。裴徽嘗問王弼：道既然是無，爲什麼聖人不講而老子卻特別注重呢？王弼回答得很清楚而巧妙。王弼曰：「聖人體無，無又不可以訓，故不說也。老子是有者也，故恒言其所不足。」（註八）「聖人體無」是指聖人能在生命中將無體現出來。體是體現的意思，即身體力行、體而有之的體，後來佛教中所謂「體法空」之體也是順此意的體而轉出來的。「無」是要體現出來而不是可以語言來訓解的，因此聖人不說。那麼老子呢？王弼謂「老子是有者也」，是指老子是在「有」的境界中，還不能體現無。可見王弼對老子的評價遠低于對聖人。老子只是會講「無」，而且講得很對；但就修行工夫而言，老子仍處在「有」的境界中，即還沒有達到「化」的境界，所謂「大而化之之謂聖，聖而不可知之之謂神」（註九），到了「大而化之」時，就不復處在「有」的境界中了。

何謂「處在有的境界中」？莊子曰：「魚相忘乎江湖，人相忘乎道術」（註一〇）。人的心靈在渾然相忘中才能表現出一些天機、天趣，因此莊子又曰：「其耆欲深者，其天機淺。」（註一一）。不僅如此，機心重的人天機也淺。人如果隨時在思考煩慮的自覺中，是很痛苦的，有時也要超脫一下，而達到超自覺的境地。超自覺不是不自覺，超自覺就是「化」的境地。沒有達到化的境地就是還沒有達到天機、天趣的境地，就不能相忘。從一個意義上來說，中國人人情味最重、最不能相忘。人情味重固然使人覺得溫暖，但有時也很痲煩。莊子就是認爲若天下有道，人就可以相忘；而當天下無道時，人才要各尋其類、各結其黨，那就不能相忘，而在痛苦之中。但如果說中國人人情味太重是痲煩，那麼如西方人不講究人情味，是否就是「相忘」呢？你如果這樣認爲，那也錯了；這種類比是佛教中所謂的相似法流，是不對的。既然二者都不對，這就顯出「人相忘乎道術」是個很高的境界。一般人有時偶爾也能表現一點，好像有道一般，但一有利害關係時馬上就不能相忘，這就是「無明」。無明未斷盡，就不能體現無，也就不能算是聖人。因此王弼謂「老子是有者也」，就是表示老子還沒有斷盡無明，還沒有達到體無、相忘的境界，故而「恒言其所不足」。正因爲不够，所以特別強調，這也是自然的人情之常。

王弼主要卽以上述幾句話來會通孔老。道是以老莊所講的爲標準，但只有聖人能體現之，因此聖人是第一等人。漢書古今人表分歷代人物爲九等，聖人是第一等人，而老子列爲第四等（註一二），由此可證魏晉時代雖是弘揚道家，但也絕不抹殺聖人的地位，中國歷來都這樣看聖人。

由此進一步又引發出一個觀念，卽「圓敎」的觀念。聖人體現無，但又不說，那麼如何體現呢？聖人就是在現實的日常生活中體現無，而並不是到深山中或閉門索居地體現。但每天的日常生活不是「有」嗎？「無」在那裏呢？無就在其中，道就在其中。用當時的名詞來表示，現實的日常生活是「迹」，而無是「本」，這就是「迹本論」：這是魏晉時提出的一個新觀念。「迹本」的觀念首先發自王弼，提出來後支配了很長的時間，一直下貫到南北朝時期。王弼就以此觀念來會通儒家與道家的衝突。

聖人的生命表面看亦全在迹中，如果有閉關離羣的情形，那也只是在修行工夫中最初步的階段，當達到眞正的聖人境界時，他的生命就全部不離現實生活的迹。雖不離迹，但他能以無爲本，因此能將現實生活安排得諧和妥當。全部生命不離迹而在迹中，就是道家所謂的「無不爲」，但「無不爲」需以「無爲」爲本才可能，所謂「無爲而無不爲」，卽現實生活的迹需以無爲本。一般人只有迹而沒有本，因此是凡夫俗子，而不是聖人。在這意義中就隱藏著「圓教」的觀念，後來佛教中所謂的圓教，也是由此引發出來的，這叫「迹本圓」。郭象莊注曰「迹冥」（註一三），意義相同。

在郭象的莊注中，誰代表迹冥圓融呢？就是堯（註一四）。堯代表圓教，是最高人格——聖人——的模型；許由、務光（註一五）等代表的並不是最高的境界。一般讀逍遙遊都認爲莊子意在高抬許由，其實許由並不行，他只能算小乘，是偏至型態，只偏于冥的一面；堯才能代表圓教的境界。

又如德充符篇中提到「天刑」（註一六）的觀念，而在大宗師篇中孔子又自稱「天之戮民」（註一七）。「天刑之，安可解」是站在叔山无趾的立場來看孔子，叔山无趾卽屬道家的偏至型態。由此說來，莊子原意是否卽以圓教的模型來推尊聖人，尚難斷定；但至少郭象的莊注是推進了一步，提出圓教的觀念和境界，這就是新的發展，開拓了新的理境。這步發展不能算錯，也並不違背道家的原意，老子也有「和光同塵」（註一八）之語。中國的學問都是既超越而又內在的，超越內在通而爲一，就是圓教的型態。

以「迹本論」及圓教的模型來會通孔老的衝突，就是魏晉時代的主要課題。在學術史上，當時的確出現了儒道二家是否衝突的問題，問題既然出現了，就不能不加理會，因此這成爲那個時代學問思想所針對的主要課題。例如南北朝、隋唐時代的主要課題在吸收佛教；宋明儒所針對的則是如何對抗佛老、弘揚儒家；而我們現在所面對的是如何會通中西文化的問題；這都是各個時代中學問的主要課題。

我們可由此再進一步看看魏晉玄學的貢獻。玄學的內容是道家的玄理；進一步發揮道家的玄理，就是魏晉玄學的貢獻。「玄理」在思想上代表很高的理境，要瞭解其貢獻，必須先對之有恰當的瞭解，而要有恰當的瞭解，又必須先有審密的分析。

現代哲學喜言分析，但不論應用何種分析方法，都必須把握住兩條基本原則：第一，不論是否贊同其意，先要將原意恰當而明確地分析出來，以期有恰當的瞭解；第二，如果那些問題並非全然虛妄，則分析的結果不能把問題分析掉了。一般英美研究分析哲學的學者並未遵守這兩條原則，他們大多是把問題分析掉了。

例如自維根斯坦以來，在語言分析中喜以分析唯我論 solipism（以腦神經爲中心的唯我主義）爲例，結論是唯我論沒有意義，這就是把問題分析掉了。唯我論是否眞的沒有意義呢？羅素曾說一切的哲學都是「帽子底下的哲學」。我們所感覺的那些特殊的東西（particulars），都不能離開「自我中心」（ego-centric）。近代知識論就是以此爲起點，著眼的問題在由自我中心所呈現的 particulars 如何有客觀性，如何能外在化、客觀化。康德的知識論處理的也是這個問題，他討論範疇（category），就是要使主觀的表象（subjective representations）能够涉及對象。羅素的實在論也是由這個問題開始，這是知識論上很重要的問題。康德、羅素各有不同的分析，不同的解答，但並未把問題取消，卽未將問題分析掉了。如果把問題分析掉了，那要這種分析作什麼？

中國哲學中的問題又不同於西方哲學所注重的思辨問題，思辨的問題還可能全錯，而儒釋道三教所講的都是內容的眞理（intensional truth），內容的眞理是不會全錯的。思辨的問題容易產生假象（illusion），例如康德所批判的二律背反（Antinomy）就是一些假象。但康德仍說這種假象是自然會有的，而且是不可避免的，因此隨時需要批判的哲學來加以清理（註一九）。中國哲學中很少有這類 illusion。孔子講的「仁」，老子講的「無」，你可以說你完全不了解，但你不能說它是 illusion。因此分析這類問題，也要先予以客觀而恰當的解析、規定，再者也不能把問題分析掉了。

我並不反對分析，而且我也贊成人人都該有一些這種訓練，但不能只宣傳分析、崇拜分析。分析是一種工作，是要作的，是要討論問題、分析問題的。羅素的數學原理確在處理問題，並不是宣傳。分析並不容易，需要下紮實的工夫，到能恰當地運用分析時，對處理問題就很有幫助。最困難的分析是康德的批判的分析（critical analytic），羅素根據萊布尼茲的傳統而重邏輯分析（logical analytic），還比較容易些。

英國人有這種傳統，能夠分析，而且很精緻細密，這代表英國人的性格。這種分析的路數，我給它個名稱叫「纖巧」。一方面從好處說，它確是精巧。這就好像細刀刻木，刻久了的確很細緻，但不小心一碰就碎了、沒有了。所以在另一方面，一成纖巧就出毛病。因此我寧願不走這條路，而採取十八世紀康德式的分解，那種分解不會出毛病。

分析哲學的學者雖說分析只是個方法，不代表任何主張，但事實上它就是個主張，背後有個限制，那就是他們的主張（teaching, doctrine）；因此往往分析的結果不是歪曲原意，就是把問題分析掉了。他們通常分析黑格爾的幾句話，以黑格爾的話爲譏諷的對象。但黑格爾的話是否眞的無意義呢？這種態度就不對，不先作客觀的瞭解，反而先斷定人家無意義，把自己主觀的不瞭解當成客觀的無意義，這根本就是「不邏輯的」（illogical），根本就不是「分解的」（analytic）。維根斯坦的思想仍是纖巧，於邏輯方面有天才，於哲學方面直覺力很強，時有精要語，但究非大家氣象。可是這種分析哲學也有吸引人的地方，因此陷溺進去還不容易再出來，但能深入地訓練一下也是好的、應該的。

現代的風氣所表現的都是纖巧，哲學若要領導時代的風會，就不能順之而滾，而要看出其中的毛病，且有所糾正。中國哲學要有新的發展必須通過恰當的瞭解；要恰當的瞭解就需要徹底的分析，但不能將問題分析掉。如此一步步地作下去，自然會引發出新的問題，新發展新問題都不是可以憑空講的。

對於玄理，我們第一步應先了解何謂玄理，再進而理解玄理在哲學中代表那一層面的問題，即這種問題擔負了何種作用，由此以瞭解其貢獻。玄理是客觀地講，主觀地講就是玄智。玄理玄智二者合一而不可分，在玄理中所呈現的智慧就是玄智，此即道家的特殊貢獻。由此我們可以再進一步來看會通孔老的問題。

前面提過，樂廣謂：「名教內自有樂地，何必乃爾？」此說似乎已調和會通了自然與名教的衝突，但再深一步內容地看，它實際上並不能會通，這仍藏有一個矛盾。「將無同」也是如此。因為「無」是共通的，各家都可以說，因此以無來會通雖不算錯，但仍不盡。聖人也說「天何言哉？四時行焉，百物生焉，天何言哉？」(註二〇)。又說「毋意毋必毋固毋我」(註二一)。書經曰：「無偏無陂…。無有作好…。無有作惡…。無偏無黨，王道蕩蕩；無黨無偏，王道平平。」(註二二)詩經曰：「上天之載，無聲無臭」(註二三)。可見儒家也可說「無」，但「無」不足以盡聖人之道。既然都可說，因此我用佛教的名詞說「無」是「共法」。上帝也可以無說之，但上帝不只是無；儒家也可說無，但儒家並不以無為本體；不僅如此，就是如來藏、梵天也同樣可用無來說明。由此可見，「無」沒有特殊的規定，不能有所決定，因此是公共的(common)，故稱之為「共法」。

儒家的本體是「仁」，無是體現仁的一個境界。這顯然是兩個層次的問題。「仁」屬於實有層，「無」屬於作用層，這兩個層次不能相混。道家所擅長的就在作用層，充分發揮了這層面上的義理而不牽涉其他的問題，就以此成家，成爲其學派的特色。因此我常說在某個意義上道家哲學的意味重而教的意味輕。哲學注重普遍性，道家所對的問題就有這種普遍性，因此說它的哲學意味重。但既然是普遍的、共通的，就不能以此來會通孔老，因爲如此並未解決問題。

由此已顯出這其中有兩層的問題：存有論的問題是經，作用層的問題是緯。儒家二層兼備；而道家只有作用層卽緯的問題，玄理玄智都在作用層上表現。存有層上的問題不能「玄」，卽不能有「弔詭」（註二四），因爲存有層講實理，伊川、朱子皆說「天下無實於理者」，弔詭所代表的玄理玄智都在作用層上表現。佛教禪宗的話頭，兩層皆可表現，如「卽心是佛」指實有層，而「無心爲道」就代表作用層，表示般若。佛教中的弔詭都表現于般若。佛教的「空理」本身並不是玄理，但表現般若智的理路是玄理。道家獨重玄理玄智這一面，其主要貢獻也就在提出作用層上的境界。詭詞所表現的玄理充分見於莊子，卽所謂「謬悠之說，荒唐之言，無端崖之辭」（註二五）這類描述的詞語所表現的理境。佛教中的般若智也以詭詞表現，也屬於這一層面的理境。般若是大小乘都必須承認的共法，而有境界程度的高低不同。就此意義而言，道家所特別表現的玄理玄智也是個共法。因此經過魏晉玄學弘揚道家，接著就立刻能夠接受佛教，而首先接受的卽是般若的玄理玄智。

玄理玄智與般若，自其表現底方式而言，皆是共法，屬於「無心爲道」的作用層，用魏晉時代的詞語說，就是迹冥圓，「冥」是「無爲」的一面，「無不爲」的一面是「迹」。用般若經的辭語說，則是「不壞假名而說諸法實相」（註二六），實相是「冥」，而「不壞假名」就是「迹」。道家的貢獻就在充分發揮了這「迹冥」的圓融，這一面的作用與貢獻也需要正視，這樣就能超過傳統的態度了。理學家不能正視這圓融的玄理玄智，當然也反對佛教的般若，因而視之爲異端。現在我們若能正視魏晉玄學的貢獻，即道家之貢獻，我們就不必再如此想。（關於兩層的問題當重看前第七講）。

由道家玄理玄智與佛教般若智慧之表達方式，又可引發出一個新的問題，即「分解說與非分解說」的問題。要分析中國哲學，也要先瞭解這個問題。一般言之，西方哲學都在分析方面表現，不論何種分析——批判的分析、邏輯分析、抑或語言分析。西方哲學自柏拉圖起卽重分解（analytic），很少有甚至幾乎沒有我這裏所說的「非分解」這一面。正式暗示分解說與非分解說之問題的，在中國是道家的莊子。老子大體仍屬於分解的方式。在佛教中，釋迦牟尼佛開始說法大多用分解的方式，稱爲分別說或差別說；但到相當時候，亦須用非分別的方式來說法，因此佛教正式地提出分別說與非分別說的問題來，這是佛教的貢獻。西方哲學中根本沒有像莊子、佛教這種非分解的表達方式，因此中國哲學對這方面的貢獻大，而西方哲學是在分解方面的貢獻大。黑格爾雖用辯證的方式而不採分解的方式，但他展示辯證的歷程仍是用分解的方式表達，這和莊子或般若所表示的非分解仍大不相同。黑格爾的辯證法也需要正視，也很有意義。但要將「分解說與非分解說」當作正式的客觀問題以充分研究時，就必須透過中國哲學，如此才能徹底瞭解這一個大理境。這個問題就是在現代講述傳統學問時所引發出的新問題。

要瞭解這一方面的理境，就必須正視莊子和般若經中那些弔詭之詞，不能隨便將之取消，但也不能輕易地說它們仍屬於邏輯範圍之內。例如「般若非般若，是之謂般若」（註二七）這一句話。如果你認爲這一句指的是二個命題，在這二個命題中「般若」有不同的意義，因此並不相衝突矛盾，即並不違反邏輯，於是斷定這類詭詞並不外乎邏輯。如果這樣想，那就錯了，因爲「般若非般若，是之謂般若」根本不是命題，不能以視爲命題來解釋。命題有命題的範圍與意義，分析哲學家在這方面弄得很淸楚。命題的世界就是科學的世界，因此凡是可用命題表示的，都可以淸楚地陳述出來。人生的價值與意義不能用命題來表示，因此不屬於命題世界而在此世界之外。這是維根斯坦的主張，也很有意義，很 suggestive。邏輯既屬於命題範圍之內，那麼照康德、黑格爾的講法，邏輯卽屬於知性（understanding）的範圍。上帝就不在知性範圍內，祂的知性也與人類不同，而是 divine understanding。當然就邏輯的普遍性和涵蓋性而言，上帝也不能違背邏輯，祂不創造罪惡，也不創造矛盾；但由另一方面來說，上帝才是最普遍、最超越的。那麼這「普遍」顯然和邏輯的普遍性不同，於是也顯出分解與非分解要分別討論。

能够正視分解說與非分解說二者不同的問題，就可以解除以前理學家的忌諱。儒家其實也可以講無的一面，不能因爲王陽明有這方面的話頭就指他是佛老，這是不對的，也是不公平的。非分解說的一層是共法，大家都可以說。例如程明道謂「天地之常，以其心普萬物而無心。聖人之常，以其情順萬事而無情」（註二八），這是詭詞，但也是聖人之道所涵有的。「天地之常」是存有論的問題，「普萬物而無心」就是「無心爲道」，二層合言而成個弔詭。不能一看到這種詭詞就指爲來自佛老，儒家一樣可以接觸這一大片理境。

魏晉玄學主要卽在訓練人重視非分解的這一面理境，這並不容易。黑格爾的辯證法已不易瞭解，何況再進一步像道家或般若所講的這種玄理，就更不易瞭解，但這又很重要，因此需要大家用點心思來領會。

我們在這一講中敍述了二個問題；一是魏晉玄學在時代中的課題，一是魏晉玄學本身內容的價值。由此瞭解進去，卽可以知道從中國哲學中能引發出一些什麼新的問題，這於中西方哲學將來的發展都將有所貢獻。

胡以嫻記錄

附註

註一：孟子離婁篇：「孟子曰：予未得為孔子徒，予私淑諸人也。」

註二：先生曾于六十六學年度在臺大哲學系講授「魏晉玄學」一年。

註三：參見「才性與玄理」第三章第一節「名士一格之出現」。

註四：見大學首章。

註五：見世說新語文學第四：「阮宣子（脩）有令聞，太尉王夷甫（衍）見而問曰：老莊與聖教同異？對曰：將無同。太尉善其言，辟之為掾。世謂三語掾。」另晉書作阮瞻與王戎，見晉書卷四十九阮瞻傳：「戎問曰：聖人貴名教，老莊明自然，其旨同異？瞻曰：將無同。戎咨嗟良久，卽命辟之，時人謂之三語掾。」

註六：見晉書卷四十九阮籍傳：「籍嫂嘗歸寧，籍相見與別，或譏之，籍曰：禮豈為我設邪？」

註　七：見晉書卷四十三樂廣傳：「是時王澄胡母輔之等皆亦任放為達，或至裸體等，廣聞而笑曰：名敎內自有樂地，何必乃爾？」亦見世說新語德行第一。

註　八：見三國志卷二十八鍾會傳附注引何劭王弼傳：「徽…問弼曰：夫無者誠萬物之所資也，然聖人莫肯致言，而老子申之無已者何？弼曰：聖人體無，無又不可以訓，故不說也，老子是有者也，故恒言其所不足。」亦見世説新語文學第四。

註　九：見孟子盡心篇。

註一〇：見莊子大宗師篇。

註一一：同上。

註一二：漢書卷二十，古今人表卷第八。

註一三：見莊子郭象注。如「…夫堯實冥矣，其迹則堯也…。」

註一四：見莊子逍遙遊「堯讓天下於許由」段，並郭象注。

註一五：莊子外物篇：「堯與許由天下，許由逃之。湯與務光，務光怒之。」

註一六：莊子德充符篇：「老聃曰：胡不直使彼以死生為一條，以可不可為一貫者，解其桎梏，其可乎？無趾曰：天刑之，安可解？」

註一七：莊子大宗師篇：「子貢曰：然則夫子何方之依？曰：丘，天之戮民也。雖然，吾與汝共之。」

註一八：見老子第四章並五十六章：「挫其銳，解其紛，和其光，同其塵。」

註一九：見康德純粹理性批判史密斯英譯本，頁二九九至三〇〇。

註二〇：論語陽貨篇：「子曰：予欲無言。子貢曰：子如不言，則小子何述焉？子曰：天何言哉？四時行焉，百物生焉，天何言哉？」

註二一：論語子罕篇：「子絕四：毋意毋必毋固毋我。」

註二二：見尚書洪範篇。

註二三：見詩經大雅文王篇。

註二四：莊子齊物論篇：「丘也與女皆夢也。予謂汝夢，亦夢也。是其言也。其名為弔詭。」

註二五：見莊子天下篇。

註二六：見般若經散華品第二九。

註二七：金剛經有言：「佛說般若波羅蜜，卽非般若波羅蜜，是名般若波羅蜜。」

註二八：見二程全書，明道文集卷之三，「答橫渠先生定性書」。

第十二講

略說魏晉梁朝非主流的思想並略論佛教「緣起性空」一義所牽連到的諸哲學理境與問題

上次我們敍述了魏晉玄學的主要課題及玄理之作用與價值。在魏晉時代下賅南北朝之梁朝，除了作爲主流的玄學與佛教之外，還有三個不同于中國傳統的問題，即裴頠的崇有論、嵇康的聲無哀樂論及梁朝范縝的神滅論。這三個問題不屬于中國傳統思想的型態，因此很特別，但其中也有思理。本講先就此附帶地略加說明，然後再進而講佛教。

裴頠的崇有論係直接針對道家的「無」而發，其論點很有啟發性，但不合乎中國思想的型態。道家如老子雖強調「無」，但道德經中也講「有」，不過卻不同於裴頠所論的有。裴頠所論的「有」類乎西方哲學中的 Being，特別類乎現象學式的 Being。西方自柏拉圖以降，直到近代的胡塞爾、海德格等人，都重視 Being，這是西方思想的主要型態。中國思想不注重這個觀念，老子雖有「無名天地之始，有名萬物之母」、「天下萬物生於有，有生於無」(註一)之類的語句，但這「有」屬另一種型態，不能直接解釋爲西方式的 Being。大家可以讀讀崇有論，自己體會其說與道家所論之「有」的差別以及其所論之「有」並不足以對治道家之「無」（註二）。

嵇康能持論，他有好幾篇「論」式的文章，其中一篇是「養生論」。在此先談談這個問題。「養生」是道家本有的問題，目的在成眞人。依照中國思想來說，儒家肯定「人皆可以爲堯舜」（註三），佛教肯定眾生皆可成佛，那麼道家雖未明講，但也應當承認人人皆可以成眞人。從成眞人的觀念後來發展而爲由養生、鍊丹等以求成仙。嵇康在養生論中認爲神仙不是人人可能的（註四），這種看法是承繼漢人的觀點。兩漢人認爲是否能成聖、成神仙，帶有先天性。例如他們認爲孔子是「天縱之聖」（註五），並不是人人可以通過修養而達到的，這就表示成聖人帶有先天性。

但視孔子爲「天縱之聖」仍不同於基督教之看耶穌。在基督教中耶穌是上帝差遣下來的，而不是人人通過修養或道德實踐所可達到的，因此耶穌仍有神的身份。雖然有人會由「天縱之聖」而將孔子與耶穌相比附，但「上帝所差遣」這種思想不合乎中國人的頭腦，中國人不喜歡這種思想，兩漢人也不以爲孔子是上帝差遣下來的。那麼兩漢人究竟如何了解「天縱之聖」這句話呢？他們就是認爲能否成聖人帶有先天性，並不是人人可學而能的。帶有先天性，因此籠統地就以「天縱」來表示，但「天縱」，並不是指上帝差遣。依兩漢人的理解，這先天性就由「才性」來決定。才性屬於氣，而不屬於理。由理上講，人人皆可以爲聖人，這是理想的說法。但事實上並未人人皆是聖人，這是因爲現實上有個限制原則（principle of limitation)，即「氣」。

儒家的學問兼含理想與現實的兩面。儒家在理想面肯定人人皆可以成聖，因此主張性善，即宋明儒所謂的「義理之性」，這是普遍的，在這方面人人相同。個性（individuality）、差別性是從氣上見。氣仍是個普泛的觀念，落實到人身上就是個性、才性，也就是「氣質之性」。由才性來看，就人人不同，多彩多姿，而有先天性，並有所謂的天才，從理上講，則沒有天才。孔子亦謂「唯上智與下愚不移」（註六），而在中間的一般人都有可塑性，是可以變更的。就氣而言，現實上確有天才，也有白癡。當然天才也需要努力才行，但若沒有某方面的天才，要在這方面有特殊的成就，終究比較困難。白癡也並不是由理上決定的，例如佛教既然肯定眾生皆可成佛，那麼白癡應該也可以成佛，因此佛教也講來生，經過幾世幾刼的修行以至終成佛。就是鴿子都可以成佛（註七），何況白癡？因此由理上言，白癡亦可成聖人；但就現實上言，白癡今生不可能成聖，這就是所謂的先天性。因此先天性不由理上講，而由氣上講，生而爲白癡是氣的問題。因爲稟受的氣太濁了，而成爲白癡；氣太濁則心竅不能開，於是理就不能呈現。氣、心、理是三層的觀念。

兩漢人不瞭解儒家理想的一面，以後由魏晉、南北朝直到隋唐都是如此，因此在這長時期中，不能瞭解孟荀等先秦儒家所說的「人人皆可以成聖」，因而也不重視這方面，而重視「氣」。

聖人是個德性人格，如同西方斯多噶學派（Stoics）的重視德性，聖人的最高理想是聖

（此聖不必同於斯多噶派所說的聖），但必須從進德修業作起。先秦儒家早有這個觀念，孟子、荀子都直接而明白地有這種話語。荀子所謂「塗之人可以為禹」（註八）就是「人皆可以為堯舜」，都表示人人皆可成聖人。不過仔細分辨起來，孟子和荀子的說法仍有不同。孟子所謂的「可以」的根據強，不只有邏輯的可能性（logical possibility），而且有眞實的可能性（real possibility）。荀子的說法就只有邏輯上的可能性，因為他主張性惡。性惡與「塗之人可以為禹」雖並不衝突，但作為根據的可能性就弱了，因此說只有邏輯上的可能性。

從兩漢直到隋唐都不瞭解也不重視理想這面，而重視氣這面。宋儒出來復興儒家，才眞正瞭解「理」的觀念，而且是自覺而親切地瞭解。伊川謂「大賢以上不論才」（註九），「大賢以上」即指聖賢，此語表示聖賢不以才論。這並不是說聖人不需要才，而是成聖賢的主要關鍵在德而不在才。一般人當然並非不需要作道德實踐的工夫，但其理想性或說精神的強度並不集中於此，而是落在現實生活中的謀生或突出某種事業，因此就需要「才」。「人物志」主要就是說明才性，目的在衡量人的才性看其適合於作何種事。

人物志中也有聖人的標準，即所謂「中和之才」（註一〇）。「中和」是借用中庸的詞語，但並不是中庸的本義（註一一）。中庸所謂之中和是由理上說，而人物志講中和是就氣而論，屬於才性。聖人不是沒有才，而是成聖本質的關鍵在德性、智慧，而不是知識、技術、才能等。科學技術同樣不能使人有智慧，因此專家與聖賢也是兩回事。「大賢以上不論才」是自覺地通過先秦儒家的理想而說出的話。兩漢魏晉人的道德意識不够，因此總不能瞭解儒家理想的一面。

因此「才」與「德」是二個不同的觀念。聖賢之所以爲聖賢不在他有那方面的才能，而是在他的「德」。但再進一步細想，爲什麼聖人將「德」表現得如此之好，而普通人卻不行呢？這就又牽涉到聖人有所以能夠完善地表現「德」的「才」。一般人這種「才」不夠，因而此處就有限制，這是由「材質」、「氣」方面講；從理上而言，就不如此，人人皆可成聖成佛；再長遠些說，今生不能成聖成佛還可期望來生，如此問題就轉至更深遠。

講道理一定要理與氣兩面兼備才完整，才不會出毛病。否則只注重氣，就一定會演成「強凌弱，眾暴寡」的結果。例如尼采的思想就有此種弊病。尼采特重生命，主張超人，而不能正視德性的觀念。尼采以爲生命強的人道德智慧一定也高。若從最高的圓融境界來說，道德高的人生命必強，例如孔子、耶穌都是如此。但這時的「生命強」已不是平常所說的自然生命強，更不是所謂身強體健的強。平常所謂的強完全由生命、由氣來規定，由此分析不出「德」的觀念，因此二者意義不同。因此不能只重視一面。柏拉圖所主張的哲人王（philosopher-king）是屬於金質的，若從這一面說，哲王也是先天的，奴隸也是先天的，這便不行。對此儒家就比較通達（reasonable），成聖成賢是就道德而言，不就政治而言。儘管現實上堯舜禹湯文武都是聖王，但自孔子以後二者就分開了。按照儒家的基本原理，二者是要分開，政治是政治，道德是道德，二者應在社會文化上相合，而不是集中於一人身上。若集中於一人，就會導至集權專制，儒家的基本精神並不是如此。

如是，才德二面一定要兼備才完整，儒家便是如此。由德、由理的方面就一定肯定性善，這是義理之性，天下人都相同，這只有普遍性。但只有這一面又不能說明限制、說明差別，因此也一定有才性、氣的一面。「氣」有二個作用，一方面是消極的限制原則，另方面也有積極的作用，卽它是實現理的工具。漢朝以來的人只重視氣，因此嵇康的養生論中主張神仙不是人人可做到的。這雖不合儒釋道三家的基本精神，但仍可算是中國自兩漢以來的老觀點。

嵇康另一篇「聲無哀樂論」，就不是中國正統理解音樂的思路。嵇康不僅懂得樂理，他也是個優秀的音樂家。嵇康就音樂來瞭解音樂，且境界很高。中國正統之觀點重視音樂的教化作用，如樂記所載。嵇康已超過這個程度，而就音樂本身來談美。如此瞭解的美是美的觀念的純淨化，將美的觀念從實用或教化中解脫出來，各種藝術均應達到這種境界。就以音樂爲例，若認爲音樂之美沒有一定的標準，完全視主觀的感受而定，或視音樂只有道德教化的意義，這都只是最初步的看法。嵇康的「聲無哀樂論」就是由主觀的感受中解脫出來，而認爲音樂本身沒有所謂喜怒哀樂之情，情是聽者在聽到音樂以後，由主觀方面的感受所引發出的。他這說法是客觀主義的講法，近乎柏拉圖的思路，不屬於中國傳統的思想，因此十分特出。柏拉圖主張欣賞形式之美（beauty of form），而形式是客觀的，因此是客觀主義。音樂之美在於它本身的結構、韻律之形式，這就是柏拉圖式的實在論（Platonic realism）。將主觀方面的聯想感覺完全去掉，單欣賞音樂自身的和聲之美，這才眞代表美，才是純粹的音樂。如此論音樂、論美，境界就相當高了（註一二）。

相傳阮籍也有一篇樂論，不過我懷疑那篇是否眞是阮籍作的，因爲其中所持的論點仍是傳統樂記的老觀點。若確是出自阮籍之手，說阮籍一方面反對聖人之禮，且有「禮豈爲我設邪？」之語；另方面論樂時，又肯定聖人之教，這就前後不一致，因爲依傳統的觀點，不懂禮也不能懂樂，禮樂總是連在一起講。因此那篇樂論很可能不是阮籍作的（註一三）。

第三個問題是范縝的「神滅論」。這是佛教傳入後，爲對抗佛教而有的唯物論思想。神滅論針對的是輪廻，是阿賴耶識永久不滅的識之流。若神滅則那有輪廻、那有來生呢？但阿賴耶識這不滅的識之流仍不同於西方基督教所謂的靈魂不滅（immortality of soul）。依佛教的觀點，阿賴耶識雖不滅，但可以轉化，即要「轉識成智」；雖然將識轉化爲智，但「神」、「心靈」仍永恒常在。中國沒有個體靈魂不滅的觀念，佛教是如此，儒家也是如此。陸王以來講心，是講普遍恒在的心，即「良心」，而不是靈魂不滅，因此仍與西方不同。這表示中國沒有個體靈魂（individual soul）滅或不滅的問題。

范縝的主張接近自然主義，是順著道家講自然所引伸出來的，並不是道家言自然的本義。范縝和王充都受道家的影響，但王充的思想也不是道家式的自然主義，反而類乎西方人所說的 Naturalism。老子所說的自然，是超越意義的自然（in transcendental sense），不從氣上講，因此不能以西方的自然主義來瞭解老子。順王充的自然主義思路，氣是可變化的，其中並沒有常住不滅的神。范縝藉刄與刀的關係來說明神與氣的關係（註一四），這當然是唯物論的思想。這種思路最簡單淺顯，因此容易爲一般人所接受。到共產黨出來，以唯物論的觀點來看中國的傳統思想，於是只賸下王充范縝這些人的思想，甚至把張橫渠也比附進去。其實張橫渠並不是唯氣論，王充也只是特別重視氣，眞正主張唯氣論的只有范縝一人。拿馬克斯主義來硬套中國的學問，那就等於是否定了中國文化。

裴頠的崇有論、嵇康的聲無哀樂論與范縝的神滅論這三個問題不是反傳統，而是非傳統，中國的心靈（Chinese mentality）不喜歡這種思想，因此大家不大注意，也不大能瞭解，但它們本身仍有思路，也有意義。例如崇有論的「有」類乎西方自柏拉圖以來所重視的 **Being**，而不同於老子所言的「有」。老子所言的有非常高妙，它落實落定了才成爲裴頠所論的有，而成爲類乎西方的思路。上述三個問題都值得仔細看看。（關於神滅不滅的問題是當時的一個大爭論，文獻俱見弘明集以及廣弘明集。）

魏晉時代以玄學爲主流，此外還有上述三個不屬於中國傳統思想的重要問題。魏晉之後接著是南北朝隋唐，在這個長時期裏，中國文化發展的著重點，或謂民族文化生命的主要流向，是在吸收佛教、消化佛教。這是個長時期的工作。要瞭解、消化另一個民族的文化系統，都要靠長時期的努力，短時間是不行的。現在中西方文化交流，就整體的客觀瞭解而言，西方漢學家之瞭解中國文化，不如中國人瞭解西方思想來得多、來得虛心。因爲中國的民族性較寬大開濶，因此中國人在客觀的瞭解上固執少、障礙少。例如日本民族自己的創發性不够，而以吸收其他民族的文化爲主，好像沒有自己的文化，其實並非如此。譬如在明治維新以前它主要吸收中國文化，包括儒釋道三家，但吸收消化的結果卻往往不合於儒釋道三家的本義，這就表示它那民族才性的底子非常頑固。這並不是有意的，而是自然的，它本有一種特別的情調，這就影響它所作的客觀瞭解。就這方面而言，中國人在客觀的瞭解上較寬、較恰當。這並不表示現實上中國人已瞭解較多，而是指在可能的方向上，中國人瞭解西方較西方人瞭解中國，在才性方面所受的限制障碍較少。由此可知吸收另一個文化不是容易的，一定需要長時期的努力。

再譬如有些人喜歡講「佛教中國化」「中國的佛教」，好像中國的佛教不同於印度的佛教似的。但若仔細考察一下，究竟此處說的「化」是什麼意義？怎麼「化」法？「化」到什麼程度？仔細體會瞭解之後就知道這種說法是不對的，佛教只有一個，所謂在中國的發展，都是佛經中所原涵有的義理進一步發揮，並沒有變質而成爲不同於印度的「中國」佛教。

下面要接著講魏晉以後，南北朝隋唐這一段長時期中的主要問題——佛教。佛教的內容特別豐富複雜，我們仍是總括地敍述其中的基本觀念與主要涵義。如此是將佛教當作哲學來講，這是基層的瞭解；這層明白了之後，可以再一步步實際地去修行而進入宗教的範圍。就哲學言，佛教的啟發性最大，開發的新理境最多，所牽涉的層面也最廣。我們現在不細講大小乘各宗的複雜內容，而是一方面提示佛教中的主要基本觀念，另方面就所牽涉到的觀念內容指出其中的問題，即是對佛教作一反省的綜述，這是屬於第二序的討論，而不是基礎內容的敍述。

首先要瞭解的是「緣起性空」的觀念，這是佛敎大小乘各宗所共同承認的基本觀念。佛敎最初講「十二緣生」（註一五），現實的一切都在因緣之中，自無明始，無明緣行，行緣識……等，十二個階段輪轉不斷。因「十二緣生」故說「諸行無常、諸法無我」（註一六）。「緣起性空」的觀念就是釋迦牟尼佛說十二緣生、說諸行無常、諸法無我等義的普遍化，而成爲一個普遍的原則（general principle, universal principle）。這是大小乘的共法，若不瞭解「緣起性空」就不能談佛敎。

「緣起性空」從緣起方面說是個普遍的觀念，就是一般所說的因果性（causation）。西方哲學、科學中也喜言因果（causality），但並沒有「緣起性空」的觀念，可見思路大不相同。佛敎講「緣起」就必然涵著「性空」，而西方人講因果性卻正好要證明「性不空」。科學中的自然法則、自然因果(natural law, natural causality）之作爲法則，是爲了要使自然現象可理解（intelligible）、可說明；而「緣起性空」是由「空」來看因果律，正是要說明世界不可理解。例如「生」的觀念就不可理解，現象世界都不可理解，故謂「如幻如化」（註一七）。「諸法不自生，亦不自他生，不共不無因，是故知無生」（註一八），這表示「生」不可理解，也就是「無生法忍」（註一九）「體法空」（註二〇）這些詞語的意義。西方人著實了來看causality，因此從沒有「如幻如化」之類的話語。這兩種思路以及其文化背景顯然很不相同。

對此不同，我曾有兩句判語。一般的世間哲學——即以西方哲學、西方傳統爲代表——

都是「爲實有而奮鬬」(struggle for Being)。西方的科學、哲學、宗教都是如此。實有就是自性，就是性不空。自柏拉圖開始就強調實有，直到最近海德格仍不斷地講 Being，可見 Being 是很難把握的。把握實有是個大智慧。佛教正好與此相反，正是「爲去掉實有而奮鬬」(struggle for non-Being)。去掉實有就是所謂「性空」，就是「諸法無自性」、「諸行無常、諸法無我」。無常無我就是無自性，無自性就是空。但說「空」並不表示沒有萬法，萬法仍是「有」，但它無自性，故「空」。爲什麼萬法無自性呢？因爲它是依因待緣而生。緣生就函著無自性，無自性就函著空，因此「緣起性空」是個分析命題 (analytical proposition)，也就是 identical proposition，自同的命題，緣起就是性空。這也是個大智慧。Being 固然不易把握、不易瞭解，「空」同樣地也很難把握與理解。我們天天講「我」，就是肯定自我；若把「我」的自性、或就人而言的人格性 (personality) 去掉，那麼個體的靈魂、靈魂不滅當然就更不能講了。肯定實有與肯定性空都是大智慧，卽由此智慧見人類之可敬可貴。

以上是由「緣起性空」這個觀念所直接引發出來的問題，這是個很有意義的哲學問題，也是在這個時代所應開拓出來的新理境，所應正視的不同想法。開發新理境就是中國哲學的發展。諸位要好好用功，有了嚴格的思想訓練，才能使義理、理境再推進一步。

西方哲學是爲實有而奮鬬，佛教是爲去掉實有而奮鬬，那麼儒家和道家呢？儒家仍然肯定實有，也是「爲實有而奮鬬」，但它是由道德處講，因此仍與西方不同。道家就很特別，不屬於以上任一種型態，因此我曾用莊子的一句話來表示，這些話有些滑頭，但卻恰好能表現出道家的趣味。莊子謂「材與不材之間」（註二一），這就是道家的型態，既不同於西方傳統之肯定實有，亦不同於佛教之謂無自性，也不同於儒家之由道德確立實有，而是個居於三者之間的型態。這是深入瞭解各家的系統性格之後，才反省、啟發出的哲學問題，因此是高一層的；至於基礎的瞭解，仍需要大家仔細去讀原典。

由緣起性空還可引出許多其他的觀念。緣起即如其爲緣起而觀之，即 causal occasioning, causal happening as such 來看，也就是說「不增不減」（註二二）地來看，它就是性空。有所增益即成執著而落入常見，有所減損即成斷滅而落入斷見，這都不是中道。依佛教，「爲實有而奮鬪」就是求常，是增益見；若認爲完全是空無、一無所有，就是減損見。常見、斷見均是邪執，不合中道。這正是緣起性空之觀念的精采處。

既然是緣起性空，那麼「常」在那裏呢？佛教原初講無常、苦、空、無我等，但到了大乘佛教中「涅槃法身」的理想境界，也講「常樂我淨」。涅槃法身就是常、就是大自在、就是「眞我」。但此「眞我」並非個體之靈魂，而是「無我相之我」(non-ego form self)。這是個詭詞，但也正是佛的境界，這就是「常」。只有達到了這個意義的「常」，緣起性空、如幻如化的諸法才能通通保得住。西方哲學由因果法則的觀念向後追問第一因（first cause）、充足理由（sufficient reason），最後提出上帝的創造，由創造來保證萬法的存在。佛教由涅槃法身的「常」來保住緣起之萬法，而緣起仍如其爲緣起而觀之，不增不減，仍是性空。如此，二種思路的結果不是一樣嗎？

此外，康德也有個想法。康德先不提出上帝，而將緣起、causality 的觀念吸收到知性（understanding）中來瞭解，且停於知性中而暫不涉及理性（reason）。只在知性這層次上，康德也說一切的表象、現象（appearances, phenomena）只是一些關係（mere relations）。一切事物當呈現在我們面前而爲對象時，就已在關係之中；我們所瞭解的現象是通過這些關係來瞭解，卽事物只有在關係中才能成爲我們的對象。至於表象、關係之支持點（supporting point），卽物自身（thing-in-itself），我們卻不能知道。這表示康德認爲物自身不在關係之中，而現象只是一些關係。

「現象只是些關係」這句話是可以引起問題的。英國哲學家柏拉得萊（Bradley）在「現象與眞實」（Appearance and Reality）一書中就正式辯駁這個問題。柏拉得萊認爲若現象只是些關係，則關係本身就不可能。關係（relation）必須有發生關係的關係者（relata），例如ＡＢ二者構成一個關係，ＡＢ本身是關係者而不是關係。若一切事物都是關係，那麼關係者是什麼？若還是一些關係，則又預設一些關係者，如是一個事物就永遠自身分裂，而不能停住自身以成其爲一物項（term），卽永遠沒有一個最後的關係者。如此，康德雖以關係說明現象，實際並未能說明，而關係本身不可理解。不過柏拉得萊如此辯破的並不是關係範疇，而是範疇所決定的那些對象方面的關係，如量範疇所決定的對象之量等等，因爲依柏拉得萊的說明，這些關係都不可理解。

柏拉得萊既不同意康德之以關係說明對象，那麼他如何解決這個問題呢？柏拉得萊規定現象（appearance）的意義就是自身矛盾、不可理解。然則矛盾又如何解消呢？他並不是像萊布尼茲肯定有一 Monad 來作爲最後的關係者，這種說法已爲康德所駁斥。柏拉得萊是所謂新黑格爾學派（neo-Hegelian），他順着黑格爾的思路而發展，主張這些矛盾的現象都消融到「當下的這個」（the immediate this），這就是「眞實」（reality），而那些矛盾的現象就都成了這個「眞實」的豐富內容。The immediate this 就是絕對。

柏拉得萊的講法仍不同於黑格爾。黑格爾是由絕對實有（Absolute Being）開始，絕對實有就是空無所有（Empty）。這絕對實有經過辯證的發展（dialectical development）一步步地充實其自己，這種方式是擴展的辯證（expansive dialectic）。而柏拉得萊的方式我們可名之曰消融的辯證（reconciliatory dialectic），一切矛盾、衝突的現象，當消融到 the immediate this 中，這 immediate this 卽成了 reality，矛盾就沒有了，而且更反過來充實 the immediate this，而成爲其豐富的內容。這種消融的辯證方式很有意義。

其實康德也可以答覆柏拉得萊的辯駁。柏拉得萊認爲衝突矛盾的東西叫現象，這個意義的現象等於康德所說的辯證（dialectic）、假象（illusion），但康德並不說表象、現象是假象，那麼表象現象本身就不應是矛盾的。依康德的思路，若限於知性的層次而言，現象是由範疇所決定，且僅對著人類而顯現，因而在上帝面前沒有現象。如是一說「現象的關係」，關係之可能卽由感性底形式卽時空來表象以及由知性之法則性的純粹概念卽範疇來決定。如此，對象就是對人之感性而顯現出的一些現象，這些現象不過就是以時空爲其形式由範疇等法則性的概念所決定的一些關係，關係由時空與範疇來保住，這樣不就沒有問題了嗎？而且仍可以說明科學知識。若依照柏拉得萊的想法，現象都是衝突矛盾的，那麼科學不也就不可能了嗎？他沒有照顧到如何安排科學知識。康德的解釋卻可以說明科學知識。至於再進一步，如何將現象世界整體地（as a whole）加以安排，就需要進入理性（reason），理性提供理念（idea），順着 causality 這個範疇向後追問無條件者（the unconditional），那就成了另一層次屬於理性範圍的問題。討論現象可暫停於知性，不牽涉理性，這樣已能說明知識，暫時也足夠了。

莊子也有類似柏拉得萊所謂關係者自身停立不住的想法，此即齊物論的「彼是方生之說」。莊子曰：「物方生方死，方死方生，方可方不可，方不可方可……彼是莫得其偶，是謂道樞」。「彼是莫得其偶」正表示對偶性（duality）不能成立。因此莊子又說「彼亦一是非，此亦一是非……是亦一無窮，非亦一無窮」（註二三）。彼是都無窮地分裂，都停立不住。彼之偶是此，此之偶是彼，彼此既皆停立不住，則無偶可得，此即衝破對偶性原則。這是齊物論的本義。齊物論的正文就是這一大段，極富哲學性，而且非常難講。在邏輯上，彼是可表示爲 A, -A，代表對偶性原則（principle of duality）。A不能自足成立爲A，你謂它爲A，它又自身破裂爲 A-A，永遠無法停住；-A 亦復如此。因此謂「是亦一無窮，非亦一無窮」。

莊子「彼是方生之說」是借用惠施的論點，但不同於惠施的名理。莊子之言方生就是方死，方可就是方不可，表示生死、可不可兩端均站立不住，因此不能講對偶性（duality）。沒有對偶，一切的邏輯、數學均不可能；邏輯數學就是靠對偶性原則而建立的，因此有雙重否定（double negation）等於肯定的規定。於此有一重要的哲學問題，即邏輯數學科學都在對偶性原則的範圍之內，而莊子正是要衝破此對偶性以達到絕對。不衝破對偶性原則就不能達到絕對。莊子當然不是從知識而是從平齊是非善惡美醜等來衝破對偶性，因此波瀾壯闊且活潑透脫，這是中國人的思想。柏拉得萊的想法雖類乎莊子，卻顯得詭辯而不洒脫。

如是，由「緣起性空」的觀念已分別開出三系不同的說法：佛教一系、康德一系、柏拉得萊和莊子一系，這不是個很重要的哲學問題嗎？

對偶性原則是邏輯中最基本的問題。有對偶性原則才有同一律、矛盾律、排中律這三個思想律。現代符號邏輯以及邏輯分析的學者不重視這方面，只將對偶性當作一個設準（postulate）或是方便約定（convention）；若只限於形式主義（formalism）本身，而將邏輯作純技術的處理，這樣也可以。但如此並不能滿足哲學性的思考，邏輯也可向哲學方面發展，也可以講邏輯哲學，這也是邏輯的正當方向。

對偶性原則既然如此重要，而莊子之「彼是方生之說」衝破對偶性又很有道理，這就又引出另一個問題，即在何種情形下我們要衝破對偶性，在何種情形下我們又要保住對偶性。因若不保住對偶性、則邏輯、數學、科學均不可能。以前沒有這個問題，莊子本人也不會想到，但在現代講哲學就要正視並解決這個問題。解決這個問題並不需要歪曲莊子的原意，而又能將邏輯數學科學作一安排，這就需要諸位運用哲學思考了。

就佛教本身而言，緣起性空就是緣起如其爲緣起而觀之，不增不減。佛教雖未肯定康德的講法，但康德那些時空、範疇等意思佛教中也有，那就是「不相應行法」，也叫「分位假法」（註二四）。「行」就是「色受想行識」中的行蘊，不是我們現在所謂的「行動」，而是取心理學的意義，屬於「思」，意指迫使人不由自主地順之而滾。將此義之「思」特別提出來而名之曰「行」，即「諸行無常」之行。在佛教中，不相應行法是假立之法，假不必指眞假之假，而是指有所憑藉而施設的，即是「分位假法」。當然這也不是眞實的，因此仍是「執著」，屬於「遍計所執」，因此「轉識成智」時都要化去。但科學知識正好寄託在這些假立的不相應行法上，順康德的思路這些正是使經驗可能的形式條件（formal conditions），因此在現代弘揚佛教而要說明科學知識，就必須肯定這方面也有價值。這並非肯定執著，而是有些執著確有相當的諦性，例如科學就有諦性，是眞正的俗諦。如是，在此意義上佛教可以容納康德，與康德並不衝突。

柏拉得萊的思想仍與此不同。因此他所說的 immediate this 還不是佛教的「如」，他仍是新黑格爾學派講辯證法的思路。黑格爾正反合式的辯證是很初步的方法，柏拉得萊仍以此爲基礎。但莊子之衝破對偶性以及佛教的八不緣起卻與此不同。例如講「不二法門」。若照黑格爾以相對之二之綜和統一（Synthetical unity）的方式達到不二，雖有強度性（intensity），但其實只能算個過程，這不是眞正的不二。因此在維摩詰經中對於不二法門先列有各種講法，都是由二以達不二，這統不行。至文殊師利說「不說就是不二」，而維摩詰居士卻當下默然，實際表現出不二，連「不說就是不二」都不說了（註二五），這不是很美嗎？完全沒有虛假相，這就是最美最圓最平最實的境界。莊子也是如此。至終一定要將緊張性化去而歸於平平、輕鬆，才是最高的境界。

由此我常想到中國人的思想沒有假象、幻相（illusion）。西方人的思考雖然邏輯性概念性強，但有幻相，因爲思想概念本身就是有限制的，因而顯緊張相、奮鬪相。但若稍不明徹，一失分際，就有假象、幻相產生。康德所批判的就是這些失分際的假象，但順西方的思想這些假象是自然會有的，因此康德稱 dialectic 爲不可免的而且是自然會有的，因此需要不斷地予以批判。中國思想中沒有這些假象固然很好，但缺少概念的間架卻也有毛病。因此現在各方面要求現代化，就是要建立概念的架構。現代化當然不是最高的境界，而是中層，但卻是必要的（necessary），就如同科學並非最高境界，但也是必要的。

以上我們開頭先大略敍述了魏晉下眩梁朝時代不屬於玄學主流內的三個重要問題，這些問題類乎西方的思路，因此很特別。不過這不是本講的要點，那是順上講而附帶一提。本講的着重點是在繼魏晉玄學而過轉到佛教，我們先就佛教中的基本觀念「緣起性空」，而說與此觀念有關的諸哲學思理以及由此所引發出的一些想法與問題。這只是一個開端，以後各講將順佛教的發展而說其主要的理境以及由此理境所引發出的問題。這將是大有貢獻於中西哲學之向前發展的。

胡以嫻記錄

附註

註一：前語見老子道德經第一章，後語見第四十章。

註二：參見「才性與玄理」第十章第二節。

註三：孟子告子篇：「曹交問曰：人皆可以為堯舜，有諸？孟子曰：然。」

註四：嵇康養生論：「夫神仙……似特受異氣，稟之自然，非積學所能致也。」參見「才性與玄理」第九章第一節。

註五：論語子罕篇：「大宰問於子貢曰：夫子聖者與？何其多能也？子貢曰：固天縱之將聖，又多能也。」

註六：論語陽貨篇。

註七：見大智度論卷一一。

註八：見荀子性惡篇。

註九：二程全書，遺書第十八，伊川先生語四：「蓋大賢以下卽論才，大賢以上卽不論才。聖人與天地合德，日月合明。六尺之軀能有多少技藝？人有身，須用才。聖人忘己，更不論才也。」

註一〇：劉劭人物志，九徵第一：「凡人之質量，中和最貴矣。……是故兼德而至，謂之中庸。中庸也者，聖人之目也。」

註一一：如「中也者，天下之大本也；和也者，天下之達道也。致中和，天地位焉，萬物育焉。」

註一二：「聲無哀樂論」參見「才性與玄理」第九章第四節。

註一三：參見「才性與玄理」第八章第三節。

註一四：范縝神滅論，見梁書卷四十八，范縝列傳。

註一五：亦曰十二緣起，十二因緣。卽無明、行、識、名色、六入、觸、受、愛、取、有、生、老死。

註一六：如大智度論卷二十二曰：「佛法印有三種。一者一切有為法念念生滅皆無常。二者一切法無我。三者寂滅涅槃。」

如大般涅槃經卷下：「諸行無常，是生滅法，生滅滅已，寂滅為樂。」

註一七　如大般若經卷四百九十九曰：「……善現答曰：我於今者，不但說我乃至菩提如幻如化如夢所見，亦說涅槃如幻如化如夢所見。」

註一八：龍樹中觀論頌。

註一九：如大智度論卷七十三曰：「無生忍等，乃至微細法不可得，何況大，是名無生。得無生法，不作不起諸業行，是名得無生法忍。」

註二〇　如諦觀天臺四教儀卷三曰：「一切不實，一切實亦不實，一切非實非不實，佛於此四句，廣說第一義悉檀。中論明此四句，皆名諸法之實相，卽通教明，正因緣法如夢幻響化水月鏡像，體法卽空之句也。」

註二一：莊子山木篇：「弟子問於莊子曰：昨日山中之木，以不材得終天年，今主人之雁，以不材死，先生將何處？莊子笑曰：周將處乎材與不材之間。」

註二二：如般若心經曰：「是諸法空相，不生不滅，不垢不淨，不增不減。」

註二三：以上引文俱見莊子齊物論。

註二四：如大乘五蘊經曰：「云何心不相應行：謂依色心心法分位但假建立，不可施設決定異性及不異性。」

註二五：維摩詰經卷中，入不二法門品第九：「文殊師利曰：如我意者，於一切法無言無說，無示無識，離諸問答，是為入不二法門。於是文殊師利問維詰摩，我等各自說已，仁者當說，何等是菩薩入不二法門。時維摩詰默然無言。文殊師利歎曰：善哉善哉，乃至無有文字語言，是真入不二法門。」

第十三講 二諦與三性：如何安排科學知識？

在上一講中我們討論了佛教的一個主要基本觀念「緣起性空」，及由此觀念所牽連到的一些哲學問題，如康德、柏拉得萊等的想法。佛教的教理最複雜、啟發性最大、所牽涉的哲學問題也極多。除「緣起性空」外，還有幾個重要問題，我們將陸續討論。此次先順緣起性空的觀念，來看二諦與三性的問題。

空宗講二諦，中觀論頌謂「諸佛依二諦為眾生說法」，又頌云「眾因緣生法，我說卽是空，亦為是假名，亦是中道義」，此頌亦是說的眞、俗二諦（註一）。由「緣起性空」卽直接可說眞、俗二諦。唯識宗建立系統，就緣起法說法之特性，而有三性之說，卽依他起性、遍計執性與圓成實性（註二）。三性其實就是二諦的另一種說法，此義將順下文說明。

中論直接就緣起性空，沒有任何執著，而說眞俗二諦。一切的生、滅、常、斷、一、異、來、去都是定相。就佛教言，凡是定相都是執著，因此中論開首卽由反面說「不生亦不滅，不常亦不斷，不一亦不異，不來亦不出（去）」，這就是「八不緣起」，亦卽「證無生法忍」。能以體法空證無生法忍，才是菩薩道。因此中論所觀的緣起法，是觀去執後的緣起法，而不是西方所謂的因果性（causality）。這並不表示中論不知道俗情有執著，俗情當然有執著，且有執著方可言去執著。當中論就著緣起性空而說二諦時，卽是預設了執著且已將此執著化去。因此若由唯識宗的立場視之，中論的二諦就只是二性，卽依他起性與圓成實性，而並未正面表示出第三性（遍計執性）來。依他起就是緣起，圓成實就是「眞實」，卽「性空」的觀念。中論雖未正面表示出「遍計執」，但它化去的就是這個執，正因爲有才需要破除。如此，它去執後而言的二諦，實際上就只是一諦，卽眞諦，亦曰第一義諦，總括而言卽「緣起性空」這個觀念。由「緣起」視之，卽是俗諦；由「性空」視之，卽是眞諦。因此「緣起性空」這個語句是個分析命題，而雖說眞、俗二諦，實際上要表示的是「眞俗不二」。眞諦、俗諦其實是一回事，卽「緣起性空」，因此可說眞俗不二。僧肇作「不眞空論」亦在發揮此義。

唯識宗除了與二諦相應的的二性外，還正面表示了遍計執性，故言三性。中論雖不言執著，但它所講的八不緣起是已破去了執著的緣起，這表示在未去除執著前是有執著的，卽必先已假定了執著的存在。如此，二諦與三性的不同並不能決定空宗與唯識宗的差別，因二諦與三性所表示的是同一個意思。

空宗雖強調「眞俗不二」，但對一般人而言卻眞俗是二，因此三論宗的嘉祥吉藏針對一般人的看法而說「於眞諦、於俗諦」（註三）。「於」是對於的「於」，對一般人而言爲眞的是「於俗諦」；對菩薩、佛而言爲眞的是「於眞諦」。對菩薩爲眞的，一般世俗的人或許反認爲是虛妄的；而世俗人以爲眞的，在菩薩眼中卻是執著。例如科學知識就是「於俗諦」，世俗之人很肯定地認此爲眞；至於佛菩薩所承認的「於眞諦」，自科學的立場卻視爲妄想；如此眞、俗顯然是二，卽「於眞諦」與「於俗諦」是二不是一。

就空宗本身而言，破除執著而言緣起性空，就是「眞俗不二」。佛菩薩無執著，就著空而觀緣起法，就著緣起法無自性而說空，因此眞俗二諦在佛菩薩眼中就只是眞諦一諦，亦卽「眾因緣生法，我說卽是空，亦爲是假名，亦是中道義」的中道第一義諦。但如此眞俗不二既然只是一眞諦，那麼俗諦，尤其是對一般人而言爲眞的「於俗諦」，就沒有獨立的意義。若如上所說，科學知識是「於俗諦」，那麼是否科學知識也當該沒有獨立的意義？若否，那麼代表科學知識的「於俗諦」應如何安排？

言「眞俗不二」，而俗諦、於俗諦沒有獨立的意義，這是佛敎內傳統的講法，不僅空宗如此，唯識宗亦是如此（註四）。唯識宗仍就著緣起法而說三性，同樣是將緣起卽如其爲緣起而觀之，不增不減，就是空。但唯識宗與空宗當說緣起法時，二者的系統背景並不相同。空宗是泛說緣起法，沒有任何的規定，而視「緣起性空」爲一普遍的原則，且並未表示出緣起法的歸攝處。而唯識宗言緣起法是將緣起法集中收攝於「識」，由此對一切法的存在有一根源的說明（original interpretation）。第八識阿賴耶卽是一切法的根源（註五）。阿賴耶與第七識、第六識及前五識的總合就是一個完整的識的系統，識的流轉變化就成一切緣起法。就此緣起法而說法之特性，而有三性之說。

三性首先是依他起性。依他起指有所依待而生起，卽是緣起。其次是遍計執性。此詞玄奘譯爲「遍計所執性」，一般亦簡稱「遍計執性」。說「遍計執性」是偏就識之「能」而言；說「遍計所執性」是偏重於所執著的相而言。旣有所執著的相，當然也有能執著的識，因此二說意義其實相同。在依他而起的緣起法上加以執著，卽是遍計執性。遍是周遍、遍一切處；計是計量籌度。遍一切緣起法，我們的思考計量都跟上去且加以執著，卽成遍計執。遍計執係就緣起法而表現，故先說依他起性，一切法都是依他而起，就在這依他而起上自然而有遍計所執性。遍計所執是就依他起而執著成的那些定相而說的，如生相、滅相、常相、斷相等等都是定相，唯識宗稱之爲遍計所執，卽是普遍的思量籌度執著緣起法而成的相。第三性是圓成實性。一切攝歸於阿賴耶識上的緣起法都有圓成實性，就是眞實性。玄奘譯爲「圓成實性」，眞諦譯爲「眞實性」（註六），二義亦同。眞實性就是「緣起性空」所表示的「如」性，將緣起卽如其爲緣起而觀之，不增不減，就是無自性、性空，此爲一切法的「如性」，也就是「如相」，至此一切法方能圓滿、成就、眞實。這是一切緣起法的圓成實性，亦卽眞實性。緣起法的圓成實性如何才能表現呢？若有遍計執所執成的定相，當然就不能見圓成實，因此要：就著緣起法之依他起，去除遍計執，卽顯圓成實。三性可總括地以此一句話來表示。

不論譯圓成實性或眞實性，對此兩名詞都要特別注意，絕不能將之視爲實體字（substantial term）以爲等同於西方哲學中的 reality。西方人分解地表示的 reality 是有所肯定的，是針對著現象而說的。因此 reality 是個實體字，實指一個與現象相對的「眞實」。例如柏拉圖認爲 Idea 才是眞實，而 sensible world（感性世界）不是眞實。依康德的說法，則 noumena 才是超絕的 reality（不過不是知識底對象而已），而 phenomena 則只是 appearances。到近代柏拉得萊、懷德海等人說 reality 時，仍各有所實指。但佛教所說的圓成實性、眞實性卻不是如此。眞實性就是緣起法的實性，就是「實相」、「如相」。一講 reality 就令人想到有一本體，其實實相、如相不是本體。佛教是不講本體的。

「如」是佛教中一個很特別的觀念。柏拉得萊所說的 the immediate this 好像近乎如，其實仍不是如。The immediate this 只是尚未被任何謂詞（predicate）所分化，卽尚未加上判斷，但仍是個實體字而有所實指。「如」不是個實體字，如就是實相、就是空。佛教中的「如」、「空」這些名詞，我稱作「抒義字」，它們是「抒緣起法之義（significance）」的，而不是實體字。「如」不是 reality，若要翻成英文，最好用 suchness 或 as such 來表示。緣起卽如其爲緣起而觀之、不增不減，就是如。因此般若經言「實相一相，所謂無相，卽是如相。」若如此來理解緣起法，才能得圓滿、成就、眞實之緣起法，卽得法之圓成實性。

如此說的緣起法代表佛教很特殊的思路，平常很難這樣瞭解。一般人往往想得太多，以爲緣起法定有其自身的定相或定性，或後面定有個第一因、或上帝、或天道爲其根據，由佛教視之，這些都是常見、增益見。一般人或者又認爲緣起法既無其自身之定性定相，又不以第一因、或上帝、或天道爲根據，則一切法無定準，又沒有安排處，就成了空無所有，而落入虛無主義，這又成了斷見、減損見。佛教講緣起法是緣起卽如其爲緣起而觀之、不增不減，就是如、就是眞實性。這是個很特別的思路，我們首先要把這層意義簡別淸楚。

其次，我們要說明唯識宗正式提出「遍計執性」，有很重要的意義。空宗的立場是預設了執，但又已將此執著化去，故只言二諦，而不特別標顯執著。唯識宗正面表示了執著而明說三性，這也需要仔細的簡別與理解。

首先看依他起性。「依他起性」是正面地說，唯識宗又反面地解釋「依他起性」爲「生無自性性」（註七），卽一切緣起法的生起顯現都沒有自性。中論言「諸法不自生，亦不自他生，不共不無因，是故知無生」也是破「生」，也表示「生」這個觀念悖理、不可理解。反觀平常我們由經驗立場所說的「生」是什麼意義？「生」這個觀念所指爲何？「生」其實是指不出來的。借用羅素的名詞來說，「生」不是個「指示詞」(denoting term)（註八）。一般的觀念如牛、馬等是指示詞，可以實指出一個對象。雖然我們可以在思想中形構成一個「生」的觀念，但在現實世界中，「生」不能如牛馬般實指出一個對象。生是個狀態，是在時間的演化過程中的一種狀態，此種表示狀態的觀念我們仍可借用羅素的詞語說它是「不完整的符號」(incomplete symbol)。完整符號卽是指示詞，可用A、B、C、D等符號來代替，但不能取消。不完整符號則表示它是可以化去的。我們形成「生」這個觀念的背景其實是描述的（descriptive），我們將某種狀態描述出來以形成一個觀念，因而有「生」這個觀念。若「生」是個有自性的概念，就是個完整的符號，是有所實指的指示詞，那就不能化去。但「生」是描述一種狀態，爲不完整的符號，因此可以化掉，如此「生」就沒有自性，故曰「生無自性性」。依他起性卽指因緣生起，故直接就「生」而言。一切法既是有所依待而生起，就破除了「生」的觀念，故「依他起性」卽是「生無自性性」。

其次是遍計執性。反面說的「遍計執性」是「相無自性性」。「相」也不是實體字，因此不能理解成 mode 或 form 之類的實字。其實「相」就是康德所謂的「決定」(determination)。康德由範疇處說決定，範疇應用到感性（sensibility）上，對感性所給予的對象加以決定，這就是範疇的「超越的決定」(transcendental determination)。每一個超越的決定就成一個「相」，卽佛教所說的相。例如實體範疇（category of substance）應用至感性所給的對象上，其超越的決定作用所決定的相就是常住相（permanence），用佛教的名詞來表示就是「常相」。再如用因果範疇（category of causality）來作超越的決定，則所成的相就是因果相（cause and effect）。又如將交互範疇（category of community）運用到對象上，所決定出的是共在相（co-existence）。共在相不同於因果相。共在相是橫的，如我與你共在、我們與世界共在。有共在相我們才能將全部現象視爲一個整體而形成「世界」的觀念。因果相是縱貫的。康德由十二個範疇作超越的決定所顯示的那些相，在佛教中就是由遍計執所執成的相。康德所說的感觸直覺底先驗形式時間、空間也都是執成的相。這並不是比附，其義理是如此。相既然來自遍計執，當然是虛妄的，因此沒有諦性，故「遍計執性」卽是「相無自性性」。

當然康德並不稱感性底先驗形式卽時間空間與知性的法則性概念卽範疇爲執著，因爲他承認科學知識，並且要使現實世界、科學知識可說明、可理解。但依佛教言，科學知識就是執著，由執著而成。以前的學問總是兩種知識相對照，在儒家亦有德性之知與見聞之知的分別，見聞之知就是經驗知識，德性之知才能完全沒有執著。萊布尼茲也承認有 confused perception 與 clear perception 二種知識。前者是與時間、空間、物質成份等相連的經驗知識、科學知識，其作用在表象世界；後者則指數學等純粹的形式知識，其作用在表象上帝。confused 意爲混濁或混闇，因爲其中含有物質成份（material elements）。康德順十七、八世紀之發展而只承認科學知識。當然他也提出了智的直覺（intellectual intuition）而與感觸直覺（sensible intuition）相對，但他又說智的直覺只屬於上帝，因此我們人類就只有一種知識，卽科學知識。康德在此沒有想到科學知識其實是執著。當科學知識和智的直覺相對比時，科學知識就是執著。順西方的傳統他們並不將科學知識和智的直覺相對比，因此也不會想到執著這類詞語。但依中國的佛教傳統，這種知識正是屬於執著，是遍計執所成。因此在三性中，依他起性不可去，因一切法皆是因緣生起；圓成實性是「勝義無自性性」，卽是空、如、實相，當然更不可去；要去除的只有遍計執性，因爲順傳統的觀點視遍計執完全爲虛妄而無諦性，故三性卽是二諦，而非三諦。

但我們已說過，科學知識卽屬遍計執，而科學知識也有相當的眞理性、諦性，如此，則遍計執亦不應完全只是虛妄，也應有相當的諦性。這是我們在現代有進于傳統的看法。三論宗的「於俗諦」沒有獨立的意義，如此就無法安排科學知識。當然傳統佛教也無意說明科學知識，因其目的在求解脫，而不在說明知識；但我們在現代就需要重新考慮遍計執是否也有相當的諦性這個問題。這並不是說所有的遍計執都有諦性，而是說有一些執確是有相當的諦性，如科學知識。例如康德認爲範疇的超越決定所決定的相，都是成就經驗、科學知識，使經驗、科學知識可能的條件，若這些確屬遍計執的範圍，那麼遍計執性不是也應有相當的諦性嗎？

遍計執屬于識的範圍，依他起也屬于識的範圍，這是指染依他。在唯識宗中有二種依他起，卽染污依他與清淨依他。人生而卽有的感性、知性就是屬於識而非屬於智者。識本身就是染污的，卽所謂的「染八識」。但唯識宗又言識要轉化，轉識成智後所呈現的是清淨依他，由智而言的識亦轉成了「淨八識」。依他起仍是依他起，仍是性空，因佛教言「除病不除法」，卽除去的是執著，而如幻如化的法一個也未去除。如此，則未轉識成智前，識是染污的，識卽是執著。感性、知性及其所成就的科學知識均屬此染八識的範圍。

有人不贊成我說科學知識是執著，但科學知識爲什麼不能是執著呢？知識就是知識，當然無所謂執著。但若知凡屬於識的範圍者都是執著，則科學知識當然也是如此。例如依康德，數學知識的成立也要依靠範疇，前二類範疇（質 quality、量 quantity）康德稱爲「數學的」(mathematical)，爲的是要成立數學。後二類範疇（關係 relation、程態 modality）是「力學的」(dynamical)，屬於物理學的範圍（註九）。不要以爲科學知識是客觀的，因此不是執著；其實科學知識的化質歸量就是執著。比如現代的醫學也要化質歸量，才能使用科學的方法來測量檢驗。這種方法當然也有效，因爲人有軀體（physical body），軀體屬於物質面（matter），當然可有量的一面。暫時不把人當一個人格看，只作一機器看，而只就量的方面來檢驗施手術，不就是化質歸量嗎？這是一種抽象作用（abstraction），抽象作用就是執著。科學知識的成立既然需要範疇的決定、需要抽象的作用，當然就都是執著。

也許你想到科學知識沒有情緒的成份摻加在內，例如演算數學、或醫生治病施手術時不能感情用事，在此意義上，你認爲科學知識不應屬於執著。這是將執著限定於心理學的（psychological）意義，指執著會引起煩惱。佛家原初講執著，確是以泛心理學的意義爲背景來說煩惱，因此染八識之依他起、偏計執就會引起煩惱執著，這是由主觀心理方面而說煩惱。但是如中論的「八不緣起」是要破除執著，若不去執而更反過來執這些生滅常斷一異來去等定相，這也是執著，則這種執著就不只限於心理學的意義。康德的十二範疇也不屬於心理學的範圍而是邏輯的（logical），因此康德稱討論範疇的部份爲「超越的邏輯學」（Transcendental Logic）。附帶一提，超越的邏輯學不同於一般所說的形式邏輯（formal logic），一般形式邏輯不涉及對象，而康德的超越的邏輯學要涉及對象，且要說明對象如何可能。若執著只限於心理學的意義，則那些定相當然不是執著；但佛教正是說這些相也屬於執著，因此才說遍計所執性就是「相無自性性」。唯識宗還有個名詞叫「不相應行法」，也叫「分位假法」，既然是假立施設的，當然就是執著。

何謂「不相應行法」（註一〇）？「行」屬於思，思取心理學的意義，而非邏輯的意義。思是個「心所」，「心所」指爲心所有、與心相應和合爲一，即西方哲學中所言之 mental state。既有「心所」，當該也有「物所」，但佛教沒有這個名詞；雖然沒有，我們仍可依佛教的名相類比地說「色所」。心所、色所之「所」非指地方，而係「所有」之簡稱，指所有的狀態或特性。「色所」卽是物所有的狀態，與物（matter）和合而不可分。比方洛克所說的初性（primary qualities）就可稱「色所」。在佛教中，與物相應、和合爲一而不可分，可稱爲色所的只有廣延性（extension）、量等而已。「心所」指心理活動、心理現象，如喜怒哀樂的情緒、思考、想像等都是。這些心理的活動與心相應，和合而不可分，就是與心相應的「心所」。此外還有一些屬於思所發卻是不相應的，卽它既不能與心和合爲一而不可分，也不能與物和合爲一而不可分。佛教中列舉了二十四種，仔細看看，康德所說的感性之形式卽時間空間與知性之法則性概念卽範疇等等都包括在內。相應的「心所」能和心建立起同一的關係，相應的「色所」也能和物建立起同一的關係；但不相應行法卻不能和心或物建立起同或異的關係。若說它完全異於心，但它又爲思所發，思亦是個心所。若說它完全同於心，但又不能與心和合爲一。例如數目、時間、空間（數、時、方）都屬於不相應行法。數目是抽象的，萊布尼茲也說數目不完全屬於心，而是半心理的（semi-mental）。羅素認爲數目屬邏輯域，旣非 physical，亦非 psychological。康德認爲時空是表象一切現象所必須的純粹形式（pure form）。由此可知數目與時間空間都不是與心相應的「心所」。旣不與心相應，是否可爲和物相應之「色所」呢？顯然也不是，因爲數目時間空間等雖可與物相連，但卻不是物所有的特性。這些「不相應行法」其實就是康德所謂的感性之形式卽時間空間以及法則性的概念卽範疇。這些形式與法則性的概念都是先驗的，依佛家，屬於思而不與心相應，故非「心所」，故曰「不相應行法」。以這些概念來說明科學知識，如是則科學知識不就也是「執」嗎？從前中國人少有邏輯與抽象的訓練，因此碰到「不相應行法」這類名詞就很難瞭解，其實這些名詞很有意義，也極富啓發性。

以上是說明「執」有兩種，一種是心理學上的意義，指引起煩惱痛苦等情緒；一種是邏輯意義的執。邏輯意義的執相等於西方哲學中所說的置定（positing）。費希特就常喜歡用這個名詞。例如八不緣起所破除的那些相就不是心理學意義的煩惱執著，而是邏輯性的置定（logical positing）。由此可知執著不只限於心理學的意義，而也有邏輯意義的執著。一般常將執著譯爲 attachment，這主要是取心理學的意義，這自譯出了大部份的意思，因佛敎原初是以此爲主。但當說到「不相應行法」時，就是邏輯意義的執，是形式的（formal），而心理學意義的執是材質的（material）。

西方人不說執著，因爲他們只承認一種知識；一定要二種知識相對照，才能用「執著」這類有顏色的詞語。康德雖承認有感觸直覺與智的直覺分別所成的兩種知識，但康德又認爲我們人類只有感觸直覺，而智的直覺屬於上帝，於是將二個主體錯開。中國思想則不然，二個主體都在我身上，我有識，但也可以轉識成智，如此識與智二種知識相對翻（contraopp-osed）的對立性才能建立，兩兩相對，且兩面都清楚。因此嚴格地說，康德雖處處提到現象與物自身之超越的區分（transcendental distinction），但其實他在著作中並不能充份地證成（fully justify）之，就是因爲他將兩個主體錯開了。當然他也很一致，因此取消極的意義而說物自身不可知，因爲物自身不能對我們呈現，我們只能邏輯推論(by logical inference)地設想一些。但是若依儒釋道三教說物自身，它就能呈現，瞭如指掌，絕不是推論地設想。只有如此，現象與物自身的相對翻才能建立，二面皆清楚，如此則二者的超越區分才能建立，也才有意義。我在「現象與物自身」一書中就是重新處理這個問題。

以上是說明在重新處理下所說的二諦與三性不同於傳統的說法。以前說二諦，其實只是一眞諦，因此說眞俗不二。但在我們現在重新衡量之下，眞俗是二，即「於俗諦」有相當的獨立性，而科學知識所代表的執著，也有相當的諦性。

再進一步還有一個問題：既然確有眞、俗二種諦，且科學知識屬於俗諦，也有相當的諦性，則執著所建立的俗諦是否有必然性？且此眞俗二種諦的關係如何？

傳統的佛教認爲遍計所執都是虛妄的，沒有諦性，因此一定要去除；但順我們以上的討論，遍計所執也有相當的諦性，既有諦性就應當保存，那麼在佛教中是否保存得住呢？例如站在佛教的立場，是否可以保住科學知識？再以現代的醫學爲例，現在的佛教徒生病也需要找西醫，那麼就不能說它全是虛妄，這可用佛教的名詞稱之爲「方便」。既然需要，就應該保存；而在這需要保存上，它就有必然性。科學知識亦是如此。佛教的教理中也有個觀念可以說明並保障這類方便，此卽「菩薩道」。當然達至菩薩的境界時，可以用顯神通的方式將疾病化去，而不需要西醫。但是菩薩爲了順俗過現實生活，就也可以找西醫而不用神通。因爲菩薩不能完全離衆異俗，若完全離衆異俗就不能渡衆生。因此菩薩是方便地保住科學知識，是由菩薩的「大悲心」來保住科學知識的必然性（necessity）。此種必然性不是邏輯的，而是辯證的（dialectical），卽是辯證的必然性（dialectical necessity）。前面我們雖然說菩薩、佛之法身可顯神通而不用西醫，但這是分解地、抽象地講，並不是最終的境界。到圓佛的境界時，佛的大悲心一定需要這些科學、經驗知識，這就保障了它的必然性。

佛菩薩發動大悲心而需要有諦性的執著，就要從法身處落下來，作一「自我坎陷」（self-negation），以順俗同衆，如此才能救渡衆生。舉例來說，作聖人不同於作總統，聖人若要作總統，也必須離開聖人的身份而遵守作總統辦政事的軌則法度，這就是聖人的「自我坎陷」。同樣地，佛爲渡衆生而需要科學知識，於是自我坎陷以成就科學知識，並保障科學知識的必然性，這種保障方式就是辯證的，而不是邏輯的。因此其必然性是辯證的必然性，而以大悲心作爲其超越的根據（transcendental ground）。

由圓佛的圓實境而言，一切法一體平鋪，只能轉化而不能取消，則一切法（包括科學知識中的執相）就有永恒的必然性。但就某個意義單從佛法身講，它雖然由大悲心保障了科學知識的必然性，但當不需要時亦可將之取消化去，如此它仍是個權、是個方便。視之爲權、爲方便雖然不是圓教的境界，但中國傳統的儒釋道三教也都函有這層意義。就科學知識是權而言，可以肯定其必然性，也可以將之取消，這就是我所謂的「有而能無，無而能有」，來去自在。科學知識在中國傳統的學問中是如此，但依西方基督教傳統卻不能如此。在基督教的傳統中，科學知識是「有者不能無，無者不能有」。「有者不能無」之「有者」指人類而言，科學是人類的成就，雖然至近代才發展出來，但一旦有卽成定有，不能再將之取消。「無者不能有」之「無者」指上帝，上帝一眼就看明白了，祂不需要科學知識，也不使用範疇。依康德，上帝所有的是智的直覺，而此智的直覺不能成就科學知識。在佛教，般若智本身的意義中也沒有科學知識或範疇，因而科學知識是由般若智的辯證發展而成，是菩薩道所需要的。中國傳統儒釋道三教的重點不在科學知識，因此沒有發展出西方近代的科學，但是在現代我們需要科學知識，就仍可以吸收學習，因此是「無而能有」。有了之後，從成聖成佛的修養工夫而言，仍可以將科學取消化去，因此又是「有而能無」。西方的傳統不能取消科學知識，卽不能進退轉動、來去自如，因此有泛科學主義、泛科技主義，而將人類帶向毀滅的途徑，這正是現代文明的趨勢。佛教講轉識成智，就是要將識的執著化去而成智，因此，執與科學知識是可取消的。但若佛自覺地要求科學知識的執著，則亦可由智的地位自我坎陷而落爲識，那麼這時的識所表現的無明就是「明的無明」，這是個詭辭，輕鬆些說卽是所謂「難得糊塗」。眾生凡夫所表現的無明乃是「無明的無明」。這兩個層次仍然不同

(註一一)。

佛教中除了緣起性空及二諦與三性的問題外，還有幾個主要的哲學問題。下次先講「一心開二門」的問題。「一心開二門」的問題是大乘起信論之所說，這是比阿賴耶系統爲更進一步的如來藏系統。這個「一心開二門」的義理格局很有意義，可對治西方哲學中許多哲學問題。最直接相關的是康德的 **noumena** 與 **phenomena** 的區分，此格局可以消化康德且使之更進一步。最後還有圓教的問題。西方哲學中沒有圓教的觀念，因此這個問題很特別，也極有意義。圓教的問題又函著「分別說」與「非分別說」這個綱領性的問題以及「色心不二」的問題。「色心不二」的問題也可以對治西方的許多哲學主張。再有就是圓善、卽西方哲學中「最高善」(summum bonum, highest good) 的問題，要達到圓教的境地才能解決最高善的問題。這些問題將於後逐次討論。

胡以嫻記錄

附註

註一：見中論觀四諦品。天臺宗據此頌亦言三觀，卽三諦。如智者大師摩訶止觀卷五上云：「…若一法一切法，卽是因緣所生法，是爲假名，假觀也。若一切法卽一法，我說卽是空，空觀也。若非一非一切者，卽是中道觀。……」

註二：此依玄奘譯。如唯識三十論頌，成唯識論卷八，解深密經等。

註三：見吉藏著二諦義。

註四：空宗如中論觀四諦品言二諦，又曰：「若人不能知，分別於二諦，則於深佛法，不知真實義。若不依俗諦，不得第一義；不得第一義，則不得涅槃。」唯識宗如成唯識論卷九：「…謂唯識性略有二種，一者虛妄謂遍計所執，二者真實謂圓成實性，為簡虛妄說實性。言復有二性，一者世俗謂依他起，二者勝義謂圓成實，為簡世俗故說實性。」是皆言「真俗不二」之義。

註五：參看唯識三十論頌，並成唯識論卷三、卷七等。並「佛性與般若」第二部，第二、三、四章。

註六：三性名，真諦所譯不同。如三無性論卷上云：「一切諸法不出三性，一分別性，二依他性，三真實性。……次約此三性說三無性：……分別性以無相為性：……依他性以無生為性：……真實性以無性為性。」

註七：成唯識論卷九云：「謂依此初遍計所執立相無性……依次依他立生無性……依後圓成實立勝義無性。……」又如解深密經無自性相品云：「…當知我依三種無自性性，密意說一切諸法皆無自性：所謂相無自性性，生無自性性，勝義無自性性。…云何諸法相無自性性？謂諸法遍計所執相。…云何諸法生無自性性？謂諸法依他起相。…復有諸法圓成實相，亦名勝義無自性性。…」

註八：此詞並本段參看羅素數學原理第一部第四、五章。

註九：參看康德純粹理性批判史密斯英譯本一一六頁、一九六頁並以下。

註一〇：本段參看「佛性與般若」第一部第三章。

註一一：以上諸段俱請參看「現象與物自身」一書。

第十四講　大乘起信論之「一心開二門」

今天，我們再從唯識宗阿賴耶系統往前推進，來看看佛教的發展。在佛教教義的發展過程中，唯識宗並非最終之理境；順着唯識宗的思想再往前發展，則是大乘起信論的系統。這個系統主要地是講「如來藏」（註一），卽「如來藏自性清淨心」；簡單地說，大乘起信論的思想卽是「眞常心」之系統。

依唯識宗所說之阿賴耶識，乃是一虛妄的生滅識（傳統雖說它是無覆無記，其實仍是昏沈無明），如同瀑流一般（註二），永遠往下流。因此，就阿賴耶識之爲虛妄的而言，它是不清淨的，所以不是「眞心」；而就其好比一個瀑流而言，則可以柏拉圖對話錄中所提到的「不斷的流」（constant flux）來比喻，它既是條水流，則必定刹那生滅，而非常住不變。所以唯識宗所講的阿賴耶識只是生滅的「識心」，而非眞常的「智心」——清淨心。

至於大乘起信論所提出之如來藏系統，則是講「如來藏自性清淨心」；自性既是清淨，則非虛妄染汚，所以是屬眞常心。眞是眞實不虛，常是恒常不變。依佛教而言，此卽是「智心」。而「智心」乃是由「識心」對翻而來的，所以由唯識宗的阿賴耶系統推進至大乘起信論的眞常心系統，這種推進乃是佛教內部教義的發展中，必然要出現的一種推進。因爲順着阿賴耶識系統中問題的展現，自然會逼顯出「如來藏自性清淨心」的思想系統。

這個思想發展的變遷過程，我們可以就兩個問題來加以說明。第一個問題乃是爲了說明一切法(註三)的依止或一切法的根源問題而逼顯出來的。眞常心系統(註四)以如來藏自性清淨心爲一切法的依止，比之唯識宗以阿賴耶識爲一切法之依止較爲圓滿。依唯識宗，一切法根源於阿賴耶識，依止於阿賴耶識；然而阿賴耶只是虛妄的識心，所以順着阿賴耶識下來，只能說明一切法的生死流轉，而生死流轉卽是生滅法。但是一切法不只是生死流轉的染汚法，還有清淨的功德法。如此一來，我們可以追問唯識宗，清淨功德法的根源又是什麼呢？亦卽我們如何說明一切清淨法的依止問題呢？

當然唯識宗可以說清淨功德法是由「無漏種」而來，所以它對「無漏種」亦有個說明(註五)；然而，唯識宗所說的「無漏種」本身亦有問題，因此對於清淨功德法之說明卽顯得不够圓滿、徹底。因爲照唯識宗之說法，「無漏種」乃是經由後天的正聞熏習而成(註六)。假定無漏種完全是由後天熏習而成，而無漏種又是一切清淨功德法的根源，則很顯然的，一切清淨法的根源必落入後天的、經驗的(empirical)；此一根源既是後天經驗的，則自然沒有先天必然性。因此，由無漏種所起現的清淨法亦無必然性可言。

順着第一個問題，我們再往前推進一步，提出第二個問題，亦卽提出「成佛有無必然的保障」的問題。前面，我們已指出唯識宗乃是以「無漏種」作爲一切清淨功德法的根源，此亦卽是以無漏種作爲眾生成佛的根據。然而，無漏種既是由後天正聞熏習而成，則眾生賴以成佛的根據亦必落入後天的、經驗的，既是後天經驗的，則此成佛的根據無必然的保障。因爲眾生所以能成佛，不僅要靠後天熏習，而且要碰機會（註七），那麼何時能證道成佛，根本無法肯定。如此一來，以無漏種作爲成佛的根據，則顯力量不夠。

順此問題，必然要往前推進一步，尋找一先天的根據，而且是超越的（transcendental）而非經驗的根據；亦卽必然要逼顯出「如來藏自性淸淨心」，才能徹底解決成佛的根據問題。此種發展，就好比康德講「因果性」（causality）一樣，因爲依照休姆（David Hume）所說的因果性，無法說明科學知識，而康德順此問題之逼迫，非得要把因果性看成是先驗的（a priori）不可。所以就佛教內部教義的發展，順着問題之逼迫，必須往前推進，肯定有一超越的眞常心，作爲眾生成佛的超越根據。因爲一旦肯定有一超越的眞常心作爲成佛的根據，則我們的生命中，先天地卽蘊含一種超脫的力量，能夠自然發動，而非完全靠後天經驗的熏習。如果必須完全靠後天經驗的熏習，則遇見佛時，可能成佛，若未遇見佛，豈非永無證道成佛之日？

順着以上兩個問題的逼迫，佛教的發展必然要提出「眞常心」的系統。而這個系統可以大乘起信論的思想作爲代表。在佛教史的考據方面，有人說「大乘起信論」是中國人僞造的，好像是假的一樣（註八），而不是從印度的梵文翻譯過來的。然而，儘管考據上可以如此說，但是大乘起信論的思想卻並不假。它的思想乃是根據印度佛教後期的發展而來的，亦卽是根據印度後期的眞常經而說的；它所依據的經有勝鬘夫人經、楞伽經、大般涅槃經，以及其他一些有關「如來藏」之經典。這些眞常經並不是中國人所僞造的，是印度原來卽有的。

依照印度大乘佛教之發展，首先出現空宗，是以龍樹菩薩爲代表。繼空宗之後出現的是唯識宗，以無着、世親爲代表。這兩派思想在當時，可說是印度佛教之顯學。此二宗皆以論典爲主。當然它們也依據經典，如空宗所依之經爲「大般若經」，而唯識宗主要依據的則是「解深密經」；但是它們所以成爲一個學派的義理根據，則全部蘊含在其所依據之論典中。所以我們可以說，這兩個宗派的思想，都是以論爲主。如空宗所依據之論典，有龍樹菩薩所造的「中論」、「百論」、「十二門論」以及「大智度論」。學空宗的人可以不唸大般若經，但是他一定得唸這四部論。同樣地，研究唯識宗的人，亦必須熟悉它所依據之論典，如瑜伽師地論、攝大乘論、成唯識論、辯中邊論，以及莊嚴經論等。所以這兩大宗派在一般學習上，都是「重論不重經」的，如後來嘉祥吉藏所創之「三論宗」，卽直接依中論、百論以及十二門論成一宗派，而不依大般若經。

至於唯識宗之重視論典，比之空宗更甚。不僅其所重視之論典繁多，名相繁瑣，卽使其所依據之「解深密經」亦不像部經，根本就像是部論。因爲一般而言，經大體上含有許多頌揚的鋪排，神話成份很大，不如論典那麼有系統性和理論性；而解深密經不僅含有許多概念、理論，而且非常有系統，與一般論典差不多。所以研究唯識宗的人，大多是看重論典而不太讀經的。印順法師就曾批評唯識宗這種「重論不重經」的毛病。

其實，學佛的人，是應當多讀經的。因爲經是佛所說的，經所代表的是具體、活潑、舒朗而開擴的心胸；而論則是菩薩所造，目的在於闡明佛經之義理，故理論性較強。然而，正因爲理論性較大較強，一旦陷在其中，就好比陷入天羅地網之中，常鬧不明白。所以乾脆多讀經，反可使人的心思較活潑、開朗。由此，我想到天台宗智者大師的「維摩經玄義」，其中有一段話說，一般人都以爲論豐富、經貧乏，其實並不如此；還是經豐富，經比起論來較舒朗，所以啟發性亦大，「是入道正因，輕經重論甚可傷也。」（註九）。智者大師這段話，的確發自眞切實感，雖然這段話在天台系統中並不很重要，平常大家也都不太注意，但這類話頭看似不相干，卻必是有眞切實感的人才說得出來，所以也不能不注意。

這就好比現在的人之所以輕視論語，其道理是相同的。西方人一向最不能瞭解論語，以前有一個英國人就一直不能瞭解爲什麼論語在中國的地位如此崇高，好像聖經一樣。他們認爲論語中，如「子曰：學而時習之，不亦說乎？有朋自遠方來，不亦樂乎？人不知而不慍，不亦君子乎？」這些話語，根本與哲學不相干；整部論語，不但沒有什麼定義(definition)、系統，更沒有什麼推理。西方人如此看論語，這只表示其頭腦之簡單。他們以爲一定要有定義、概念、原則與系統，才過癮；而像論語裡面這樣的簡單的話語，他們便以爲沒有多大的價值。

由於文化與思想背景的不同，西方人可以有這樣的看法，然中國歷來的傳統，卻沒有人敢下如此的評斷。不但是尊崇儒家思想的人，即便是學「佛」修「道」者，也沒有人敢輕視論語的價值。

所以像天台智者大師所說的話，就是要令後來的人，明瞭經比論豐富。因爲論只是充足地表現一些概念而已，你以爲論很豐富，實際上卻是貧乏的。這也就好比西方的神學家所著的論述一般，看似很豐富、很精彩，而相對地，聖經（Bible）卻似乎很簡單、很貧乏；然而聖經對後世之啟發性是多麼的大！不論是相信或不相信基督教，讀過四福音書的人，都會深受感動的。因爲四福音書帶有戲劇性，也是代表聖人的型態之一，值得大家讀一讀。反之，你若讀聖多瑪的「神學總論」（Summa theologica）卻不會有太大的感動。又如亞理士多德的哲學，分析過來，分析過去，又如斯頻諾薩的倫理學，而且是以幾何學的方式寫成的，但這對一個人的信仰又有什麼助益呢？所以這些只能代表理論，而論語、聖經之類，則代表智慧。由此，我們可以得知，唯識宗發展至後來的只讀論不讀經，是不對的。

以上，我們已略爲說明了印度早期大乘佛教之發展情形，至於後期之眞常經思想，雖然出現晚些，然卻是一個「辯證的發展」（dialectical development）。亦卽先有空宗思想之出現，然後有唯識宗思想，而順着唯識宗之思想，再往前推進一步，則爲眞常心之系統。在印度晚期雖出現眞常經，然卻沒有造出論來，也因爲沒有論典，所以不爲一般重視理論性推理的人所注意。可是佛教傳到中國來之後，許是中國人的智慧高，也可能是中國人對於理論性的興趣不很高，雖然也可以讀論，然興趣卻不在論上。所以唯識宗傳到中國之後，由唐玄奘至窺基，傳了兩代就衰微了。而現代的人，讀唯識宗的論典，乃是由于西方哲學的刺激，這是緣於哲學的興趣，亦卽以哲學爲出發點。然而一般人學佛，則不是當哲學看，他出家當和尙或潛心修道，就是要相信佛之教導；所以就宗教的興趣而言，則是重經不重論。中國人這種態度是對的，而且也是應當的。中國人對於理論的興趣不強，分析性也不够，這可以說是中國人的缺點，但同時也是優點。也由於中國人的這種心態，吸收佛教以後，一直都是重視經典，主張直接讀佛經。所以眞常系的思想，雖然沒有什麼論典，傳入中國之後，卻最能爲中國人所接受。

中國人之所以特別喜歡眞常經，也是有緣故的，因爲眞常經所蘊含的義理，很合乎中國人的心態。中國人對於眞常經所主張之「一切衆生悉有佛性」（註一〇）或「一切衆生皆可成佛」的思想，很容易了解，因爲孟子一開始卽強調「人人皆可以爲堯舜」（註一一），同時更指出「人人皆有聖性」。孟子所說的性善之「性」，是指「聖性」，乃是通過道德實踐而呈現的，而道德實踐之最高境界卽是成聖人。在此，聖性並非單屬於聖人之性，而是指成聖所以可能之根據。如果我們將「佛性」類比於「聖性」，則人人悉有佛性之「佛性」，亦不單單屬於佛一個人之性，而是成佛所以可能之根據。由於此種心態之相類似，所以中國人較欣賞印度後期發展出來的眞常經；也因此，如來藏眞常經的思想，在中國產生很大的影響。

前面，我們曾提及有人說大乘起信論是中國人僞造的；也有人說此論出現在中國，是在中國造的，其實這些說法均很籠統。因爲若說中國人僞造的，那究竟是那個人所造的呢？至於說是在中國造的，則不必然是中國人僞造的，亦卽「在中國造的」與「中國人僞造的」是不相同的，因爲在中國的不一定都是中國人。依我個人的推斷，其實就是眞諦三藏所造的。眞諦三藏是梁大同年間，從印度來的僧人，在中國弘揚唯識思想。大乘起信論被標爲是馬鳴菩薩所造，其實這是假託菩薩之名，以增加論典之權威性。至於被標爲是眞諦譯，其實據我看就是眞諦所造；當然不一定只是眞諦一個人所造，也許有許多中國和尚幫他的忙（註一二）。何以能推測大乘起信論是眞諦三藏所造？因爲眞諦三藏的思想就是想融攝阿賴耶于如來藏的，而大乘起信論正是這種融攝之充分的完整的展示。

所以儘管有許多人說大乘起信論不是印度原有的，是中國僞造的，但仍然有許多人重視大乘起信論，欣賞這部論所蘊含之義理。支那內學院的歐陽大師，拚命地攻擊大乘起信論，呂秋逸、王恩洋等人，對大乘起信論的態度尤其惡劣（註一三）；但大乘起信論在佛教中，仍佔有重要的地位，是不能動搖的。因爲順着佛教問題的發展，必然要出現大乘起信論所主張之思想義理。換句話，針對問題之癥結所在，我們不得不重視大乘起信論之思想架構。所以內學院排斥大乘起信論的態度，是不妥當的。

大乘起信論的義理，主要是根據勝鬘夫人經以及楞伽經而來。因此，要了解大乘起信論的思想，可以先從這兩部經讀起。楞伽經的義理不甚淸楚，編纂和翻譯（註一四）也不太好；至於勝鬘夫人經則翻譯得較流暢，有些話頭亦說得很淸楚明白。依據這些眞常經所造成的大乘起信論，最主要的是提出「一心開二門」的觀念，也就是先肯定有一超越的眞常心，由此眞常心再開出「眞如」與「生滅」二門（註一五）。假定我們不肯定有一超越的眞常心，而只是從阿賴耶識來說明一切法，則我們的生命原來本有的只是阿賴耶識，至於清淨無漏種則是後起的，是經由後天的正聞熏習而成的。所以，天台宗批評唯識宗說：「那得發頭據阿賴耶生一切法？」（註一六）。「那得」就是不得、何得的意思。因爲若一開始卽用阿賴耶識來說明一切法，而阿賴耶識只是妄識，則由此識心所生出的只是雜染的生死流轉法，此只能說是「一心開一門」；而關於無漏種清淨法的一門卻開不出來。所以唯識宗阿賴耶識系統所說明的，只是生死流轉法一門。

至於大乘起信論所提出之「心」乃是超越的眞常心，此眞常心是一切法的依止；所謂一切法，乃是包括生死流轉的一切法，以及清淨無漏的一切法。這一切法的兩面，都依止於如來藏自性清淨心，「依」是依靠的依，「止」就好像說「止於至善」的那個止。一切法都依止於如來藏自性清淨心，就表示由如來藏自性清淨心可以開出二門，一是生滅門，指的是生死流轉的現象，有生有滅，刹那變化，所謂「諸行無常、諸法無我」（註一七）；另一則是眞如門，卽開出清淨法界門。「眞如」（註一八）是針對無漏清淨法而講的。如此一來，「一心開二門」的架構也就撐開來了，這是哲學思想上一個很重要的格局。這個格局非常有貢獻，不能只看作是佛教內的一套說法。我們可以把它視爲一個公共的模型，有普遍的適用性，可以拿它來對治一個很重要的哲學問題。這也是我這幾年反覆思考，才看出來的。

在此，我們先說說「一心開二門」，所謂「一心」就是指如來藏自性清淨心，也就是指超越的眞常心；由此自性清淨心直接說明的法乃是清淨無漏法，所以我們可以說一切清淨法依止於如來藏自性清淨心。然而，我們的眞心其自性雖本來清淨，可是我們的現實生命都是流轉於生死之流，卽表示我們的生命同時有生滅法。生死流轉的染污法、煩惱法如何能依止於如來藏自性清淨心呢？如何能與無漏清淨法同樣地根源於如來藏自性清淨心呢？我們似乎可以追問：自性既然清淨，爲什麼又忽然不清淨了呢？依照形式邏輯的頭腦，是可以這樣問難的。所以有人說如來藏自性清淨心與阿賴耶識兩個系統都有麻煩，因爲依阿賴耶識系統，由識心直接生出的是生死流轉的染污法，要說明這一方面的生滅變化是很容易的；但是由染污識如何生出無漏清淨法，則不太容易說明。同樣的，如來藏自性清淨心所直接生出的是無漏清淨法，何以又會出現生死流轉的染污法呢？這和唯識宗阿賴耶系統所遭遇的困難根本是一樣的，只是不同面向而已。

如此機械的推理態度是不對的，表面上兩個系統的問題似乎一樣，實際上不然。印順法師就把這問題看得很嚴重（註一九），他認爲如來藏自性清淨心系統與唯識宗之阿賴耶系統，都有其自身所遭遇的困難；他引用勝鬘夫人經所說之「世尊！然有煩惱，有煩惱染心，自性清淨心而有染者，難可了知」來說明如來藏系統之吊詭（paradox），這「不染而染、染而不染」，使人糊塗不解。他認爲這種難題是「難可了知」，唯有佛才能了解。實際上，如來藏系統並沒有什麼困難，這個難題其實也是很容易了解的，印順法師只是誇大了這個難題而已。至於佛經，自然是推崇佛陀的神通廣大，因爲佛有修持，道行高，所以對這種「不染而染、染而不染」的問題，唯有佛能了知，這是很神秘的（mystic）。印順法師根據勝鬘經這段經文，認為如來藏系統要從「不染而染」來說明染污的生滅法，是不太容易而且不太可理解。若照他這種看法，根本就是被勝鬘經那句話給唬住了，根本沒有眞正了解如來藏自性清淨心之思想。

所謂「一心開二門」，開生滅門和開清淨門是不同的，必須用兩種方式加以說明，這在唯識宗的阿賴耶系統也是如此。譬如由阿賴耶識直接可以開出生滅門，但是要開清淨門，則不是直接可以開出來的，必須經過一個曲折的過程才行。依唯識宗所說，無漏種乃是從另一根源而來，它不是從阿賴耶識直接生出，而是經由正聞熏習所成的；如攝大乘論所說，正聞是要聽聞佛法（註二〇）。我們天天用耳朵所聽到的並不是正聞，所以無法熏成無漏種，也因此不能成佛。我們必須聽聞佛法，頌讀佛經，才能由正聞熏習成無漏種。可見這些無漏種的根源並不在阿賴耶識，而在於正聞，只是由正聞而熏習，熏成種以後，此種卽寄存於阿賴耶識中，這中間卽有一曲折。所以阿賴耶識系統所說的清淨法與染污法，其來源是不同的。阿賴耶識系統對清淨法雖也有所說明，但卻說明得不夠健全、圓滿與徹底。而且此種說法有一種壞影響，此卽使得「一切眾生皆可成佛」這句話無法充分地被證成。

其次，我們來看看如來藏自性清淨心的系統，如何說明「一心開二門」。順着如來藏自性清淨心直接生出的當然是無漏清淨法，那麼它又是如何說明有漏染污的生滅法呢？由如來藏自性清淨心說明清淨法其方式是直接的方式，對於有漏染污的生滅變化，則非直接的方式可以說明，此必須經過一個曲折、跌宕，才能說明。這個曲折，卽是無明的插入，也就是大乘起信論所說的：「所謂不生不滅與生滅和合，非一非異，名爲阿黎耶識」。不生不滅是針對自性清淨心這一面講的，而生滅則指的是生死流轉法；不生不滅與生滅兩者和合起來，不一不異，就叫做阿賴耶識。在此卽把阿賴耶識系統融攝進來，所以阿賴耶是兩頭通的。所謂阿賴耶兩頭通，乃是指阿賴耶有其超越的性格（transcendent character），亦有其內在的性格（immanent character），此卽表示阿賴耶具有雙重性（double character）。楞伽經在說明如來藏時，卽曾指出阿賴耶之雙重性（註二一），而日本鈴木大拙講楞伽經時，也是用「雙重性」（double character）這個名詞。依唯識宗阿賴耶系統，阿賴耶識只有一性，卽虛妄的染污性，而沒有超越的淸淨性。但是在大乘起信論中，阿賴耶被套進來，被說成是「不生不滅與生滅和合，非一非異」，則其具有雙重性甚顯。就阿賴耶和合識如實觀之，它現實的本性（卽內在的性格）是生滅染污的，但它同時也具有不生不滅的超越性格，雖然在現實中尚未顯現出來，卻是一直在隱伏著，所以我們說阿賴耶識是兩頭通的。

此種思想，很明顯地是將阿賴耶系統吸收進來，亦卽以如來藏系統來統攝阿賴耶系統。經過此一曲折、跌宕，阿賴耶識在如來藏自性清淨心系統的狀態，就好比是我們身上血脈不通時，血管凸起的狀態；也好比是我們肌肉抽縮時的痙攣現象。我們也可以說阿賴耶識之於如來藏自性清淨心，就好比「平地起土堆」（註二二），平地忽然起了土堆，就凹凸不平。平而實是對着清淨法說，不平不實則是對着染污法說。我們的眞心其自性本來是清淨的（不生不滅），何以又有染污法（生滅）呢？這中間的曲折、跌宕是如何產生的呢？這完全是因爲無明的插入，卽所謂的「無明風動」(註二三)所導致。因爲我們的眞心雖然本來清淨，但只要一昏沉，只要一念忽然不覺，隨卽墮入無明。而無明是無根的，亦沒有一實體，它只是我們於忽然一念不覺時所呈現出來的一種昏沉相。大乘起信論將無明比作風，無明風一吹動，平靜的心湖就會興起波浪。波浪並不是水的本性，波浪之興源於風吹水動，然而風是沒有根的，只是空氣的振動，所以風一停止，波浪也就隨之而消失。

至於我們爲什麼忽然一念不覺就有無明，這無明風是從何而來的呢？我們可以說空氣的振動會產生風，風吹水動，所以有波浪；但是我們卻不能說無明是空氣的振動所產生的。這種問題在以前的確是很難理解，所以勝鬘夫人經說它是「難可了知」；但現在我們可以採用一些新名辭來說明，則較易理解。這個問題，在康德哲學裏是很容易答覆的。依康德所說，我們的意志（will）不是神聖意志（Holy will），而我們的格言（maxim）與道德法則（moral law）亦常不能相合，這是爲什麼呢？這乃是因爲我們有感性（sensibility）；由於我們有感性，所以常爲物欲所牽引，因而有無明，有昏沉，這卽表示人是有限的存在，所以人的意志不是神聖的意志。至於上帝則無感性，上帝的意志是神聖的，上帝是毫無阻碍的。

在此，康德所說的「感性」，照儒家講，則是人的私欲，如王陽明所說的「隨軀殼起念」。我們平常都順着我們的軀殼起念，而非順着良知起念。本來我們若順着良知起心動念，則無一念昏沉的無明，亦不會有「平地起土堆」的情形；可是我們有軀殼，我們有感性私欲，所以才有無明昏沉。這種問題只能如此說明，也只能分析至此。假定有人追問：人爲什麼有感性、有私欲呢？這種問題是不成其爲問題的，否則眞是「難可了知」了。

如來藏自性清淨心系統經過如此的一個曲折，將無明（卽阿賴耶識）引進來，因此卽可說明生死流轉法。如此一來，生死流轉之依止於如來藏自性清淨心乃是間接地依止，而非直接地依止。因爲自性清淨心本身是一眞常心，既是心則有活動（動而無動之動）；一起心動念（動而動），馬上就轉成了阿賴耶識，如此卽生無明。順此一面說，阿賴耶識與眞常心雖不一，然亦不異，就其不異而言，亦可說是同質的（homogeneous），以其同質，所以由阿賴耶識直接起現之生滅法才能通到眞常心，也就是依止於如來藏自性清淨心。

我們可以借用「水波」作喻，來說明這種依止關係。波浪雖然不卽是水，然而卻必須憑藉水才能起現。若換作木板，風怎麼吹，也吹不起波浪來的。可見波浪必須以水做底子，才能興起波浪。又好比小麥成熟了，長得很高，麥穗都轉成金黃色，風一吹動，小麥隨風翻動，形成了生動的（vivid）浪潮，煞是好看，所以名之曰「麥浪」。麥浪與波浪雖同是浪，但是風吹水面，到底是無法興起麥浪的，因爲它們的性質不同。所以波浪必須憑藉同質的水才能起現，而生死流轉法之所以必須依止於如來藏自性清淨心，也是同樣的道理。

因此，我們說生死流轉法依止於如來藏自性清淨心，是一種間接的依止關係，其中有一曲折（假定我們通過實踐的話）。此一曲折，依黑格爾的說法卽是一辯證的（dialectical）過程。因此生死流轉法往上統攝於如來藏自性清淨心時，本身卽是一種辯證的過程，這必須進一步說到菩薩道的實踐時，才能說明其中辯證發展的過程。假定，從如來藏自性清淨心通過實踐，我們自覺地要生死流轉法，這中間也是一種辯證的過程。這就好比菩薩道的「留惑潤生」。惑本是迷惑、煩惱，菩薩早已可斷除迷惑，不再煩惱；但他保留這個惑（當然是自覺地要保留），爲的是要潤澤眾生。因爲若是菩薩太清淨了，也就不能有「難得糊塗」了。這好比「水清則無魚」。如果菩薩太清淨了，不能和眾生一起過生活，如何能渡眾生呢？所以唯有菩薩的慈悲心懷，才能自覺地留惑潤生，這是智慧、理論，同時也是實踐。這也就是我曾說過的「自我坎陷」（self-negation）（註二四），是一種自覺地陷落下來，亦卽是自覺的自我否定。

因此，由一心開出二門，有兩種方式：說無漏清淨法是直接的方式，此比較容易說明；而說有漏雜染法，則是間接地說，亦卽一切生死流轉法是間接地依止於如來藏自性清淨心。這個如來藏作爲生滅法的根據（ground）是什麼意義的根據呢？依佛教之說法，如來藏直接生起清淨法，卽名之爲「生因」（註二五）。但是對着有漏生滅法則非「生因」，亦非「了因」，而是「憑依因」。也就是說，生滅染污法只是憑依如來藏起現，並非從清淨的如來藏直接生起。如此，「自性清淨心何以會生出染污法」的問題，就不復存在了，因爲如來藏自性清淨心只是生滅法的憑依因而非生因，生滅法必須憑依如來藏而起現。

生滅法與如來藏的憑依關係，可拿一例來加以說明。譬如以前的大富人家，都有許多僕人；當你要拜見達官貴人時，必須先通過家僕這一關。這些家僕首先問你要紅包，你必須賄路他；否則，他就與你多方刁難，所謂「閻王易見，小鬼難纏」。所以舊時官場中的豪奴惡僕，就假藉他主人的名義出去做壞事；壞事當然不是主人做的，可是賬卻都算在主人身上。同樣地，阿賴耶識憑藉如來藏自性清淨心，起現生死流轉法，但是賬卻算在如來藏上，必須由如來藏自性清淨心來負責任。可見如來藏自性清淨心只是憑依因，而非生因。而且，由此一心開出二門，是經由兩種方式開出，如果明白這個道理，也就沒有什麼問題是「難可了知」的。

順着大乘起信論「一心開二門」之提出，我們今天主要要說明的，是這個「一心開二門」的架構在哲學思想上的重要性。因爲就哲學發展的究極領域而言，這個架構有其獨特的意義。我們可以把它看成是一個有普遍性的共同模型，可以適用於儒釋道三教，甚至亦可籠罩及康德的系統。若將其當做形上學的問題看，則此種問題卽是屬於「實踐的形上學」(practical metaphysics)，而不屬於平常的「理論的（知解的）形上學」(theoretical metaphysics)。依照康德的說法，形上學可分爲「內在的形上學」(immanent metaphysics)與「超絕的形上學」(transcendent metaphysics)兩種(註二六)。所謂內在的形上學指的是康德哲學中的超越的分解(註二七)，也就是指具有客觀妥效性的先驗綜合知識而言。而超絕的形上學則是指理性所提供的理念(Ideas)，比如「超越的辯證」(註二八)中，理性的心理學所提到的「靈魂不滅」卽屬於超絕的形上學，另外有宇宙論方面的理念，如「第一因」(first cause)、「有限」、「無限」，以及「上帝存在」等，這些均是理性所提供的理念。當然這些理念在思辨理性中是毫無客觀眞實性可言，它只是個空理，因爲這些理念所指的對象在思辨理性中無法證實。但是理性可提供這些理念，而這些理念對着思辨理性而言，即是超絕的形上學。此種超絕的形上學必須經由實踐理性才能得到客觀的眞實性。

在此，超絕的形上學經由實踐理性發展至最後，即是康德所謂的「道德的神學」（moral theology），此道德的神學相當於儒家的「道德的形上學」，所謂「道德的形上學」，並非是「形而上學的道德學」（metaphysical ethics）。就好比康德只承認道德的神學，而並不承認「神學的道德學」（theological ethics）；儒家亦只承認道德的形上學，而並不承認形而上學的道德學。道德不能以形上學爲基礎，只能說形上學以道德爲基礎。同樣的，康德亦強調神學需以道德或實踐理性爲基礎，而不是我們的道德以神學或上帝爲基礎。因爲如果照上帝的意旨講道德，依照康德的說法，這種道德是屬於「他律」（Heteronomy）的，是有條件的。

經過以上的互相對照，我們知道大乘起信論的「一心開二門」是屬於道德的形上學或超絕的形上學的層次。因此，此一架構亦唯有在道德的形上學或超絕的形上學中才有意義，才有貢獻。所謂有意義、有貢獻，當然是針對康德的哲學體系而言。依照康德哲學，「自由」、「靈魂」、「上帝」等理念，在實踐理性中雖有其實在性，然卻仍只是「設準」（postulate），我們的知識是無法達到它們的，其實在性仍只是實踐的，而非知解的。因爲我們對於這些理念，沒有直覺（intuition），所以無法令這些理念「呈現」。康德的問題，在於他雖強調人的實踐理性，卻未肯定人有智的直覺；他不承認人具有大乘起信論所肯定的如來藏自性清淨心，或如王陽明所說的良知意義的心，甚至如陸象山根據孟子所說的「本心」。正因爲康德不承認人有眞常心，所以他所說的「自由」等理念只是個「設準」，是無法具體呈現的。但他在實踐理性中，又將「自由」歸屬於「智思界」（Intelligible world），而依照自由或自律的法則所發動的行動（action）則屬於「感觸界」（sensible world）。可見他亦承認感觸界中的行動，其原因是屬於智思界，而此兩世界是分開爲二的。這可類比於大乘起信論中的阿賴耶識，因爲阿賴耶識是「不生不滅與生滅和合，非一非異」所形成的，所以它具有超越的與現實的雙重性，而也因爲這雙重性，所以才得以由一心開出二門。照理，依康德的哲學體系，儘管他所說的「自由」只是個設準，也當該可以開出二門的。因爲康德雖然說行動（或結果）是屬於感觸界，需服從自然因果性（natural causality），依佛教卽是屬於生滅門；但是行動之「原因」則是屬於智思界。既然如此，則行動本身亦當該可以上通清淨門，但此層意思康德卻漏掉了。

我們且舉一例來說明，如果眼前我要抽烟，抽烟這個行動當然是屬於感觸界的現象，然而抽烟這個行動有沒有「物自身」的意義呢？這個問題康德並未加以說明。嚴格地說，既然有「現象」，相對地就當該有「物自身」，現象與物自身只是一物的兩面，只是兩種不同的呈現而已。所以我們的行動，有時是現象，有時亦可以是物自身。那麼康德所說的「行動」的物自身的意義在那裏呢？他一說行動，就把行動歸屬現象，卻忘掉行動本身除了有現象的身分，同時也有物自身的身分。在此，他說得太快，一下就滑過去了。

我們不能說我們的行動本身是現象，而此行動底超越根據例如「自由意志」(free will)，便是它的物自身的意義，因爲這是不通的。物自身是一物之在其自己，不是此物所由以被產生的那超越的根據。一行動若有物自身的意義，此意義便是此行動底淸淨相、如相，而不是此行動所由以被產生的那超越根據。康德把自由意志當作原因（屬於智思界的一個「智思物」（noumenon）（註二九），把行爲（或行動）當作結果。這種因果性，康德稱之爲「特種因果性」（special causality），亦叫「自由底因果性」（causality of freedom）（註三〇），與「自然因果性」（causality of nature）是完全不同的。在特種因果性中，原因屬於智思界，而結果則屬於感觸界。因此，作爲結果的行動本身，只有現象意義，而無物自身的意義。由此可以看出康德一說到行動，一下就滑到現象界。也因此，他的哲學體系只能說是「一心開一門」，他只開出感觸界的生滅門，卻沒有開出智思界的淸淨門。

事實上，行爲本身既是個「物」（thing），則理當有其爲「物自身」（thing in itself）的身分。假定，針對抽烟這個行動，你意識到抽烟本身不只是個現象，同時也有物自身的意義，則佛教所說的「一心開二門」的格局在此便可被開出來。依照中國哲學，不論是儒家（從孟子下貫至王陽明的心學）或佛家或道家，都不把事事物物只當現象看，因爲一草一木旣是物，自然就有其爲物自身之意義；那麼我們對於眼前的行動，不但可以視其爲現象（對着我們的感性或知性，它卽是現象），同時亦可將其當作物自身看待。因爲，不只是物理世界的現象物或山河大地，卽使是行動本身亦可以視作感觸直覺（sensible intuition）的對象卽現象。既可視作現象，自亦可視作物自身。如果我們在此能找出事物的物自身的意義，則佛教「一心開二門」的義理，也就顯出其獨特的意義；也就是我們可以拿「一心開二門」的架構來消化康德的哲學系統。由此，卽可看出中國哲學對西方哲學的貢獻。這些均是扣緊一個個哲學問題自然逼到的，並非隨便泛泛地瞎比附。

康德的哲學並非容易隨便批評。若依西方哲學傳統及基督教傳統，康德的說法也許是最恰當的了。只有依據中國的傳統，始能看出康德哲學的不圓滿、不究竟之處。我們希望能透過中國哲學的智慧，給予一種適度的消化與提升。依佛教看，「行動」對着什麼樣的主體，才有物自身的意義呢？它若對着「般若智」或「自性清淨心」時，卽是物自身的意義，因爲就般若智或自性清淨心說，行動本身就是無漏清淨法；但若只對識心當現象看，則自然是有漏生滅法。如此卽是由一心開出二門。

在此，我們自然亦可追問：中國人之所以如此說法，是因爲中國人肯定人有般若智、有自性清淨心，而康德卻不肯定人有這種智（智的直覺）。不錯，康德雖然沒有肯定人有智的直覺，但卻超越地假定人有自由意志，並且認爲自由意志是一種設準，那麼我們爲什麼不能說面對自由意志這個設準，行動本身卽是物自身呢？

或許問題就在於康德把「自由意志」這個理念只當做設準看。既是設準，則不能被直覺，也無法呈現。所謂直覺，在康德哲學中的意義，與我們一般所了解的意義不同。因爲依康德的說法，直覺是一種「呈現原則」(principle of presentation)，它可以把事物給予人，可以將事物當作一對象；亦卽有直覺的地方，事物卽呈現在那兒。所以在知識上，我們一定要說「感觸直覺」。但是感觸直覺卻不能用於智思界的智思物，必須是智的直覺才能直覺智思物。可是康德不承認人有智的直覺，所以「自由意志」等理念遂只是設準而非呈現。

既然自由意志是設準而非給予，所以他在講實踐理性時，是從「道德法則是理性的事實」說起，而不能從自由說起。他是說完了道德法則才逼顯出自由，肯定自由。雖然實際上此兩者可以是一回事，但他分析道德時，卻認爲不可從自由那一面說起；因爲自由不是我們所有的「給予」(given)，不是我們可以由之以開始說話的「與料」(data)。自由必須接受批判的考察(critical examanation)，所以只是一種「設準」；而實踐理性則是其本身卽可實踐的，本身就可以給予我們道德法則。這是分析的，是無需批判而必須承認的事實，所以康德說「道德法則是理性的事實」。

而中國哲學，如王陽明所說的良知，本身卽是一種呈現。又如孟子所說之「四端之心」(註三一)，它也是當下卽可呈現的；所以王學中的王龍溪喜歡說「當下良知」。如果良知只是一種設準、一種假定，而不能當下呈現，那麼講一大套道德法則，根本就毫無影響力可言。所以中國人講道德實踐，一定從「性卽理」講到「心卽理」，如儒家從孟子到陸象山、王陽明，均強調「良知」、「本心」；而佛教則必定從阿賴耶識講到自性清淨心。依儒釋道三教的看法，我們人是有智的直覺的，因此，我們的良知、本心或如來藏自性清淨心，都是當下可以呈現的。（智的直覺卽是良知、本心、自性淸淨心底妙用。此妙用用於良知等本身，良知等卽呈現，用於照物卽見物自身。）如果這些理念只是個假定，永遠無法呈現，那麼道德實踐的力量是非常微弱的，而一大套的道德理論不等於落空了嗎？

因此，康德哲學的最後結果，若嚴格地追問起來，必是：在世間根本就無法實現無條件的道德法則；這也就等於說沒有眞正的道德曾出現過。所以，依康德哲學，我們只能把依無條件的道德法則而行當作一個理想，逐漸向它接近。而個人的「格言」(maxim) 終究是無法與道德法則完全合一，隨時都可能違背道德法則；因爲人的意志不是神聖意志，人的意志是上下搖擺不定的。眞正的道德實踐必須完全依照「定然的律令」（categorical imperative）而行；但是在康德哲學系統中，這種道德行動可以說根本沒有出現過，或許偶爾出現一些，或者今天出現一下，明天又不出現了。如此一來，雖講了一大套的道德理論，而眞正的道德卻落空了。這就表示康德哲學中，道德實踐的力量不够，所以在此不能不重視「心」的問題。中國哲學所強調的良知、本心，以及佛家所說的自性淸淨心，是很重要的；康德哲學中，講「心」講得不够，他的講法與理學家朱夫子的講法差不多。依照中國哲學，肯定人有智的直覺，不論是良知或自性淸淨心都是個「給予」（given），而且是可以當下呈現的，如此人人才能成聖成佛。否則，若良知、本心或自性淸淨心不能當下呈現，則永遠無法成聖成佛，只能把成聖成佛當做一個理想；因爲現實上是沒有佛的，我們只能向佛湊合，卻永遠達不到。這不是佛家所能許可的，亦非儒家所能許可。

依「一心開二門」的格局而言，行動本身不只是現象。行動若直接由良知、本心或自性清淨心發動，則在良知、本心與自性清淨心面前，它就不是現象的身分，它本身卽是物自身的身分。依康德的說法，一下就把行動說成是現象，如此就把行動定死了。康德在實踐理性批判中曾說過，面對上帝是沒有現象的；因爲上帝只創造「物自身」，而不創造「現象」。所以現象不是天造地設的，只有物自身才是天造地設。既然現象不是上帝所創造，而只是對着人而顯現的（是可有可無的東西），則現象就好像是平地起土堆，是對着感性（sensibility）或知性（understanding）的主體而顯現成的扭曲狀態，亦卽是把物自身扭曲爲現象，這也就是我所謂的「縐起來」。透過這種分辨，我們才能瞭解康德所說的現象（此「現象」不同於通常所說之現象）與物自身的意義。

由以上之分辨，我們可以看出，康德所說的「人的知性爲自然立法」是很可理解的，而且是很通順的。康德哲學中，有些道理表面上看起來似乎很悖理（absurd）、很可懷疑，而實際上卻是一定的，是不容懷疑與反對的。好比我們一般人，一聽到康德所說的「知性爲自然立法」，就覺得很可怕；有些英美學者，甚至德國人，始終不能了解康德；認爲康德所說的「知性爲自然立法」太主觀了，大家無法接受康德的主觀主義。但是，就康德所說的現象而言，那些說法其實是很合理的。要了解這些道理並不容易，我們也是經過艱難困苦才體會到的。一般人大體是順着英美實在論，或陸克（Locke）和萊布尼茲（Leibniz）的想法，去了解康德哲學。一般而言，陸克和萊布尼茲的想法最符合普通人的常識，所以一般人不了解康德的哲學思想。

讀康德哲學，光是順着純粹理性批判是不易把握其思想要義的，因爲康德從感性往裏說起，一步一句似乎都有可疑，似乎都可爭辯；難怪有一位英國人認爲康德所說的幾乎每一句都有錯誤，實際上是他根本不了解康德。我也是看到康德在實踐理性批判中，說上帝只創造物自身，不創造現象時，才豁然開朗，才透悟出來。

至於康德把智的直覺放在上帝那兒，中國一向沒有這種觀念；中國人認爲有良知、本心或自性清淨心就足够了，在此之外，不需要另外肯定一個上帝的存在。依佛教的教義，自性清淨心所緣生的一切法，也就等於上帝所創造的一切法；如此一來，一心開二門的義理就很容易了解。所以，就中國哲學的立場而言，在良知、本心或自性淸淨心之前，一切事事物物均是物自身的身分。這種思想可以用一些現成語句來加以說明。如佛教的話頭有「一色一香無非中道」，在這裏，色、香是物自身意義的色香。又佛教中所說的不增不減、如是如是的「如」，亦是物自身意義的「如」，並非抽象的「空」，「空」當然是就着法而言，法的自身之意義即是「空如相」，這卽是般若經所說的「實相一相，所謂無相，卽是如相」；物之實相，卽是物之在其自己。

這種思想在道家中，表現得更顯明，如「逍遙」、「自在」、「獨化」等，均是指精神境界；旣是逍遙自在，自然是物之在其自己。

由以上之相互比照，我們可以看出康德所說的物自身，是對應智的主體而言，具有提昇作用；所以它不是事實的概念，而是具有價值意味的概念（此不同於價值學上所說的價值概念，所以只能說是價值意味的概念）。依照康德所說，通過時間、空間來表象的，以及通過範疇來決定的就是「現象」，若把時間、空間以及範疇都撤掉，不對應於感性知性主體，而回到物本身（return to thing itself），則爲「物自身」。這在中國人的心態是很容易了解的，猶如家常便飯，口頭上天天都說，但在康德哲學中則不易了解。

中國人在過年節時貼門對兒，就有「萬物靜觀皆自得，四時佳興與人同」的說語，此中實已蘊含了無限的哲學義理。「萬物靜觀皆自得」不正指的是物之在其自己嗎？這並非指現象，亦非指科學知識。孟子曾說：「君子所性，仁義理智根於心，其生色也睟然見於面，盎於背，施於四體，不言而喻」（註三二）。從其「生色也睟然見於面，盎於背」，則身體的整個氣象就完全不同了。此時的四肢百體不只是現象，而同時也是物自身。

王學泰州派的羅近溪亦曾謂：「揚眉瞬目，渾全只是知體著見」。而泰州學案裏，王艮的兒子王東崖亦喜歡說些漂亮的話頭，如「鳥啼花落，山峙川流，飢食渴飲，夏葛冬裘，至道無餘蘊矣。充拓得開，則天地變化草木蕃。充拓不去，則天地閉賢人隱」。他這裏所說的山川花鳥，不能只當作自然現象看，而要當作物之在其自己看。這些話頭在以前都是一些妙語，看似玩弄光景，實則蘊含了很深的哲理。

因此，對着良知、本心或自性清淨心直接呈現的，是事事物物之在其自己；而當它一旦面對感性與知性主體時，則轉成現象，這些現象可以透過時空形式來表象，亦可經由範疇來決定，它們是屬於「自然因果性」所決定的。這種兩種面向的呈現，不就等於佛教所說的「一心開二門」嗎？這個意思並未違背康德的說法，相反地，卻足以消化康德哲學中的不圓滿與不足之處。但是若我們要將康德哲學中所說的「設準」（postulate）轉變成「呈現」（presentation），則很可能引起爭論，因爲依康德的哲學系統，是不承認人有當下良知或自性清淨心的。

不過儘管如此，我們卻必須承認，在這一點上，東西哲學是可以相互比照甚至爭論，以顯出義理所具之特色。東方哲學必須肯定「一心開二門」的架構，否則前面所引的那些話都只是空話。雖然依康德的看法，這些都只是「幻想」（fantacy），然從實際的道理來看，就當該照中國哲學所肯定的義理來說，這個哲學理境的確有進於康德處。

就西方哲學理境的發展，康德哲學確實使西方哲學往前推進一步，可是若要使康德哲學再往前推進，則必須與中國哲學互相摩盪，互相結合；同時，要使得中國哲學更充實，更往前推進，亦必須與西方康德哲學相接頭，如此才能往下傳續。這種文化的交流，正顯出佛教「一心開二門」這一架構的重要性。

我今天就講到這裏爲止。

尤惠貞記錄

附註

註一：所謂「如來藏」，卽指如來之藏，亦卽是指一切衆生貪瞋煩惱中所隱覆的清淨如來法身而言。如大方等如來藏經所說的：「我以佛眼觀一切衆生貪欲恚癡諸煩惱中，有如來智如來眼如來身，結加趺坐，儼然不動。善男子，一切衆生，雖在諸趣煩惱身中，有如來藏常無染污，德相備足，如我無異。」又如大般涅槃經第七亦曾謂：「佛言，善男子！我者卽是如來藏義。一切衆生悉有佛性，卽是我義。」而勝鬘夫人經法身章亦謂：「如是如來法身，不離煩惱藏，名如來藏。」

註二：解深密經有云：「阿陀那識（阿賴耶識之別名）甚深細，一切種子如瀑流，我於凡愚不開演，恐彼分別執為我。」

註三：見大智度論卷二：「一切法者略說有三種：一者有為法，二者無為法，三者不可說法，此已攝一切法。」又卷四十四：「佛告須菩提：一切法者，善法不善法，記法無記法，世間出世間法，有漏法無漏法，有為法無為法，共法不共法。須菩提！是名一切法。」

註四：印順法師在其「印度之佛教」一書中，將大乘佛教的宗派和義理分為「性空唯名論」、「虛妄唯識論」以及「真常唯心論」三系。

註五：見成唯識論卷二：「有諸有情無始時來有無漏種，不用熏習法爾成就。後勝進位熏令增長，無漏法起以此為因，無漏起時復熏成種。」又依攝大乘論卷三所說，淨心種子是「從最清淨法界等流正聞熏習種子所生。」成唯識論雖說有「本有無漏種」，然此並不等于超越的真心。「本有」亦無用。關此可參看佛性與般若第二部第二章第三節。

註六：見成唯識論卷二：「然本有種亦由熏習，令其增盛，方能得果。故說內種定有熏習。其聞熏習非唯有漏，聞正法時，亦熏本有無漏種子，令漸增盛，展轉乃至生出世心，故亦名聞熏習。」

註七：見攝大乘論卷三：「此中誰能悟入所應知相？大乘聞熏習相續，已得逢事諸佛出現於世，已得一向決定勝解，已善積集諸善根故，善備福智資糧菩薩。」

註　八：關於大乘起信論之真偽問題，可參看「大乘起信論真偽辯」，此書已編入大乘文化出版社的現代佛教學術叢刊㉟，書名為「大乘起信論與楞嚴經考辯」。亦可參看張心澂所著「偽書通考」。

註　九：見智者大師所著維摩經玄義卷三：「問曰：四教遍通衆經，何得的用通此經也。答曰：今撰四教義遍通諸經別有大本。略撮其要，通此經文者，正言此經具明四教入道，故須知大意也。但諸師多採經通論，致令晚生，皆謂論富經貧。今採經論通經意，欲令後生知經富而論貧也。敬重大乘真佛所說功德無量，是入道正因，輕經重論甚可傷也。」

註一〇：見大般涅槃經。

註一一：見孟子滕文公篇：「滕文公為世子，將之楚，過宋而見孟子。孟子道性善，言必稱堯舜。」又告子篇曹交問曰：「人皆可以為堯舜，有諸？」孟子曰：「然。」

註一二：參見「佛性與般若」上册頁二八〇。

註一三：見大乘起信論真偽辯。

註一四：楞伽經有三種譯本，一、劉宋求那跋陀羅譯，二、元魏菩提流支譯，三、唐實叉難陀譯。

註一五：大乘起信論有云：「依一心法有二種門。云何為二？一者心真如門，二者心生滅門。是二種門皆各總攝一切法。」

註一六：見智者大師「法華玄義」卷第五下。

註一七：此即是佛教「三法印」中所說的「一切行無常，一切法無我，涅槃寂滅。」見雜阿含經第十。

註一八：見大乘起信論：「一切法從本已來，離言說相，離名字相，離心緣相，畢竟平等，無有變異，不可破壞，唯是一心，故名真如。以一切言說假名無實，但隨妄念，不可得故。言真如者，亦無有相。謂言說之極，因言遣言，此真如體無有可遣，以一切法悉皆真故。亦無可立，以一切法皆同如故。當知一切法不可說不可念故，名為真如。」

註一九：見印順法師所著「以佛法研究佛法」一書，有關「如來藏之研究」部分。

註二〇：攝大乘論卷三：「……謂世尊說依他言音及內各別如理作意，由此為因，正見得生。」

註二一：見楞伽經卷四。

註二二：見象山全集卷三十四之「語錄」：「釋氏立教本欲脫離生死，惟主於成其私耳，此其病根也。且如世界如此，忽然生一個謂之禪，已自是無風起浪，平地起土堆了。」

註二三：大乘起信論有云：「如是衆生自性清淨心，因無明風動，心與無明俱無形相，不相捨離。而心非動性，若無明滅，相續則滅，智性不壞故。」

註二四：參見「現象與物自身」頁一二三。

註二五：依佛教因明之分析，「因」有好多種，「生因」就好比穀種之能生稻米；還有一種叫「了因」，譬如燈光可以照明見物，即為了因。

註二六：見康德純粹理性批判「超越方法論」第三章「純粹理性的建築」。史密斯英譯本頁六六二。

註二七：見康德純粹理性批判「超越的分解」部分。

註二八：見康德純粹理性批判「超越的辯證」部。

註二九：參見「現象與物自身」頁四十一。

註三〇：見康德純粹理性批判，純粹理性的第三個背反。史密斯英譯本頁四〇九。

註三一：見孟子公孫丑篇：「惻隱之心，仁之端也。羞惡之心，義之端也。辭讓之心，禮之端也。是非之心，智之端也。人之有是四端也，猶其有四體也。有是四端而自謂不能者，自賊也。謂其君不能者，賊其君者也。」

註三二：見孟子盡心篇。

第十五講　佛教中圓教底意義

上一講，我們已說明如來藏系統的「一心開二門」，我們可以把這個架構看成是一個有普遍性的共同模型，用它來消化康德哲學中的一些問題，這在哲學上是一個很大的貢獻。然而依天台宗的判教而言，如來藏系統仍屬別教。我們前面所說的幾個問題，大體上是按照佛教的發展而說，譬如對應着唯識宗系統，我們主要是說三性與二諦的問題；而對應着如來藏系統，則說一心開二門之重要，這些均屬於大乘別教。

今天，我們再進一步地談圓教的意義與圓教的觀念。依照天台宗的判教，最高的標準是圓教，修行的最高境界亦是圓教；而其所以能判定其他教派是小乘抑或是大乘，是大乘通教抑或是大乘別教，乃是因爲其背後有一圓教的標準在。那麼，何謂圓教？何謂非圓教？何以前面所說的只是別教而非圓教？這圓不圓實在是個很有趣的大問題；而這個問題，在西方哲學中，是不曾出現的。西方哲學史中有好多系統、好多宗派，但是從來沒有「圓教」這個觀念，也沒有圓教與非圓教的問題。所以圓教觀念，可以說是佛教在中國的發展過程中，所提出的一個新觀念。

當然，我們並不是說西洋哲學史中，沒有「圓滿」的觀念，「圓滿」這個觀念是普通的，大家隨時都可以用；但「圓滿」並不一定表示佛家所說的「圓教」的意義。光就圓教的字面上來看，它當然是含有圓滿的意義，不圓就不滿，而不圓滿自然就不是圓教；但假定我們就用西方哲學中的「圓滿」(perfect or perfection) 的意義，也很難確切地表示佛家所說的圓教意義。

現在很多西方人士，將佛教翻譯成英文，一看到「圓教」就譯成 round teaching。若譯成 round teaching，好像另外還有個 square teaching 與之相對似的。實際上，round 只表示一個圓圈，圓圈自然是圓滿無缺，但是 square 難道就不圓滿了嗎？所以這種翻譯是不大諦當的。

其實，perfect 並不是不可以用，只是照西方哲學所說 perfect 的意思，並不能完全表示佛教的圓教意義。在西方哲學中，柏拉圖所說的 Idea 可以說是最圓滿、最眞實。另外，理性主義在說明何謂道德的善(moral good)時，則是根據一種存有論的圓滿 (Ontological perfect) 來講善；此有別於快樂主義或功利主義，由經驗中的幸福來規定善。順此存有論的圓滿再往上推，推至上帝時，上帝本身卽是最圓滿的。所以在西方哲學中，perfect 可說是一個專詞，它指的是柏拉圖所說的 Idea，或指上帝的存在而言。

柏拉圖所說的圓滿的 Idea 是怎麼出現的呢？他所謂的 Idea 是通過我們的分解，把感觸界 (sensible world) 的事物都剔除，單顯一個至高的標準，此卽是圓滿的 Idea；但這是就 Idea 本身說圓滿，與佛家的圓教意義並不相同。因爲儘管 Idea 是最圓滿的，但卻把經驗界、感觸界的事物統統剔除，單顯 Idea 作圓滿的至高標準，這正好不是佛教所強調的圓教精神。

其次，若根據一個超越的意識來肯定上帝，說上帝是最圓滿的存在，而認爲現實的事物都是有限的，都是被創造的，其自身不能自主；只有無限的上帝是自主的存在，它創造了一切。依照這種說法，上帝本身可以是最圓滿的，但這個圓滿也不等同於圓教的意義。因爲儘管上帝本身是最圓滿、最眞實的存在，但這種獨顯一個無限的存在的講法，終究不同於佛家所說的圓教意義。

除了 perfect 以外，西方哲學中還有 complete這一個字，此字是完整義；能完整起來者，也含有圓滿的意義。譬如康德在純粹理性底背反中，指出不論是正題（Thesis）或是反題（Antithesis），都肯定事物底條件的串系（Series of conditions）可以完整起來。因爲任何東西或事件，都有其存在或產生的原因，順着原因追問其條件，則原因更有原因，條件更有條件，如此下去，這個條件的串系根本無法完整起來。但是我們的理性總想把它給圓滿起來，那麼，如何才能達到完整圓滿呢？從正面的正題（Thesis）說，必須肯定一個「第一因」（first cause）或是「上帝」，這個條件串系才能完整起來。在此，世界在時間和空間方面都是有限的（finite），而反面的反題（Antithesis）則主張世界沒有第一因，它是無始的；而在空間方面它亦無所限制，這個世界是無限的（infinite），而其中之條件的串系亦是無限的。既然肯定它是無限的，那麼它本身自然也可以是完整的。因此，不論是正題或反題，所肯定的系列（series）都可以完整起來。但是這樣地完整起來，不能是圓教，因爲這樣的「完整」其本身就有問題，第一其證明有問題，第二假定其證明無問題，何以又有背反？

由上述看來，西方哲學大體是順着分解的路子，來說明什麼是圓滿或完整。柏拉圖所說的 Idea 是通過一個超越的分解顯出來的，它不是經驗可以看到的。柏拉圖所用的分解方式，目的在顯出一個 Idea 來，我們稱其爲超越的分解（transcendental analytic），或者稱爲超絕的分解（transcendent analytic）也未嘗不可。柏拉圖的超絕的路子不是從主體方面講，而是從客體方面講，爲的是要特顯一個 Idea；而康德所說的超越的分解，則是從主體方面講，目的在於顯出一個先驗的範疇（a priori category），顯出一個純粹的概念（pure concept）。這是不同的兩個路子，但統統是分解的路子，而且統統是超越分解的路子。爲什麼說是超越的分解呢？因爲從客體方面，我們肯定一個先在的事物，譬如 Idea 是本來有的，是先在的；而從 Understanding 方面講，則肯定一個 a priori category 或 pure concept，也就是說透過某種方式，我們可以發現一個知性自身所提供的概念。惟是這種分解才叫做超越的分解。假定我們不採超越的分解，而用經驗的分解，就無法發現先在的東西。像萊布尼茲、羅素等強調邏輯分析（logical analysis），他們就不一定要肯定一個先在的東西；當然他們也可以肯定，但那種肯定也只是一種邏輯的肯定。

一般說分析，有經驗的分析、邏輯的分析和超越的分析（超越的分析說成超越的分解，也是可以的）。譬如就 Idea 說圓滿，所用的方法卽是超越的分解。另外，我們肯定有一超越的、無限的存在，就是上帝，就上帝本身說圓滿，而把有限的被造物暫時撇開，這就是一個超越意識，也是宗教意識。由此種宗教意識來肯定一個上帝，其背後的思路，還是一個超越分解的路子。就其爲一個宗教而言，還是需透過一個分解的思路，才能顯出上帝的高高在上，顯出祂的超越而無限，以及無所不知、無所不能和無所不在。但這不卽是圓教。

至于說系列完整亦復如此，說系列完整是順着我們 Understanding 的因果性（causality）範疇說的。從經驗世界開始，一層層往上追問，最後追問到有一個 first cause 或沒有 first cause；這兩種說法都是順着一條線兒上去，所以構成的條件串系（series of conditions）都可以完整起來。但這種完整也不是圓教。這些教路所以不是圓教，因爲它們都是透過分解的表示，分解地確定一個概念如何可能與如何不可能，譬如說順着 series of conditions，正題方面我們如何能肯定一個 first cause 呢？而反題方面則認爲這種肯定是沒有根據的，我們不能肯定有個 first cause。這兩理論是相衝突的，但卻都各有理由，而且無形之中，都肯定這個 series of conditions 可以完整起來。然而這種完整並不表示佛家圓教的意思。

佛教所說的圓教意思，是很特別的，它不能依照西方所說的 perfect 或 complete 來理解。假定我們以 perfect 或 complete 來理解佛教所謂的圓教，那麼唯識宗的阿賴耶系統本身也很圓滿，何以又只是別教呢？又依如來藏系統，它也可以說是肯定有一個 first cause，因爲一切法都依止於如來藏自性清淨心，而且由此一心開二門；從如來藏這裏，不但可以說明生死流轉的生滅法，而且可以說明涅槃還滅的清淨法。這不也是很圓滿了嗎？那爲什麼一定要判它是別教呢？所以一個系統光是圓滿地完整起來，並不能說是圓教。譬如攝大乘論一開始時引了阿毘達磨大乘經的一首偈：「無始時來界，一切法等依，由此有諸趣，及涅槃證得。」在此偈中，既說無始時來界，一切法等依，那不就等於康德所說的 series of conditions 已經完整起來了嗎？「界」在阿賴耶系統指阿賴耶識，至如來藏系統則指如來藏自性清淨心，在這兩個系統中，界本身都可以完整起來，亦即兩個系列都是完整的。但不論是阿賴耶識或如來藏自性清淨心系統，照天台宗的判教立場來看，仍屬別教而非圓教。

那麼，何謂圓教呢？用 perfect 或 complete 當然也可以表義，只是並不能完全表示佛教的圓教意義。因爲佛教所說的圓教意義，在西方哲學中沒有出現過，無論是柏拉圖的哲學系統或宗教裏所肯定的上帝，都不是佛教所說的圓教。至於康德所批判的背反中條件串系底完整問題，我們也可以通過阿賴耶或如來藏系統來說明系列的完整，但這都不是圓教，都只是別教。所以假定我們說佛教的圓教有其意義，或是追問圓教的概念與圓教的問題如何產生，西方哲學家未曾想到此，這種問題在西方哲學中未曾出現。所以一般人很難了解圓教的意義。雖然我們隨時都用圓滿的觀念，我批評你不圓滿，你也批評我不圓滿，大家都可以用，但這都不是圓教的意義。所以圓教的概念看似很容易了解，其實是很難確切地把握其意義。因此，佛教依判教而顯出圓教，這是值得我們將其當做一個哲學問題來重新考慮的。它既是圓教，當然也是一種教法，而教是可以講，可以思考的；既然可以講，我們就可以依照一個路數、一個方式，把圓教的意義確切地表達出來。

釋迦牟尼佛說種種的教法，先說小乘教，然後進一步說大乘教。說教的方式有頓、漸、秘密、不定等方式，這是就說法的方式來區分，此名曰「化儀」；而所說的法則是屬於內容，名曰「化法」。因此，有化法四教與化儀四教之別。說法爲的是教化眾生，而化法四教卽是教化眾生的過程中所說的教義道理；至於所用的方式，則有頓、漸、秘密、不定化儀四教，這是教化時所用的方法樣式。所以只要是教，卽可透過語言文字把它確定地表達出來。而什麼是不可說的呢？就是禪宗所說的「宗乘」，也叫做「上上宗乘」；所謂宗乘是不可說的，就是「教外別傳，不立文字。」由此，卽表示凡屬於教內的，是可說的；而教義以外的，則爲不可說。教是可說的，而教外別傳，則爲不可說；既不可說，故不立文字。可見教不能不立文字，而圓教仍是一種教訓（teaching），是可以確定而明白地說明的，這仍屬theoretical；但對於教義不只是要了解，更要去實行；假使我們確實地實踐，或存在地實踐，那就是觀行。禪亦在觀行中，禪而至極，成爲宗乘，那就是禪宗，到此卽是教外別傳，故只是實踐而不立文字。因此，圓教既可以說，我們卽可將圓教的教義當做一個哲學問題來思考，而這類問題是西方哲學中所沒有的。

在某種意義下，圓教也可以用 perfect teaching 來翻，就當做「圓滿教」來理解；縱然如此，前面所說的阿賴耶與如來藏系統，仍然不是圓滿教。好比西方哲學說 Idea 或上帝圓滿，是說 Idea 和上帝本身圓滿；但是若用實踐或用思考來表示上帝或 Idea，可以有各種方式。例如基督教、回教、天主教……都講上帝，但是上帝本身圓滿是一回事，而我們通過一種實踐、思考或理論來表示上帝本身為圓滿則又是一回事。佛教所說的圓教，並不像西方哲學或宗教從上帝本身說圓教，而是從表示「上帝本身圓滿」的教義上來看它圓不圓滿。上帝本身並不是宗教，而通過理論思考或實踐來表示上帝的圓滿才是宗教。所謂宗教，必需有教主、教義與必守的原則。所以有些傳教士最怕中國人說基督教是洋教，他們常辯解說基督教是普世的；這句話似乎說得振振有辭，其實是有漏洞的。上帝是普世的，然而基督教則不一定是普世的。基督教只是在歷史的發展過程中出現的一個特定方式，它受制於歷史、文化等條件。如果說耶穌講道不單單對着猶太人講，那麼，我們孔老夫子講道理也不單單對着山東人講呀！他可是對着全世界的人類講。道理都是普遍的，但一套在不同的歷史與文化系統，就顯出各別的特殊性；這個特殊性適合於此，不一定適合於彼。所以光說上帝本身圓滿並不能說是圓教，必從表達上帝的方式來判其圓不圓。

而任何透過語言文字的方式來表達的系統，都不是圓教，因為各種說法都對立不一，如基督教有一套，回教也有一套；既各有一套，則統統不是終究之圓教。所以我們可以說西方人未考慮圓教的問題，西方人光想建立各自的系統，並且堅守自己的一套而排斥其他的宗教（凡是宗教，總是排他）。假定一個宗教有很多套，那麼這每一套所表示的宗教都不是圓教。西方的哲學或宗教都沒有想到圓不圓的問題。在佛教卻注重圓教之問題，無論大小乘所有眾生都想成佛，都想證涅槃；但證涅槃本身並不表示就是圓教。因爲小乘也證涅槃，既然證涅槃，何以只是小乘？而大乘也證涅槃，何以又有各種不同的系統？照佛教之判教，這些表示證涅槃的大小乘各種路數，都不是最究竟的。因此，圓教所以爲圓不是從涅槃本身說，而是從表達涅槃的方式圓不圓來判定。

那麼，什麼是圓呢？小乘自認證悟涅槃時，在涅槃本身之內，就是圓滿，如阿羅漢卽爲圓滿。而大乘之證道成佛，如通教、別教等，亦有各種方式，均可到達涅槃，但這些只能說是通別教中的涅槃，而非圓教。所以不是從涅槃本身說圓不圓滿，而是從表達涅槃的方式來判圓不圓滿。因爲既然有好多對立的套數（alternative system），互相更替，則非終究之圓教。對西方人言，他們很可以瞭解 alternative system，如柏拉圖的系統，康德的系統，羅素的系統。因爲他們會造系統，所以對系統的觀念很淸楚。他們對於自己所建立的系統，都認爲是很自足（self-sufficient）、很合邏輯，所以是圓滿。其實這只是系統本身的圓滿，但並不表示這些系統就是圓教。因爲只要有許多 alternative system 互相對立，就不是圓教。在此西方人並未進一步考慮「何種系統才是究竟圓教」這一問題。而佛教所以提出圓教的觀念，就是針對前面大小乘各種不同的系統所說的，其目的在於說明大小乘各個系統何以不是圓教，並由此透出圓教的意義。圓教雖然也是教，但並不是一個 alternative system，假定它也是一個 alternative system 的話，它本身就不是圓教，而成爲自我否定。

所以關於圓教問題，在西方哲學家中，像康德思想如此嚴謹的人也沒考慮到，他只考慮他的純粹理性批判的系統本身如何建立的問題；也許他所建立的系統很圓滿，然而仍屬於 alternative system，仍然不是佛教所說的圓教。又如羅素的邏輯頭腦與分析，什麼 logical possibility，logical impossibility，這些話常掛在嘴邊上，他很可以謙虛地承認其他系統有 logical possibility，但他不一定贊成。他至多承認你也是個系統，譬如說 pragmatism 也是一種說法、一種系統，是一個 logical possibility，但他並未再進一步地追問圓不圓滿的問題，「因爲要求一個絕對圓滿是不可能的」他至多如此地答覆你而已。當然，只要是一個 alternative system，就不可能是絕對圓滿。假定是個 alternative system，又認爲自身是絕對圓滿的，這種說法就算不是獨斷，也有自相矛盾（self-contradiction），因爲既是 alternative system，就不可能是最究竟而絕對的圓滿。假定自認爲本身是一個系統，而且就是絕對的圓滿，說這種話，就像是毛澤東一樣，既獨斷又不講理。

所以在這裏，我把這個問題提出來，讓大家注意思考，它的確是個哲學問題，而且是個高級的哲學問題。二千多年來哲學上沒有這個問題，此一問題之提出，不是往前推進了一步嗎？它可以用現代的哲學和邏輯知識來處理，也需要高度的科技來處理這個非科技的問題。

說到這個地方，照圓教的辭語講，翻成 perfect teaching 也是可以的，但爲什麼譯者不用呢？因爲翻譯的人不了解圓教的內容與意義，只是望文生義，遂照字面的意思，翻成 round teaching。當然說 round teaching 也可以表意，也不是完全錯。也就是說翻成 perfect teaching 和 round teaching 都可以，那爲什麼有這兩可呢？當用 round teaching 來翻譯時，它對應的圓教是什麼意義呢？也許用 round 來翻不是很中肯，不是很 essential，但一般人對圓教的瞭解本來就模糊而不中肯，那麼順此來了解他們用 round teaching 來翻譯圓教，他們心中是對應什麼意義而說呢？用 round 來說圓教，是就着大般若經裏所說的般若的意義而說，也就是說 round teaching 是相應於圓通無礙而說。圓通無礙是般若的妙用。如果 round teaching 對應這個意思講，則是恰當的。照大般若經所講，般若精神是「應無所住而生其心」（註一），是「佛說般若波羅密，卽非般若波羅密，是名般若波羅密」（註二）。般若是一法不立，是無知亦無得，是不壞假名而說諸法實相，它就是圓，所以圓通無碍說的是般若，而照這個意義說圓，卽可翻成 round。

但是圓有兩個意義，一方面是指般若的圓通無碍，另一面則是指華嚴宗所說的圓滿無盡，主伴俱足。照華嚴宗所說的圓，不但是圓通（或圓融）無碍，而且也是圓滿無盡。所以它的圓具有圓通與圓滿兩層意義。圓滿無盡就是 perfect，而圓通無碍則可以翻成 round。所以凡是說圓通無碍，是就般若說的；又如華嚴宗所說的十玄門，一卽一切，一切卽一……，凡說到「卽」、「攝」等，都是指圓融無碍的般若精神。至於圓滿無盡則是就着十法門而說的，華嚴經說法門必定說十法門，而說佛亦必說十身佛，因爲「十」是最圓滿的。在此，「十」不是一個隨意數目，而是表示一個有必然性的義理。其所列舉的內容可以是隨意的，可以是變動的，但一定要是十個法門，這是必然的。因爲唯有說十法門，才能表示圓滿無盡，主件俱足。「十」並不只是數目的十，而是代表無窮、無盡，也就是表示任何一個法都是無限。所以圓滿無盡、主件俱足是就着如來藏恒沙佛法佛性而說的。假定我們照圓滿無盡、主件俱足來瞭解圓教，則翻成 Perfect teaching 是恰當的，而且這個意思正好是圓教的essential meaning。因爲圓教所以爲圓教，是從主件俱足、圓滿無盡處來說，所以這是它的essential meaning。當然在主件俱足、圓滿無盡之中，也都是圓通無碍的，但這並非圓教的essential meaning。

何以圓通無碍不是圓教的 essential meaning 呢？因爲般若精神是個共法，是 common element；它是共通的，小乘有小乘的般若，而大乘也有大乘的般若。大小乘之分，並非般若所能決定。大之所以爲大與小之所以爲小，必順依佛性來決定。小乘雖小，也可以表現它的般若精神的圓通無碍。這就好像莊子逍遙遊中所說的，大鵬鳥「摶扶搖而上者九萬里」，這可以說是逍遙自在、圓通無碍了。可是蜩與鳩在樹林中跳來跳去，也是圓通無碍，它一樣可以逍遙自在呀！從這個意思上來講，可以看出一般人所瞭解的都是很表面很膚淺的，所以他們用 round teaching 來翻譯圓教，並不是很諦當，倒是用 perfect 這個字較恰當。由此，我們知道圓教這個辭語有兩層意思，圓通無碍的般若精神是通大小乘的，它是個共法；而佛性之圓滿無盡、主件俱足才是決定大小乘圓不圓的關鍵。

不過佛性之所以圓滿無盡、主件俱足，並不是由分解的方式得來，所謂「無始時來界，一切法等依」，把一切法等依之於阿賴耶或等依之於如來藏，好像只要整個 series 完整起來，就是圓滿了。如果眞是如此的話，阿賴耶和如來藏系統都是很完整的，但爲什麼仍然屬於別教而非圓教呢？所以光是系統完整，並不表示就是圓教的意義。

照圓滿無盡、主伴俱足而說，則圓教中實已蘊含了無限的意義在，而這種無限是「現實的無限」（actual infinite）。這種現實的無限，康德是不承認的，因爲他只承認有 potential infinite。而現在數學上所講的有限論，就是根據康德而來的。因爲「無限」不能肯定，我們無法客觀地肯定世界就是無限，我們毫無根據可言。至於羅素則是肯定無限，因爲他用無限類（infinite class）來規定無限數（infinite number），這種無限之講法是「現實的無限論」，也叫做「實在論的無限論」。但是以羅素之聰明，他當然知道這種無限的肯定，只是一種假定，是無法證明的。既然是一種假定，那麼也就是沒有什麼好反對的了。

但是佛教裏面所說的圓教，它所蘊含的無限是現實的無限，是從如來藏恒沙佛法佛性而來；它不是一種假定，也不是像羅素所說的邏輯意義的假定。如來藏恒沙佛法佛性的圓滿無盡、主伴俱足，是一種 ontological infinite，而且可以確實呈現。就表面的意義而言，只要如來藏恒沙佛法佛性呈現，成佛就有可能性。但如果往裏追問，成佛如何可能？如來藏恒沙佛法佛性何以能呈現呢？它當然不是一個假定，也不是一個邏輯的假定。因爲假定我們說佛只是個理想，我們永遠無法達到，那麼 actual infinite 就不是個呈現，而只是如康德所說的 postulate。但是佛教不會承認這種思想，佛教認爲現實上是有佛的，而且過去現在未來三世諸佛，隨時可以呈現。也就是說如來藏恒沙佛法佛性隨時可以呈現，所以現實上是有佛的。

如此一來，所謂的 actual infinite 或 ontological infinite 就不只是個假定，亦不只是羅素所說的logical assumption。

要答覆這個問題，關鍵在於「智的直覺」(intellectual intuition) 的肯定。當然佛教並沒有這個名詞，這是藉用康德的詞語。我們不能只是肯定有佛，必須實際上眞正可能有佛才行。而這個所以可能有佛的關鍵卽在於肯定人有智的直覺。不僅佛教，儒道二家亦需肯定智的直覺。儒家認爲現實上有聖人，人人可以成聖人，這個可以成聖的根據就是智的直覺。因此，儒釋道三教均共同肯定人有智的直覺，也因爲此種共同肯定，所以它所呈現的圓滿無盡、主伴俱足的無限，才能成爲 ontological infinite，而且是 actual infinite。

順着以上的分別，我們知道圓教有兩種意義：從 round 方面說圓通無碍，而從 perfect 方面說圓滿無盡、主伴俱足，後者才是圓教所以爲圓的 essential meaning。所以西方人用 round teaching 來翻圓教，並不是很中肯的。那只是說般若的圓通無碍，可是般若並不能眞正代表圓教。假定圓通無碍的般若就是圓教，那麼天台宗不就等於是空宗了嗎？何以還要另開一個天台宗以彰顯圓教呢？因此圓教所以爲圓教，是決定於如來藏恒沙佛法佛性的圓滿無盡與主伴俱足，而非決定於般若的圓通無碍。所以天台宗和空宗終究是不同的，是不可以相混淆的。中國和尚也有好多不瞭解這個差別，他們重視般若經，認爲般若經已經非常圓滿了，但卻不瞭解般若經的特殊性格。所以要談判教，必先了解般若經的性格。

般若經的性格非常的特別，我們要先了解般若經的性格，才能判此判彼。一般人看重般若經，認為般若經已經這麼圓了，為什麼還不是圓教？何以要另立一個圓教？般若經這個圓是個什麼意義的圓呢？它的圓只是圓通的圓（這翻成 round 是可以的），是我所說的般若智作用的圓。譬如說般若具足一切法，即是作用地具足一切法。般若波羅密可以成就一切法，不論是忍辱、布施、持戒、精進或禪定，都要靠般若智來成就。六度萬行必須靠般若活智來參透，才能免於執着、迷惑。所以般若波羅密成就一切法，是靠般若智的妙用，而此種圓就是般若智作用的圓。但是，圓教所以為圓的關鍵不在此。因為般若經尚未接觸到佛性的圓滿無盡主伴俱足的問題。從佛性之圓滿無盡、主伴俱足處說圓教，這不是般若經作用的圓，而是存有論的圓（ontological perfect）。這是就法的存在來說，也就是從如來藏恒沙佛法佛性說圓滿無盡。從此意義，我們可以看出空宗與天台宗之不同，也顯出天台宗判教的意義來。

在此我提個觀念來幫助你們了解圓教的圓滿義（perfect），這個觀念就是康德哲學中所說的 highest good，拉丁文為 sumum bonum（註三），這個 sumum bonum 照康德的說法，有兩種意義：一是最高的，另一則是最圓滿的。因此現在英文翻成 highest good 也不甚恰當，因為康德說 sumum bonum 主要是取其圓滿之義。而何謂最高善呢？我們可以就道德本身說最高善，凡是依照無條件的命令而行的就是最高善。我們可以說所謂最高善就是指最純粹的道德性而言。就好像孟子所說的「今人乍見孺子將入於井，皆有怵惕惻隱之心，非所以內交於孺子之父母也，非所以要譽於鄉黨朋友也，非惡其聲而然也。」（註四）由此所發動的惻隱之心，即是最高善。這是道德本身之為最高善，但是康德所說的最高善不取這個意義，他一定主張德與福相合，也就是 virtue 與 happiness 兩方面相配合在一起。

當然也有人說德就是福，凡事只要心安理得卽是福。這種說法，是把福等同於德，由德卽可以分析出福來；這是分析命題，斯多亞學派就主張這種論調。儒家立教在初步的扭轉使人向上時，也有而且重視這個意思，如主張「殺身成仁就是福」。殺身成仁是很壯烈的犧牲，具有強烈的悲劇意識。我們並不希望我們的人生都是如此，所以這種說法悲劇意味太強了，英雄氣也太重了。

照康德則不這樣講，他認爲如此講德福的關係，就沒有福的意義了。所以康德所說的德福的關係不是分析命題，而是綜合命題。康德所說的最高善是拿圓滿來決定，不是從分析立場上偏於一面來說的最高善。所謂最高善由圓滿來決定是指德福綜合起來而言，這就和圓教所說的圓滿無盡、主伴俱足的意思可以相通。在康德的哲學系統中，要能保證德與福的配稱關係，而達到圓滿之境，只有靠上帝來保障。在此卽肯定上帝的存在，因爲康德認爲只有上帝能保障德福之間的圓滿關係。假定我們只服從道德法則就是最高善，我們也可以不必顧及福不福的問題，因此也不必肯定有上帝的存在。但如此一來，德與福之間的關係是分析的，福無獨立的意義。但德福關係必須是綜合的，因此必須肯定上帝以保障德福之恰當的配稱關係。也因此我們不可以將德福的關係翻成德福一致，因爲德福一致是分析的；但是康德所說的德與福是綜合的關係，兩者之間有一個比例，有一個配稱的關係存在。

中國人常說有德必有福，這是沒有必然性的。但是人生在世，我們總希望做好事有好報，就算眼前沒有，也期待來世有些福報。德與福之間的配稱關係，誰能知道呢？照康德的說法，這只有靠上帝來保障、來安排。因爲幸福必從現實世界肯定，所以我們除了道德以外，同時要肯定幸福是可能實現的。幸福必須寄託於現實世界與 physical body，而現實世界的一切並不是我們的道德所能掌握，只有上帝才能掌握。所以我們必須肯定上帝的存在，以保障德福之間的圓滿關係。

儒家實踐的第一關對於德福的看法，和斯多亞學派一樣，都採取分析的態度，認爲有德就有福。這是德行第一，福不福決不顧及。但這不是最高之境，照儒家本身說這也不是最高的境界，這只是在扭轉我們的感性生命上的第一關。後來理學家發展至最高峯，也沒有停滯於此境。只不過儒家對這方面的問題並不大講，也不十分正視。至佛教提出圓教，福德的觀念頓時清楚起來。在此，福有獨立的意義；不過雖有獨立意義，卻並非離開德，而仍是隸屬於德。也就是說德與福之間是一種配稱的綜合關係。我們透過佛教的圓教觀念來看康德所說的 sumum bonum，最好是翻成圓善，而不要翻成最高善，至少我們可以知道他是以圓滿說最高善，而不是由德行一面之無條件說最高善。

在此我們可以提出一個問題：康德肯定上帝的存在以保障圓善，那麼康德哲學是不是就是圓教呢？不是。康德哲學仍然不是圓教，因爲他只是提出一個概念。光提出一個概念，不能就算是圓教。他只是分解地講明這個概念而已，照天台宗之判教，這仍然不是圓教。這個問題值得大家的重視與思考，我們要仔細考慮，到底用什麼特殊的模式（pattern）來規定圓教。今天我就提供大家這些觀念與材料，讓大家好好去思考。下次，我們再繼續探討天台宗所說的圓教的意義。而要了解這個問題，如我前面已經提過的，必須先了解般若經的特殊性格，也就是必須先了解分別說與非分別說的觀念，才能確實把握住圓教之意義。

尤惠貞記錄

附註

註一：見金剛般若波羅密經。

註二：同上。

註三：康德論最高善主要見於「實踐理性批判」第一部第二卷「純粹理性的辯證論」。

註四：見孟子公孫丑篇。

第十六講　分別說與非分別說以及「表達圓教」之模式

上一講，我們曾提到要了解天臺宗所說圓教的意義，必須先了解般若經的特殊性格；也就是說必須先了解分別說與非分別說的觀念。分別說與非分別說，這個問題，西方哲學並未考慮過，它是從佛教啟發出來的。以前的人吸取了佛教這個觀念，要清楚地表示出來，也不是很容易的。因爲用以前的那些詞語，是可以將某些意思表達出來；但是要眞正了解並且充分地表達出來，對前人而言並不是很容易的。至於現代的人，則比較容易將這問題所蘊含的意思表達出來。這些表達的語句以及一些基本觀念，大體都收在我所寫的「佛性與般若」這部書裏邊；只是散見各處，並不是集中在某一部份，有時重重覆覆就是那麼幾句話。例如講般若經或講中觀論時，對於這些觀念我曾作概略的綜述，以後正式講到天臺宗時也提到這些觀念，當然評判華嚴宗時也時時提到。因此，這些觀念是散見各處，而不是當一個專門問題來討論。在「佛性與般若」的最後有一個附錄，那可以說是一個綜括的述說；那段文字本來是想當作「佛性與般若」的引論，但是那種寫法，當作引論似乎不太像，也不太好，所以我就沒有放在前邊，而放在後邊當作附錄。這附錄的題目就叫做「分別說與非分別說」（註一）。「分別說與非分別說」雖是附錄，但我們若想了解圓教的意義，首先就要了解什麼是分別說與非分別說。

分別說與非分別說是佛教的詞語，或稱差別說與非差別說，若用現代西方的說法，則是分解地說與非分解地說。提到這個問題，我覺得人類的思考歷程，大體都可以概括在分別說與非分別說之下。所以我常認為現在英美哲學家講分析哲學，似乎分析哲學只單單屬於他們這一些人，其他人所說的則是非分析的，這根本是誤解。就廣義的分別說而言，西方哲學家從古代到現代，大體都是走分解的路子，如柏拉圖、亞里士多德、萊布尼茲與康德，都是走分解的路子；並不單是現在英美所流行的邏輯分析或語言分析才是分析哲學，其他哲學家也可以用分析的表示法。在西方哲學家中，只有黑格爾不是採取分析的路子，他所採取的是辯證的（dialectic）方式。所謂辯證的方式，就是消化分別說所建立的那些觀念，然後用辯證的方法把它統而為一。不過在他表示辯證的統而為一的過程中，他也隨時有分別的解說。綜起來說，所謂辯證的統一，乃是預先假定（presuppose）了一些分析的說法。所以假定讀西方哲學，要讀黑格爾的哲學思想的話，得先讀康德的哲學，或是讀康德之前的哲學，如柏拉圖、亞里士多德、萊布尼茲等人之思想；也就是說先得把分別地說的概念弄清楚，才能進一步地談辯證的統一所處理的問題。黑格爾講辯證的統一之前，已經預先假定了分析的概念；而且在他進入辯證的統一的過程中，他也隨時有他自己分析的解說，只是他不單獨提出來作孤立而分解的說明。像康德或一般的哲學家，大抵都是把一些概念獨立地提出來加以解說。至於黑格爾的哲學則是以辯證的綜合作一個籠罩的型態，而那些分解的說法只是在辯證的綜和過程中隨時被提到或用來作補充。

關於非分解地說，除了黑格爾的哲學以外，還有另一種型態，就是西方哲學中所說的神秘主義（Mysticism）。神秘主義當然沒有分別說，不但沒有分別說，而且所謂「神秘」根本是不可說。可是神秘主義在西方哲學中並不能成一個正式的系統，只是有這麼一個境界而已，沒有人把它當作一個獨立的成氣候的系統看。然而這種境界在東方哲學裏，卽可以得到正視，可以獨立的展示出來；而且東方哲學大部分的功夫都放在這上面。那麼，是否還能用西方「神秘主義」這個辭語來表示東方的這種思想，是有點問題的。西方的 mysticism，它是存在於西方哲學傳統中的一個不成氣候的動相 (moment)，它也沒有獨立的地位；神秘主義可以說是不爲西方人所重視的一種思想，西方哲學家對它的評價並不很高。因此，假定西方哲學在特別姿態下所呈現的神秘主義，在東方的思想中，可以得到正視，並且可以完全展現出來，那麼在此情況下，我們是否還可以用 mysticism 來說它，就成問題。東方的哲學思想，你要說它是神秘，它也可以是神秘的；「神秘」這種含義在佛教經典中到處出現，譬如說三德秘密藏、一念三千不思議境、心行路絕、言語道斷等，這類的話語都含有神秘之意味，而這類的話，你是否可以用西方的 mysticism 來解說呢？

馮友蘭的中國哲學史卽以神秘主義來概括孟子（註二）、莊子（註三）與中庸易傳之思想；

當時我們看到這裏就覺得很不妥當。因爲孟子的思想有頭有尾、有始有終，思想很淸楚地呈現出來，怎麼可以用「神秘主義」一句話就把它給定住了呢？這種說法是很不妥當的。所以西方的 mysticism 一詞，並不適合於中國哲學。譬如孟子說「萬物皆備於我矣。反身而誠，樂莫大焉。」（註四）這句話表面上看起來，好像有點神秘主義的意味；又如「大而化之之謂聖，聖而不可知之之謂神」（註五）這種話頭單獨地從字面上看，是有些神秘的意味。但假定我們瞭解孟子何以講這句話，你就不能孤立地看它。在「大而化之之謂聖，聖而不可知之之謂神」之前還有一些話（註六），而「萬物皆備於我矣。反身而誠，樂莫大焉」亦不是憑空說出來的一句話。它本身自然構成一個前後連貫的系統，若用神秘主義來扣它、來概括它，是很不公平的。你說它是神秘主義，可是照中國人說起來這才是眞正的理性；那麼你說它究竟是理性主義呢？抑或是神秘主義呢？這就很成問題。

現在西方人所說的理性，大抵是用logic作標準，來界定理性，這卽是所謂logical reason。但是梁漱溟先生早就明白中國說理性不從這個地方說，中國人說理性是從孔子所說的「仁」處講；孔子所說的「仁」才是眞正代表理性，從「仁」開出了好多境界。但馮友蘭卻用神秘主義一下就把它給扣住了，這與梁漱溟先生的看法有很大的差異，由此卽顯出一些問題來。我所以提出這些問題，爲的是表示西方的神秘主義並不很淸楚，同時西方的神秘主義也並未受到正視，而且也並未充分地被開展出來；但是這種思想在中國卻可以被正視與充分地被開展，所以不能再用神秘主義來概括。梁漱溟先生指出這不是神秘主義而是眞正的理性所在，如此一來，理性的意義提高了，這是很有啟發性的一個觀念。

由此可知，好多事物我們可以用現在共通的詞語和範疇（category）來表達，而有些則不能夠隨便借用。所以我們必須了解各種理境的分際，不可以隨便瞎比附。譬如康德在實踐理性批判中，講道德時曾批評神秘主義，康德自謂：我這個說法，一方面防治經驗主義，一方面防治神秘主義。但雖然一箭雙鵰，可是就着建立道德法則而言，經驗主義是最有害、最要不得的；而神秘主義與道德的本性並不衝突，彼此尚能夠相融洽，而且神秘主義也從來沒有成為一個流行的思想模式或持久的思想狀態。康德認為我們對於超絕世界（transcendent world）沒有直覺能力，所以批評神秘主義的毛病在於其肯定我們對超絕世界有直覺。本來現象世界只能當作超絕世界的一種象徵或符號（symbol）、一種 typic，而神秘主義卻認為我們對於超絕世界有直覺（intuition），並進一步把符號轉成圖式（schema）。所謂 schema，就是把超絕世界圖象化，好像活龍活現而且很具體地呈現在眼前。康德指出我們不可以把超絕世界的事物具象化，而不能具象化即表示我們對超絕世界不能有直覺。所以康德批評神秘主義之所以為神秘，在於它承認人們對超絕世界有直覺。這是康德對於西方思想傳統中所表現的神秘主義的了解。

假定照康德所了解的神秘主義講，我們可以說在中國思想中，有些是肯定我們對超絕世界可以有直覺；既然可以有直覺，那麼此處是否仍可以用 schema 來說明，就成問題。康德批評神秘主義時是用類比的想法，類比於我們講範疇時有 schema。但是，假定我們對超絕方面有直覺，在這種時候，是否還需要說 schema，則有問題。在東方哲學中，以儒家之思想來與康德思想相比照，儒家思想是以道德爲主，所以梁漱溟先生說儒家以仁爲主，仁是理性；那麼由仁所充分展開之理境，是否還可以用西方之神秘主義（包括康德所批評之神秘主義）來解說，似乎很成問題。

同樣的，我們現在談圓教的問題，說到分別說與非分別說的觀念，就是要正視以上所提出的問題，使其能充分地展現出來，而康德在這方面並未詳細考慮。在西方哲學中，除了黑格爾的辯證方式與神秘主義的方式是非分別說以外，都是分別說。但照中國佛教的表達方式，神秘主義中的一些觀念，可以用分別說的方式表達，也可以用非分別說的方式表達。照康德所了解與規定的神秘主義，是用分解的方式說，還不是眞正的非分別說；用分解的方式，就是告訴我們什麼是神秘主義，一告訴我們「……是什麼」，統統是用分別的方式，這還不是圓教裏邊所說的非分別說的方式。至於黑格爾的辯證的方式，對着所有的分別說，它是個非分別說；但是假定我們提出：什麼是辯證？（what is dialectic?）辯證如何可能？（How is it possible?）辯證在那一層面上有意義？（On which level is dialectic meaningful?）這三個問題，並且加以考慮，那麼就是對於辯證法的一個分別說。對辯證法作分別的解說，是叫我們了解「辯證」這個概念；但是辯證本身是一個曲線式的呈現，當我們視辯證爲一種曲線式的呈現，而不是視爲可以用辨解的思考去了解的一個對象時，那麼在我們了解辯證時所用的一切概念、解說，統統化掉了。此卽是辯證的非分別說，這就好比禪宗所表示的方式一樣。

神秘主義的情形也是如此，本來神秘主義是不可說的，但當我們問什麼是神秘主義時，康德亦可以分別地解說什麼是神秘主義，這就是分別說的神秘主義。所以任何事物都可以透過分別說與非分別說加以表示。

現在英美所流行的分析哲學，是很狹義的分析哲學。講分析哲學的人，最討厭有所立，亦即反對建立一些不變的原則，或建立一些主張（teaching 或 doctrine）；所以講分析哲學的人，常說他們所說的只是一個方法（method），而不是一種主張。你一逼問他們，他們一定如此答覆。實際上，他們不自覺自己有一個主張；而這套分析哲學也不只是個方法，他們有個圈套或括弧在他們的背後，而這個括弧就是他們的主張。當然你追問他們時，他們只是往後退，並且強調自己所說的只是個方法，所以才標榜自己所說的是分析哲學。殊不知他們自己標榜是分析哲學，而實際上就是一個主張。

譬如說他們所舉的例，他們最喜歡舉黑格爾的話頭，但是他們舉黑格爾的話頭，並不是想了解黑格爾的思想，而是將黑格爾當作一個譏諷的對象。既然視黑格爾爲譏諷的對象，那麼他們所謂的分析哲學就不只是一個方法，而變成一個圈套，有一個主張在其背後。假定分析哲學只是一個方法，那麼不管贊成或不贊成，都應該先把某句話解釋清楚才是，爲什麼一開始就當作譏諷的對象呢？

又譬如提到理性（reason），我們當然可以用分析哲學，如語言分析或邏輯分析來加以分析。但「理性」也是我們日常語言使用中的一個字，它不只是哲學的語言（philosophical language），在通常的語言（ordinary language）中，我們也常用到「理性」一詞。所以面對「理性」，當然可以加以分析，把它各層的意義表現出來，而不可以抱着成見來分析理性。他們將理性還原成語言（reduce reason to language），還原成一種句法或句法的規則（reduce to syntax or rule of syntax）；如此一來，理性的神秘意味就沒有了。因爲理性是什麼東西呢？它是看不見也摸不着的東西。就好像我們說公道一般，你說你公道，我說我公道，公道不公道，只有天知道。分析哲學家認爲理性是個玄學名詞，所以要把它還原成語言，還原成句法。

在此，分析哲學家們如何看出 syntax 就是 reason 呢？他們認爲句法（syntax）有構成之規律（rule of formation），也有轉形之規律（rule of transformation）。如何構成一個句法，如「凡S是P」這個命題如何構成，就需要「構成之規律」。又假定「M是P、又S是M」，所以「S是P」這三段論法，三句之間的關係，如何從前面兩個命題轉到結論，這種關係就需要一種「轉形之規律」。這種三段論法就是邏輯的推理，而邏輯的推理也就見於此；靜態地講是一種推斷（inference），而動態地講則是推理思維的過程（reasoning process）。無論從靜態或動態，傳統所講的理性就從此處講。你說清楚不清楚，它已經很清楚了；你若說它不清楚，那麼轉個名詞，用「轉形之規律」來說明「若M是P，S是M，則S是P」的過轉關係，此是把理性還原成「轉形之規律」，這是從語言的分析上講，即是語言的形式化與規律化。當分析哲學家們如此講時，他必然有一立場，而此即是他的主張。很顯然地，他們不喜歡「理性」一詞，所以要把它變成語言句法。但是在句法中我們一樣可以要求理性，比如句子的文法錯誤時，不但要改正，而且要說明理由（give one's reason）；此處的理由是根據文法來判斷何者爲對，何者爲錯，此亦是一種理性的判斷與推理。

邏輯或語言分析者不喜歡「理性」一詞，而把它語言化，視之爲可以擺出來的，這是近代人的思考方式。所以我常說現代人的頭腦是無理、無力、無體。按照相對論的物理學以及休姆的哲學，他們都不喜歡「力」（force）和「本體」（substance）的觀念，同時也不喜歡「理性」（reason），所以是無理、無力與無體。相對論的物理學不需要「力」這個觀念，休姆的哲學認爲「力」是不能證明的。羅素大事宣傳這種思想，遂將「力」（force）拉掉。分析家認「力」是一個形上學的臆斷。這種思想影響了現代人的心思。聰明纖巧的知識分子遂致輕飄飄地沒有力量。此外，因爲不喜歡本體（substance）這個觀念，所以現代人可說是無體，所以無法落實。他們這種說法，你能說它只是一個方法嗎？它也是一個 teaching 或 doctrine，他們背後有個偏見在。而照他們的說法，最後必導致無理、無力、無體。

我們不能完全拿着語言分析來取消理性（reason）、力（force）或本體（substarce）。講科學知識或某一問題，你可以不管理性與力等，但不能馬上站在一個立場或根據一個原則，就把這些觀念視爲無意義（meaningless），或將其視爲形上學的臆斷（metaphysical assumption），並加以去掉，這種態度是不對的。在某些方面，理性、力和本體等觀念有其重要性，是不可一概抹煞的，可見邏輯分析者是有其偏見在。而這種偏見中實已隱含了一個主張（teaching 或 doctrine）在；換句話說，他就是含有一個圈套，一般是看不出來的。所以我們必須了解他們這些思想是怎麼來的？他們講些什麼問題？以及在那一個範圍講？我也不是說他們這種說法一定錯，他們自然有他們的道理，但是我不喜歡的是他們背後的圈套。要避免上圈套，就必須了解某些詞語的來源，以及它們是依着什麼問題而來的。

在某一個意思上講，佛教也是無理、無力、無體，所以理學家黃梨洲分判儒佛就在「天理」二字，天理也是理性。儒家肯定天理，而佛教卻沒有「天理」這個觀念，其他儘管有許多相通之處，而此處則是絕然不同。所以佛教主張一切法無自性，如幻如化，所謂「諸法不自生，亦不從他生，不共不無因，是故知無生」（註七），這在某一層意義上，與休姆用分析的方式來批判因果性，是可以相通的，佛教說無生法忍，是說「生」這個觀念不可理解，所以說諸法不自生，亦不從他生，不共不無因，是故知無生。順此下去，也可去掉「力」這個觀念。因爲若把「力」當作一個獨立有自體的觀念，那麼在緣生的過程中，「力」這觀念也是不可理解的。在某一個意義上，緣生可以有力有氣，但一說不常不斷、不生不滅、不來不去時，即表示緣生法之無理、無力與無體。因爲「常」即等於康德所說的經由本體範疇而決定成的「常體」。常體，恒常不變，而因緣所生法那裏有恒常不變的呢？

但佛教也不一定完全是無理、無力、無體。就緣生法可以說其無理、無力、無體；但是講如來藏自性清淨心、涅槃法身以及般若時，你說它是神秘，而它卻是眞正理性之所在。照西方人說，這是神秘，可是照佛教講，這才是眞正的理性；這個時候我們的生命最清明，這難道不是理性嗎？西方所說的理性都是在識的煩惱中，而佛教所說之淸淨心才是最淸明之理性，怎麼可以說它是神秘主義呢？這種評論，佛教是不會承認的。而從這個層次上講，你要說有理，它也可以有理。所以大乘起信論說眞如有熏習力（註八），熏習不一定是後天的熏習，眞如本身也有一種力量，此卽是有理、有力、有體。此外，講到般若、解脫、法身以及涅槃法身之常樂我淨，這都是佛教之有理、有力、有體。這些說法是不可以隨便瞎比附的。以前湯用彤先生研究佛法，一看到緣起性空，他就認爲佛法與休姆、史賓諾莎的思想最好，三者可以合而爲一，這是對各種思想之分際鬧不淸楚，以致於產生了誤解。所以我在前面提過，在某一個意思上，我們可以借用休姆的思想來了解佛教的緣起性空；但是佛教所說的緣起性空，和休姆用分析的方式把因果性批駁掉，根本是不同的。因此，我們對於一個學說，應該從頭到尾仔細地了解其思路之來龍去脈，千萬不可胡亂混淆。

所以顯然地，現在英美的分析哲學只是最狹義的分析哲學，他們認爲他們說的只是一種方法，不代表任何主張；但事實上它不只是一種方法，它本身就是個主張或圈套。而壞也就壞在他們的主張（teaching, doctrine）上，因爲如果把分析哲學只當作方法看，那麼就沒有任何色彩，這我是贊成的；但是分析哲學家們喜歡說他們所說的道理是訴諸普通語言（ordinary language），我常問什麼是普通語言？什麼不是普通語言？語言是隨着個人的生活而表現，所以幼稚園的小孩有他們之間溝通的兒語，而我們經常聽不懂。又禪宗的法師，平常在挑水砍柴時所說的話，你說它只是禪師的語言，難道它就不是普通的語言嗎？禪師們日常生活中用的就是這些語言，爲什麼不是普通語言呢？

或則你說我們現在說的話是哲學語言（philosophical language），但這也是我們的生活，我們總得用它，你能說它不是普通語言（ordinary language）？那麼什麼是普通語言呢？這是很難劃界限的，既然難以劃分，那又爲什麼一定要限定在此呢？好比你說「上帝」神秘得很，這是屬於神學；但是牧師和教徒天天都提到上帝，這到底是不是屬於普通語言的範圍呢？所以我們對某些層次的語言，不可以存着偏見，輕易就把它化掉；必須完全敞開地加以分析，才能確實把握住眞正的義涵。

有些人說後期的維根斯坦已經有這種開朗的氣象，他承認每一種語言都有它的意義；此種看法，比他早期的思想較爲開明、寬容。如此一來，他們也承認教徒在祈禱上帝時，「上帝」本身有其意義，而不只是一個毫無意義的詞語。但維根斯坦只是寬容地承認，他並沒有積極地對宗教作正面的建立。而康德卻因爲他的僕人相信上帝，才把上帝的存在救住了；「上帝」對他的僕人而言，就是屬於普通語言，是僕人每天生活必定用到的詞語。康德對於宗教的態度是：他不但是承認宗教，而且還要進一步從學問或理性上肯定宗教、建立宗教。這在維根斯坦則沒有，他只是寬容地承認宗教，但這有什麼意義呢？

由此可知分析哲學家所說的，事實上是最狹義的分析，他們並沒有把分析只當作一個方法來表現。假定純粹當方法表現時，不管你用的是什麼語言，一樣都可以分析。就是老子所說的「道可道，非常道。」（注九）這也是一種語言，你先不管贊成或不贊成，至少要把這句話講清楚，好讓人明白什麼叫「道可道，非常道。」因爲這也是一個句子，一種語言，應該先把這個語言的意義表示清楚，然後再來下判斷。自己先還沒弄清楚，馬上就下判斷，動不動就說人家 meaningless，或說人家沒有表達清楚；其實並不是人家表達不清楚，而是你自己沒有確實了解，沒有弄清楚人家所說的。

現在講分析哲學的人，常常犯這種毛病，也就是把主觀方面的不了解，當作客觀方面的不清楚，這是不公平的。譬如有些分析哲學家引用黑格爾的一些話，他們根本沒了解黑格爾所說的意義，就說黑格爾的學說是模糊不清的（ambiguous）。其實這也是很糊塗的判斷。還有一些研究歷史考據的，最討厭黑格爾的歷史哲學；他們認爲歷史這麼複雜，怎麼能用三句話語就概括了呢？黑格爾說希臘、羅馬時代的文化是「一部分人是自由的」（some men are free）；而中國文化則是「一人是自由的」（one man is free），只有皇帝一個人是自由的；最後到了日耳曼時代，則是「一切人是自由的」（all men are free）。但研究歷史考據者則認爲，歷史這麼複雜，怎麼能用這三句話就概括了呢？所以認爲黑格爾所說的沒什麼道理。其實先不要說這三句話能不能概括，先看這三句話的意義，你到底明不明白呢？如果能了解這三句話的意義，那麼用這三句話來概括也沒什麼不可以。所以用「美的自由」（beautiful freedom）或「主觀自由」（subjective freedom）來概括某一階段的文化程度，也是可以的，並不見得是完全沒意義，這與歷史的複雜性有什麼妨碍呢？

所以，把分析眞正只當作方法看，是分析的解放，也就是從邏輯分析、語言分析等分析哲學中解放出來。而我現在所說的分別說與非分別說，就是解放意義下的分別說與非分別說，這是廣義的分析哲學。廣義的分析是指一種方法而不是任何立場，如果要講立場則是決定於講佛性、般若或是講上帝之處。但是，不論講什麼立場，首先必須把字義分析清楚，這只是一種分析的方法，而不含有任何立場，這就是解放出來的、廣義的分析方法。

從最狹義的邏輯分析往上看，西方哲學中，柏拉圖、亞里士多德、萊布尼茲以及康德的系統，都是分析的；因爲要有所說，就要用分析的方式來解說，若不用分析的方式，就無法告訴我們一個概念是什麼。必須先告訴我們這個概念是什麼，才能進一步告訴我們這個概念如何可能；又假定是可能，是在什麼層面上爲可能？假定不可能，又是在什麼層面上爲不可能？關於這些問題的解答，都是分別說，它可以立教，可以告訴我們一些教義。簡單地說，凡是關於「是什麼」（what.........?）的問題，都是分別說，譬如什麼是仁、義、禮、智、信……等，儒家可以分別告訴我們這些義理，因爲儒家在這方面有「是什麼」的問題。而道家在這方面則沒有「是什麼」的問題，只有「如何」（how.........?）的問題，也就是只有「如何可能」的問題；但道家雖然在這方面只告訴我們如何可能的問題，他仍然只是分別說。

西方哲學家中，萊布尼茲與羅素均強調邏輯分析（logical analysis）；萊布尼茲用邏輯分析正好成功了歐洲大陸的理性主義，而羅素所注重的邏輯分析，則成爲英國經驗主義的實在論。他們兩者用的方法都是邏輯分析，而所成就之思想卻有很大的差別，可見其背後有着不同的立場。此外，像陸克（Locke）與休姆（Hume）所用的則是經驗的分析（empirical analysis），這便形成西方哲學中的經驗主義。

進一步，我們再擴大地說分析。在中國，聖人立教就是分別說，因爲不用分別的方式，就不能立教。好比論語所強調之智、仁、勇三達德，以及其中所包含之零零散散的觀念，本身就是分別說；也因爲是分別說，我們才能知道聖人所立之教，並爲我們自已的生命決定一個方向，立下一些規範。道家老子的道德經雖與儒家所用之方式不同，但仍然是分別說。譬如說「道可道，非常道。名可名，非常名。」卽是分別地解說什麼是可道之道，什麼是可名之名，什麼是不可道之道，不可名之名。他也告訴我們什麼叫做無，什麼叫做有，故云「無名天地之始，有名萬物之母。……此兩者同出而異名。同謂之玄。玄之又玄，衆妙之門。」（註一〇）。所以老子在道德經中，仍然是分別地告訴我們什麼是道，什麼是德，什麼是無，什麼是有，什麼是玄……等，這就是分別說。在此所指的是解放意義下的分別說，不可用一般所講的邏輯分析或語言分析來了解。

又有些人討厭講分析，認爲講分析的結果是支離破碎，這種態度也是不對的。分析方法是不能反對的，聖人立教也講分析。至於分析得瑣碎不瑣碎是另一回事，如果與問題相干而且中肯，那麼就是分析得瑣碎一些，又有什麼關係呢？講分析時，瑣碎不瑣碎是沒有一定的，你也可以簡單化。所以不能因爲有些分析瑣碎支離，因此就厭棄分析方法。

照我剛才的解說，凡是有所立教，就是分別說。因此，先秦儒家是分別說，老子道德經也是分別說；釋迦牟尼佛之說三法印、苦集滅道四聖諦、五蘊以及八正道（註一一）等，亦是分別說；而宋明儒之有所立、有所說更是分別說。那麼，在中國思想家中，有沒有非分別說呢？有的話，那一個人用的是非分別說呢？

佛教是印度傳進來的，我們先不說，純就中國本有的思想，嚴格地講，那一個是非分別說呢？這是要仔細看才看得出來，而且有着相當的限制；就着某種境界說是分別說，而就着某種境界則是非分別說。比如莊子的思想，在某一層意思上說，它就是非分別說；莊子用寓言、重言、巵言，這三種說話的方式，嚴格講起來，就是非分別說。莊子天下篇曾謂：「……莊周聞其風而悅之，以謬悠之說，荒唐之言，無端崖之辭，時恣縱而不儻，不以觭見之也。以天下爲沈濁，不可與莊語，以巵言爲曼衍，以重言爲眞，以寓言爲廣。獨與天地精神往來而不敖倪於萬物，不譴是非，以與世俗處。……。」這就是非分別說。莊子自謂其表達道理時，用的是寓言、重言與巵言。寓言是將道理隱藏在話語中，並不正面說某一道理。重言則是借重古聖先賢所說之話，以加重所說道理之可信，就好像現代的人借重西方人所說的道理一樣。比如一說「蘇格拉底說」、「羅素說」或「馬克斯說」，你就相信，如果說「孔子說」，就沒人相信。而巵言曼衍，巵言就好像一個漏斗一樣，隨時隨處可以起，也隨時隨處可以停，完全隨順方便而轉變，而道理、意境也就在此處呈現出來，這種方式就是非分別說的方式。

用非分別的方式把道理、意境呈現出來，即表示這些道理、意境，不是用概念或分析可以講的；用概念或分析講，只是一個線索，一個引路。照道理或意境本身如實地（as such）看，它就是一種呈現，一種展示；而莊子在某一層面所表現的思想正是如此。譬如莊子講天籟時，用的就是非分別說，他並未正面地告訴我們什麼是天籟（註一二），他只是暗示。而講逍遙遊時，亦復如此。所以照莊子自已所用的話語，如寓言、重言、巵言，又如謬悠之說、荒唐之言、無端崖之辭，來看莊子的思想，他所呈現的就是非分別說。他是把老子分別說的一些基本概念，透過主體而加以呈現出來，也用寓言等方式將其呈現出來、點示出來；而所呈現所點示的事理，則不可以用概念分解的方式去講解，這已然到了最高的境界。當然莊子有些篇的思想也用分別說，並不完全都是非分別說，這是需要仔細分清層次與界限的。

莊子之後的思想家，還有那個是用非分別說的呢？周濂溪、張橫渠都用的是分解的路子；至程明道則不大用分解的路子講理學，所以有人說他是禪，當然他有些時候還是用分別的方式說。宋明儒中最典型的分解路子，是程伊川與朱夫子所走的路子。至於陸象山，在某一方面，走的是非分別的路子，所以朱夫子說他是禪。實際上，陸象山並不是禪，他所說的內容不是禪，所用的方式也不完全是禪。假定我們說禪宗用的是非分別的方式，而陸象山在某一方面亦用非分別的方式說理學，就馬上說陸象山是禪宗，這是不對的，是有所誤解的；因為陸象山雖然也用非分別的方式，可是他並不全部都是非分別說，這與禪宗還是有差別的。所以，我們不可以籠統地說陸象山用的就是禪宗的方式；在此，我們要考慮一下，到底他是在那一方面採用非分別的方式，以致於使朱夫子聯想到他是禪。當然，朱夫子批評陸象山是禪，並不正確；但在某一層意義上，朱夫子的聯想也不完全沒道理。不過，聯想總歸是聯想，究竟不是事實。如果我們說陸象山所用的方式是禪宗的方式，可是內容仍然是儒家，這種分辨仍然是不够；因爲陸象山在某一方面雖然用非分解的方式，可是在某一方面，仍然用的是分解的方式，這與禪宗所用的方式還是不同。

因此，我們必須確實知道，陸象山的學問是在什麼機緣下用非分解的方式，也與禪宗的方式不一樣。因爲陸象山學問之基礎是孟子（註一三），他的基本教義與基本原則，統統在孟子中；他已經肯定了孟子所說的道理，所以他認爲要分別見道或不見道，只要確實去讀孟子，而不需要再重覆說一套。平常我們說繼承某某人的學問，用分別說的方式來繼承也可以；或者不再重新建立，只要去讀，確實地了解，這也是一種繼承的方式。照陸象山看來，孟子已經把許多道理說得很清楚了，他根本不需要再用許多言語來另說一套。所以在此，孟子的分析就是他的分析，孟子那些分別說，就是陸象山所肯定的分別說。由此看來，陸象山也可以說是有分別說。譬如說：先立其大，什麼叫做大？什麼叫小？又什麼是本心、性善、仁義內在、浩然之氣……，這些在孟子裏，不是都講得很明白很清楚了嗎？陸象山卽假定這些爲他的基本思想，而從此處說，就是他的分別說，而這也正是他超羣不凡之處。一般人總認爲孔子、孟子講得不够，一定要重新講才行；可是結果講得也不一定比孔、孟清楚，而且還可能講錯。

那麼，陸象山是在什麼機緣下，用非分解的方式說呢？他是在「對朱子之歧出而欲扭轉之」這個特殊機緣（particular occasion）下才用非分解的方式來說。他認爲朱夫子所走的路子根本不對，所以要將其扭轉過來，而使其回歸到孟子，所以他分別見道或不見道，是很明確的，能了解孟子，就叫見道，不能了解孟子，岔出去或歧出就是不見道。所以他認爲，朱夫子儘管講得那麼多、那麼玄，還是不能算見道。孟子所講的道，也不是泛泛地講形而上學的太極；說實了，就好像康德所說的，能夠了解意志的自律，就算是見道；假定不能了解意志的自律，縱然講一大套柏拉圖哲學、講上帝、講經驗主義或功利主義，統統都不見道，這不是很明確嗎？換句話說，要能了解道德法則（moral low）怎麼建立起來的，才能算是見道。假定你不能了解這些，而認爲道德是建基於上帝或建基於形而上學的圓滿（metaphysical perfection）或建基於幸福（happiness），這若依照康德的說法，統統算是他律道德。他律道德就是歧出，而歧出就是支離，這就是陸象山說朱夫子的學問爲支離之意。

一般由支離而說零散瑣碎，那是引伸義，而非支離的本義。支離的意思，好比一個骨幹不會有支離，旁支才會岔出去，只有支（branches）才會有歧出。所以說支離，不是瑣碎不瑣碎的問題，而是中肯不中肯，歧出不歧出的問題。如果從上帝、幸福或形而上學的圓滿處，來決定道德法則，統統是支離，這也就是康德所說的意志的他律，而照陸象山說就是不見道。

依照孟子所說的性善、或先立其大，這就是見道；而天天講形而上學的道體，不一定就能見道。朱夫子重視形而上學的太極。太極圖說之爭辯，陸象山是失敗的；但就算失敗了，他仍然是見道。他認爲朱夫子講太極，講得這麼好，但仍然不見道；他這種判斷，算不算獨斷呢？這並不能算是獨斷，因爲照聖人之立教，所傳下來的道理卽是如此，這是實理實事。而朱夫子那些，只是閒談，玩弄光景，不能算見道。在此，陸象山一下就將朱子之支離扭轉過來，使吾人能回歸于孟子。這個扭轉過程，必須交代清楚，一點也不可以籠統，要不然朱夫子講統體一太極，物物一太極，已經講得非常玄妙，你說他不見道，他是不服氣的。同樣的，如果不了解陸象山所說的道理，那麼對於陸象山批評朱夫子爲不見道的話，也不會服氣。假定能確實了解，則不能不服氣於陸象山之批評。

陸象山心中對於道，是非常清楚的，他認爲道就在孔子所說的「仁」處，也在孟子所說的「本心」、「性善」與「仁義內在」處（註一四）；所以他批評說朱夫子所說的那一大套只是「粘牙嚼舌」（註一五）。他認爲孔孟是聖人，對於聖人之教義，爲什麼不好好用心呢？所以陸象山是對着朱夫子的思想，而想加以扭轉，使其歸到孟子；同時他認爲，既然回歸到孟子，那麼只要老老實實去讀孟子，就足够了，也無需再多講些什麼了。他對於朱夫子所說的一大套，非常的淸楚，他認爲那只是粘牙嚼舌，是平地起土堆，都是另起一個爐竈。舉個例，朱子註論語時，謂聖人本來無所不知，然入太廟時，每事問，此卽表示聖人敬愼之至。陸象山認爲朱夫子在此又來了一個說法，這是譏諷朱夫子有一大堆說法。所以我常說，儒家講倫常，君君臣臣，父父子子，這不是 theory，也不是 dogma，這些是實事實理，並不是一個隨便的說法。聖人所以無所不知，是無所不知於天理，對於經驗中之事物，怎能無所不知呢？知之爲知之，不知爲不知，既然不知就要問，這就是天理，聖人所知的也就是這些先天的道理。所以陸象山批評朱夫子，喜歡另起爐竈，另立一個說法，實無異於平地起土堆。綜起來說，這就是粘牙嚼舌，而說得典雅一些，就叫做「議論之途」。

照陸象山之分辨，學問之道可分爲議論與樸實兩途（註一六），一有議論就不平實，好比平地起土堆；本來實事實理是很平實的，一有議論，就好比無風起浪，庸人自擾。陸象山在批評朱夫子之學問爲議論之途時，仍然是分別說，目的在區分何者爲議論之途，何者爲樸實之途。但眞實要講儒家內聖之教或道德實踐的學問，則不能走議論之途，那是歧出、支離，是不見道。而陸象山所說之樸實，亦非泛泛之樸實，而是就着見道之問題，順孟子所說之道而來的實事實理說樸實，此卽是「坦然明白」，所以陸象山強調易簡工夫（註一七）。這個實事實理不是經驗科學的實事實理，而是指道德實踐中的實事實理而言。對於道德必須要能篤行、實踐，所以叫做樸實之途。個人生命不落於議論或閑嗑牙之中，卽爲陸象山所說之樸實，這個樸實，我給它立個名字叫做「勝義樸實」（註一八），這是借用佛教勝義諦的「勝義」來形容樸實。

由此，我卽想到乾嘉年間所流行的考據之學，他們自稱爲「樸學」，那才眞正是不樸之學，徹底是議論之途。他們自認爲是樸學，而批評宋明理學是不樸之學，空疏得很。在某一層面而言，宋明理學也可以說是空疏，因爲它沒有說文、爾雅等，一大堆閑嗑牙。因此，一般人就以爲只有乾嘉年間的考據之學，才是眞正的學問、眞正的樸學，並因此形成了一個普遍判斷標準。這根本就是忘掉了陸象山早就說過「樸實之途」這種話。他說的這話，大家平時未予以注意，以致被乾嘉年間的樸學所吸引。平心而論，從實事實理，從人生眞正存在上論，陸象山所說的樸實，才眞正是樸學；而說文、爾雅只能增加許多文字知識，怎能算是眞正的樸學呢？這只能說是老子所謂的「爲學日益」之學而已，而宋明理學所說的是爲道，所以必然是「爲道日損」。因此，陸象山要講簡易，簡易不是到處可以說的，要看講的是什麼問題；康德也講簡易，所以康德有句話講得很明確，我看了很高興。他說過，假定一個人依據自律原則而行，何者當爲，何者不當爲，人人都知道，連愚夫愚婦也都清楚，這是坦然明白的；假定是依照他律原則，則必須依賴對於世界之有所認識，如此，何者當爲，何者不當爲，非但愚夫愚婦不能知，雖聖人也有所不能知（註一九）。康德這個意思，正好就是陸象山所說的簡易，所以簡易並不只陸象山一個人說，康德在說道德實踐時，亦主張簡易。我們藉着康德所說的話，可以進一步了解陸象山所說的簡易，否則說得那麼籠統，並不容易了解。

陸象山批評朱夫子的學問爲議論之途，而他在扭轉議論之途以歸於孟子的過程中，並未作分解的說明，他用的是類乎棒喝的「揮斥」這種非分解的方式，其目的在於扭轉朱夫子之學問方向。對於此扭轉過程中，所用的非分解的方式，朱夫子卽誤認爲禪，他認爲陸象山是用禪宗「不說破」與「棒喝」的方式。所以有人問朱夫子何以說陸象山是禪，朱夫子回答：「子靜（即指陸象山）說話，常是兩頭明，中間暗。或問暗是如何？曰：他是那不說破處。他所以不說破，便是禪。……」。（註二〇）朱夫子認爲陸象山的話是兩頭明，中間暗；而中間所以是暗，是因爲他不說破，這便是禪。至於「兩頭明」則是指孟子見道的這一頭，與朱夫子不見道的那一頭。朱夫子也承認陸象山對他的批評，所以他認爲陸象山批評他的那一面，以及令人所歸到的那一面，都很清楚，這就是他所謂的兩頭明。但朱夫子覺得陸象山在扭轉的過程中，並沒有講清楚，所以是中間暗。不過，在陸象山的立場卻認爲孟子已經講得很清楚，只要確實去讀就得了。因此，在此種機緣下，朱夫子批評陸象山是禪，陸象山當然不會服氣。他主要目的在於扭轉朱夫子的毛病，而朱夫子既然已經承認不對，那就行了，其他的講不講都是沒一定的；要能見道，就要確確實實地讀論語、孟子。關於此，朱夫子當然也可以反駁說：我是天天讀論孟呀！四書我不是都加註了嗎？朱夫子的四書註，在陸象山看來，統統是不中肯的；必須放棄那些註，收回到自家的心性上來，用存在的路數來談論孟，自然就能見道了。

順着以上所說，我們客觀地分析，朱夫子批評陸象山是禪，並不中肯；只是陸象山在此用非分解的方式，可以使朱夫子有錯誤的聯想，既然是聯想，就不是很嚴格、很準確的判斷。嚴格地說，陸象山所用的非分解的方式，還不是禪宗的非分別說。而且他有所立教，他仍然屬於分別說。他先立下什麼是道，什麼是見道，什麼是不見道，也就是先把標準確立，然後再去扭轉不見道以歸於見道。所以在中國思想家中，要找一個很典型的非分別說者，並不很多，只有莊子所用的方法，含有很強的非分別的意味。這些分判，必須把每個思想家的思想徹底明白，重要的句子都要理解一下才行；這不是平空想像出來的瞎比附。因此，我們經過仔細的理解，再作如此的分判，大體上是中肯的，也不算過份。

眞正自覺地提出分別說與非分別說，至佛教才有。儒家傳統的思想，很少接觸這個問題；我們剛才所說的，是就着以往的事實，把它加以劃分。要到佛教，才自覺地提出分別說與非分別說之分。釋加牟尼佛原初之說法，即是分別說，但他也有非分別說。釋氏成道以後，說法共四十九年，可分成五時說法（註二一），而此五時說法中，第四時說般若，即是非分別說。佛于第一時、第二時、第三時及第五時說法，都是分別說，只有第四時說般若時，是用非分別說。所以，以前大和尚要判教，首先就得了解般若經的特殊性格；了解此特殊性格，才能進一步判教。

般若的性格是「融通淘汰」，是將以前分別說的法，加以消化。這種消化，不同於黑格爾所作的消化；黑格爾所作的消化，是把分別說者予以辯證的綜合，這是積極的消化。而般若的消化，並不是把分別建立的法，綜合起來；它用的方式是融通淘汰，所以是無所建立。它不是如黑格爾那樣，經過辯證的統一而成立一個大系統；它的融通，爲的是要去除執着，所以是一種消極的態度。融是融化，通是通達，融通不是代表統一，而是要化除執着、封限。因爲，凡是分別說所建立的概念，都有所限（limitation），一有所限，人就順此限制而有所執着，此即是封限，這就好比莊子齊物論中所說的：「夫道未始有封，言未始有常」之封。淘汰卽去掉執着。所以融通淘汰卽是化除封限，去掉執着。而去掉執着，卽是去掉眾生之病。所以融通淘汰的目的，是要歸於諸法實相，而不是綜合起來成一個大系統，所以與黑格爾的辯證思想是不同的，這就是般若經的特殊性格。

同樣的，要了解莊子的思想，亦復如此。莊子從是非相對，達到超是非，並不是說有一個甲，一個乙，然後再把它們綜合起來（註二二）。所以東方的思想，有其特殊性格，不能因其也講消化、辯證，就用黑格爾那一套辯證思想來概括。

前面說般若之融通淘汰，爲的是蕩相遣執，令歸諸法實相。那麼什麼是實相呢？實相一相，所謂無相，卽是如相。般若對於分別說的法並未去除，只是把對於法的執着化除掉；執着一除，每一法當體卽如，每一法皆是實相，所以法華經說：「唯佛與佛，乃能究盡諸法實相」。如此，般若經所說的是一無所有，它無所說，亦無所建立，所以般若經謂：無一法可得。因爲站在般若的立場，確是無一法可得；若站在分別說的立場，則有許多法與系統，此自是不同於般若之精神。佛曾說過：「說法四十九年，而無一可說」，前者卽指的是分別說大小乘諸經典，而後者則指般若融通淘汰的精神。所以佛用「說法四十九年，而無一法可說」的詭辭，將分別說與非分別說都暗示出來。

佛教般若經是以異法門說（註二三），此異有特異、殊異之意。此卽表示佛說般若經的方法，不同於說其他大小乘經典者，而且不只不同，還有其特殊之處。佛說其他大小乘諸經典可以用一法門、二法門、三法門，乃至無量法門說；譬如說四諦卽用四法門說，而說五蘊、六波羅密、八正道以及十二因緣等，皆用同數之法門說，這些均是分別說。照龍樹菩薩大智度論所說，這些分別說的法，都是可諍法。既是可諍法，所以沒有邏輯的必然性，都只是權法、方便法，這也是釋迦牟尼佛智慧之微妙活轉處。至於說般若經，則是無所說，一法不立，其目的只是令以前所說之方便法，皆歸於實相；而實相一相，所謂無相，卽是如相。如此所說之法卽是不諍法，是無可諍辯的，所以有邏輯必然性，因此它就不是權說的方便法。而所謂異法門，實卽是非分別說的法門。所以佛說大般若經，卽是用非分別說的法門，也因此才顯出般若經的特色。

般若本來是一種呈現，是無法用概念來說明的，所以佛用非分別的方式，將般若智慧呈現出來，此與莊子所用的方式差不多。假定我們問：什麼是般若？佛在般若經中並不從「是什麼」(what) 的立場來回答，他是用辯證的詭辭方式來表示，所以經云：「佛說般若波羅密，卽非波若波羅密，是名般若波羅密。」(註二四)，這個方式，不是分解的方式，而是一種否定的展示。這種表示法，卽是辯證的詭辭；而此種詭辭卽指示我們，般若是我們眞實生命中的智慧，它必須從主體方面，通過存在的實感而被呈現或被展示，這是不能用語言或概念加以分析的。因爲，假定告訴我們什麼是般若，那麼般若只是一個概念，而順着這個概念，我們很容易的就會執着這個概念，而想入非非。一旦落入執着、妄想，般若智慧就永遠無法展現。

所以，般若經雖然是無一法可得，無一法可立，但是佛可以用他的智慧，用非分別說的方式，把眞實的般若展現出來，而此亦卽是「實相般若」。佛用此異法門來說，是屬於第二層序上之說，是以非分別的方式，展示實相般若；而實相般若是無相且一無所有的。所以，佛說般若的目的，在於化除眾生的執着，令歸諸法實相。因此，若明瞭佛說般若經之用意，那麼所說的那些話，也就可以統統化掉了。這就好比過河拆橋一樣，一過了河，橋也就沒用了。從高一層次的立場看般若經的說法，般若亦是教，但一明白諸法之實相，這個教法也就化掉了，所以這種非分別說與分別立教的說法是不同的，這就好像莊子在齊物論中所說的「既已爲一矣，且得有言乎？」既然已經是一，還能有話嗎？此時已經無言了。同時「既已謂之一矣，且得無言乎？」，這就表示：我既然說它是一，這就是一種語言，如此，還能無言嗎？「是一」是從客觀的實相方面說，「謂之一」是從主觀的語言方面講。主觀的語言，沒有獨立的意義，其作用是爲了要了解客觀的實相；既了解客觀的實相，那麼語言也就可以化掉了。此種化除，並不是主觀的統一，不可以與黑格爾的辯證的統一相攪和。

因此，用非分別說的方式，所展示的實相般若，就是不諍法，它不是一個由分別說所建立的概念，它是諸法的如、實相，並非我們觀念中的如與實相，它必須以智慧實證。這是生命中的如是如是，此「如是如是」必須用存在主義的「存在之路」來呈現，而不是用理論的方式來思辨。

順着以上所說，我們知道般若經的特殊性格，是非分別說的不諍法，但光是般若的不諍法，還不是天臺宗所說的圓教。所以我在「佛性與般若」中，屢次提到般若波羅密也具備一切法，但那基本上是般若智「作用地具足一切法」，就此說圓，只能說是作用的圓。這也是我上一講中曾提到的，西方人翻釋圓教爲 round teaching 的 round，此圓是指圓通無碍的圓，這還不是眞正的圓教。般若之圓通無碍只是個共法，無論大小乘，都要說般若。所以天臺宗在般若空宗以外，另外分判一個圓教，因爲天臺宗與空宗究竟是不同的。天臺圓教不是從主觀的般若上說，而是從客觀的法上說；主觀的般若是個作用，所謂「運用之妙，存乎一心」，此般若智當然可以說是圓通無碍，天臺圓教並不就此處說圓。般若智只能算是圓教的「緯」，而天臺圓教所以爲圓，是定在「經」與「綱」上，也就是定在一切法的存在問題上。

講圓教不可以從主觀的般若智的妙用講，因爲這是大小乘共通的，我們必須從法的存在這客觀面來講圓教之所以爲圓。這也就是順着佛性的觀念，以說明一切法的存在。爲什麼從佛性上講呢？因爲在修行的過程中，我們所關心的是：到底以什麼方式成佛？又所成的佛，是什麼境界的佛呢？像小乘自了漢所證成的佛，並未函攝其他一切衆生的一切法，也就是說，其他的一切法並沒有進到自了漢的佛格內；而沒有進到佛格內，即表示沒有進到佛性之中，因此，此佛性就沒有包括其他的那些法。所以從小乘要進一步講大乘，大乘佛是以一切衆生得度爲條件，大乘佛必須不離其他一切衆生的一切法，而將一切法完全吸收於其佛格、佛性之中。不過儘管如此，大乘佛仍有許多說法，有龍樹菩薩通教的說法（大乘通教不同於般若共法），有阿賴耶與如來藏系統的說法。這些都是大乘佛法，都是以一切衆生得度爲條件，此不同於小乘之自了。但照天臺宗之判教，仍然不是究竟圓教。

天臺宗判大乘通教所說的法的存在，只限於三界（註二五）以內，也就是說龍樹菩薩所說之教，除般若以外，關於法的存在或佛性的問題，有其特殊的限定；而此限定卽顯出其共通於小乘之處，這不從般若說，而是從佛性上說。龍樹菩薩所說之教，只限於三界以內，此卽是指其所說之法的存在，只限於第六識，至於第七識及第八識則未說明。由此卽顯出其所說之法的限度，而此限度與小乘之限度相同，故稱其爲通教，卽通於小乘教之意。

由通教進到第七、第八之阿賴耶識系統，法的存在進至三界外，雖然進至三界外，但卻只能詳細地說明生死流轉法，至於說明清淨法，則不夠圓滿；而且用的是心理分析的方式來說明，也就是走經驗分析的路子。凡是用分解的方式說，卽非圓教；儘管已進至界外，仍非究竟圓教。

由此再進到如來藏自性清淨心的系統，此系統不但對於生滅流轉法能詳細說明，對於清淨法也能清楚地交代，這可以說是很圓滿了。但天臺宗仍判其爲大乘別教而非圓教，因爲如來藏系統仍然是分析的路子，也就是用超越的分解（transcendental analytic）說一切法的存在問題。儘管它是超越的分解，但只要用分解的方式說一切法，就不是圓教，因爲對於法的存在問題，一用分解的方式說，就是個特定的系統；既是一特定的系統，就有一個系統的限定相。所以不管是阿賴耶系統或如來藏系統，都有其限定相。也正因爲既用分解的方式說，又有系統的限定相，所以天臺宗批評大乘別教爲「曲經紆迴，所因處拙」（註二六）；既是紆迴、笨拙、自然就不是圓教了。

所以，要眞正表示圓教，一定要用非分解的方式來說；用非分解的方式就着法的存在說圓教，並不同於佛用非分別的方式說般若。旣就法的存在說，它便是有所說，因此它仍是個教；旣是一個教，就是個系統，但它卻沒有系統相。其所以是個系統，因爲它是就着佛性與法的存在說；但它用的是非分解的方式，所以無有系統的限定相。旣是個系統又無系統相，此卽成了一個詭辭。正因其是系統而無系統相，所以顯出綱上的圓教意義（註二七）。此圓教是就着法華經開出來的。法華經與般若經，都有其特殊的性格。就法華經本身而言，並沒有什麼特殊的內容，經文非常簡單，沒有包含分別說的法。那麼，法華經到底有什麼特殊處呢？法華經主要的問題在於「權實問題」之處理。凡是分解說的都是權，而非分解說的才是實。如何處理權實的問題呢？照法華經所說，卽是「開權顯實」，開是開決，決了暢通之義，此可類比於般若經之融通淘汰而實不同。「決了」，照康德的話說，就是一種批判的考察（critical examination）；而照佛教辭語就是一種「抉擇」，也就是將以前所說的一切法，作一個評判、抉擇，這不就是批判的考察嗎？

因此，「決了」就是要使我們能抉擇通達。好比佛說小乘法只是個方便，一個權說，不可停滯或執著於此，否則永遠只是小乘。因爲佛說小乘法，並不是叫眾生只做個阿羅漢就完了；所以眾生對於小乘法，若能決了暢通，卽知當下就是佛法（註二八）。這小乘法也是成佛的一個法門，所以佛教才有「一切法皆是佛法」的說法。所有的法，如數學、醫學、科學等，皆可以通達於佛，每一法皆是通於佛的一個門，所以叫做法門。這是決了以後的理境，若不決了，那麼數學只是一種形式科學（formal science），與成佛何關？物理學只是一種自然科學（physical science），與成佛何關？

所以，「決了」爲的是化除眾生的執着與封閉，執着一除，小乘法就是佛法，而且是「低頭舉手皆成佛道」（註二九）。權既然開決了，那麼當下卽是實，所以說開權顯實。如此一來，行住坐臥都是佛法。此開權顯實卽是佛的本懷，所以天台宗講法華經是佛教的大綱，此大綱是就着佛之本懷與開權顯實說的；照現在的辭語，就是屬於第二層序（second order），其他分別說的法，則是屬於第一層序（first order）或屬於基層（basic order）。如此一來，不只小乘法需要開決，阿賴耶系統和如來藏系統，也都需要開決。

天台宗將諸大小乘開決以後，卽以「一念三千」來說明一切法的存在；一念三千不是用分別的方式說，「一念三千」這句話對於法的存在等於沒有說明，但卻表示了法的存在，而不是表示般若，所以天台宗不同於空宗。「一念三千」是開決了界內的小乘教與通教，以及界外之阿賴耶與如來藏系統以後所說的。所以天台宗這句話，與大小乘諸教並不在同一層次上，它是高一層次的說法，它是非分別說，而且對於法的存在等於沒有說明；而低一層次的說法，則是用分別說的方式說一切法之存在。天台宗用非分別的方式開決了分別說的一切法，並使一切法通暢；如此，每一法都得以保住，沒有一法可以去掉，所以說一低頭一舉手，都是佛法。因此，成佛必卽於九法界（註三〇）而成佛，不可離開任何一法而成佛，如此卽保住了一切法之存在。此種非分別說的說法，可說是一種 tautology，它既是用非分別的方式說一切法，所以是系統而無系統相。以其無系統相，所以不可諍辯，也因此成其爲圓教。至此圓教境界，所有的法是一體平鋪，所有權教所形成的大小土堆，至此都化爲平地。此種圓教，不再是另一交替可能的系統（alternative system），它不再有特定的系統相，所以是不可諍辯的。這個不可諍辯是就着法華經講，這是屬於圓敎的綱；將般若經的不諍法，加上法華經的不諍法，一經一緯，兩個不諍法合在一起就是圓教。

由此可見，天台宗規定圓敎有一特別的模式（special pattern），這個思考方式非常的微妙。因爲，假定落在一個分解的方式的系統裏邊，是比較容易說話，而在此種特別的模式中，則不容易說。這種問題，需要大家仔細地思考一下。先了解什麼叫做「系統」，如果對「系統」能有一個明確的理解，那麼「系統而無系統相」的道理，就自然顯現出來了。

天台宗所說的圓教是不離權敎，所謂「醍醐不離前四味」（註三一），就是用前四味來顯出醍醐味；同樣的，圓敎是不離前三教的。所以成佛是卽九法界的眾生而成佛，沒有任何一法可以去掉。如此，佛性卽把一切法的存在保住了。可見不達到圓教，法的存在是無法保住的，而從保住法的存在這一點來看，我卽給它規定一個名詞，叫做「佛教式的存有論」（Buddhistic ontology）。本來佛教講無自性，要去掉「存有」（Being），根本不能講存有論；但是就着佛性把法的存在保住，法的存在有必然性而言，那麼就成功了佛教式的存有論。這個意思假定可以講，那麼就類似於康德所講的上帝王國中的自由與自然之和諧。此處所說的法的存在，卽屬於自然，而佛就屬於自由。在此，馬上就暗示我們一個問題，也就是康德所說的「圓善」（summum bonum, highest good）的問題。「圓善」在康德哲學中，是不能呈現的；康德只有肯定上帝來保障，才能使圓善成爲可能。但是，在佛教的圓教中，對於圓善可有淸楚的觀念，完全瞭如指掌。此種圓教境界卽超過康德哲學的理境，你能說這是神秘主義乎？而依照康德的哲學，卻就說此種思想爲神秘主義。他認爲我們對上帝的王國，沒有直覺，所以我們不能把上帝的王國直覺化、具象化，我們這個自然世界，只能說是上帝王國的 symbol，而不是 schema。事實上，如果我們對圓教的意思能通透了解的話，康德所說的 schema 根本就不能用在此處。

照圓教講，康德關於圓善的那些的猜測語都不是究竟的，因爲既然卽九法界而成佛，也就是卽着地獄、餓鬼、畜生等而成佛，甚至卽着一低頭、一舉手而成佛，在此種境界中，所有的法都是一體平鋪，而佛也就在此呈現。就佛而言，德（virtue）之所在，卽是福（happiness）之所在。因爲在圓教中，佛的本身是德，而法的存在就是福，這兩者永遠是合在一起的；到此，若再說德與福是綜合關係，那就很有問題了。因爲在圓教的境界中，綜合關係已沒有了，只有分析的關係。

所以佛教提出圓教這個問題，很有啟發性。康德雖然也注意到德福之間的問題，但他那種說法，若照佛教的分判，只能說是別教的方式，而非圓教的方式，這個問題，只有在天台宗的圓教中，才能有淸楚的理解，在康德哲學中，尚無法有淸楚的了解。

我今天就講到此，下次再就此圓教問題，作進一步的解釋。

尤惠貞記錄

附註

註一：參看「佛性與般若」下冊，頁一一八七至一二一四。

註二：參看馮友蘭「中國哲學史」，頁一六四至一六六。

註三：同上書，頁三〇四。

註四：見孟子盡心篇。

註五：同上。

註六：同上。浩生不害問曰：「樂正子何人也？」孟子曰：「善人也，信人也。」「何謂善？何謂信？」曰：「可欲之謂善，有諸己之謂信，充實之謂美，充實而有光輝之謂大，大而化之之謂聖，聖而不可知之之謂神。樂正子二之中，四之下也。」

註七：見龍樹菩薩所著中論觀因緣品。

註八：見大乘起信論，論云：「云何熏習起淨法不斷？所謂以有真如法故，能熏習無明；以熏習因緣力故，則令妄心厭生死苦，樂求涅槃。……真如熏習有二種。云何為二？一者自體相熏習，二者用熏習。自體相熏習者，從無始世來，具無漏法，備有不思議業作境界之性。依此二義，恒常熏習。以有力故，能令衆生厭生死苦，樂求涅槃，自信己身有真如法，發心修行。……」

註九：見老子道德經，第一章。

註一〇：同上。

註一一：八正道指一正見；二正思惟；三正語；四正業；五正命；六正精進；七正念；八正定。

註一二：見莊子齊物論。

註一三：參看牟先生所著「從陸象山到劉蕺山」頁三至五，又見頁七八，語錄選錄第四十一：「阜民嘗問：先生之學亦有所受乎？曰：因讀孟子而自得之。」

註一四：同上書，見頁六八，語錄選錄第七：「夫子以仁發明斯道，其言渾無罅縫。孟子十字打開，更無隱遁，蓋時不同也。」

註一五：同上書，見頁七十，語錄選錄第二十三：「先生云：後世言道理者，終是粘牙嚼舌。吾之言道，坦然明白，全無粘牙嚼舌處，此所以易知易行。」

註一六：同上書見頁三五至三六，……傅季魯云：『先生居山，多告學者云：「汝耳自聰，目自明，事父自能孝，事兄自能弟，本無少缺，不必他求，在乎自立而已。」學者於此多興起。有立議論者，先生云：「此自是虛說，此是時文之見。」常曰：「今天下學者有兩途，惟樸實與議論耳。」』

註一七：同上書，頁三一至三二，陸象山在鵝湖之會上，曾作一詩以和其兄，詩云：「墟墓興哀宗廟欽，斯人千古不磨心。涓流滴到滄溟水，拳石崇成泰華岑。易簡工夫終久大，支離事業竟浮沉。欲知自下升高處，真僞先須辨只今。」

註一八：同上書，見頁三六至三七。

註一九：同上書，見頁八至九。

註二〇：同上書，見頁五六或一九六。

註二一：五時說法即㈠華嚴時，說華嚴經；㈡鹿苑時，說四阿含；㈢方等時，說諸方等大乘經，如維摩、思益、楞伽、密嚴，三昧、金光明、勝鬘夫人等經；㈣般若時，說諸般若經；㈤法華涅槃時，說法華經與涅槃經。參看「佛性與般若」下册第一章第三節「五時八教」。

註二二：參看莊子齊物論。論有云：「物無非彼，物無非是。……是亦彼也，彼亦是也。彼亦一是非，此亦一是非，果且有彼是乎哉？果且無彼是乎哉？彼是莫得其偶，謂之道樞。樞始得其環中，以應無窮。是亦一無窮，非亦一無窮也。故曰莫若以明。……」

註二三：見龍樹菩薩所著「大智度論」卷一，論云：「復次有二種說法，一者諍處，二者不諍處。諍處如餘經中已說。今欲說無諍處故，說般若波羅密經。……復次餘經中佛說五衆無常苦空無我相，今欲以異法門說五衆故，說般若波羅密經。……」

註二四：見金剛般若波羅密經。

註二五：三界指欲界、色界、無色界。參看「佛性與般若」下冊，第四章第八之一節。

註二六：法華玄義卷第五上有云：「通諸位論粗妙者……中草（二乘）雖復動出，智不窮源，恩不及物。……大樹（別教）實事，同緣中道，皆破無明，俱有界外功用，故此位為妙。而別教從方便門，曲徑紆迴，所因處拙，其位亦粗。圓教真門，是故為妙。」關於別教所以為「曲徑紆迴，所因處拙」，請參看「佛性與般若」上冊頁五六〇至五六一。

註二七：天臺宗以法華經為圓教的大綱。法華玄義卷第十上「釋教相」中初出「大意」有云：「當知此經唯論如來設教大綱，不委微細網目。」

註二八：法華經卷四法師品有偈云：「若聞是深經，決了聲聞法，是諸經之王，聞已諦思維，當知此人等，近于佛智慧。」

註二九：參看「佛性與般若」下冊，頁五九八。

註三〇：九法指界指地獄、餓鬼、畜生、阿修羅、人、天六道，以及聲聞、緣覺、菩薩三聖。

註三一：前四味指的是乳、酪、生穌、熟穌，醍醐之味不能離此四味而獨顯。

第十七講　圓教與圓善

上一次我們談分別說與非分別說（註一），以了解說法的兩個方式。我們由分析哲學的「分析」(analysis)一層一層往上講，探究到廣義的「分解」。不但西方哲學重視分解，就是中國哲學和印度哲學也都重視分解。不分解便不能有所肯定與否定，不能立教。這樣，我們便可以把這個「分解」的問題由分析哲學（像現在英、美哲學所表現的）裏面解脫出來，不爲它所專用。我們首先把這個意思放在心中，常加考慮、思考，才能了解佛教中般若經的特殊性格，了解般若經的非分別說，了解天臺宗的圓教是從法華經這裏說的。

法華經當然和般若經不同，但是它也有一個非分別說的性格。以前的人了解，法華經裏面是沒有內容的；而般若經也沒有內容，因爲它無所說，當然沒有內容。但是他們又說法華經是「如來設教大綱」（註二），主要在明「佛之本懷」（註三）。「如來設教大綱」這個話是從前天臺宗講法華經的，不是我們現代所說的「大綱」。我們現在也常說「大綱」，這「大綱」是指一門學問的綱要而言。天臺宗所說的「大綱」是指佛的本懷，不是指分別地說的這個法或那個法。這後者他們以前叫做「網脈」，像一個網一樣，除綱領外，還有一些網之脈絡。而「網脈」是法華經所沒有的，這等於是沒有內容。所以，現在你若翻開法華經看看，除了神話以外，並沒有分別地說的任何法，是很貧乏的一部經。這很奇怪呀！天臺宗爲什麼要以這麼貧乏的一部經爲宗呢？其他的大經有豐富的內容，他們爲什麼單單找上這部經呢？這便使我們注意到「如來設教大綱」這個話。其他的一切網脈它都置之不論，因爲這在其他的經中都已經說過了。而所謂「大綱」，就是佛的本懷，也就是佛本來心中的願望，而不是從這願望發出來的分別地說的種種法。這種種法全都已經說完了——第一時說華嚴，第二時說小乘，第三時說方等大乘，第四時說般若——現在到第五時才說法華、涅槃，以法華經爲主，點出「佛之本懷」。這是以往的名詞；但是我們現在一看，很容易想到法華經和其他的經不同，不在同一個層次上。其他一切屬於分別說、屬於網脈、有內容的經，我們叫做第一序（first order）的，法華經則屬於另一層次，叫做第二序（second order）的。這是我們現代的名詞，較容易表達這個意思，而且顯豁。

般若經以「異法門」（註四）說無諍法；它無所說，無所建立。它也和那些分別說、有所建立的經不一樣；它的精神在於融通、淘汰、消化。但是般若經和法華經也不同。假如就消化說，它也屬於第二序，不屬於第一序。但它這第二序是從主體方面顯智慧，顯實相般若；法華經則是從法的存在上講圓教。所以這兩者各有特殊的性格，一橫一縱，合在一起，便是天臺宗所說的圓教。而且這一橫一縱，還是以縱爲主。圓教或非圓教，不定在橫上，而定在縱上。「縱」是綱領，是經，「橫」是緯，是作用。

我們先了解分別說和非分別說，然後再進一步了解：圓教的表達必然有一個特殊的模式。這個問題是西方人所沒有的。在判教時，圓教是最高的境界。但是我們要將第一序和第二序分開：前者表達法的內容和系統，以分別說來表示；後者表達圓教，以非分別說來表示。這兩種方式完全不同。這樣，圓教的表達才成個問題。這是我們上次所說的，諸位再參考「佛性與般若」這部書，多注意一下。這是現代人的思考，用來講中國的學問，在表達上、思考方式上比較能推進一步；對於它原來的意思也沒有歪曲，不能增一點，也不能減一點。這完全是屬於解釋方式的問題。

照佛教的判教說，最高的境界是圓教。照哲學思考說，當哲學問題看，與圓教問題相對應的一個問題就是「圓善」問題。照西方哲學思考的發展看，圓善問題大概是最後、最高的問題。「圓善」就是康德所說的highest good或Summum bonum，一般譯作「最高善」（註五）。我們這樣兩面平行地看，就中國哲學說，是判教問題；就西方哲學說，是哲學問題的思考進程。我們平常看不出這樣的關聯，而只是順著西方哲學思考的發展往前看，覺得這「最高善」好像沒有多大的意義，可有可無。不但現代人根本不談它，就是康德在當時也有這樣的感慨：古希臘哲學談它，斯多亞派談，伊匹鳩魯派也談，但現在的人卻不談了（註六）。因此康德重新提出來，解決這個問題。現在的西方哲學，不管是英、美方面，或是歐陸方面，更不談了。我們平常對於「最高善」，覺得好像在哲學史裏面，在某個範圍之內，有這麼一個概念；至於這個概念究竟代表什麼問題，除了康德仔細考慮之外，以後就沒有人注意了。

假如我們純粹從西方哲學的進程看這個問題，也可以。但如果我們重新考慮中國當年吸收佛教的過程，而對圓教有個恰當的了解，那麼我們便可知道：西方哲學思考的進程所接觸到的「最高善」問題——假定這個是個眞正的問題、有意義的問題，而不可忽略——是其發展的最高峯。因爲最高善和圓教是相應的。你若要鄭重地正視並討論「圓善」這個概念（康德便能正視它），進而把這個問題具體地呈現出來，使之有意義，那麼只有通過「圓教」的概念，才能使它豁然開朗。假如你眞正明白了「圓教」的概念，「圓善」的概念自然會豁然呈現在你眼前。當初我也沒想到這麼多，單單把最高善當作西方哲學中的問題。但後來我把圓教講明白了，圓善的概念也豁然開朗了。這兩個問題是相應的，必須同時解決。假如我們要以非分別說來消化分別說，最後一定要講到圓教才能完成；而西方哲學思考的發展必須到圓善才能完成。這樣一來，便使一般人所忽視或僅視爲屬於某一範圍的問題有了意義；反之，便是不了解哲學思考的歷程，不了解最高善。因此，佛教的判教是很有意義的，而圓教也不是可有可無的，也不只是許多系統中的一個系統而已。佛的說法到最後非往這裏走不可，到這裏才能徹底完成，才能順適調暢；這是必然的。所以判教是隨時要有的，並不是判一次就完了。以前的人判，後來的人還是要判，就好像圓善必須隨時講一樣；這樣可以隨時提醒我們要將方向定在那裏。

圓敎有其所以爲圓敎的獨特方式，和其他的說法方式不一樣。假如我們對於這個問題有清楚的了解，把方向定住，便可以知道修行的最高目標何在。佛教修行的最高目標當然是成佛，但是小乘行者想成佛，大乘行者也想成佛，而大乘之中又有各種不同的教路與系統，因此產生各種系統所限定的佛格。你要成的究竟是怎樣的佛呢？假如沒有判教，便只好各佛其佛，那麼我們的最高目標在那裏呢？所以這個問題必須隨時點醒、隨時講。儘管所講的東西還是一樣，表達圓教的獨特模式還是一樣，但仍然要隨時講。這就是契爾克伽德（S. A. Kierkegaard）所謂「重覆卽創造」。表面上看起來是重覆，但仍要隨時予以精誠的新的詮釋；這就是創造——創發性的新思想。這說明在中國判教以圓教爲最高峯、最後的境界，也就是佛教所謂「究竟、了義」。

就西方哲學而言，從古希臘開始，直到現在，這全部進程的最高問題在於「圓善」這觀念（不管你覺到與否，也不管你達到與否）。這個觀念與圓教相應合。我們研究西方哲學，對於最高善，首先要正視它，其次要使它豁然開朗。假如我們輕忽它（不能正視便是輕忽），或者卽使能正視，也只是把它當作道德學上的一個概念而已；在這種情形之下，這個問題仍不能豁然開朗。要使之豁然開朗，就必須了解圓教，知道圓教是必然的，非往這裏發展不可。能表達圓教，卽表示前此的諸教不圓，不圓當然是向著圓走，而且非往這裏走不可；這是必然的。但是在西方哲學中，幾乎沒有人告訴我們一個必然的方向（如最高善）。像羅素，他就不講最高善；不但不講最高善，一般的善他也不講。對於講分析哲學的人而言，根本就沒有這個觀念，也沒有這個問題。就是不講分析哲學的人，也很少接觸這個問題。剛才我們就說過，康德曾發感慨道，自從古希臘人談過這個問題以後，就沒有人再談了，他當時（十八世紀）的人也不談了。十八世紀是歐洲哲學鼎盛的時候，尚不免如此。誰又知道最高善有必然性呢？

可是在中國，佛教的判教以圓教爲最高境界，前此的小乘教、通教、別教都是權教。權者不實。權、實乃相對而言。權就是方便、不究竟、非了義，它必然向著圓實處發展。進而言之，表達這圓實還有一個獨特的模式，並不是各圓其圓，你說你圓，我說我圓。假如我們了解表達圓教的獨特模式，便知道圓教只有一個，無二無三。這並不是獨斷。獨斷是說我圓你不圓，這還是各圓其圓；那麼反過來，你也可以說你圓我不圓。這便不行。所以我們必須了解這獨特的方式。就好像大智度論中說，佛以異法門說般若經。異法門就是特異的法門，因爲特異，所以它是無諍法。說無諍法，有獨特的方式，和其他分別說的方式不一樣。假如你不了解這個方式，心中還是想著分別說的方式，怎麼能無諍呢？凡分別說都是可諍的。即使像康德所建立的系統，那麼周到，四面八方，枝枝相對，葉葉相當，仍然是可諍的。這在邏輯上非如此不可。康德也不敢說他的系統是無諍的，不容許討論。不容許討論就是獨斷，就像馬克斯主義一樣，這不是圓教。因此，我們必須正視這獨特的方式，先了解分別說與非分別說，再了解般若經的特殊性格，然後了解法華經的特殊性格。這些觀念在平常的哲學中都沒有，不但西方哲學沒有，中國的儒家也沒有；因此值得注意，切不可當作佛教的神話看。假如我們能正視最高善，進而使它能豁然開朗，使人知道往這裏發展是必然的，便可以挑破西方人之「蔽」；這等於替他們另開新生面。至此，這個問題便成了一個普遍的問題，無所謂東方，也無所謂西方。這樣一來，對中國哲學而言，也是個進步。

我們說過，在西方，一般人並不注意這個問題，到康德才正視它。他比古希臘的斯多亞派和伊匹鳩魯派更進了一步。古希臘人所說的最高善，其實並不是最高善。這兩派都只說了一面，另一面則被吞沒掉了。斯多亞派以德行作主，德之所在卽福之所在。這樣一來，只成就德的這一面，福的那一面則被吞沒了，沒有獨立的意義。最高善一定包含德行和幸福兩面，兩者有隸屬關係，但不能以一者化掉另一者。斯多亞派便是把幸福——康德把它當作圓善的第二個成分——化掉了。伊匹鳩魯派則是以幸福作主，有福就有德。這樣，德行——圓善的第一個成分——就失去了獨立的意義。所以，依這兩派的看法，表示最高善的辭語是分析命題（analytical proposition）。斯多亞派認爲，只要分析德行的概念，便可以知道幸福。但照康德的看法，這不是分析命題；光是分析德行的概念，不一定能得出幸福來。這很容易了解，儒家也有這個意思。有天爵不一定就有人爵。天爵和人爵便是最高善的兩個成分。孟子說：「古之人修其天爵，而人爵從之。」(告子上)。「古之人」是個特定的範圍，因此孟子可以方便地這樣說。但若完全從理上看，修其天爵，人爵不一定能從之。這就是說，從天爵這裏分析不出人爵來。天爵、人爵兩者合在一起，才是最高的善、圓滿的善；這兩者一定屬於綜和關係（Synthetical relation）。伊匹鳩魯派的看法更荒謬。他們以幸福作爲實踐的決定原則。但幸福不能作爲決定意志的原則，亦卽不能作爲道德原則。而他們是以幸福作主，有福就有德。這當然更不對。有幸福的人不一定有德行，而且幸福也不能作爲道德原則。但他們卻只肯定了一個成分：而以分析命題來表示最高善。

所以，照康德的看法，不管是斯多亞派或伊匹鳩魯派，他們講最高善時雖然提到德行和幸福兩面，但是結果卻只剩下一面。那就是說，他們沒有了解到這關係是綜和關係，不是分析關係。而在這裏，康德不但正視了這個問題，並且把它推進了一步，指出這關係是綜和關係；進而言之，雖然是綜和關係，但卻不是平列的、無本末之分的——在這裏，一定是以德爲本，福則隸屬於德；這隸屬是綜和的隸屬，不是分析的隸屬。這是個大進步。他能將這問題講到這個程度，已經很不錯了；基本觀念也分析得很清楚。

在中國，孟子也曾提到這個觀念（卽天爵、人爵），但說得疏，沒有詳細的分析。也許現代人會想到：康德告訴我們，這是個綜和關係，有天爵不一定有人爵，那麼孟子爲什麼說：「古之人修其天爵，而人爵從之」？還有，中庸爲什麼說：「大德必得其位，必得其祿，必得其名，必得其壽」？如何能說「必」呢？大德之人不一定有其壽，如顏淵短命而死。大德之人也不一定有其位，如孔子是聖人，其德可謂大矣，卻不得其位。這些話如照現代人的看法，都不可靠。孟子還說得客氣點。他加個「古之人」，而且沒有說「必」。而中庸的說法似乎就很有問題了。你當然可以這樣去思考。但卻不能認定你的說法便超過了古人，認爲中庸、孟子的話沒有意義。但是你可以提出這個觀念，仔細加以分析。因爲過去聖賢講道，並不像現在這樣，仔細地作邏輯分析。孟子那句話是特指「古之人」，如堯、舜、禹、湯、文、武、周公等人。在這幾人身上，很可能是「修其天爵，而人爵從之」，但沒有必然性。所以是個綜和關係。而「今之人修其天爵，以要人爵。」這情形又不同了。「古之人修其天爵，而人爵從之。」這是有特指的。這並不排斥其他的可能。在古之人中，也許有人修其天爵，而人爵並未從之，因爲他沒有說「必」。而今之人修其天爵，是爲了求富貴。人爵便是指富貴。但這樣也不錯呀！雖然動機不純，但如果能貫徹到底，還是不錯的。然而連這也做不到，所以「既得人爵，而棄其天爵」。這些當然是勸誡的話。但我們也可以把它當個問題來看，而問：所謂「修其天爵，而人爵從之」，這個「從」字究竟是綜和的還是分析的呢？這樣進一步去討論是可以的，孟子也不會反對。但儘管你這樣討論，孟子還是可以說：「今之人修其天爵，以要人爵；既得人爵，而棄其天爵。」「今之人」這話永遠可用，不但指他那個時代，也可以指現在這個時代，還可以指無盡的未來。所以，康德在這裏使我們在概念上有明確的了解，其貢獻極大。

儘管如此，那些康德專家並不一定能眞正了解這個問題，也不能了解我們的哲學思考必然要向這裏發展，而發展到這裏卽是最高點。譬如說拜克（Lewis White Beck），他除了翻譯康德的「實踐理性批判」之外，還爲這本書作了一個疏解（註七）。他在這疏解中提到這個問題時就說，康德講最高善，假定上帝的存在，這根本是一個「實踐的獨斷形上學」（a practical-dogmatic metaphysics）（註八）。儒家也可以有一個「道德的形上學」（moral metaphysics）。康德以上帝的存在來保證最高善，這種證明卽道德的證明（moral proof）；而一般地說卽是「道德的形上學」。對於這個形上學，拜克卻加上「獨斷的」這形容詞，而稱之為「實踐的（道德的）獨斷形上學」。康德這一步驟的目的是要滿足實踐理性的目的，拜克卻視之為獨斷的。因為拜克認為最高善並非實踐理性的對象（註九）。這句話就有問題，康德不會承認。因為康德明明說，最高善是我們意志的必然對象(necessary object)（註一〇）。當然拜克這樣說，也不是完全沒有來歷。因為實踐理性本身也可以決定一個最高善，但這最高善是從道德本身來說的；也就是說，依照無條件的命令而行就是最高善。（因此，「最高善」這名詞有歧義，所以我們最好不要這樣翻譯它。）這樣，我們又何必要求幸福和德行的協和呢？這種要求早已離開了道德本身，也就是離開了實踐理性本身，而牽涉到幸福的問題。這樣說的「實踐理性」是狹義的，把實踐理性縮小了，所以拜克才說，最高善不是實踐理性的對象。但是康德明明說，它不但是實踐理性的對象，而且是其必然的對象，也就是意志的必然對象，意志要求它。但這要求是間接的，不是直接的。意志的對象是善，這也就是儒家所謂「好善惡惡」。而什麼是善呢？依照無條件的命令而行就是善，違反這命令就是惡。所以善惡不是首出的觀念，而是依違不違道德法則而決定。這是個根本的扭轉。

在西方，一般人講道德，往往先討論什麼是「善」，因為他們認為道德學是討論「善」的。例如，英國的謨爾（G. E. Moore）寫了一本「倫理學原理」（Principia Ethica），就是在分析「善」。這本書很受重視，寫得也很認眞。但他還是以「善」的觀念為首出，分析的結論是：「善」不能下定義。既然不能下定義，那怎麼辦呢？只有不了了之。英國人就是這樣，他們專會做這種工作。謨爾當年寫這部書時，他也沒有讀懂康德的書。康德就是要把問題轉過來。謨爾爲什麼要分析「善」呢？他是要先把「善」分析明白，再決定我們的行爲；一件事情是好的，我們才做。這種看法是有問題的；因爲他是把「善」當作首出的，從外面來決定我們的行爲，這就是他律（heteronomy）。所以我們不能以「善」爲首出的觀念，而須以道德法則爲首出的觀念；道德法則決定我們的行爲，依照道德法則而行就是善，反之就是惡。這正合乎儒家的精神。拜克所說的「善」就是這個意義的「善」，這並不包括德福相協和的最高善；這後者是外加的。所以他說，這不是實踐理性的對象。這不是縮回去了嗎？但康德明明說，德福相協和的最高善是意志的必然對象，意志必然要求它。儘管我們可以說，這要求是間接的——我們先依照道德法則決定什麼是善，再進一步要求德福之間的協和——但它還是意志的必然對象。不過康德在這裏說得鬆泛，所以有的人就不喜歡他這個「最高善」的觀念。道德那裏還須顧及幸福呢？董仲舒也說：「正其誼不謀其利，明其道不計其功。」這已經說得很高了，何必再要求幸福呢？從這個觀點講的「最高善」是純德意義的最高善，不是康德所說的最高善。這樣講道德，也可以說得很響亮，要停在這裏也可以。但其結果就成了斯多亞派的路子，以德之所在爲福。文天祥殺生成仁就是德，也就是福。這樣講，太悲壯了，非人情之所能安。所以幸福也是實踐理性的必然要求，在這裏不能不過問。

然而康德只說最高善是意志的必然對象，而未加以說明。但這個觀念不是自明的，因爲一般人可以說：我不要幸福，「正其誼不謀其利」不就可以了嗎？所以康德在這裏說明得不够。我當初看到這裏，覺得康德的說明總是弱了一點。他講道德原則，譬如定言令式（categorical imperative），總是說得很強、很足够；但講最高善是意志的必然對象時，卻不能使人豁然開朗，使人完全了解，所以人總可以懷疑。

在另一方面，若就判教說，判至圓教是必然的發展；到了圓教，圓善的觀念自會豁然開朗；沒達到圓教，此觀念便不能豁然開朗。在權教裏，不管是小乘或大乘，此觀念都不能說。就佛教說，權教不能保住法的存在；在此，法的存在沒有必然性。而幸福的觀念是寄託在法的存在上。法的存在就是現實世界的存在。現實的自然生命要肯定得住才行。假如現實世界保不住，其存在無必然性，那麼幸福要寄託在那裡呢？因此，就判教說，權教（非圓教）不能保住法的存在，法的存在於此無必然性；既無必然性，則幸福的觀念也沒有寄託，也保不住；這樣一來，我們如何能要求幸福呢？當然，依道德本身說，我們可以不要求幸福；但這樣一來，也不能發展到最高善了。就判教說，權教不能保住法的存在，那就不圓滿。所以，只有到了圓教，法的存在才有必然性；法的存在有必然性，那麼問題就解決了。因此幸福是寄託於法的存在上，法的存在有必然性，幸福才有寄託。所謂「有必然性」，就是說非如此不可，非如此就不能成佛——否則，即使成佛也不算，因為所修的德行不盡。所以，如果法的存在肯定得住，而且非在這裡成佛不可，那麼德（主觀方面的存心）在這裡呈現，福也在這裡呈現，兩者必然合一。但如果保不住法的存在，那麼德與福未必能合一，這便是權教。譬如天台宗批評華嚴宗是「緣理斷九」（註一一）。在這個境界中，當然佛法身很有德，他全幅是清淨無漏功德。但是斷離了其他九法界，法的存在沒有保證，那麼幸福在那裡呢？照佛教的名詞說，幸福是寄託在「色法」上。既是緣理斷九，那麼「色法」就沒有了，而只剩「心」——清淨無漏功德心。「心」是指「德」這一面。但是「色法」沒有了，怎麼能講幸福呢？怎麼能講德福一致呢？所以，這最高善保不住。起信論亦講「色心不二」(註一二)，但在此別教內，這「色心不二」是綜合命題，不是分析命題。這不是眞正的「不二」，而是可以爲二的。所以，圓教的觀念豁然開朗之後，圓善(最高善)才有必然性。如果成佛必須如此去成，進而在這「必須」之下法的存在有必然性，那我們才可以說：德福一致是實踐理性的必然對象。這不是很通嗎？但是如果達不到圓教，則德福一致的觀念只是——用康德的名詞來說——或然的(Problematic)，而非必然的(apodictic)(註一三)。只有這樣，才能充分說明最高善的觀念。

在這種情形下，提出上帝來作保障，也是合法的。因爲圓教表示絕對的圓滿，而絕對的圓滿在西方哲學的傳統中是靠上帝來保障的。上帝保障法的存在，因爲上帝創造了世界，而你我卻無法創造。在我們自己性分之內的事是德，卽孟子所說：「求則得之，舍則失之；是求有益於得也，求在我者也」。至於我的德能得多少福呢？什麼時候能得福呢？這完全不是我所能掌握的，卽孟子所說：「求之有道，得之有命；是求無益於得也，求在外者也」。所以我所能掌握的，只是德行這一面。從現實上看，有德的人很可能沒有幸福；而且似乎越是有德，就越沒有幸福。一般人很容易因此發牢騷。也許有人會說：你不要悲觀，你總會有幸福的。但什麼時候有幸福呢？如果說：今生沒有，可待來生。但來生在那裡呢？我怎能等到來生呢？這表示這不是我所能掌握的，是在我的能力之外。那麼誰有這個能力呢？在西方哲學中，很自然地會推到上帝，而肯定上帝的存在。這叫做「道德的證明」，屬於「道德的神學」。所以康德只承認道德的神學是可能的，其他的都不能成立（註一四）。這是很對的。只有上帝才能使德福之間有個恰當的比例（proportionate）或恰當的諧和。而從現實上看，我們人類做不到這點。只有在德行這一面我們能盡心盡性，能掌握得住。至於幸福——在從前屬於「命」的觀念——則不是我們所能掌握的。如果能掌握，就不叫「命」了。所以說：「求之有道，得之有命，是求無益於得也。」求了也不一定有好處，對於得不得沒有什麼幫助。若得不到，求也沒有用。所以俗語說：「命中八尺，難求一丈。」若是命中註定，即使只差兩尺，也求不到。依耶教的立場，從上帝這裡說當然最方便，也最清楚。既然上帝創造了世界，他當然知道德福之間該如何配合。所以我們不要悲觀，他不會寃枉我們。只要我們行善，總會有幸福的。至於幸福什麼時候會來，那可不必管，因為上帝早已安排好了。今生得不到，來生總會得到。所以康德必須假定靈魂不滅，否則就無來生可言。這樣，上帝存在和靈魂不滅就同時得到肯定了。

但是我們也可以不必這樣說。因為這樣說，也許只是如此相信而已。就佛教看，這是戲論。所以現代人就不理會這一套了。可是我們也可以換個說法。在東方，佛教把這個問題表達得最好，這就是圓教問題。圓教就把十法界包括在內了；若是緣理斷九，還是不圓。十法界卽是天、人、阿修羅、地獄、餓鬼、畜牲這六界及聲聞、緣覺、菩薩、佛這四界，每一界代表一個法類。這十法界是總說，往下還可以分成三種世間，卽國土世間、衆生世間和五陰世間。國土世間是我們所處的地理環境。衆生世間指有情（living beings）說。五陰世間則指色、受、想、行、識說。這三種世間便概括了一切法。這「一切」不只是邏輯的，而是存有論的（ontological），上帝所創造的全部世界都在內。有人說：上帝只創造了現實世界，他還有許多未創造的世界。但依天臺宗來說，只要是上帝所創造的，都包括在這三種世間裏。照萊布尼茲的說法，上帝有許多可能的世界，選了最好可能的（the best Possible）給我們，此外還有許多可能的世界沒有創造出來。這是西方人的想法，照佛教看，都是戲論。對上帝而言，無所謂「可能」，因爲他是無限的。我們不能說：上帝可以創造這個世界或那個世界，也可以不創造。照耶教的說法，上帝爲我們人類創造了最好的世界，如果人類瞎鬧，他也可以毀了它。這個講法不行，上帝並沒有這種可能或不可能的問題。這些都是戲論，是不如理的。

凡是上帝所造的，都包括在十法界中。在圓教下講成佛，是十法界互融而成佛。每一法界都含十法界。佛法界中含有六道衆生、聲聞、緣覺、菩薩。地獄這一法界也含有天、人、阿修羅、餓鬼、畜牲、聲聞、緣覺、菩薩、佛在內。十界互融，每一界具十界，總成百法界。每一法界具十如是，遂成「百界千如」(註一五)。百法界再配上三十種世間，所以說「一念三千」(註一六)。其實所說就是一切法。就佛法界而言，若要成佛，便要卽九法界而成佛，不能離開六道眾生、聲聞、緣覺、菩薩而成佛。照平常的說法，佛可以化身為地獄、餓鬼，但他不是地獄、餓鬼。地獄、餓鬼只是他的化身。他不單可以化身為觀音菩薩，還可以化身為大象、獅子、天龍八部、童男童女。但這樣的說法並不是圓教。化身是顯神通，佛需要神通時才顯，不需要時就不顯。這不是圓教，而是權教。照圓教的說法，九法界中沒有任何一個法界可以去掉，成佛非就這裏成不可。這樣豈不是能保住地獄等法界的存在，而使之有必然性嗎？若是化身，則沒有必然性，要顯就顯，不顯就不存在了。圓教所代表的，是上帝那個層次，這裏就是絕對。在此，法的存在之必然性整個給保住了。但是，上帝的事與我們不相干，所以康德始終肯定德與福間的關係是綜和關係。所謂「綜和」，是對我們人類而言。德福一致的觀念在我們的現實人生中根本不能呈現，其可能性只有靠上帝的存在來保障。我們的實踐理性只是要求它，其必然性只是要求上的必然性。我們根本不能呈現它，只有上帝才能。這樣就把人與上帝分開了。如果德福一致的保障放在上帝那裏，那麼它們的關係永遠是綜和的。但這是從我們人類的立場來看。若是從上帝的立場，從「神眼」(divine eye)來看，這關係卻是分析的，因為上帝有智的直覺（intellectual intuition）。但上帝是上帝，與我們人類不相干。人類沒有智的直覺，故對於人類的思考而言，德福之間的關係是綜和的。這樣一來，這最高善雖然有意義，但卻不能豁然開朗。

然而，如果我們不把法的存在之保障放在上帝，而放在「圓佛」（perfect buddha），把上帝化掉，而轉為圓佛，那就不同了。因為一切眾生皆可成佛；並且成佛不僅有邏輯的可能，而且有眞實的可能。因此，不管我們眼前能不能成佛——照禪宗講，我們當下就能成佛，當下就能呈現圓善；但即使不像禪宗這樣說，而照著圓教這個思路去想——圓善還是能豁然開朗。這與將保證放在上帝那裏不同。保證若在上帝那裏，那是上帝的事；若在佛法身這裏，則是我們的事。所以圓教中的福德一致並非綜和命題，而是分析命題。因爲「即九法界而成佛」的「即」是必然的。我們平常認爲地獄、餓鬼、畜牲是很苦的，那有幸福呢？但圓佛是即地獄、餓鬼、畜牲而爲佛，在地獄、餓鬼、畜牲這裏就是德，同時也就是福。佛不是地獄，地獄裏沒有福，但是當他即地獄這個法界而成佛時，就佛的立場看，地獄就是他的德（佛教稱爲「功德」），同時也就是他的福，因爲他的功德是即地獄而爲功德。這時福德才能一致，而這一致是分析的一致。所以，由此而說的「色心不二」是眞正的不二。這「不二」是分析的「不二」，不是綜和的「不二」。

在康德哲學中，這個觀念最好不要直接說成「福德一致」，因爲康德並非說這兩者一致，而是說這兩者間有個恰當的比例。英文本是用 Proportionate 這個字而不是用 consistent 這個字；後者才是一致的意思。一說「一致」，我們很容易就想到分析的關係，這就不對了。可是在圓教所表現的圓佛裏，福德的關係卻是分析的（註一七）。圓佛的法身、化身、報身三身是一。圓佛法身即三德秘密藏。三德是法身、般若、解脫。般若就是智的直覺。到此，福德一致的觀念不是豁然開朗了嗎？

但是佛教只有判教，而沒有最高善的觀念。講道德，才有最高善的觀念。佛教講到圓教就停止了。但儒家必須討論什麼是善。善不能從外面的對象上看，所以儒家講性善，以性善作標準。性善決定一切東西的善或不善——首先決定我們的言行，這種言行在康德是當作廣義的對象看，也就是善的東西。在這裏，儒家的說法同康德一樣。康德將方向扭轉過來，也就是向儒家的路子走。所以胡五峯在「知言」中引述其父胡安國的話說：「孟子道性善云者，歎美之辭，不與惡對。」(註一八)實際上性無善惡，善、惡這兩個謂詞（predicates）都加不上。因爲性是判斷其他事物的善惡之標準，這標準不能再根據另一個標準來說它是善是惡；它就是最後的標準。所以，凡可以用善惡這兩個謂詞去形容的東西（如行爲），都是相對的、有善有惡的；而性之善卻是絕對的，因此無善相、無惡相，這兩個謂詞都加不上。所以王陽明說：「無善無惡心之體」(註一九)，也就是這個意思。無善無惡，是謂至善。至善就是絕對善。

照佛家的判教說，圓教是最高峯。從儒家的立場講善惡問題，它也有一個圓教，並且其模式還是一樣——儘管其內容不一樣，因爲儒家有一套道德哲學。就西方哲學思考的進程說，圓善是最高峯。依康德的說法，全部哲學包括兩層立法：就知識一層說，是知性爲自然立法；就道德這一層說，是意志爲自我立法。這兩層立法是全部哲學的規模。這也近乎康德所說的哲學之「宇宙性的概念」（Cosmic concept）。康德說，我們一般所說的哲學概念都是「學院性的概念」（Scholastic concept）。但除了這種哲學概念外，還有一種「宇宙性的概念」(註二〇)。所謂「宇宙性的」意指「完整的」。完整意義的哲學包含兩層立法，而以善爲最高目的。所以西方哲學是以康德這個模型爲代表，其他一切片面的、特殊的哲學都可收進這兩層立法中。而最高善的概念如果要有必然性，而不只是任意的概念，便只有在圓教所說的圓佛中才能照察出來；這在西方哲學本身是照察不出來的。

我們在佛教的部分提出了一些重要的問題，這些都是眞正的哲學問題，必須當作哲學問題看。卽使是語言分析，也必須針對問題去決定問題，而不只是訓詁字句。譬如他們對語言加以分析，決定什麼有意義、什麼沒有意義，這些都是大問題。儘管他們說自己的哲學是小哲學，別人的是大哲學，其實他們的問題並不小。我們不能說這些不是哲學問題，凡是當作一個問題看的，無所謂大小；若說大，通通都大。只有單單訓詁字句，那才算小，那根本不是當作哲學問題來看。若是小的，就不能稱爲概念了。這個「概」字就概括了許多對象。所以，分析哲學家說黑格爾哲學沒有意義，這就很難說了。他們說知識才有意義，但知識的範圍也不小呀！關於最高善，我將來想寫一部書。這是近年來才想到且透出的，在「現象與物自身」中還說得不够，還沒有解決這個問題；那還只是一般性的思考。也許這部書就叫做「圓善論」，到時候會寫得比較清楚些。

李明輝記錄

附註

註一：請參閱牟先生所著「佛性與般若」（臺北、學生書局）附錄「分別說與非分別說」一文。

註二：智者大師「法華玄義」卷十上云：「當知此經唯論如來設教大綱，不委微細網目。」

註三：「法華玄義」卷一上云：「今經正直捨不融，但說於融，令一坐席，同一道味，乃暢如來出世本懷。」

註四：龍樹「大智度論」卷一云：「復次，餘經中佛說五衆無常苦空無我相，今欲以異法門說五衆故，說般若波羅蜜經。」所謂「異法門」，即指「不同於分解方式」的法門。請參閱「佛性與般若」第一部第一章第一節。

註五：「最高善」即德文的 höchstes Gut。康德之論最高善，主要見於「實踐理性批判」（Kritik der Praktischen Vernunft）第一部第二卷「純粹實踐理性的辯證論」（Dialektik der reinen praktischen Vernunft）。

註六：康德說：「對於今人，最高善的問題似乎已失去用處，或至少已成為僅僅無關緊要之事……」（「實踐理性批判」第一部第一卷第二章）

註七：此書即 A Commentary on Kant's Critique of Practical Reason, The University of Chicago Press, Chicago, 1960.

註八：見該書 p. 46n, 227, 245, 263n.

註九：拜克說：「最高善底概念決不是一個實踐的概念。而是理性底一個辯證的理想。」（同書 p.245）

註一〇：康德說：「最高善底促進是我們意志底一個先天必然的對象，並且與道德法則相關聯而不可分離，因此最高善底不可能也必定證明道德法則底錯誤。」（「實踐理性批判」第一部第二卷第二章第一節）

註一一：關於「緣理斷九」之涵義，請參閱「佛性與般若」第三部第一分第一至三章及「智的直覺與中國哲學」（臺北，商務印書館）第二十章「天臺宗之圓教：從無住本立一切法」。

註一二：大乘起信論云：「即此法身是色體故，能現於色。所謂從本已來，色心不二；以色性即智故，無體無形，說名智身；以智性即色故，說名法身遍一切處。」

註一三：Problematic 與 Possible（或德文的 Möglich）、apodictic 與 necessary（或德文的 Notwendig）間有一精微的差別，可參閱「現象與物自身」第四八頁起。

註一四：康德在「純粹理性批判」Kritik der reinen Vernunft 一書的「超越辯證論」（Die transzendentale Dialektik）中檢討各種經由思辨理性（spekulative Vernunft）發明上帝存在的論證，斷定其不可能；故我們唯有轉而建立道德的神學。

註一五：法華經方便品第二云：「唯佛與佛，乃能究盡諸法實相。所謂諸法如是相、如是性、如是體、如是力、如是作、如是因、如是緣、如是果、如是報、如是本末究竟等。」此即所謂「十如是」。智者大師「法華玄義」卷二上云：「此一法界具十如是，十法界具百如是，又一法界具九法界，則有百法界、千如是。」

註一六：智者大師「摩訶止觀」卷五上云：「夫一心具十法界，一法界又具十法界，百法界。一界具三十種世間，百法界即具三千種世間。此三千在一念心。若無心而已，介爾有心，即具三千。」

註一七：**案：牟師曾告余曰：此處幾句話有問題，一致不一定是分析的，圓教下是否可說是分析的亦有問題。詳見「圓善論」第六章（台北、學生書局）。**

註一八：見四庫全書本「知言」卷四。明程敏政刊本於「知言」六卷後附朱子「知言疑義」一卷及「附錄」一卷，而刪其正文中見於「疑義」之重文。故在程本及同一系統之朝鮮本、和刻本中，此言均不見於正文，而見於所附「疑義」中。四庫全書所收「知言」六卷、「附錄」一卷係採永樂大典本，為宋刊原本。「知言疑義」亦見於「宋元學案」五峯學案及「朱文公文集」卷七十三。

註一九：陽明四句教云：「無善無惡心之體，有善有惡意之動，知善知惡是良知，為善去惡是格物。」見陽明「傳習錄」卷三及「年譜」嘉靖六年九月條下。

註二〇：「宇宙性的概念」德文作 Weltbegriff，「學院性的概念」德文作 Schulbegriff，見「純粹理性批判」中「超越方法論」(transzendentale Methodenlehre) 第三章。

第十八講　宋明儒學概述

我曾寫了一册書，來講魏晉時代的哲學；又以兩册書來講南北朝、隋、唐的佛教，以四册書來講宋明理學，其量最多。首先寫成的是關於魏晉玄學的部份，就是「才性與玄理」這本書。然後再寫宋明這個階段的哲學，大體花了十年工夫。那時我在香港大學，沒有事做，很清閒，所以可以完全把心思收回來，凝聚住，關起門來，好好想一想以前的學問；於是便寫了「心體與性體」共三册，一氣寫成。這三册大體具備了宋明理學的規模和思路。還賸下一册，最近才寫成，此卽是「從陸象山到劉蕺山」一書。

那三册處理北宋的周濂溪、張橫渠、程明道、程伊川及南宋的胡五峯、朱子共六人。這不是寫哲學史，而是單講宋明理學。若是寫哲學史，有些前後過節之處就要聯貫起來，有些不相干之處也要寫。譬如說邵堯夫，在哲學史中也該有一章。但是我們專講宋明理學時，邵堯夫就不在內了。儘管他在當時很有地位，二程和他也很熟，時有來往，但他們講學問並不在一條路上。邵堯夫的學問並不在這個系統之內。

雖然就時間上說，宋明理學涵蓋了宋明六百多年，但是實際上只有一個課題，所牽連到而可以作主幹的人物只有九個人。從周濂溪開始，連同張橫渠、程明道、程伊川，北宋一共有四家。當然二程門下還有很多人，但都是隸屬的，不是作主幹的。南渡以後，首先消化北宋四家的是胡五峯。他是胡安國的兒子。他那一派在當時稱爲湖湘學派，因爲他住在湖南衡山。這是當時很重要的一個學派。那時朱夫子還沒有出頭。後來湖湘學派被朱夫子所壓倒、所掩蓋，所以一般人講這一段學問，都不太知道胡五峯這個人。事實上，宋元學案中也有「五峯學案」，底下還列有很多人。但是大家都把他忽略了，不很注意他。其實這個人很重要，但被朱夫子的權威給掩蓋住了，所以大家只注意朱夫子。事實上，朱夫子是不是能夠掩蓋住他，是很有問題的。

胡五峯首先消化北宋四家的學問；朱夫子一出，也繼續作這種消化的工作。可是朱夫子並不能眞正消化這四家的學問；事實上他只能消化一家，也就是程伊川。他以程伊川之一程來概括二程，把程明道收到程伊川裏面，成爲一程。事實上，二程是以程明道作主。程明道在理學家之中有崇高顯赫的地位，但是朱夫子的消化工作卻不能顯出程明道的地位。朱夫子以程伊川來概括二程，但程伊川卻不能概括他哥哥程明道，因爲他們兄弟倆的講法並不一樣。朱夫子只能欣賞程伊川，而且了解得很好、很恰當；他們兩人之間沒有距離，沒有大分別，其心態相應、氣味相投。但是朱夫子對於程明道就不十分能欣賞，也不了解他，而又不好意思批評他，因爲他的地位太高。程明道有這麼高的地位，而朱夫子卻不能相應於其地位而說出他的學問來，所以程明道在朱夫子的心目中成爲隱形的。

朱夫子以一程概括二程，再以二程作中心，來概括周濂溪和張橫渠，以此方式消化這四家。因此，就表面上看，大家都以爲朱夫子是宋儒的正宗，是正統派，是所謂的道學家。在宋史裏有「道學傳」，其中有所謂「濂、洛、關、閩」，共五人。陸象山不在道學傳裏面，這是宋史作者的偏見（註一）。那表示說，宋儒的學問以濂、洛、關、閩爲正宗。「濂」指周濂溪，「洛」指二程，「關」指張橫渠，「閩」便是指朱夫子，因此以他所傳的爲正宗。可是朱夫子在北宋四家中只能傳程伊川。他雖然大談周濂溪的「太極圖說」，篇幅很多，所費的工夫也很大；但是他的了解並不恰當，也不能相應於周濂溪所體會的道體。因爲他是以程伊川的方式來了解周濂溪。他對張橫渠了解得更差。張橫渠本身當然也有些駁雜，但是其眞實的意義不可揜。雖然他的文字表達不太好，其意義卻很明顯。而朱夫子卻不能了解張橫渠。張橫渠在朱夫子的心目中只是二程的輔佐，並未得到充分挺立的地位。有時候他可以把張橫渠的幾句漂亮話頭拿出來講一講，但是一、兩句話並不能代表張橫渠的全部學問。就張橫渠的全部學問來看，朱夫子是不了解的。

因此，這樣看起來，所謂「濂、洛、關、閩」的傳承，所謂「朱夫子繼承宋儒的正宗」，事實上全是假象。朱夫子只繼承了程伊川一家，而程伊川也不能代表他老哥程明道。就是把程伊川和程明道兩人合起來，也不能代表張橫渠和周濂溪。朱夫子很重視、推尊周濂溪，但對他不夠了解，也不能了解張橫渠和程明道。這些都是社會上一般人所看不透的，所以你們要下工夫，仔細去了解。而下工夫的唯一根據就是文獻，要對文獻作恰當的了解。朱夫子在文獻方面所下的工夫也很深，但他了解得恰當不恰當，卻是另一個問題。要了解得恰當，是很不容易的。他了解得恰當的地方我們也承認，譬如他對程伊川的了解就很恰當，沒有問題。但他了解得不恰當的地方我們也要看出來，不要把它們混在一起。朱夫子之繼承北宋諸儒，就是這種情形。

胡五峯消化北宋四家，大體是以張橫渠的一個重要觀念——盡心成性——作主。這個觀念是由張橫渠開始提出的，而朱夫子向來不重視它，可見了解一個觀念並不容易。「盡心成性」這個觀念牽連到對於「心」的看法，對於「性」的看法，乃至於「道體」、「工夫」的看法。在「盡心成性」這句話中，「盡」和「成」代表工夫。除了工夫以外，這句話也包括本體在內。本體是指什麼而言呢？就是「心體」、「性體」，再由「性體」通到「道體」。這些重要的觀念通通在這句話裏面。所以，胡五峯消化北宋諸儒，是以張橫渠這句話作中心；他所了解的心體、性體、道體，大體還是通於周濂溪、張橫渠的了解。因此，他通過這句話來吸收、概括周濂溪、張橫渠，是可以的，也比較恰當。他不傳程伊川的學問，他所傳的是另一套——這一套合乎北宋前三家周濂溪、張橫渠、程明道，而與程伊川不相合。朱夫子所消化的，與程伊川相合，卻與前三家不相合。所以朱夫子和胡五峯談不來。

胡五峯的作品不很多，但很精。他的作品有「知言」，就是借用孟子的話：「我知言，我善養吾浩然之氣。」朱夫子對「知言」批評得很厲害，提出八點疑難(註二)。事實上，這八點中沒有一點是對的。他不了解胡五峯，因為他們的系統不同、不相應。在這裏，我們需要下工夫重新檢討一下。

當初我也不了解胡五峯，不知道他說些什麼；因爲大家都不提他，大家所提的是周濂溪、張橫渠、二程、朱夫子這些大師。至於胡五峯，就沒有人知道了。有一次我問唐（君毅）先生，胡五峯講些什麼。他想想，講了幾句話，但也沒有說清楚。於是我就把胡五峯的資料拿來仔細看一看，才了解他有一套想法，有一個重要的觀念——「盡心成性」。這個觀念雖然朱夫子不講，但卻很重要。「盡心」一詞見於孟子。孟子中說：「盡其心者，知其性也；知其性，則知天矣。」（盡心上）。「成性」一詞張橫渠首先講到，胡五峯也講，後來劉蕺山也可以講。這樣一來，這個觀念便代表一個特別的間架，所承傳的學問與伊川、朱子不同，與王陽明也不同。通過這個觀念，可以消化北宋前三家周濂溪、張橫渠和程明道。

所以我在「心體與性體」中把宋明理學分爲三系：伊川、朱子是一系，陸、王是一系，胡五峯、劉蕺山是一系。這最後一系就是繼承周濂溪、張橫渠、程明道。嚴格說來，北宋諸儒的嫡系應當是這一系，而不是伊川、朱子，也不是陸、王。陸、王是直接繼承孟子。伊川、朱子則繼承大學，以大學作中心。從伊川開始，才特別講大學；照普通的理解，也就是講格物窮理。但這是照朱夫子的講法，而不是照王陽明的講法。伊川在講工夫的時候，才開始講大學。朱夫子對大學最有興趣，所以拚命講格物窮理。我們仔細看看北宋前三家周濂溪、張橫渠和程明道的文獻，他們講工夫不從大學這裏講。他們三個人很少講大學。程明道在講工夫時，偶而會提到幾句大學裏的話。程伊川講大學，是後來的事，他們兄弟倆只差一歲。但程明道五十幾歲就死了，程伊川則活到七十幾歲。程伊川在他老哥死後的二十多年中，才能獨立講學，這才代表他的學問。他老哥在世時，他不能獨立講學；他只是順著他老哥講。宋儒對於論語、孟子、中庸、易傳等先秦經典所提出的重要觀念、話頭，都是由程明道開始的，所以他是個大家，有顯赫的地位。朱子對於這樣的大家，卻不能了解，而以伊川來概括他，這當然有問題。

伊川是不是完全與他老哥相同呢？如果完全相同，當然可以他作代表。但事實上不相同。無論講工夫或講本體，他和他老哥的體悟都不一樣。譬如最顯明的例子是：程明道從「萬物一體」說「仁」（註三），又從「覺」說「仁」（註四）。「覺」和「仁」這兩個觀念是相連的。但程伊川就是不喜歡以「覺」說「仁」。所以，後來朱夫子繼承程伊川，拚命批駁「以覺說仁」；再進一步，又批駁以「萬物一體」說「仁」。在朱子的「仁說」裏，這是個很重要的問題；而且從這個問題牽連到很多其他的問題。可見程伊川和他老哥的頭腦和想法不一樣。當然，籠統地說，他們都講儒家的學問，都差不多。但是這樣一來，不但二程差不多，我剛才所舉的九個人也都差不多，都屬一個系統。因此我們不能這樣看。他們之間是有不同的

北宋前三家講工夫不由大學講，這很特別，平常人都不了解，現代人更不了解。現代人根本不講工夫，但宋明儒學問，講本體必講工夫，本體、工夫一定兩面講。這在西方哲學中就差了。西方哲學只是當哲學看，重視理論的分解，而不重視工夫。工夫就是所謂的「實

踐」。因此，他們在這裏不談實踐。但在這個地方，東方的學問就不同了。我們爲什麼講心體、性體、道體這些東西呢？這些都是理論呀！我們之所以如此講，是因爲我們有工夫，而在工夫中了解了這些道理。所以，講道體就函著工夫，講工夫就印證道體，這兩面一定是相應的。不光儒家如此，道家和佛家都是如此。

西方人講道德哲學，很少人講工夫。譬如康德的「實踐理性批判」，也照著「純粹理性批判」的方式來講，分爲「元素論」和「方法論」。這是類比於邏輯中的元素論和方法論（舊的邏輯是如此講法）。「實踐理性批判」中的「方法論」其實就是講工夫。他講工夫講得很簡單，但也很中肯。然而這只是初步，分量很少，和元素論不相稱。他講「純粹理性批判」也是這樣，前面講了一大堆，「方法論」的部份卻只有一點點，但還是比「實踐理性批判」的「方法論」多一點；不過大體是不相干的、零零碎碎的。

北宋前三家講工夫，不從大學的格物致知這裏講；到了伊川、朱子，才表彰大學，才從格物窮理這裏講。程伊川由此提出兩句口訣：「涵養須用敬，進學則在致知」（註五）。「進學則在致知」是就格物窮理而言。朱子對此最有興趣，終身信守不渝。但是這樣講道德實踐（成聖成賢的工夫），是不中肯的。這點朱子未能明察。這樣講工夫，我名之曰「順取的工夫」。我爲什麼說以「順取的工夫」講道德不中肯呢？因爲這是混知識爲道德，把二者混在一起。這樣是不行的，康德就是要把它們分開。以講知識的態度來講道德，這是個大混雜。北宋前三家，以及後來的胡五峯、陸象山、王陽明，乃至劉蕺山，都不這樣講，都不由「大學」格物窮理的順取之路來講。順取之路就是順著我們眼前之物，卽物而窮其理，以此決定道德的實踐；也就是以知識決定道德。但是北宋前三家根本不講大學，或很少提到大學。但你們不要以爲他們不講工夫；他們都講工夫的。只是大家對此都不注意，不發生興趣，在觀念上把握不住，而被「太極」等玄而又玄的觀念所吸引住了。陸象山、王陽明、劉蕺山就正式講工夫，並且正視這個問題。這七個人所講的工夫就是所謂的「逆覺之路」。講道德實踐、講工夫，「逆覺」是最 essential，這點被他們把握住了。能把握住這點，就是把道德當道德看，不當知識看，不是用講知識的態度來講道德。這樣很自然就把二者分開了。

照現代人的看法，朱子那條路是不行的。可是在以前，大家卻把他看作理學家的正宗，以爲聖賢工夫不能離開他的路。大家都認爲他是傳聖人之道——也就是教人如何成聖，如何發展我們的道德人格，使人品挺立——他的規格還是落在道德上，因此他是正宗。以前的人之所以這樣想，其原因何在？對此我們也應當作個同情的了解，在西方，從蘇格拉底開始，經過柏拉圖、聖多瑪，直到康德以前，大體還是以講知識的態度來講道德。古人不十分能把道德和知識分開。在中國也是如此；因此朱子取得了正宗的地位，因爲這是「下學而上達」。但孔子所說的「下學而上達」未必就是朱子所表現的那個型態。以前的人總是籠統，不十分能分別開來。

在此，我們作個同情的了解，大概可以這樣說：他們是廣泛地、籠統地從教育的立場著眼。教育就是教人做人之道，是人的具體生活。因此，由人的具體生活整個地看，也就是由教育的立場廣泛地看，朱子的方法是正宗。這「正宗」是從教育的立場來說的。他們由具體的生活整個地來看人，而不像現代人一樣，分別知識的一面和道德的一面。一般人這樣籠統地看，覺得朱子的方法較好、較平實，所以他能取得正宗的地位。這是我們以同情的態度所了解的。但是若照他們的看法，朱子是正宗，那麼其他的人不走伊川、朱子的路，就不是正宗嗎？若照以前人的看法，這些人都不是正宗。所以朱子不喜歡程明道，但是也不批評他。這樣從一般的教育來看，從具體生活的全部來看這個問題，是可以的。因爲具體生活需要知識，也需要道德，甚至需要宗教信仰、民主政治等，這全部都得包括進去。

但是以前的人講宋明理學，都推尊孔子，以孔子爲儒家的大宗師。孔子以後成個傳統，就叫做 Confucian tradition。孔子並非套在堯、舜、禹、湯、文、武、周公這個系統之內，作他們的驥尾。假定把孔子套在這個系統之內，由他往上溯，這就叫做「周孔並稱」。唐、宋以前都是周孔並稱。由宋儒開始，才了解孔子的獨立價值，了解他在文化發展中有獨特的地位，不能簡單地由他往上溯，而作爲堯、舜、禹、湯、文武、周公的驥尾。宋儒的貢獻在此。所以由宋儒開始，不再是周孔並稱，而是孔孟並稱。這很不同，表示這個時代前進了一步，是個轉折的關鍵。

孔孟並稱，則孔子本身可以開一個傳統，孔子本身在中國文化上有個獨特的地位。到了孔子，開始政教分離。假定以堯、舜、禹、湯、文、武、周公爲主，就是以政治事業爲主，以業績爲主。孔子並沒有作皇帝，沒有稱王，有其德而無其位。所以我們可以籠統地說，到了孔子，是政教分離；孔子的地位是「教」的地位，不是「政」的地位。所以孔子本身含一傳統。宋儒就把握了這一點。在內聖外王中，「教」的地位主要是指內聖。這是宋儒所共同承認的，朱夫子也應當承認。北宋的周濂溪、張橫渠、二程的貢獻就在這裏：以內聖作主。既然以內聖作主，那麼首先講的就是道德。什麼是「內聖」呢？就是內而治己，作聖賢的工夫，以挺立我們自己的道德人品。「外王」就是外而從政，以行王道。內聖的工夫是每個人都能作的，就是如孟子所說：「求則得之，舍則失之，是求有益於得也。」外王就不一定了，它是「求之有道，得之有命，是求無益於得也。」內聖的工夫不但是每個人都可以做，而且必然能做，這是第一義。既然這第一義爲宋儒所共許，那麼朱夫子也得承認。

朱夫子是理學家，以道統自命。而道之所以爲道，是在內聖方面，不在外王或業績方面。既然如此，我們就得照內聖說；而周濂溪、張橫渠、程明道、陸象山、王陽明、劉蕺山這些思想家正是照內聖說。而照內聖說時，逆覺正是本質而重要的關鍵，而格物窮理的順取之路反不相應。所以，以逆覺作主的工夫是本質的工夫。這並不是說，在我們的具體生活中不需要知識。就具體生活的全部而言，我們也需要知識，也可以做旁的事情。你若喜歡唸數學，也可以去唸，這並不妨礙你。但在這裏，決定輕重本末的原則何在，不可不辨。這一點朱夫子並沒有照察到。一般人承認朱夫子是正宗，可是他們不一定了解眞正的問題。這樣一來，即使不就現在來看，而就以前人的看法來說，朱夫子的這種講法也不一定很恰當。不過一般人公認朱夫子是正宗，而他也自以爲是正宗，以爲這樣講最好、最恰當。事實上，當他自以爲如此的時候，他的心思就沒有提上來，而落到和一般人差不多了。這就不够了。

這樣大體說來，工夫之不同就決定對於本體的體會之不同。朱夫子走格物窮理的路，所以他對於心、性、道的體會和走逆覺之路者對於心、性、道的體會不一樣。兩者就在這裏分開了。這裏的差別並不很多，因爲他們所講的雖很多，但論點很集中，就在於這麼一點上。可是這麼一點差別就造成很大的影響，因爲他們的問題都是由這裏出發的。

照朱夫子的工夫所了解的心，是屬於「氣之靈」之心；心屬於氣，是形而下的。他沒有孟子或王陽明、陸象山所說的「本心」。他一說心，便屬於氣，是形而下的。但什麼是形而上的呢？就是理。性是形而上的，性卽是理。所以在這裏，心與理爲二，是分開的，合不到一起去。因爲心是屬於形而下的，而性是屬於形而上的，性卽是理，所以理裏面就沒有心的活動成分。道體也是如此。所以朱夫子所了解的性體、道體，以現代的詞語說，是「只存有而不活動」，也就是所謂「只是理」（mere reason）。這不合乎先秦儒家的體會。先秦儒家對於性體、道體不是這樣理解的。但是照朱夫子那種分解的路，他自然會這樣去理解；他以爲這樣的理解最正確，而別人的理解是大糊塗。

依照逆覺之路來了解，心不是形而下的，不是「氣之靈」，而是以孟子所說的「本心」來看；這就是所謂的「心體」，心就是本體。這時，心不是屬於形而下的，不是屬於氣；心就是理。這時，心以理言，不以氣言。譬如王陽明的「良知」，不能說是屬於氣；若屬於氣，那就成了形而下的，那就糟了。所以心體以理言，它就是理，因此說「心卽理」。陸、王可以說「心卽理」，但朱夫子不能說「心卽理」，只能說「性卽理」——心和理是兩回事，屬於兩個範疇；性是理，屬於形而上的範疇；心是氣，屬於形而下的範疇；兩者不同，必須分開。所以我就用兩句話來分別這兩種本體。照逆覺之路所體會的本體，是「卽存有卽活動」。朱子所了解的本體是「只存有而不活動」，因爲活動的成分都屬於氣，都塌落下來了；心也屬於氣而下落、旁落了。心當然有屬於氣的，譬如我們現代所說的「心理學的心」(psychological mind) 便屬於氣，是材質的 (material)。但是「良知」及孟子所說的「本心」不是心理學的。用康德的話來說，它是超越的 (transcendental)，不能用氣來說。所以我用兩句話就把它們分開了。這兩句話不是隨便加上的；你仔細看看，就知道必然是如此。活動的成分在於心，只有心才能活動。沒有心，而只有理，是不能活動的。可是你不要一看到是活動的，就說它是形而下的，是屬於氣。活動有屬於氣的，也有不屬於氣的。這點朱夫子沒有弄清楚。後來朱夫子和陸象山之間的爭辯，也還是這個問題，其關鍵還是在這裏，對於本體的體會不同，工夫自然也不同，爲什麼不同呢？就是在這點上。

我看出這點之後，先把北宋前三家講明白，再把程伊川講明白。然後我又看出：南宋的胡五峯還是合乎北宋前三家的意義，也合乎儒家的原始意義。我剛才說本體是「卽存有卽活動」，這是先秦儒家的古義，先秦儒家的中庸、易傳都是這樣去體會的。譬如論語中孔子論仁，仁不只是個理；它是心，也是理。但照朱子的講法，仁只是理，不是心。光許說仁理、仁道，而不許說仁心，這是很離奇、很古怪的，也違反人之常情。但是照朱子的分解，仁只是理，說理、說道可以（道也是理），但不能說心；心是屬於形而下的，屬於氣。可是孔子正是從「不安」來指點「仁」（註六），「不安」不是心嗎？所以朱夫子的頭腦不能講論語，也不能講孟子、中庸、易傳，而只能講大學，另外加上荀子。他的頭腦是荀子的頭腦。所以我特別重視胡五峯這個人，把他表彰出來。雖然他沒有程、朱、陸、王那樣顯赫的地位，但不妨礙其義理間架有獨特的意義。

「心體與性體」第二册是講程明道、程伊川、胡五峯這三個人。第三册專講朱夫子，其量最多，對朱夫子的學問作詳細而有系統的敍述。第一册則是講周濂溪、張橫渠這兩個人。朱夫子的文獻最多，「語類」就有一大堆，另外還有「文集」。光看「語類」並不够，還要看「文集」。「文集」當然很多，但只要看相干的。他的文獻太多，一般人那能看得完呢？所以凡講朱子的就把「語類」拿來，隨便抄些前五卷中講天地、陰陽、鬼神的那幾段。因此，朱夫子的學問向來也沒有人眞正能了解。隨便引他幾句「語類」上的話頭，是不能了解他的。當然在了解之後，隨便引他的幾句話來講旁的問題，那是無所謂的，不算不負責任。但是在正式講朱夫子的學問時，就不能這樣講了。可是朱夫子的文獻這麼多，要怎麼講法呢？那你就得了解他思考的過程，了解他生命集中而眞正用功的問題是什麼、從那裏開始。他是從「中和」問題開始的。

這「中和」問題從程伊川開始就弄糊塗了。蘇季明問他，一問再問，越問越複雜（註七）。這個問題本來很簡單；中庸云：「喜怒哀樂之未發謂之中，發而皆中節謂之和。中也者天下之大本也，和也者天下之達道也。」文句很清楚。但是這問題讓程伊川一考慮，就考慮得很複雜，並且也影響到朱夫子。朱夫子用功思考中和問題，眞是費了很大的勁，那時他是二十七歲。他三十二歲見他老師李延平時，李延平就教他研究這個問題，從這個地方入手作工夫。不過他當時並不能了解這個問題。到了三十七歲的時候，他才正式開始思考這個問題，那時他的年紀已不小了。他二十四歲就中了進士，當然也看了些書，知道一些東西。但這樣知道的東西是不能算數的，一個人的思想要能定住，能像孔子所說的「三十而立，四十而不惑」，能有明確的立場，這需要下工夫，切實用功的。所以儘管他以前知道很多，但都不能算數；要到這個時候，才眞正開始用功，思考這個問題。這個問題費了他好幾年的工夫。可是這個時候，沒有人了解中和問題，也沒有人像朱夫子那樣，由中和問題講起。因爲這個本來很簡單的問題，被他弄得非常複雜，把人都弄糊塗了。並且他還有中和舊說和中和新說之別。舊說是他三十七、八歲的時候所想的，那時他自以爲了解了中和問題，連續和張南軒討論了好幾封信（註八）。到了四十歲的時候，他忽然覺得這通通不對，以爲從前所說的都是荒謬、乖戾，而予以放棄。這放棄的就是中和舊說，覺悟後所成的定論就是中和新說。中和新說一旦定了，他的系統便大體定了。中和新說之後，接著他又寫「仁說」，這樣一氣連貫下來。「中和說」和「仁說」這兩個重要的理論定了，他的全部系統也定了。

所以，我首先費大工夫去整理中和舊說和中和新說，從程伊川講起，把它們弄清楚。朱夫子的文獻之編排和選錄就要從這個問題上著手，由此牽連出去。了解了這個問題，也就了解了他的全部學問。但是在宋元學案裏頭，「晦翁學案」編得最壞，因為黃梨洲不知從何處下手。朱子的文獻有那麼一大堆，究竟要從那裏選錄，來代表他的學問呢？只好這裏抄一點，那裏抄一點。程明道、程伊川和朱夫子三人是理學家的重鎮，但是他們的學案在宋元學案中卻寫得最壞。「晦翁學案」之所以寫得不好，是因為他的文獻太多，一般人不能了解其學問的發展，把握不住其脈絡，所以不知如何取捨。以黃梨洲的博學都不行，而編得雜亂無章，這是因為他對中和問題不了解。但他也不是不知道有這個問題。他知道有這個問題，但對於其中的曲折了解不够，掌握不住，所以這個學案編得不好。

「明道學案」和「伊川學案」做得也不好，其緣故在於：程明道和程伊川所留下的文獻中有一大部份是「二先生語」，表示這是他們兩人所留下來的話；但是其中那些是程明道的話，那些是程伊川的話，卻混在一起而分不開來。這些話既然混在一起，看起來都差不多，要歸諸程明道也可以，要歸諸程伊川也可以。朱夫子的了解如剛才所說，是以程伊川作標準，凡是不合於程伊川而為程明道所說的話，他大體皆不喜歡。所以，「二程」只成了「一程」。但事實上，「二程」是二程，不是一程。黃梨洲寫宋元學案時還是分不開來，把許多程明道的話歸於程伊川，許多程伊川的話歸於程明道；又沒有章法，這裏抄一點，那裏抄一點。所以這兩位大家的學案都寫得很壞。因此，在這裏我們不能看宋元學案。要了解朱子的學問，也不能看宋元學案，非看他自己的文獻不可。

所以我費了大工夫把程明道和程伊川的文獻分開，並加以整理。這需要一個簡別的工夫。這不是考據問題，不需要考據的證據。因爲這並不是說，你這個版本分不開來，我發現另一個版本，卻把它們分開了。這不是考據的問題，而是了解的問題、義理的問題。能了解義理，自然能斷定那些話一定是程伊川的，那些話一定是程明道的。他們兄弟倆的性格不同，對於本體和工夫的體會也不同，而這些不同都是可以決定的。但這需要理解。如果不理解的話，就會像馮友蘭的「中國哲學史」一樣，有些話明明是程明道的，他卻把它們擺在程伊川那裏。這是因爲他不了解，義理沒弄清楚。程明道、程伊川兄弟倆的性格不同，這是大家都知道的。但是性格的不同對於義理的理解和體會究竟有什麼影響，一般人卻看不出來。所以我費了大力氣，去抄那些文獻。這需要從容的工夫，若急著寫論文就不行。我把他們的文獻抄了好幾遍，抄得久了，就看出自然的次序來。整理的結果，程明道有八篇，程伊川也有八篇，都在「心體與性體」裏面。這樣決定了以後，就可以講他們的學問了。所以我們得重作明道學案、伊川學案和晦翁學案。宋元學案中這三個學案完全不行，也只有這三個學案有問題。其他的學案沒有問題。譬如說，「濂溪學案」沒有問題；因爲周濂溪只有那麼一點文獻，黃梨洲把它們都擺進去了，當然沒有問題。「橫渠學案」也沒有問題；因爲張橫渠的文獻主要是正蒙，而黃梨洲把正蒙通通抄進去，再加上西銘等，以及一些語錄，當然沒有問題。所以講這些問題，要理解才行。

儘管我們說朱夫子的格物窮理之路不對，他過份重視「道問學」也不恰當，但他畢竟還是個大理學家。他的頭腦是荀子的頭腦，思路也有點類乎柏拉圖的型態。但是中國學問發展的方向與西方不同。儒家由孔孟開始，首先表現的是海德格（Heidegger）所謂的「方向倫理」（註九）。論語、孟子、中庸、易傳都屬於方向倫理；而後來的周濂溪、張橫渠、程明道、胡五峯、陸象山、王陽明、劉蕺山所講的，也都是方向倫理。方向倫理在西方是由康德開始的；康德以前的倫理學，海德格稱之爲「本質倫理」（註一〇），這個名詞用得很恰當。後者是由本質方面來決定道德法則，決定什麼是善；這正好是康德所要扭轉的。在西方，首先出現的是本質倫理。柏拉圖所講的就是本質倫理，正如康德所說，是以存有論的圓滿（ontological perfection）來決定善（註一一），以存有來決定善。康德則反過來，不以存有來決定善。因此由康德開始，才有方向倫理。但儒家一開始就出現了方向倫理，到朱夫子才出現本質倫理，正好與西方的先後次序相反。當然我們也可以說，在先秦時荀子就是講本質倫理。但是荀子在先秦沒有取得正宗的地位，而後來的理學家也不喜歡他。其實朱夫子應當喜歡荀子，因爲他們都講本質倫理，就儒家而言，這顯然不是正宗。但無論如何，講本質倫理而成個柏拉圖或聖多瑪，也不容易。

朱夫子講本質倫理，重視客觀存有，這也不壞，也有其價值，正如柏拉圖、聖多瑪在西方也有其價值一樣，但是儘管有價值，正確不正確的是非標準仍然要分別，而不能含混。所以朱子的學案需要仔細整理一下，使之眉目清楚，然後宋明六百年的學問的思路才能分別開來。因此，在我寫了三册「心體與性體」之後，從陸象山到劉蕺山這一段的學問就已經安排好了，但我一直沒有寫出來。以後陸續發表了一些，直到去年才完全寫成。現在這本書已經校完，即將出版（案現已出版）。這第四册很重要，你們可以仔細看看，因爲儒家內聖之學的最高峯就在這裏。但是你們得先了解前三册才行。前三册弄不淸楚，這一册也不會懂的。

三十八、九年我剛到臺灣的時候，就寫了一本「王陽明致良知教」的小册子。那時我對王學與其他理學家間的關係並不很淸楚。王學儘管可以獨立地講，但若要講得恰當、了解得精切明確的話，最好還是不要獨立地講。因爲王陽明究竟還是屬於理學家。我那時對朱子與周濂溪、張橫渠、程明道、程伊川之間的關係弄不淸楚，所以凡牽涉到這方面而下的判斷多半不可靠。所以這本小册子我就不要了，只保留其中的「致知疑難」一章，附在「從陸象山到劉蕺山」中講王陽明的那一章後面。

所以人的理解往往分幾個層級往前進，我從前當然也了解一些東西，但這些是不能算數的。譬如我現在可以客觀地把一些學問講給你們聽，但是你們在了解的過程中究竟能吸收多少呢？那幾個觀念能够進到你生命裏面呢？這些都很成問題。從你們自己吸收學識的過程而言，這個問題很麻煩。這需要一層一層往上翻，一段一段往前進。我到香港時已經五十多歲了，理解程度也比較高。以前我不了解，這沒關係；因爲昨天我不了解的，今天還是可以了解。那時我的理解程度高了，了解得也比較恰當。所以「才性與玄理」、「心體與性體」、「佛性與般若」這些五十歲以後寫的書都比較可靠。但要到這個地步，需要下工夫，不是光了解幾句話就行的。譬如關於佛教從南北朝以來六、七百年間的這一段發展，我開始也知道一些，但這不能算數的。這需要依照中國吸收佛教的發展，客觀地展示出佛教的各大宗派之來龍去脈；此外還要看一些文獻，才能把每個觀點都安排得很恰當。我在這方面共下了八年的工夫。至於我五十歲以前所寫的那些書，你們不要看。

一般人並不是聰明不夠，而是對文獻所下的工夫不夠，只是隨便引一點，發揮一下。這是不負責任的，不能算數的。這只是表現自己的聰明，主觀地發揮自己的一套，而不是作客觀的了解。所以我們必須提高理解程度，必須要通透。而這套工夫完全是學究的工夫，是急不得的，要慢慢來。當然我們不必像考據家那樣，到處去查資料、找版本，但是相干的文獻必須隨時注意。譬如講朱子的中和問題，凡有關中和問題的起碼資料都得一步一步地去了解。而這需要下工夫，工夫下得久了，每個概念自然會歸到其恰當的地位。我們通常在開始研究一個問題時，概念都是浮動，到後來才逐漸定住。但其實浮動的並不是概念，而是我們自己。概念本身自有其恰當的地位。因此，主觀的了解很難與客觀的原意相合。這種工夫非作不可，這樣才算學術，才能顯出一個客觀的地位。但是現代人誰肯去作這種工夫呢？大家都急著成名，大學剛畢業，就說孔夫子當年三十而立，我們現在到了三十歲還沒有立，要趕緊立。三十歲得到了博士，以爲也得到了學問，就想出大部頭的書；事實上根本不行，才只是剛開始作學問。博士只是個入門，只表示你可以吃這行飯，並非表示你有學問。所以這些工夫一定要作。人到了三十幾歲，就進入了中年時期，既想成名，又想建功立業。中年人的事業心很重，心思容易分散。

我就舉唐（君毅）先生作例子。唐先生的理解力高得很。他的思想在三十歲以前就成熟了。他寫「道德自我之建立」，寫得很好，那時他的思想就已經定了。他在中央大學教中國哲學史，他那些關於佛教、宋明理學的書都是根據這時候的了解而寫的。三十歲以後，將近四十歲的時候，我們逃難到香港。最初的十年，在艱難困苦中，他沒有作學究的工夫，只是根據他以前所了解的程度來講文化，也講得很好。他講文化問題的那些文章都很好。這樣一直發展到五十歲。所以唐先生從三十歲到五十歲這二十年間，講道德自我之建立、講人生之體驗，乃至講文化問題的那些文章，都很不錯，也到達了最高峯。

五十歲以後，他出來辦新亞書院，參與校政，事業心一重，精神就散了。當然辦事並不算錯，因爲儒家講內聖外王，辦事是應當的。但是一辦事就影響到作學問。雖然辦事對於人生的主觀體驗沒有妨礙，但對於眞正作學問卻有妨礙。所以唐先生在五十歲以後的二十年間，在學問上並沒有多大進步。雖然他寫了許多書，像「中國哲學原論」就有好幾册，其中疏通致遠，精義絡繹，但這些書在客觀理解上，也有許多不甚妥貼處。這些書大體只能當作rough work看，是需要修改的。因爲他還是根據他三十歲左右所了解的程度來寫，在理解的程度上並沒有進步，而只是擴大了材料的量。既然他的理解力那麼高，讀書又讀得快，那麼問題的關鍵在那裏呢？就在於這二十年間他的心思分散了。要作這些工夫，必須關起門，靜下心來才行。他白天要辦行政，和別人鬪爭，晚上回家還要看書、寫書。他看書雖快，其實都很粗略。他的引證大體不甚可靠，因爲他太忙了。這些錯誤很容易改正，但是他的理解程度卻無法改進。他的理解程度在三十歲以後，並沒有多大的進步，所以我常常替他惋惜。

學術問題是屬於客觀了解的問題，而不屬於主觀境界的問題，不屬於個人的思想。憑個人的思想可以講文化問題，但不能講客觀的學術問題。所以，唐先生的學問成於五十歲以前，發展到五十歲爲最高峯；而且他的性格也適合於講文化問題。

因此，這種工夫一定要下，而且理解程度要夠才行。朱夫子到三十七歲才開始思考問題。一般人在四十歲以前的了解程度是不夠的，還在奮鬪，還在摸索。現在一般人得博士學位，大概都在三十歲左右，當敎授大概在四十歲左右。但是這時他們還不能眞正處理問題，所寫的論文也都是試探性的，是不能算數的。可見要了解一個問題是很難的。假如你要講文學的理論基礎，那麼你要對文學形成一個淸楚的概念，是很不容易的。你非得在文學的領域裏下幾十年工夫不可，無論是創作、欣賞、批評，各方面都要有相當多的知識，而且理解還要透徹，才能對文學形成一個概念。等到形成概念以後，你才能根據這個概念反省文學的理論基礎，因爲那些理論基礎都函在這個概念裏面；而不要在這個概念以外找一些不相干的概念來瞎扯。但這是很不容易的。當年劉勰寫「文心雕龍」的時候，就是對文學有了一個淸楚的概念；那是老式的文學理論，也得達到劉勰寫「文心雕龍」時所達到的理解程度。「文心雕龍」就是講文學，並沒有牽扯到不相干的東西。你能了解文學嗎？能了解哲學嗎？我們通常唸哲學，起初都只知道一些名詞，以後摸索著前進，到了對哲學形成一個概念的時候，才可以講哲學。但是要對哲學形成一個概念，並不容易，要經過多少工夫！

所以我這幾年來想一想，決定還是要把「從陸象山到劉蕺山」這部書寫出來。這是最精微的一部。雖然其理路、思路在前三册中已經開出來了，但還是沒有進到裏面去講，還是不够的。關於此書，以前我曾發表了好幾篇文章，但關於陸象山那一章始終沒有寫。陸象山和朱夫子之間的爭辯我在二、三十年以前在「心體與性體」中就寫出來了。那是講他們兩人間的對辯，由於牽涉較多，文獻較豐富，所以較容易講。但是陸象山本人的學問卻很不好講，因爲它太簡單了。他的話多半是批駁朱夫子的。而他本人的主張卻很難講；要講的話，簡單幾句話就講完了，寫來不能成章。所以，關於他本人的學問的風格以及其內部義理的大綱，我一直無法下筆去寫。它們只是幾句話，像「先立其大」（註一二），一句話就說完了，怎麼能成一章呢？到了去年，我才把它們綜合起來，採用一種特別的方式，扼要地寫出來。我們必須先對他本人的學問綜合地提出來，然後才能講他和朱夫子間的辯論，以此充實之，並了解他本人的學問。

王陽明的學問就比較好講，因爲它是分解的。陸象山的學問不是分解的，他所假定的分解部分都在孟子那裏。王陽明的學問則是假託大學的分解來對治朱子、扭轉朱子，所以比較好講。但是從王學提出來之後，後來王學的發展，由王龍溪經過泰州派、江右派到劉蕺山，其中的問題都很精微，並不很容易講。平常一般人講宋明理學，也講不到這些問題。這些問題從心學發展出來，比北宋時期的問題精微多了。

王學的發展分爲三派：王龍溪、錢緒山屬於浙中派，在王陽明的家鄉；王艮、羅近溪屬於泰州派，在江蘇；聶雙江、羅念菴屬於江右派，在江西。要了解這三派，必須費一點工夫，不要跟隨一般人的了解。一般人都根據明儒學案來了解。黃梨洲編宋元學案和明儒學案，在文獻上和學術史上貢獻很大。他在這方面似乎不算外行。他看了那麼多的文獻，當然懂得一些。但這種了解都是表面的，並沒有深入其中。明儒學案是他最用心寫成的。雖然他對王學從無微辭，但是他對王學並無眞正的了解，對於王學後來的發展，像王龍溪、羅近溪、羅念菴、聶雙江等，也不了解。他在每個學案前面都有個綜述。一般人都是參考這綜述，然後照著去講。但是他的判斷多半不對。譬如他說江右派是王學的嫡傳（註一三），就完全錯了，這表示他不了解江右派。他又把王龍溪看作禪（註一四），因爲王龍溪說了些很玄的話，一般人不能了解，隔得太遠了，就說他是禪。以前的人都以禪爲忌諱，但實際上都是瞎忌諱。黃梨洲對泰州派也是如此，把羅近溪等人都看作禪（註一五）。他只想保住王陽明的儒家地位，不讓他的弟子把他的學問變成禪學。但這只是依外部的、不相干的立場來決定其理解。

事實上，江右派中除了幾個及門弟子能繼承王陽明的規範外，其他的人大體都不可靠，尤其是首先發難攻擊王龍溪的聶雙江和羅念菴。王龍溪或許有些乖張之處，或許與王陽明有點距離，但是聶雙江、羅念菴批評他的那幾點都是外部的、不相干的。就這幾點而言，批評王龍溪就等於批評王陽明。王陽明的那些及門弟子也受到這兩人的影響，其思想也脫離了王學的立場。但是聶雙江、羅念菴根本不能了解王陽明的學問。現在黃梨洲說他們是王學的嫡傳，完全是不著邊的、荒謬的。在那些及門弟子中，只有兩、三個守得住他們老師的學問。王陽明在江右的學生很多，因爲他一生的事業都在江右，他的軍事行動（如平宸濠）都在江右。那時正是他的事業、學問鼎盛之時，天下聞風而來的人很多。但是這些人不一定能了解他的學問。

聶雙江、羅念菴的影響這麼大，爲什麼不了解王陽明呢？這其中必有理由可說。我們先不談他們的理解問題。事實上他們根本不是王陽明的及門弟子。聶雙江生平只見過王陽明一面。他當時在政治上地位相當高，並不低於王陽明。王陽明的功業雖大，但官階不算高。他只是江西巡撫。巡撫不是正式的官，而是臨時派的。最後王陽明到廣西剿匪的時候，聶雙江和他通了一封信。他有答信，這是王陽明最後一封答覆的信，也就是「答聶文蔚書」(註一六)。這是很有名的一封信。從這封信可以看出，王陽明對聶雙江沒有多大的影響。聶雙江這時才開始問學。而王陽明在廣西平定內亂後，在回來的途中就死了。聶雙江聽到王陽明去世的消息後，自己在家裏設了一個牌位祭拜，執弟子禮。他們之間的關係僅止於此。從他和王陽明往來的信中看來，他才開始接觸「致良知」說，尙未了解它。當然王陽明死後，他也可以看看書，慢慢進步。但是他這時已有了成見，而且其歲數也不小了。他大體未脫北宋諸儒的窠臼，對於陸、王如何由北宋諸儒一步步迂迴地轉出來的艱辛歷程全無了解。

再說羅念菴，更不如聶雙江。他是江西的一個鄉下人，平常讀讀「傳習錄」。王陽明在世時，「傳習錄」已經出版，並且在社會上流行了。但他從未見過王陽明，也未與王陽明通過信。他也是停留於北宋諸儒的觀念，對於當年陸象山何以要批駁朱子、扭轉朱子之種種關節全不能了解。王陽明死後，他並未執弟子禮。他並不承認自己是王陽明的學生。王陽明的大弟子錢緒山和王龍溪(他們是王陽明的同鄉，和他相處最久)編王陽明年譜的時候，羅念菴也參加了一部分的編纂工作。錢緒山便寫信請他拜門爲弟子。他最初並不答應。他認爲自已並未及門，不能強充弟子，否則於禮不合。這話表面上說得冠冕堂皇，但其內部必有隱衷。他不一定贊成王陽明那一套，也不一定能了解他。可是錢緒山、王龍溪硬是要拉他進來，還替他作證，證明他是王陽明的弟子。他這樣才勉強加入。正由於這個緣故，所以後來他和聶雙江首先發難攻擊王龍溪。在這種情形下，黃梨洲如何能說聶雙江、羅念菴等人得王學之眞傳呢？這話很難說得過去。

他們爲什麼會這麼討厭王龍溪呢？王龍溪在王陽明的弟子中年齡最長，也最聰明，而且才氣最高，頴悟過人。雖然錢緒山也是大弟子，但卻是老實人、較平實。所以王龍溪難免氣盛，令人難堪。同是及門弟子還無所謂，但聶雙江、羅念菴並非及門弟子，就不免感到不痛快。由於這種情緒作祟，他們便首先出來發難，批評王龍溪。

我們現在客觀地看看當時的文獻，可知他們所提出的責難大體是不中肯的。這些文獻現在很少有人去讀，但卻是王學中的大爭辯。於是我把這三派的理路疏導清楚。王龍溪、羅近溪才是王學眞正的嫡系。聶雙江、羅念菴並不代表眞正的王學。他們已經離開王學的路子，再回歸到北宋，但又仍在過渡之中，還未成熟。這種過渡是向劉蕺山而趨。劉蕺山是最後的理學家，他暗合胡五峯的路子。我們說過，胡五峯開始消化北宋諸儒；劉蕺山便是屬於這個間架。所以他是由王學出來，回到胡五峯所繼承的濂溪——橫渠——明道那條路上。所以宋明理學應有三系：陸、王是一系，伊川、朱子是一系，胡五峯、劉蕺山又是一系。在這三系中，陸、王這一系是直承孟子而來，胡五峯、劉蕺山所繼承的濂溪——橫渠——明道這一系是宋儒的正宗；這兩系最後合在一起，是一個大圓圈中的兩個來往。剩下的問題就是如何與伊川、朱子一系相辯駁，經過消化而結合起來。這其中的脈絡大體如此。

劉蕺山的路子是順著胡五峯的脈絡下來的，是根據張橫渠「盡心成性」的觀念下來的，先是心性分設。照陸、王的講法，心卽是性，心體卽性體，且同時卽道體。伊川、朱子講心與理爲二，卽是由「心與性爲二」引申出來的；前者是派生的，後者是根源的。胡五峯最初還是心性分設，所以主張「盡心以成性」。這個「成」是形著之「成」，而不是本無今有之「成」。「性」是本有的、先天的，但卻是潛伏的。由潛伏的變成實現的而呈現出來，須靠「盡心」。此卽所謂「盡心以成性」。這個觀念是張橫渠首先提出來的，與孟子的路子有關。但孟子說「盡心知性」，而非「盡心成性」。「盡心知性」是從心上說性。但在濂溪、橫渠、明道、五峯、蕺山，都是心性分設。爲什麼呢？因爲他們是由中庸、易傳開始，先講道體，再講性體，然後向內返，講心體。先秦儒家是由論語、孟子開始，向中庸、易傳的最高境界發展，宋儒則由最高境界向後返，其過程不同。宋儒由中庸、易傳開始，先講道體、性體，這是客觀地講。但是這樣我們如何了解道體、性體之具體內容和眞實意義呢？這要靠「心」，而歸於論語、孟子，所以要講「盡心成性」。這「成」是工夫之「成」，不是本無今有之「成」。這樣一來，心的內容與性的內容必然相同。所以對於道體的體會，不論是從心上說，還是從性上說，都是卽存有卽活動。這樣才能講「盡心成性」。但朱夫子不能說這話，他只能說「格物窮理」，使形而下的心合於性（理）。陸、王也不說「盡心成性」，而說「心卽理（性）」。這三種態度就決定了三個系統。

就五峯、蕺山一系而言，心性雖分設，但同時是卽存有卽活動，最後還是完全合一，主心卽理——不過中間經過一個迴環。陸、王則不經過這個迴環。（伊川、朱子走知識的路，也沒有這個迴環。）所以，這兩個系統可以合成一個系統，爲儒家的正宗。伊川、朱子不是儒家的正宗，我稱之爲「別子爲宗」。什麼叫「別子」呢？這是根據禮記而來的（註一七）。譬如說有弟兄兩人，老大是嫡系，是正宗，繼承其父；老二不在本國，遷到他處，另開一宗，而成另一個系統，這就叫做「別子爲宗」。朱子就是居於這樣的地位。現在那些擁護朱夫子的人一看到「別子爲宗」，就很不高興，以爲有傷朱夫子之尊嚴。其實這又傷了他什麼尊嚴呢？他能另開一個宗派，豈不很偉大嗎？朱子傳統是朱子傳統，孔子傳統是孔子傳統，兩者不必能完全相合。朱夫子距現在有七、八百年，我們現在讀四書都要通過他的注疏。孔子隔我們太遠，朱子隔我們近一些，所以他得到這個便宜，被看成正宗。

劉蕺山這派的學問並不是純粹的王學，也不同於伊川、朱子一派，而是順著胡五峯消化北宋前三家的路子下來，先是心性分設，再以此吸收王學。它是這麼一個間架，也有它的好處。陸、王一派由心講起，自然有其精彩處，有其直截、簡易處，但也有其毛病；而這些毛病在胡五峯、劉蕺山這條路是可以避免的。一般人所感覺到的心學之病，在此可以避免。對於這個間架，黃梨洲不能了解。他對於江右派的判斷固然不對，對於他的老師也一樣不了解。劉蕺山同黃梨洲的父親是好朋友。黃梨洲的父親是東林黨，被魏忠賢所殺。所以他曾袖懷長鐵錐，到北京殺太監。他年輕時奉父命從劉蕺山學，可是他對他老師的學問到底了解多少，卻很成問題。他從學的時候還很年輕；以後又遭國家變亂，明室將亡，他便開始從事恢復的工作，參加軍事行動；以後看看沒有辦法了，才回家讀書。他寫完宋元學案、明儒學案，是他晚年的事（他活到八十多歲）。他是通儒，很博雅，但對於理學本身的了解不够。他對於外部的東西如掌故、文獻等很熟，但對於內部的義理了解得不够，眞實工夫也不够。所以他對他老師的學問不太能了解，只了解一半。

劉蕺山的學問是愼獨之學，包含兩層意義：一層是由心體上講愼獨，另一層是由性體上講愼獨。從心體上講愼獨的是大學，也就是大學所說的：「所謂誠其意者，毋自欺也，如惡惡臭，如好好色，此之謂自慊，故君子必愼其獨也。」「意」屬於心，所以這是從心體上講。從性體上講愼獨的是中庸，也就是中庸所說的：「天命之謂性，率性之謂道，修道之謂教。道也者，不可須臾離也，可離非道也。是故君子戒愼乎其所不睹，恐懼乎其所不聞。莫見乎隱，莫顯乎微，故君子必愼其獨也。」因此，「愼獨」一共有兩層意義。黃梨洲對於他老師從性體講愼獨這一層完全不了解。他只了解從誠意講愼獨這一層。所以他寫「明儒學案」的「蕺山學案」時，選了一大堆資料，但是無章法、無系統，看不出眉目來，可見他對他的老師了解得不够。

劉蕺山的書就是所謂的「劉子全書」。我曾把他的重要文獻都抄錄出來，由此可看出劉蕺山學問的全貌。他的工夫很深，不過在說法（文字的表達）上有駁雜、有滯辭，有時故作驚人之語，帶有明朝秀才的習氣。明朝的秀才囂張得很！每個時代的知識分子都有那個時代的習氣，明朝的秀才也有其習氣。明朝的政策從朱元璋開始就是重士輕大夫，對秀才特別客氣。秀才是知識分子、是士，而不是大夫，因爲他們還未作官。知識分子未作官，皇帝對他們就很客氣，因爲他們未食君祿，沒有權位，不足以威脅到君權。所以每當皇帝要派人到民間查訪時，都是用年輕的秀才，因爲他們有衝勁，敢說話。這點朱元璋很聰明，但是一旦他們做了官，皇帝對他們就不客氣了，因爲他們食俸祿，又掌權。若是官吏敢耍權術，他就不客氣了，把他們一起殺掉；不但要殺掉，還要侮辱他們，這就是所謂的廷杖——就是在朝廷之上用杖打屁股，打昏的很多，常常也打死人。王陽明也挨過廷杖。但這不合傳統儒家的規範。儒家講「士可殺不可辱」，做大臣的也是如此。你既然讓他做大官，給他朝廷的爵祿，怎麼可以隨便侮辱他呢？你侮辱他，就等於侮辱自己。明朝的秀才既然很囂張，在鄉間便常常是土豪劣紳。他們固然可以替老百姓講話，但也可以欺負老百姓；因爲他們是秀才，沒有人敢得罪他們。毛澤東最討厭秀才（知識分子），稱之爲臭老九。這和明朝正相反，因此毛澤東是最反動的。這是中國知識分子的厄運。劉蕺山在當時有時還是不自覺地帶有秀才的習氣。他當然不會欺負人，但有時會說大話。講學問得老老實實地講，不能說大話。他的文章雖有些駁雜，也有不通之處，但其眞實的意義不可揜，其中有眞工夫。他不是徒託理學家之名，而是有眞實的實踐工夫的，所以最後能絕食而死。明朝崇禎皇帝吊死於煤山，福王在南京做了一年皇帝（弘光帝）就垮了，他便在浙江的家鄉絕食而死。絕食而死並不容易。他不是一、兩天就死了，而是過了三十多天才死的。起初只是不吃飯，但還是喝水；到後來，連水也不喝，這才死去。這是殉國，也是替這門學問作最後的見證。所以講理學講到劉蕺山就完了。滿淸入主中國以後，這門學問就不能講了，學問也斷了，直到現在。

滿淸三百年統治對中華民族的影響極大。共產黨之所以征服大陸，我們現在之所以逃難於此，乃是順著滿淸三百年統治的歪曲必然有的結果。所以看看這段文化史，便知我們之所以有今天，並非偶然。以黑格爾「歷史哲學」的觀點來看，這有其歷史的必然性。所以一個國家不能亡，其理在此。中國亡於滿淸，滿淸的統治是軍事統治、異族統治，它不能繼承中國傳統文化的精神，所以知識分子完全變了。這一變，影響就很大。所以我們講中國的學問，講到明朝以後，就毫無興趣了。這三百年間的學問我們簡直不願講，看了令人討厭。尤其生在這個時代，中華民族發展至今，實在令人討厭，令人覺得不可思議。

李明輝記錄

附註

註一：陸象山見於「儒林傳」。

註二：見朱子「知言疑義」。

註　三：明道云：「仁者以天地萬物為一體，莫非己也。」又云：「仁者渾然與物同體。」（「二程全書」卷二、二先生語二上）

註　四：明道云：「醫家以不認痛癢謂之不仁。人以不知覺、不認義理為不仁。譬最近。」（「二程全書」卷二、二先生語二上）此條未註明為伊川抑或明道語，牟先生斷為明道語，今從之。

註　五：「二程全書」卷十九、伊川先生語四。

註　六：指陽貨篇「宰我問三年之喪」章。

註　七：同註五。

註　八：「朱文公文集」卷三十二，答張敬夫十八書之第三、四書。

註　九：見 Max Müller, Existenzphilosophieim geistigen Leben der Gegenwart. F.H. Kerle Verlag, Heidelberg, 1958. 此文有張康先生的中譯，見於「現代學人」第四期，題為「存在主義在當代思想界之意義」。「方向倫理」德文作 Richtungsethik。據云，Muller 所述為海德格的意思。

註一〇：同上註。「本質倫理」德文作 Wesensethik。

註一一：見「道德底形上學之基礎」(Grundlegung zur Metaphysik der Sitten) 第二章中「由他律底假定的基本概念而來的一切可能的道德原則之分類」(Einteilung aller möglichen Prinzipien der Sittlichkeit aus dem angenommenen Grundbegriffe der Heteronomie) 一節；又見「實踐理性批判」第一部第一卷第一章「論純粹實踐理性底原理」(Von der Grundsätzen der reinen praktischen Vernunft) 定理 (Lehrsatz) 四解說 (Anmerkung) 二。

註一二：見「象山全集」卷十五「與傳克明書」。

註一三：見「明儒學案」卷十六「江右王門學案」：「姚江之學，惟江右為得其傳，東廓、念菴、兩峰、雙江其選也。再傳而為塘南、思默，皆能推原陽明未盡之意。」

註一四：見「明儒學案」卷十二「浙中王門學案」二：「世之議先生者，不一而足。夫良知既為知覺之流行，不落方所，不可典要；一著功夫，則未免有礙虛無之體，是不得不近於禪。」

註一五：見「明儒學案」卷三十二「泰州學案」：「陽明先生之學，有泰州、龍溪而風行天下，亦因泰州、龍溪而失其傳。泰州、龍溪時時不滿其師說，亦啓瞿曇之秘而歸之師，蓋躋陽明而為禪矣。」

註一六：見「傳習錄」卷二。

註一七：禮記喪服小記：「別子為祖，繼別為宗。」鄭注：「（別子為祖者，）諸侯之庶子，別為後世為始祖也。謂之別子者，公子不得禰先君。（繼別為宗者，）別子之世長子為其族人所宗，所謂百世不遷之宗也。」

第十九講 縱貫系統的圓熟

假如我們對儒、釋、道三家的基本觀念有確定的了解，知道其最後的問題所在，便知這三個系統都指向最後的、究竟的層次。這卽是說，這三個系統在層次上並無高低之分，它們同屬於終極的型態之層次。從這終極的型態上說，它們都是縱貫系統。儒家達此終極的型態，是縱貫系統，固無論矣。道家的基本觀念與中心問題所趨向之處，亦是終極、究竟之所在。從這點來看，道家亦屬於縱貫系統。佛教也是如此。佛教有那麼多的觀念，但如果我們通過判教爲它們作個合理的安排，那麼佛教也有一個最後的指向，亦卽所謂究竟、了義。佛教有了義與不了義，圓教是眞正的了義，了義卽究竟。小乘當然非了義，因爲它是過渡的。卽使大乘，若未達到圓教的境界，亦非究竟、了義。圓教所指向的地方，卽是究竟。自此究竟處而言，佛教亦具備此縱貫系統。縱貫系統是相對於認知系統而說，認知系統是橫攝的。這兩個系統相對時，認知系統是低層的。所以凡是指向終極的型態這個層次的，都屬於縱貫系統。就這點而言，儒、釋、道三家並無不同。但這只是籠統地說。我們是從終極、究竟處講，而不從認知系統上講。認知系統是低層的、非究竟的，不是最後的指向。從這三家最後所指向之處，我們籠統地說它們都是縱貫系統。

但是「縱貫系統」一詞用在儒家最爲恰當。所以我們雖然以這個詞語來概括三教，但實際上是以儒家作標準。不過我們可以暫且不先有這個以儒家作標準的成見，而先籠統地以縱貫系統去概括這三家。因爲我們了解：不管以什麼作標準，這三個系統所指向之處都在同一個層次上，無高低之分。儒家到此是究竟，道家到此是究竟，佛家到此也是究竟。它們的講法也許不一樣，但是它們俱屬同一層次。所以我們暫且方便地說：它們都屬於縱貫系統。「縱貫」的恰當意義是在儒家這裏表現。反之，道家和佛家對此並不採取縱貫的講法，我稱之爲「縱貫橫講」；它們和儒家不同之處在此。儒家在這究極之處本來是個縱貫系統，而且是縱貫縱講，道家和佛家則是縱貫橫講；這其間有這麼一個差別。假如我們能通過基本觀念對儒、釋、道三家的全部系統及其系統的支架、性格有個恰當的了解，就只能這麼說。

歷來辨三教同異，始終辨不清。儒、釋、道三教當然有其差異，否則只有一教就夠了，何必有三？既然有三，當然有不同。可是不同之處何在？卻沒有人能說明白。所以，我們現在先說明：這三個系統最後所指向之處都屬於同一個層次，此處無高低可言，只能並列地比較其同異。若要說我高你低，那是護教的立場，我們現在不採取這個立場。站在儒家的立場，佛、老是異端。站在佛教的立場，儒、道二家是外道。這樣一來，就有高低的問題；不但有高低的問題，還有正邪的問題。但是我們現在不採取這個態度。我們只就其最後所指向之處，肯定它們屬於同一個層次，並列地辨其同異，而不論高低、正邪。在這個理解之下，儒家是縱貫縱講，恰合於縱貫的意義，使縱貫的意義能清楚地呈現出來。所以過去儒家看佛、老，總覺得有點彆扭。可是像陸象山、王陽明等人，對佛、老都有同情的了解，不把它們看得很低，也不當成異端。但縱使不這麼看，他們對于佛老還是覺得有點彆扭，覺得它們不順適，有點偏。其所以覺得如此，是由於型態不同之故。（異端二字如果客觀地如此字而了解之，亦只是不同的端緒而已。若只是如此，則相對而言，互爲異端。外道亦如此。若由異端或外道再進而論偏正，那是進一步的評價。）

照我們現在的講法，縱貫系統本應當縱講，才能恰合縱貫的本義。但道家是縱貫系統，卻並不能使我們充分地去縱講，所以以前總覺得它不十分周至。譬如老子說：「道生之，德畜之。」「無名，天地之始；有名，萬物之母。」「道生一，一生二，二生三，三生萬物。」「天得一以清，地得一以寧。」他也在追求天地萬物的最後根源，凡是這種問題都屬於縱貫。照基督教的傳統，天地萬物的最後根源是上帝，上帝創造萬物，我們所追求的那個最後根源，就其創造萬物說，即屬於縱貫。道家也屬於縱貫系統，但卻不能充分滿足縱貫之實，所以總是令人覺得不周至。但這是從儒家的立場去看。我們現在不從儒家的立場去看，而客觀地去看道家，恰當地了解它，則它是縱貫橫講——縱貫的型態以橫的方式去表達。我們從什麼地方看出它是縱貫橫講呢？我們是根據道家的基本觀念決定其基本性格。道家所謂「道生德畜」、「無名，天地之始；有名，萬物之母」等等，均屬於境界型態，而非實有型態。

道家所謂「生」，不但和上帝創造萬物的「創造」不同，也和儒家從天命所說的「創生」不同。儒家的道體的確可以創生萬物。中庸說：「天地之道可一言而盡也：其爲物不貳，則其生物不測。」這就是創生。所以儒家的道體是形而上的創造性（metaphysical creativity）。這種創造性當然和宗教家所謂「上帝的創造」不同。中庸、易傳都是表示這個道理；而論語講仁，孟子從道德上說心、性，也是表示這個道理。這就叫做縱貫縱講。

道家也嚮往一個道體（天地萬物的根源），這個道體也能生萬物，所以老子說：「道生之，德畜之，物形之，勢成之。」莊子也說：「夫道……神鬼神帝，生天生地。」（大宗師）這就等於：「天得一以清，地得一以寧，神得一以靈。」「道」以「一」來表示。天得到「一」（道），便成其爲天；地得到「道」，便成其爲地；鬼神得到「道」，便能够靈。一切東西都不能離開道，道使然者然。這些講法相當於萊布尼茲所謂的「充足理由」（sufficient reason）。「充足理由」是在說明一物何以單單如此，而不如彼。照萊布尼茲的講法，最後的充足理由是上帝。這便是縱貫系統。道家本來也是縱貫的，但是依其講說道理的方式，講到後來，卻失去了創生的意義；所以它不屬於實有型態，而屬於境界型態。它所說的「生」是「無生之生」，是消極的意義。儘管是消極的意義，這其中卻有很高的智慧，而且需要絕大的智慧才能達到。

我們看看今天共產黨的作法，就可知道道家早就眞切感到人間災禍之由，我們可說道家是徹底反共的。從這點我們可以看出，道家有其眞切的意義。儒家客觀地肯定一個道體，肯定天命之於穆不已，創生萬物。這是客觀的肯定，屬於實有型態。道家卻不如此，它完全從主觀方面去講，從人爲造作這裏翻上去。虛僞、造作、不自然最到家的是共產黨。人都有一點造作、不自然，但自由世界的人總還保有一點天趣、一點人味。可是造作、虛僞、不自然在共產黨身上卻到了家，而且是空前絕後。我們的問題是如何消滅這些造作、虛僞、不自然，否則這樣下去，人總會受不了。在這種情形之下，道家的思想便有了作用。共產黨操縱、把持、造作、虛僞、不自然，專門說假話，一手把持社會，成天不放手。若稍微把持一下還可以，大家還可以諒解；但現在卻無所不把持，凡是人腦子中所想的都要把持。人一天二十四小時腦子中所想的總在變化，前一個鐘頭這樣想，下一個鐘頭那樣想，他們那能管得著？這樣管起來，不是太麻煩了嗎？可是他們就要管這些，這就太討厭了。這樣一來，社會一定會枯萎，成了封閉的死社會（closed society）。社會本來需要開放，可是共產黨卻要把它封死，以爲這樣能造成天國；事實上社會卻枯萎了，也無法有進步。道家就是要去掉這操縱把持，以顯出道，顯出智慧來。我們不必肯定一個道體或上帝來創造。我們只消把這些操縱、把持及人爲的不自然去掉，萬物自然會生長，這便等於是創生。這是很高的智慧，也需要很大的工夫。因爲人都喜歡往前，沒有人喜歡往後，道家就希望我們往後退一步。往後退一步，是一個很大的實踐工夫，而不是消極。

這個道理本來是縱貫的，但道家卻是縱貫橫講。道家先客觀地肯定道是創生的實體，然後把這個客觀的實體變成主觀的境界或智慧。我們只要放開一步，天地萬物自然會生長，這叫做天地萬物的「歸根復命」。我們只要不去騷擾天地萬物，不塞其源，不禁其性，它們自能開源暢流，這就行了。老子講「歸根復命」，我一歸根，天地萬物通通歸根復命，一起升上來，所以道家是個觀照的境界、藝術的境界。道不是擺在那兒，爲我所肯定；道就在我這裏。至於什麼是道呢？道家用「逍遙」、「齊物」、「無」等方式來表示。道就在我這兒得到肯定，是我的心境、我的智慧。我這裏一敞開，天地萬物通通和我一樣。我一逍遙，天地萬物同逍遙。我以平齊萬物之心看一切，沒有任何偏見，則天地萬物都是絕對自足，都一起升上來。假如我不逍遙，沒有道心呈現，則一切都落在計執世界裏，在這裏就有比較、依待的問題。我一升上來，萬物便一起升上來；我一落下去，萬物都落下去而窒息死。在縱貫橫講的情形下，主觀的心與客觀的物一體呈現；你有道心，物就上升到道的境界；你沒有道心，它就落下來。我們只能說「道心和一草一木一體呈現」，而不能說「道心創造一草一木」，這叫做縱貫橫講。所以道家開藝術境界，它是採觀照的態度。在觀照之中，我們達到逍遙的境界，一草一木也升上來而逍遙，也自足無待，道心與一草一木同時呈現。並非道心創造一草一木，而是兩者同時呈現。

至於佛教，也是縱貫橫講，而且更顯明。道家至少還肯定：「無名，天地之始；有名，萬物之母。」「道生之，德畜之。」至少還有個縱貫的樣子。但是佛教連這個樣子都沒有。它並不贊同基督教肯定一個上帝。站在佛教的立場看，肯定上帝是極端荒謬之事。同樣的，它也反對婆羅門教的梵天。因此，基督徒說佛教是無神論。佛教對這些都不肯定，就是儒家的道體、道家那個道生德畜的「道」它也不肯定。它不必肯定一個東西來創造或保障萬物，或者與萬物同時呈現。它根本不肯定縱貫式的創造的實體。但是我們爲什麼還說它是縱貫系統呢？因爲它最後所指向之處，和儒家、道家同屬一個層次，所以我們還是可以把它看成縱貫系統。儘管它開始不肯定上帝，不肯定梵天，也不肯定儒家的道體或道家那個道生德畜的「道」，可是從最後的究竟處說，它還是屬於縱貫系統，而且更顯明地是縱貫橫講。你若說佛教是縱貫系統，佛教徒聽起來會很不舒服，因爲他們不喜歡肯定一個東西來創造萬法。不管是肯定上帝、梵天、儒家的道體，還是道生德畜的「道」，它都看成外道。

但是我們不要根據這點，就說佛教是異端，或者反過來，從佛教的立場說其他各家是執著。儘管佛教不要一個東西來創造萬法，但它最後還是指向究竟、了義，因此也算是縱貫的。可是它一開始又不能講一個縱貫的實體，那怎麼辦呢？佛教是把其他各家開始時客觀肯定的上帝、梵天、道體，以及道生德畜的「道」都轉化了，而不先作客觀的肯定。客觀地看來，它當該比較能同情道家。因爲道家雖然也說「道生德畜」，但卻屬於境界型態，把客觀的實有型態的意義都轉化了。依此而言，佛教似應比較能接近道家；但儘管可以接近道家，它仍不先肯定道。

佛教把上帝、梵天、儒家的道體，甚至和它最接近的道家的道，都轉化了。它轉化到何處而達到究極呢？就是佛性、法身。佛性、法身是佛教的基本觀念，理應爲大、小乘所共同承認。佛性、法身的觀念當然是從最後的指向說，這就是圓教下的佛性、法身。圓教下的佛性、法身能保住萬法，但不能創造萬法。在此我們不說創造，只說保住。這保住的關係當該如何了解呢？大乘要渡眾生，不只是自已成佛。光是自己成佛，那是小乘。小乘修阿羅漢，阿羅漢是自了漢，只管自己滅度、自己解脫，而不管眾生是不是滅度；這表示慈悲心不够。假如我們的慈悲心够，那麼不但悲自己，也須悲眾生；因此，不但要渡自己，也要渡眾生。所以，我們若從小乘解脫出來，講大乘，便牽涉到慈悲的觀念。如果我們的慈悲心廣大，那麼一切眾生都在慈悲心的籠罩之下。假如我們的慈悲心萎縮，先是只限於中國人，而不及於歐洲人；再縮小到只限於自己一家人，而不管旁人；甚至只管自己，連父母、兄弟都不管，終至毫無慈悲心。反過來，慈悲心也可以擴大到無限，以一切眾生爲範圍。佛性、法身非如此擴展不可。成佛是以一切眾生得渡爲條件，必須卽于一切眾生而成佛。所以在圓教的法身裏面，一切法都包括于其中。

可是我們不要認爲佛性、法身可以創造萬法。我們的意思只是說，我之成佛是以一切眾生得渡爲條件，在這個意義下把一切法收進來；我之成佛是卽于這一切法而成佛。我不能離開這一切法而成佛，而是必須卽于這一切法而成佛。如果我一成佛，這一切法也都被保住了。如果我可以離開這一切法，跑到高山頂上去成佛，這些法便是可有可無，其存在無必然性。圓佛必須「卽」一切法而成佛，法的存在之必然性就在這「卽」字裏被保住。這是佛教中一個巧妙的問題，平常不容易看出來，但是同西方哲學一比較，就很容易明白。你們若弄不明白，便會說這是虛無主義。但這是你們沒了解，因爲佛教不是虛無主義。佛教就是這樣把法的存在之必然性保住了，但是沒達到圓佛就不行。小乘固不行，因爲在小乘，我之成佛只是自己的事，不必關涉一切法而成佛。這樣一來，法的存在就與我不相干，因而法的存在只是偶然的，沒有必然性。至于大乘，雖知關涉着一切法而成佛，然而未達到圓佛者，那關涉之「卽」卽得不究竟、不圓實，卽是說，卽不起來。如是，那一切法也不必然能得保證。此如天臺判教中之所說。

基督教講上帝創造萬物，也是要肯定世界的存在之必然性。儒家肯定創生萬物的道體，所以最反對佛教說萬法如幻如化。什麼如幻如化！這明明是實事實理，天理就在這裏。但是這種反對只是初步的看法。佛教說萬法如幻如化，是就無自性說。但是這些如幻如化、無自性的法沒有一個可以去掉。這不是很妙嗎？這裏面包含兩層。照我們平常的理解，既然一切法如幻如化、無自性，理當沒有必然性。但是佛教不如此想。佛教認爲：一切法的如幻如化是根據無自性而說，但這些如幻如化、無自性的法之存在有必然性；這裏包含兩個問題。這種必然性不靠上帝來保障，也不靠道體或道生德畜的「道」來保障，而是以佛法身來保障。但是佛法身並不創造萬法，而是佛法身卽萬物一起呈現，永遠聯在一起，因此萬法之存在有必然性。這便是所謂「縱貫橫講」。

假如我們不知道這是兩個問題，光從如幻如化、無自性這點去想，法的存在就沒有必然性——以西方哲學的名詞來說，法的存在就不可理解（unintelligible）。如果只看成一個問題，那麼既然一切法如幻如化、無自性，法的存在就沒有保障、沒有必然性，因而也不能講存有論（ontology）。西方哲學講存有論，是講存有（being），而佛教根本不講存有。所以在這裏，我們還要轉一個彎，再轉進一層，從另一個層次上看。佛教是從佛性、法身這裏來保住無自性的法。但是我們不要以爲有了佛性、法身，一切法就有了自性。這也不對，一切法還是如幻如化、無自性，還是緣起法。所以佛性、法身不是萊布尼茲所謂的「充足理由」。「充足理由」使一切緣起法可理解、有理由可說，這就有自性了。在這一點上，佛教的看法很特殊。它是以佛性、法身來保住、而非創造萬法，也不是以佛性、法身作爲一切緣起法的充足理由。所以佛教了解因果緣起，和西方人了解因果性（causality）不一樣。佛教是以佛性、法身來保住無自性、如幻如化的法的存在之必然性，因此它也可以講一套存有論。這種存有論叫做佛教式的存有論（Buddhistic ontology），和西方人所講的存有論完全不一樣。儘管萬法如幻如化、無自性，但佛教仍要保住萬法，使之有必然性，這不是包含兩個層次上的問題嗎？只要能保住法的存在之必然性，我們便可以叫它做存有論（儘管這個名詞來自西方，我們仍可借用）。假如你們能夠對「佛教式的存有論」這個名詞作個恰當的說明，也是很有貢獻的。在這個時代講這種道理，是很有意義的。我們不能再像傳統的看法，誤解這個意思。例如過去儒家批評佛教說緣起性空、如幻如化，好像一說如幻如化，就什麼都沒有了。佛教也不能因爲這層意思，就反對其他各家所肯定的一切。在這樣的相互參照之中，實義就可以顯現出來。（關于道釋兩家的縱貫橫講請回看前第六講。）

以上是我所謂的「縱貫橫講」。「縱貫縱講」容易了解，因爲西方哲學和儒家都是縱貫縱講。縱貫縱講近乎常情，所以比較容易了解。道家這一個型態的縱貫橫講就不容易了解了，但還是比較容易。然而在佛教，你一說它是縱貫系統，就顯得刺耳，但它事實上是如此。若更說它是縱貫橫講，就更難了解了。所以佛教式的存有論並不容易了解。儒、道、釋三個大系統從究竟方面說，是以縱貫系統爲主，不過卻以兩個態度去講：儒家是縱貫縱講，另兩家是縱貫橫講。

儒家是徹底的縱貫系統，而且是縱貫縱講。這近乎西方哲學，比較容易了解。不但宋明理學屬於縱貫縱講的型態，從先秦儒家開始就是如此。孔子論仁，孟子論性，都是講道德的創造性。什麼叫道德的創造性呢？用中國的老話講，就是德行之純亦不已。分解地說，德行之所以能純亦不已，是因爲有一個超越的根據（transcendental ground）；這個超越的根據便是孟子所謂「性善」的「性」。這個「性」便是道德的創造性（moral creativity）。有這個創造性作爲我們的「性」，我們才能連續不斷、生生不息地引發德行之純亦不已。德行之純亦不已是從性體的創造而來，不是原先就有的。已有的可以使之沒有，沒有的可以使之有，這不是創造嗎？創造之最切的意義便在於道德的創造，也就是康德所謂的「意志的因果性」（causality of will）。我們在知識上所說的因果性是自然的因果性（natural causality）。意志的因果性康德稱爲特種因果性（special causality）。這是創造性的原則，在儒家則以「性」來代表。儒家不從意志這裏開始講，而是從「仁」這裏開始講，或是從「性善」的「性」這裏開始講。「性」不是一個空洞的概念，而是有內容的；惻隱之心、羞惡之心、是非之心、辭讓之心通通包括在內，孔子的「仁」也包括在內。它本來就是個創造性，創造的本義在此。知性（understanding）不是創造原則；意志才是創造原則，而這種創造是道德的創造。

文學家也講創造，那種創造根源於自然生命。那只是附屬於一個特定能力之下的創造；然而一旦能力發洩完了，創造也沒有了。所以有所謂「江郎才盡」，當他的生命發皇的時候，出口成章；等到發洩完了，一詞不贊。這種創造力隸屬於一個特殊的機能之下。至於呈現道德創造的性體之爲創造性，叫做創造性自身（creativity itself）。這創造性自身就是本體，不隸屬於任何特殊而有限定的機能。例如基督教從上帝來說創造，上帝並非一個特殊的機能，他的全部本質就是創造性自身。這種創造性是無所屬的，它不像文學家的創造一樣隸屬於自然生命。上帝本身全部就是創造性自身，這創造性自身就是宇宙萬物的本體。說之爲上帝，這是宗教家的講法，把創造性自身人格化、對象化。事實上，上帝之所以能創造，其切實的意義也要由意志的因果性（道德的創造）這裏說。康德已經有這個意思，所以他說：「即使四福音書中的獨一聖子，在我們能承認他是聖子以前，也必須先與我們的道德圓滿之理想作一比較；所以他自己說：『爲什麼你們稱〔你們所看見的〕我爲善？除了〔你們所看不見的〕上帝而外，無有配稱爲善〔善底模型〕者！』但是我們又從那裏得有上帝底概念以爲最高善呢？這簡單地說來，只有從道德圓滿之理念而得有之，這道德圓滿之理念乃是理性所先驗地構成者，並且不可分地與一自由意志底概念相連繫。」（註一）依儒家的辭語而說，由性體而發的德行之純亦不已（性分之不容已）就是道德的圓滿之理念。

因此，孔子所說的「仁」、孟子所說的「性善」之「性」並不是個類名，不是定義中的類概念。如果把它們看成定義中的類概念，那是錯誤的。那是把「性」說成單單屬於人類的人性，先把人類劃類，劃歸動物類之下，然後再用一個「差」（differentia）來區分人類與牛、馬等動物；這是亞里斯多德下定義的方法。這樣一來，「性」就成了類概念。但是孟子所說的「性」並不是類概念，儘管它在人這裏顯現，然而一旦顯現出來，它就不爲人類所限，而有絕對的普遍性。這是儒家論性時很特別的地方。所以我們不能用西方哲學的「本質」（essenec）一詞來翻譯「性」。平常用 nature 這個字來翻譯「性」，已經不很好；但是用 essence 來翻譯它，更不好。因爲在西方 essence 這個名詞有一定的意義，它是根據亞里斯多德那套邏輯而說的。用essential 或 essentially 來形容，這可以，因爲這兩個字可以廣泛應用；但是名詞的 essence 就不行了。因此，儘管孟子說：「人之所以異於禽獸者幾希。」（離婁下）但是這並非定義，這個「異」也不是定義中的「差」。這個「異」是價值的觀念，而非分類的觀念。所以孟子反對告子「生之謂性」的說法。

「性」有絕對的普遍性。凡是概念都有普遍性，可是類概念的普遍性是有限制的。然而儒家言性，其普遍性是沒有限制的，所以這個「性」有無限的普遍性。性體呈現出無限的普遍性，才能和道體合一。所以講到最後，心體、性體、道體、知體（良知之體）都是一體。客觀地就其創造萬物而言，曰道體；落於人，則曰性體。但這不是說，性爲人所限；而是說，「性」這個名詞是對著個體而建立。但是「性」底概念並不爲某類個體所限，它對著你的個體爲你的性，對著我的個體爲我的性，對著一草一木卽爲一草一木之性，此卽張橫渠所謂的「天地之性」；然而其爲性則一。總起來說，爲道體；散開來對著萬物說，卽爲性體。這兩個名詞的分際不同，但其內容的意義完全相同。所以我們可以說：心外無物，道外無物，性外無物。「道外無物」大家容易了解，因爲我們講道體本來就是通著天地萬物而講，道以外當然沒有物，正如上帝以外沒有物一樣。但是說「性外無物」或「心外無物」，大家就不一定能夠了解，但其實是一樣的意思。因爲這裏所說的「心」就是孟子所說的「本心」，而孟子是由本心（卽惻隱之心、羞惡之心、是非之心、辭讓之心）說性。所以既然說「性外無物」，當然也可以說「心外無物」。王陽明以良知的知體代表心，也可以說「心外無物」，心體、道體、性體都通而爲一。而在程明道，則誠體、性體、仁體、易體、敬體、神體等通通是一。這些名詞是隨不同的分際而建立的，其實只有一個。

但是儒家講這些道理，並不從客觀面開始講，如孔子就是直接從「仁」講起。我們常說，中國文化和西方文化發展的路向不同。中國文化並未否定客觀面，而是暫時撇開客觀面，從主體這裏看，而開主體之門。主體之門在西方始終開不出來，從希臘傳統固然開不出來，從基督教傳統也開不出來；因爲基督教最討厭主體，而重客體，它要肯定一個超越而客觀的上帝。反之，東方文化特重主體，而開主體之門；不但儒家如此，道家、佛家也是如此。儒家開主體之門，從孔子論仁開始。但是開主體之門，並非不要客體，而是要通過我們的主體來了解客體，最後主體和客體合而爲一，性體、心體、仁體、誠體等和道體合而爲一。這樣一來，基督教的型態自然便被轉化了。這要憑實理來看，不能爲了傳教的方便而瞎說。當然你可以說：在詩、書中也有人格性的上帝（儘管不很強）；你也可以說：我們要以夏、商、周三代爲準，孔子以後的發展不好，我們要重新發展一套。這固然可以，但是這另一套是否一定好呢？能不能發展出來，也很有問題。你另外換一套，也不一定比孔子傳統好。但是無論如何，過去這幾千年是這樣發展的，這不能誤解。所以我討厭某些天主教人士的說法，那是所謂「篡竊」、「偷樑換柱」，既沒有道德的良心，也沒有知識的眞誠。他們這樣篡竊，和共產黨有什麼分別呢？共產黨以馬克斯來代替中國文化，他們用耶和華來代替中國文化，這有什麼分別呢？這都是自己中心無主，而爲邪祟所乘。

儒家徹底地是縱講，從人這裏講起，開出「性體」的觀念。性體是道德創造的先天根據。道德創造是德行之純亦不已。「純亦不已」一語出自中庸。中庸上說：「詩曰：『惟天之命，於穆不已。』蓋曰天之所以爲天也。『於乎不顯，文王之德之純。』蓋曰文王之所以爲文也，純亦不已。」主觀方面是德行之「純亦不已」，客觀方面是「惟天之命，於穆不已」；這裏有兩面，但這兩面是一個意思，同一化（identify）了。我們先分開來說。「詩曰：『惟天之命，於穆不已。』蓋曰天之所以爲天也。」意思是說，「於穆不已」是天的本質。接著就說到文王法天。一方面說天道，一方面以人格作見證。當然你說孔子也可以。「於穆不已」是從客觀面講。「於穆」是副詞，深遠貌。天命是我們眼前所看不到的。我們平常只看到散列的天地萬物，事實上它們後面有一個於穆不已的天命在推動。這段話後來轉成易傳中的「天行健，君子以自強不息」。中國人過去對這些道理了解得很親切，因爲他們有「存在的呼應」，一代一代相傳下去。現代人往往自認爲比以前人更了不起，其實那有這回事！現代人「隔」得很，只有小聰明而無智慧，完全不能有「存在的呼應」，那裏能接得上這種慧命！「天行健」相當於「惟天之命，於穆不已」，「君子以自強不息」相當於「文王之德之純，純亦不已」。孟子說：「先聖後聖，其揆一也。」陸象山也說：「東海有聖人出焉，此心同也，此理同也。西海有聖人出焉，此心同也，此理同也。南海北海有聖人出焉，此心同也，此理同也。千百世之上，至千百世之下，有聖人出焉，此心此理亦莫不同也。」這就是「存在的呼應」，慧命之相續。道當然是客觀的，有絕對的普遍性。見此卽爲見道，不見此卽爲不見道。在這裏雖然有主觀面與客觀面之不同，但是這不已的「體」是同一的。這種講法是縱貫縱講，也就是相應其爲縱貫而縱貫地去說，以開啟我們的生命之源、智慧之源、道德創造之源。這是最貼切、最順適而條暢的講法。

縱貫縱講的方式在柏拉圖還不行，因爲柏拉圖還有縱貫橫講的味道。這縱貫橫講當然不同於佛道兩家的型態。其橫講是偏重認知的，一因爲他開不出主體，二因爲他的造物主如工匠之製造，而非創造。以後基督教出現，從上帝的創造那裏講，是可以講創造了；但是它光有「惟天之命，於穆不已」這一面，而無「文王之德之純，純亦不已」這一面，所以主題開不出來。這是基督教的型態。中國人的想法則不同。儒家也重視創造，但不以上帝來創造天地萬物；創造之實乃見諸我們的道德創造，所以性體和道體通而爲一。因此儒家開主體之門，重視道德的實踐。如何呈現性體呢？靠愼獨。所以開主體之門就是開愼獨的工夫。基督敎始終開不出愼獨的工夫，所以它不能說：我們可以靠道德實踐而成爲耶穌。

在西方哲學中，最能顯著地表現縱貫系統，並且還能開出主體的是康德。所以我們現在講儒家的學問，若要與西方哲學發生關聯，只有和康德哲學可以接頭。由這種接頭，便顯出問題來，所以中國哲學還可以往前發展。假如西方哲學以康德作中心，不以目前所表現的爲滿足（西方哲學目前所表現的主要是分析哲學和存在主義，分析哲學是技術性的，存在主義所表現的是末世思想），還要往前發展一步，那就一定要有所調整，一定要看看中國哲學。只有從康德哲學才能接頭，旁的思想不太容易接頭。但是西方哲學爲什麼一定要以康德作中心，而不以羅素作中心呢？顯然不能以羅素作中心，因爲羅素不講這些問題。爲什麼不可以聖多瑪作中心呢？因爲聖多瑪哲學源於希臘傳統，其所主張的正好是康德所要打掉的意志的他律。縱貫系統所講的是意志的自律，所以西方哲學不能以聖多瑪作中心，來和中國的學問接頭，只有康德可以接得上。假如中國哲學還要往前發展，便只能順著這個路子發展，這是必然的。假如西方哲學以康德作中心，還要往前發展，它就不能停在康德那裏，它必須看看中國的傳統，再轉進一步，所謂：「百尺竿頭，更進一步。」否則康德的哲學不能暢通，西方的文化生命終不能落實，它將始終搖擺不定。

西方文化生命的激盪性很大，來回搖擺。中世紀的人天天望著上帝，近代人則不看上帝；不看上帝的結果便出了馬克斯，專重物質。所以西方文化的激盪性大，不諧和。中國文化比較諧和，但是現在由於受到西方的影響，也變得激盪起來。近代中國文化的激盪是西方文化的激盪之倒映，由西方反射到中國，而形成災難。否則中國文化怎麼能爲馬克斯主義所闖入而產生毛澤東呢？所以在這個時代唸哲學，我們的心思不要順著西方的趨勢往下滾；這個趨勢不是很健康的。分析哲學不是沒有價值，但是我們必須對其價值有個適當的安排，不能過分誇大。在歐陸方面雖不完全講分析哲學，但也沒有完全走上正軌，像胡塞爾、海德格的那種講法是走不出路子的。

簡單地說，儒家系統從最究極處看，是個縱貫系統，就是康德所說的兩層立法中實踐理性的立法那一層。但是儒家這個縱貫系統同佛家、道家相比較，後兩家是縱貫橫講，儒家是縱貫縱講。康德也是縱貫縱講。康德之所以能和儒家接頭，是因爲他講意志的自律。這個扭轉很重要，也是中國人所贊成的，因爲儒家屬於這個型態，一看就能了解。在西方，康德費了大力氣，還不一定能扭轉過來。但是康德說得很清楚明確，不管是以上帝的意志作根據，抑或是以圓滿或幸福作根據，都是意志的他律（註二）。意志的自律是必然的、不可爭辯的，講道德非如此不可。這點儒家早就看到了。客觀而論，宋明儒大體都能保存先秦儒家從道體所講的縱貫的意思。古人很容易了解縱貫的意義。現代則容易了解橫列的認知關係，勁道最容易用得上，反而很難了解縱貫的意義。宋明儒中，除了伊川、朱子稍有偏差外，都能充分保持縱貫的意義。但是伊川、朱子的那些詞語還是從縱貫系統中提煉出來的；他們只是不自覺地轉向，大體類乎柏拉圖傳統的型態。所以我說這是「別子爲宗」，而非儒家的正宗。重視這方面也很好，並非沒有價值，因爲從這裏可以講知識。但是中國文化的發展是先講縱貫系統中的創造。至於西方，如柏拉圖首重知識，所以他不能講道德。朱子就成了這個型態。開出這一面也很好，在先秦，荀子就重視這一面。但是朱子套用正宗儒家的詞語來說這一套，就把人弄糊塗了。

「性」雖然是在人身上呈現，但它不是類概念，因此性體和道體是同一的。而照程明道的講法，性體和心體、仁體、誠體、道體、神體、寂感眞幾等都是同一的；主觀地講的「純亦不已」和客觀地講的「於穆不已」完全是一，所以他說：「只此便是天地之化，不可對此個別有天地。」(註三)我們一天二十四小時的變化就是天地之化，並非我們這裏是人之化，那裏是天地之化。但是這樣豈不成了自然主義？並非自然主義，因爲這是把人向上升，而不是向下落。依儒家的看法，道德秩序（moral order）即是宇宙秩序（cosmic order），反過來說，宇宙秩序即是道德秩序，兩者必然通而爲一。見此即是見道。見道並不很容易，中國人以前謂之「悟」。現代人靠西方的概念語言來分析，更不容易懂。「悟」不只是了解，譬如竺道生講頓悟成佛，並不是靠了解就能成佛，而是要見「實相」。「唯佛與佛，乃能究盡諸法實相。」(註四)頓悟成佛固然要開佛知見，同時也要在頓悟之中將無明通通化掉，證「實相般若」，得涅槃法身。否則全部生命都在無明之中，如何能成佛呢？所以，「悟」不只是理解或了解之事。

我們先了解「性」是什麼，「心」是什麼，良知的知體是什麼，然後再進一步了解心體、性體、知體和道體是同一。這「同一」是現代人所不容易領悟的，不但洋人如此，中國人也如此。他們認爲心、性、良知等如何能與客觀地說的道體合而爲一呢？他們甚至不承認有這所謂客觀地說的道體。但是這種態度是違反中國傳統的。照以前的標準，這根本還沒有悟道呢！這兩方面的合一——心外無物，性外無物，道外無物——是儒者所共許的，程、朱、陸、王都莫不共契，而且不但宋明儒如此，先秦儒家早已是如此。因爲縱貫系統本來就是如此，不如此就是不悟道。現代人不容易理解這點，但是過去的中國人都很容易理解。現代的中國人何以不能理解呢？這是因爲受了西方那一套的影響太大，以爲這樣講才明確，以前的講法太籠統。我們固然需要用現代的方式來表達，但是不能把原有的意思弄丢了。

「悟」是什麼意思呢？就是指主客兩面所說的「體」是一。以康德來說，康德的系統與儒家的縱貫系統最切合，因爲康德的系統是個典型的縱貫系統。但是他並不能達至這兩面之合，因爲他提出三個設準（postulates）——自由意志、上帝存在和靈魂不滅。他並沒有說這三個設準是一。但是依儒家的看法，心體、性體、知體和道體是一，這裏只能有一個，不能有三個。康德之所以提出三個設準，還是受了基督教傳統的影響所致。

再進一步，「悟」還有另一層意思。除了「主客兩面之體是同一的」這一層之外，眞正的悟道也不只是概念的了解。知解理性（theoretical reason）也能有概念的了解。儘管知解理性不能肯定自由、上帝、靈魂的客觀實在性，但它了解這些概念並不矛盾，是可能的。「純粹理性批判」就是要開這扇門。只有實踐理性才能給這些概念以客觀實在性。中國人所說的「悟」不只是了解概念的可能性，還要進入康德所謂的「神秘主義」。但是康德不能承認這一點，因爲他不贊成神秘主義。在「悟」之中必須含有什麼呢？主客兩面之體是同一的，這「體」不只是抽象的，它也是心，也是良知，也是仁，所以這裏必須含有智的直覺。

康德可以不承認智的直覺，但是中國人不一定不承認。過去儒家雖然沒有這個名詞，但是必須肯定這個事實。這種肯定是在縱貫的系統中承認智的直覺，而非在認知的橫列的系統中承認。我們承認了智的直覺，我們也未擴大我們的知識。這和康德的知識論並不衝突。智的直覺不能給我們知識，它是創造原則，而非認知原則，因此我們不能以了解感觸直覺的方式去了解它。感觸直覺是在橫的關係中，它能給與一個對象，但不能創造一個對象。智的直覺是在縱的關係中，它直覺某物即創造某物。我們不要誤解，以爲承認智的直覺是在知識層面上承認。儒家顯然不會如此，因爲儒家沒有知識問題。橫的認知關係屬於康德所說的感性和知性，智的直覺則是在縱的關係中，因爲上帝的創造是在縱的關係中。但是康德和儒家不同之處在於：康德認爲只有上帝有智的直覺，而人類沒有。

在儒家的傳統中，並沒有三個設準，而只有一個；這樣一來，人當然有智的直覺，智的直覺就在性體、心體、道體、仁體這裏表現。智的直覺只有從道德的實踐中才能轉化出來，在現實上是沒有的。從現實上看，我們那有一個特定的能力叫做智的直覺呢？因此從人類學的觀點看人，便找不到智的直覺。康德也是從人類學的觀點看人。從人類學的觀點看，人就是佛敎所謂的「定性眾生」，是有限的、被造的。中國人則不從人類學的觀點，而從實踐的觀點看人。從實踐的觀點看，並沒有定性眾生。人在現實上當然是有限的，但他是雖有限而可無限。人可以成佛，佛就是無限。當然這「無限」與上帝的無限不同，但是不礙其爲無限。佛是由眾生修行而成的，所以並無定性眾生，也沒有定性的闡提、定性的阿羅漢、定性的菩薩，甚至定性的佛。根據這點，佛敎可以講「不定原則」(principle of indeterminate)。但是佛敎也有「決定原則」(principle of determinate)。這決定原則是什麼呢？一切眾生皆有佛性，這是決定的；人皆可以成佛，這是決定的。所以，三個設準一定要合而爲一，主觀地說的心體、性體、知體和客觀地說的道體是一，智的直覺則含於其中。「悟」就是要悟這點，見道也就是要見這點。這也就是康德所講的「上帝王國」。

但是對中國人而言，並不說「上帝王國」這類詞語，一切都是天地之化。我們平常認爲天地之化在一邊，德行之純亦不已在另一邊。其實德行之純亦不已就是天地之化，於穆不已的天地之化就是道德的創造，這兩者是同一的。這不即等於上帝王國嗎？這是上帝王國之轉化。上帝王國必須依靠智的直覺，直覺之即創造之，因此朗然呈現，淸淸楚楚地擺在那裏；這就是見道。同樣的，成佛後的最淸淨法界也不只是個觀念。所以在這點上，我們不能根據康德的標準往下落，否則便違反中國的傳統，使之成爲無意義。現在有些人就是持這個態度。他們只承認孟子、王陽明的看法，而且把孟子、王陽明的學說只局限於道德的應當

(moral ought)，而不牽涉到存在。這樣一來，就縮小了他們的學說，這怎麼可以呢？若不牽涉到存在，存在交給誰呢？西方人把存在交給上帝，你把存在交給誰呢？你說良知不牽涉到存在，而只決定道德的是非，決定「應當」，那麼存在交給誰呢？而且王陽明明明說「心外無物」，明明說：「無聲無臭獨知時，此是乾坤萬有基。」乾坤萬有不能離開良知而存在，而這些偏執者卻使良知萎縮，只限於人類的道德界，那麼天地萬物的存在交給誰呢？這是不通的。所以在這裏，我們不能順著康德的思路往下拖。何況康德對於這點也有交代。他雖然不把存在交給我們的自由意志，但卻交給上帝。現在這些偏執人把上帝、太極所代表的客觀面都打掉了，又不交給良知，那麼要交給誰呢？

康德並不是不要上帝，上帝是三個設準之一。在中國，儒家則以道體代替上帝，心體和道體又通而爲一，結果只剩下一個。你要說上帝，這就是上帝；你要說自由，這就是自由；你要說不滅的靈魂，這就是不滅的靈魂。中國人不特別講個體的靈魂（individual soul）；「心」主要是指絕對普遍的心，萬古長存，只有一個。所以我們不能依據康德說這是神秘主義，或道德的狂熱主義，而必須順著康德往前推進一步。假如西方哲學以康德作中心，還要往前發展，就不能像現在這樣下墜。那些康德以後的德國哲學家如菲希特、謝林、黑格爾都已經看出來了。不過他們發展得不好，尤其是黑格爾，常令人起反感；轉成馬克斯，更令人討厭。但是在黑格爾，已經有將三個設準消化成一個的趨勢。在另一方面，儒家的發展就不像黑格爾那樣令人討厭了。有人說黑格爾哲學有助於極權，但很少人說儒、釋、道三家有助於極權。這樣就往前進了一步，由康德所謂的「道德的神學」（moral theology）轉變成儒家的「道德的形上學」（moral metaphysics）。我們只能肯定一個道德的形上學，就好像康德肯定道德的神學一樣，但不能反過來肯定一個形上學的道德學（metaphysical ethics），就好像康德不能肯定神學的道德學（theological ethics）一樣。神學的道德學構成他律道德，是不應肯定的。

但是我們和康德不同之處是：我們所謂「悟道」、「合一」之處，康德說是神秘主處，他不承認人有智的直覺。這種看法很不妥當。康德在「實踐理性批判」一書中「論純粹實踐理性的符徵論」章說，實踐理性的判斷只能以自然法則作為符徵（type）或象徵(symbol)，而不能作為圖式（schema）。這一章很難懂，因為他寫得太緊了。我們在知識上固然需要圖式，但是將道德法則應用到現實的生命中，卻不需要圖式。然而依康德的看法，我們一說到行動，就落在現象世界中，就要服從自然法則，所以自然法則是道德法則的象徵（或符徵），這裏無圖式可言；可是神秘主義卻把這個只作為象徵（符徵）的東西轉成圖式，以為我們對於上帝王國有一種智的直覺。康德這種說法是以知識中的詞語來說智的直覺，是很不恰當的。假如我們要說智的直覺，就不能有圖式，甚至不能用「圖式」一詞。可是在這裏就是上帝王國，就是天地之化。在智的直覺中，我們可以說自然法則是符徵，但我們不能說智的直覺有圖式；而依康德的看法，神秘主義是把符徵當作圖式，以此肯定智的直覺。但康德並不贊成神秘主義。

康德對神秘主義所作的批評並不很恰當。也許對西方的神秘主義可以這樣遮撥。但無論如何，若不善予疏導，就封住了上達之路；由此形成一個大毛病，影響到一般人。康德反對以經驗主義講道德。對於神秘主義，雖然他也不贊成，但認爲它與道德的莊嚴、純潔可以相容，只是誇張了一點。他認爲就人的實踐而言，最恰當的是理性主義。依中國哲學看，如果以王學爲準，良知教的四有句（註五）是在理性主義的範圍之內，而王龍溪所說的四無句（註六）就進到神秘主義了。但這種神秘主義是由理性主義直接往前推進的。在這裏，理性主義與神秘主義不能分成兩截，它們是相通的。但是若照康德的看法，理性主義就上不去，而被封住了。這造成很大的毛病，因爲這樣一來，中國人從前所說的「悟道」、「成聖」、「成佛」、「成眞人」都成了神話。但這些並不是神話，而是眞實的可能。可是照康德的看法，這些都是神秘主義，都是誇大，這樣就把「實理」限制住了。

照現代人的看法，這些都是神話，不能相信的。現在這些洋化的知識分子都屬於這種頭腦。這樣一來，中國的學問都不能成立了。客氣一點的人則說，這些都屬於宗教。可是中國人從前就在這裏講學問。不單如此，甚至佛教也不只是宗教。說這些是屬於宗教，這是根據西方基督教的標準而說的。當年歐陽大師就說：「佛法非宗教，非哲學；亦宗教，亦哲學。」佛法非宗教，因爲它不是以基督教爲標準；非哲學，因爲它不是以西方哲學爲標準。但是反過來說，它亦是宗教，亦是哲學。我們爲什麼一定要以基督教作標準呢？若以基督教作標準，說佛教只是宗教，只是神話，如何能服人之心？佛教這種宗教顯然和基督教不同；它有教，教就是哲學。佛教有「宗」有「教」，教有教路，佛、菩薩說法都是一層一層往上說。基督教有宗無教，所以只是「宗教」，只是神話。現代人不但說佛教只是神話，甚至說儒家、道家、宋明理學都是神話。這個態度很壞，這樣一直往下落，便成了所謂「學院式的研究」，只成了考據，原先佛教所說的「圓佛」、「法身」等都成了神話。

中央研究院就代表這個趨勢，找些詞語歸類、統計，如：「理」字在什麼時代開始出現？在某個時代出現幾次？這樣一來，理學家所講的那些都不算學問，只是些空話。中央研究院有人講宋明理學，在這個風氣下只是作統計，統計「仁」這個詞語古來怎麼講，然後講阮元的「性命古訓」，再講到傅斯年的「性命古訓辨證」。這就是學術，其他都不是學術。這樣一來，從前儒家所講的那些學問通通被抹掉了。當年徐復觀先生對他們說：「你們爲什麼不講中國哲學？宋明理學也可以研究呀！」其中一位先生說：「我們中央研究院決不講禪宗。」他竟把宋明理學看成禪宗！就是禪宗也可以講呀！中央研究院爲什麼不能講比較宗教呢？

康德講理性主義，但是通不上去，不能重視上面一層。現代人則順著這種理性主義往下看，結果連理性主義也不能成立，只成了理智主義（intellectualism）即啟蒙運動時代的理智主義。一般說來，「理智主義」並不是個好名詞。凡可以證明的就相信，不能證明的就不相信，這是理智主義的態度。理智只限於經驗範圍之內，所以持理智主義態度的人一定要求證據。胡適之當年的口號就是「拿證據來」，講起來煞有介事，好像理直氣壯，其實根本不通。其他的人自己也不通，所以被他這句話唬住了。有些事情可以拿出證據，有些事情與證據無關，你到那裏去拿證據？譬如，依中國人的老觀念，父母去世時不能戴金框眼鏡，也不能穿綢緞，只能穿麻布。但是胡適之說：我爲什麼不能戴金框眼鏡呢？我可以戴銀框眼鏡，當然也可以戴金框眼鏡。金框和銀框都是金屬，有什麼分別呢？綢緞和麻布又有什麼分別呢？這樣一來，就把孝道否定了。孝道要到那裏找證據呢？又如所謂「公道」，俗語說：「你說你公道，我說我公道，公道不公道，只有天知道。」公道要到那裏去找證據呢？所以這些人都是沒有道德意識的。道德問題與證據無關，只能自己作證，不能問爲什麼。你一問爲什麼，你就不是人，而是禽獸。現代人所謂學術，大抵如此。以前人講學問，正好相反，他們專講孝心如何呈現。現代人則把這些看成神秘主義，根本不當學問看。

當然康德不致如此，但是他可以開這道門。我們講康德，是要使他向上通；只有向上通透了，才能提得住。一旦提不住，就落到實證論。所以就某一個意義而言，康德是最大的邏輯實證論者。就知識的範圍內而言，邏輯實證論並不算錯。我們這個課程只講到這裏，明亡以後，經過乾嘉年間，一直到民國以來的思潮，處處令人喪氣，因爲中國哲學早已消失了。

李明輝記錄

附註

註一：「道德底形上學之基礎」第二章。

註二：參閱「道德底形上學之基礎」第二章中「由他律底假定的基本概念而來的一切可能的道德原則之分類」一節及「實踐理性批判」第一部第一卷第一章「論純粹實踐理性底原理」定理四解說二。

註三：「二程全書」卷二、二先生語二上及「宋元學案」卷十三、明道學案上。

註四：法華經方便品第二。

註五：四有句卽王陽明所說：「無善無惡心之體，有善有惡意之動，知善知惡是良知，為善去惡是格物。」見陽明「傳習錄」卷三及「年譜」嘉靖六年九月條下。

註六：四無句卽王龍溪所說：「心體旣是無善無惡，意亦是無善無惡，知亦是無善無惡，物亦是無善無惡。」見陽明「傳習錄」卷三及「年譜」嘉靖六年九月條下，亦見「王龍溪語錄」卷一、天泉證道紀。

國家圖書館出版品預行編目資料

中國哲學十九講：中國哲學之簡述及其所涵蘊之問題

牟宗三著.－ 初版.－ 臺北市：臺灣學生，民 72
面；公分

ISBN 978-957-15-0292-2 (平裝)

1. 哲學 － 中國 － 論文，講詞等

120.7 80003860

中國哲學十九講

著作者：牟宗三
出版者：臺灣學生書局有限公司
發行人：楊雲龍
發行所：臺灣學生書局有限公司
臺北市和平東路一段七五巷十一號
郵政劃撥戶：〇〇〇二四六六八號
電話：（〇二）二三九二八一八五
傳真：（〇二）二三九二八一〇五
E-mail:student.book@msa.hinet.net
http://www.studentbook.com.tw

本書局登記證字號：行政院新聞局局版北市業字第玖捌壹號

定價：新臺幣四五〇元

一九八三年十月初版
二〇二〇年五月初版十三刷

12014

ISBN 978-957-15-0292-2 (平裝)